二戰後東歐政治發展
劇變的二十年

郭潔 著

以史為鏡，回望東歐二十年紛亂與陣痛，反思國家民族自立自強之路

美國對匈牙利「十月危機」的反應／「納吉案件」之謎：根據原蘇東國家解密檔案的分析／東歐社會最後十年／東歐劇變的「蘇聯原因」以歷史檔案重構戰後東歐史

目　錄

代序：冷戰國際史研究：世界與中國 ... 7
一、冷戰國際史研究的學術特徵 ... 7
　1. 以眾多冷戰史研究群構成的國際學者隊伍 ... 8
　2. 檔案開放、收集的國際化與多國檔案的綜合利用 ... 11
　3. 研究者學術關懷的重點集中在重建歷史事實 ... 17
　4. 在檔案交流和專題研究中盛行的國際合作 ... 18
二、冷戰國際史研究的熱點問題 ... 19
　1. 關於冷戰起源和結束的討論持續不斷 ... 20
　2. 關於蘇聯與冷戰關係的研究引人注意 ... 20
　3. 對於中美關係的考察經久不衰 ... 21
　4. 對於中蘇關係的研究邁上新臺階 ... 22
　5. 朝鮮戰爭仍然是研究者最感興趣的課題 ... 23
三、冷戰國際史研究發展的新趨勢 ... 24
　1. 走出大國關係史研究的光環，考察中心地帶與邊緣地區的互動關係 ... 24
　2. 突破傳統國際關係史研究的範疇，把經濟、文化、社會納入觀察視野 ... 26
　3. 在實證研究的基礎上，重新建構冷戰國際史的分析框架和理論模式 ... 27

國別個案 ... 39
試論戰後匈牙利的「蘇聯模式化」 ... 39
　一、短暫的「人民民主」及其產生背景 ... 39
　二、從「人民民主」向蘇聯模式的過渡 ... 42
　三、蘇聯模式在匈牙利的全面確立 ... 44
　結論 ... 47
美國對匈牙利十月危機的反應 ... 48
　一 ... 48
　二 ... 54
　三 ... 59

四 63
　　　五 67
納吉關於匈牙利社會主義道路的設想 71
　　　一、以新經濟政策作為過渡時期整個經濟政策的基礎 72
　　　二、以尊重民主與法製作為黨和社會生活的基本準則 74
　　　三、以「和平」或「積極共處」作為外交政策的取向 76
　　　四、以尊重人格和人道主義精神復興社會的倫理道德 78
「納吉案件」之謎——根據原蘇東國家解密檔案的分析 80
　　　一、蘇南糾葛與所謂的「納吉問題」 81
　　　二、「納吉案件」的政治背景 84
　　　三、「納吉案件」的審判及其結局 88
近二十年波蘭外交轉型芻議 91
　　　一、波蘭外交轉型的幾個階段 92
　　　二、轉型時期的外交重點 101
　　　結論 110

地區專題 135

東歐的政治變遷——從劇變到轉型 135
　　　一、社會主義的最後一程 135
　　　二、20年風雨轉型 141
　　　三、結論 162
東歐劇變的「蘇聯因素」探析 164
　　　蘇聯把東歐國家納入自己的勢力範圍 165
　　　東歐國家衝擊蘇聯模式的嘗試 169
　　　布里茲涅夫摧毀了東歐的改革 173
　　　戈巴契夫修正歷史錯誤，給東歐以選擇的自由 177
　　　透過現象看本質 182
冷戰與東歐——近二十年國外學界相關代表性研究及述評 184
　　　一、有關東歐冷戰歷史的研究 185
　　　二、有關東歐重大危機的研究 189

三、有關東歐政治劇變的研究 193
東歐社會主義的最後十年——二十年後的回顧與反思 199
　　一、經濟領域危機重重 200
　　二、政治局勢複雜緊張 202
　　三、「戈巴契夫因素」及其影響 205
　　結論 207
東歐劇變二十年——回望與反思 208
　　波蘭：第一張倒下的多米諾骨牌 209
　　匈牙利：協議式轉變的典型 211
　　連鎖倒下的東德、捷克斯洛伐克 213
　　衝擊波影響下的東南歐諸國 215
　　「骨牌效應」的內在邏輯 217
東歐轉型國家公民社會探析 219
　　公民社會：透視東歐政治轉型的一個視角 220
　　非政府組織：考察東歐公民社會的一個維度 223

相關考察 **251**

國際共運與中蘇關係——二十世紀 1950、1960 年代美國中央情報局的評估 251
　　一、對中蘇結盟與合作時期國際共運的預測與評估（1949—1957）..... 251
　　二、對中蘇分歧與爭論時期國際共運的預測與評估（1958—1964）..... 260
　　三、對中蘇關係走向徹底破裂時期國際共運的預測與評估（1965—1966） 271
以歷史檔案重構戰後東歐史——從讀《東歐史》一書談起 274
世界社會主義運動發展的近況 280
　　一、發展經濟是社會主義國家的主旋律 281
　　二、「三明治中的奶酪」：西方國家共產黨的角色定位 282
　　三、徬徨與期待：西歐社會民主黨的理論與實踐 284
　　四、重陷困境：俄羅斯的社會主義運動 285
　　五、新一輪的復興：東歐國家社會民主黨 287

《冷戰國際史研究文庫》出版說明

　　還原歷史的本來面目，追尋當下諸多問題的歷史根源，是歷史研究者的重要使命之一。冷戰持續了近半個世紀，不僅主導了戰後世界的政治格局，影響到許多國家的發展方向，甚至對當前一系列國際糾紛和衝突還在發揮著潛移默化的作用。正因為如此，在冷戰結束後的國際學界掀起了「冷戰國際史」研究的熱潮，並逐漸成為一門「顯學。」與此同時，中國的冷戰史研究也在興起。研究隊伍不斷壯大，研究成果日益湧現，國際和國內高層次學術會議接連舉辦，從而使中國的冷戰史研究成為國際冷戰史研究領域的一個重鎮。為了讓更多的讀者瞭解近二十年來中國學者在冷戰國際史研究領域的成果，我們請中國冷戰國際史學科的創建者之一、華東師範大學冷戰國際史研究中心主任沈志華教授主編了這套《冷戰國際史研究文庫》叢書。叢書邀請該領域海內外優秀的華人學者，把自己多年來的代表性論文，編選成冊，以期從各個方面反映冷戰國際史研究的成果。

代序：冷戰國際史研究：世界與中國[1]

沈志華

在20世紀的最後10年，人們驚異地發現，國際史學界有一項研究取得了突飛猛進的發展，其學術成果之多、之新，學術活動之廣泛、之頻繁，令其他研究領域望塵莫及，以至人們不得不考慮賦予這一研究以新的概念，這就是關於冷戰歷史的研究。著名的美國威爾遜國際學者交流中心（The Woodrow Wilson International Center for Scholars）於1991年成立了冷戰國際史項目（The Cold War International History Project），同時創辦了專業刊物《冷戰國際史項目公報》（CWIHP Bulletin）。此後，「冷戰國際史」這一概念便開始流行，並被國際學界廣為接受。[2] 所謂「國際史」，其含義在於，無論是學者隊伍和史料來源，還是研究對象和觀察視角，凡在冷戰史的範圍內，都不能再以某一個或幾個國家為中心，而已經構成了一種國際現象。在各國學者的共同努力下，冷戰結束後二十年來，在參與者的人數和國度、研究的角度和方法、題目的種類和範圍以及檔案資料所涉及的語種和國家等方面，冷戰國際史研究的確為歷史學發展打開了一個新局面。因此，中國《歷史研究》雜誌前主編徐思彥提出的看法——冷戰史研究已經成為「一個新的學術增長點」[3]——毫不為過。在筆者看來，可以進一步指出，冷戰國際史研究已經成為一個新的學科增長點。

冷戰國際史研究是國際學術界在20世紀1990年代以來發展起來的前沿性、跨學科研究究領域，當前在世界主要國家已成為發揮重要影響的學術潮流，並受到很多國家相關決策部門的重視。本文打算從學術特徵、熱點問題及發展趨勢等方面談談冷戰國際史的研究狀況及其在中國的表現。[4]

一、冷戰國際史研究的學術特徵

把冷戰國際史看作一個新的學科增長點，是因為在學者隊伍、研究方法、活動方式等方面，它確有一些引起人們注意的學術特徵。這些具有全球化時代學術代表性的特徵主要表現在以下幾個方面：

1. 以眾多冷戰史研究群構成的國際學者隊伍

與其他學科不同，冷戰史研究者們沒有組建一個世界性、地區性或全國性的研究會，而是建立起一個個的研究中心或研究群。這些機構和群體的建立，或者以各自的學校為依託，或者以不斷設立的研究項目為基礎，但無論是常設機構，還是臨時組合，他們都異常活躍，並經常按照不同的課題相互結合，交換文獻資料，溝通研究訊息，召開各種研討會、書評會、講演會等。各中心（研究組）幾乎都設立了自己的英文網站，用以發佈檔案文獻、研究訊息、學術論文等。網絡和會議是世界各地冷戰史研究者溝通和聯繫的主要渠道。

美國威爾遜國際學者中心下設的冷戰國際史項目，是美國也是全世界最主要的冷戰史研究中心。該項目通過出版刊物和組織各種國際會議，大量收集、整理、翻譯並公佈前社會主義國家的檔案文獻，還接受各國訪問學者和學生，為他們提供收集資料、開闊視野、參與討論的機會。目前，該項目的工作重心已經從莫斯科轉向北京，並已同中國外交部簽訂幾個有關公佈或出版中國檔案的協議。

位於喬治‧華盛頓大學的國家安全檔案館（National Security Archive）是另一個引起世人注意的冷戰史研究中心。檔案館致力解密美國政府涉及安全問題的檔案，同時也收藏了大批俄國、東歐、拉美及其他地區的檔案，其中很多文件已經電子化，供研究人員免費訂閱下載。此外，檔案館還為世界其他國家的檔案館就訊息自由法（Freedom of Information Act）的程序問題提供諮詢，並成為這些文件的收藏中心。自2001年以來，該檔案館定期在俄國舉辦冷戰史研究暑期培訓班，每年設立不同的專題。

倫敦經濟學院冷戰研究項目是英國最主要的冷戰史研究中心。該中心重點進行冷戰在歐洲和第三世界的研究，出版的學術刊物（Cold War History）注重刊登各國學者關於冷戰史研究新解釋和新研究的論文，還編輯冷戰研究系列叢書。中心創造跨學科的研究條件，研究人員有機會與國際組織、政府機構以及其他世界範圍的機構就教學和研究問題合作。北京大學國際關係學院與該中心建立了研究生交流項目。

代序：冷戰國際史研究：世界與中國 [1]
一、冷戰國際史研究的學術特徵

以位於蘇黎世的瑞士聯邦技術學院安全研究中心為依託的合作安全平行歷史項目（The Parallel History Project on Cooperative Security）是歐洲最著名的冷戰史研究中心，主要從軍事史的角度研究冷戰，其聯繫和活動範圍甚廣。義大利的佛羅倫薩大學冷戰研究中心則重點研究歐洲的冷戰及義大利對外關係。

在美國還有許多以大學為依託設立的冷戰史研究中心，這些中心都開設本科生和研究生冷戰史課程，並舉辦公共講座和研討會、接受訪問學者等。俄國歷史學家一開始就十分關注冷戰史研究，1995年在俄羅斯科學院世界通史研究所的基礎上專門成立了冷戰史研究中心，莫斯科國立國際關係學院以及俄羅斯科學院的世界經濟和國際關係研究所、歐洲研究所、斯拉夫研究所，還有一些大學，都有學者參與其中。中東歐各國幾乎都建立了冷戰史研究機構，其中經常在國際學界露面的是匈牙利冷戰史研究中心和保加利亞冷戰研究組，它們分別設在匈牙利科學院1956年匈牙利革命歷史研究所和保加利亞軍事史協會之下，研究內容集中在冷戰時期有關社會主義陣營內部關係的問題上。在亞洲，日本的冷戰研究群主要是以申請研究項目為基礎建立的，比較活躍的有早稻田大學現代中國研究中心和北海道大學斯拉夫研究中心。這兩個中心透過在日本文部省申請研究項目的方式，重點從事東亞冷戰史研究。韓國目前沒有專門的冷戰史研究機構，參與冷戰史研究的主要是韓戰研究會和國防部軍史編纂研究所，他們經常以朝鮮戰爭研究為題，與各國學者進行討論。慶南大學極東研究所、北韓大學院大學也有一批較為固定的學者參與國際學界有關朝鮮半島統一和危機等問題的研討。新加坡國立大學近年也成立了冷戰研究中心，側重於冷戰在東南亞的歷史研究。香港大學歷史系的美國研究中心經常與各國冷戰中心合作舉辦國際會議，是亞洲冷戰研究的主力之一。在臺灣，中研院近代史研究所組建了一個專門研究冷戰時期海峽兩岸關係的研究群，召開會議，並出版了論文集。國立政治大學歷史系也在碩士生和博士生中成立了冷戰史研究小組，經常舉辦讀書會。此外，印度學者最近也開始加入了冷戰史的研究隊伍。

中國的冷戰史研究在國際學界占有非常重要的地位，這不僅是因為中國本身在冷戰格局演變中所造成的特殊作用——毛澤東的外交戰略決策兩次改

变了世界政治格局，而且在於中國學界的不懈努力。早在 1980 年代後期，中國學者就參與了國際舞臺上有關中美關係史的討論。1990 年代以來，隨著中國檔案文獻的不斷披露，各級檔案館的陸續開放，中國學者的研究愈來愈受到國際學界的重視。其中，重要的突破就在 1996 年 1 月美國 CWIHP 在香港召開「冷戰在亞洲」大型國際學術會議。中國學者不僅提交了多篇引人注目的論文，而且就國際學界當時爭論的一個重要問題，即 1950 年 10 月 2 日毛澤東關於出兵朝鮮的電報的真偽問題，回答了俄國學者的質疑，得到與會者的普遍贊同和好評。[5] 以後不久，凡是涉及亞洲和第三世界的冷戰史國際會議，都會有許多中國學者受到邀請。中國學者的研究成果開始被大量譯成英文在國外發表，他們的看法也越來越受到重視。2004 年美國國家情報委員會在評估中央情報局（1948—1976 年）對華情報工作時，專門聘請了 4 位中國冷戰史學者出席會議，與中情局官員展開了頗具特色的對話。

客觀地講，中國的冷戰史研究隊伍一開始是學者自身在民間自發組織起來的。筆者那時剛剛從商界返回學術界，感到有兩個新事物值得重視：一是俄國檔案大規模的解密，為歷史研究提供了無限機會；一是冷戰史的研究，開闢了一種新的領域、思路和方式。於是，筆者和一些志同道合者，一方面積極組織收集、整理俄國檔案，一方面開始有意識地集合對冷戰史研究感興趣的學者。我們差不多每年自費組織一次中國境內學者的討論會，不分地區，不論單位，不要會務費，只要論文水平高，使用了新的檔案文獻，誰都可以參加。每次會議還有一些國外學者參加。幾年下來，這支研究隊伍便自然形成了。當時的客觀條件是，第一，國家對學術研究的投入較少，能夠用於基礎學科學研究的資金更是短缺；第二，從傳統的觀點看，冷戰史是否可以作為一門學問還受到質疑，甚至「冷戰」一詞的出現都令人敏感。所以，沒有民間自發的渠道，中國的冷戰史研究很難起步。

進入 21 世紀後，隨著改革開放的深入，情況大大改觀。華東師範大學在陳兼教授的倡議下，首先成立了冷戰國際史研究中心。幾年後，學校領導投入大量資金，中心不斷引進人才，連續開發項目，招收研究生，開設專業課，還辦起了專業雜誌和網站，從國外購買了大量檔案文獻，並加強了學者之間以及同國外學者的交流。這時，「游擊隊」變成了「正規軍。」2009 年夏，

各校冷戰史研究者在張家界會議上提出：共建中國的冷戰國際史研究論壇，共同加強雜誌和網站的建設。相信這支隊伍將繼續活躍在冷戰史國際學界的前沿。

2. 檔案開放、收集的國際化與多國檔案的綜合利用

冷戰國際史研究的基本要求就是必須以第一手的檔案文獻構成學術論著的敘述主體，不僅如此，這項研究還強調綜合利用雙邊檔案或多國檔案從事學術考察。以往的冷戰史研究，依靠的主要是美國檔案，故形成「美國中心論」——冷戰史實際上是美國外交史——在所難免。目前，各國檔案的開放、收集、整理、翻譯及綜合利用，已經成為冷戰史研究領域首先關注的事情。正是這種檔案收集和利用的國際化趨勢，從根本上突破了「美國中心論」，使冷戰史研究成為真正意義上的冷戰國際史研究。

要說檔案開放最規範、檔案收集最便利、檔案利用最有效的，還是美國。目前，位於馬里蘭州的美國國家第二檔案館已經相繼解密了冷戰時期從杜魯門到福特各位總統的檔案。維吉尼亞大學米勒中心的總統錄音項目則收集了從羅斯福到尼克森六位總統大約 5000 小時的會議錄音和電話錄音，其中很多已用文字公佈，可以從網站下載。國會圖書館、哈佛大學、普林斯頓大學、耶魯大學、喬治城大學、史丹佛大學胡佛研究所還收藏有美國政府前官員的個人檔案和訪談記錄。特別是喬治城大學設有一個外交口述史項目，收藏有美國許多外交官的訪談錄和口述史的錄音和文字記錄。此外，聯合國、世界銀行、國際貨幣基金組織以及國際發展署的檔案館也有很多有價值的檔案材料。值得關注的是，美國國會訊息服務公司和美國大學出版公司將大批檔案製成縮微膠卷，其中包括國務院、中情局和國家安全委員會的檔案，由萊斯公司（LexisNexis）負責全球統一銷售。[6] 此外，上述各冷戰研究機構的網站，以及一些專業網站——如聖塔‧克拉拉大學的冷戰電子訊息資源網，也大都發佈各種檔案文獻。特別是國家安全檔案館為督促政府解密檔案所做出的努力，深得各國學者的好評，有關中美緩和的季辛吉文件、尼克森文件，就是在他們的催促下得以及時解密的。頗受中國學者關注的蔣介石日記，也收藏在美國（胡佛研究所檔案館）。至於學者最常使用的《美國外交文件》（FRUS）

系列文獻以及最近解密的中央情報局解密文件,目前已經陸續上網,研究者可以自由下載。

英國有關冷戰歷史的檔案到20世紀1970年代中期開始解密,外交部編輯出版了《英國海外政策文件集》(DBPO:Documents on British Policy Overseas),現已出版第一系列8卷(1945—1950);第二系列4卷(1950—1960);第三系列5卷(1960 —)。在義大利,備受關注的是保存在葛蘭西學院的義大利共產黨的檔案。

俄國在冷戰結束初期曾大規模地解密和開放以往鮮為人知的歷史檔案,這已經成為歷史學界和檔案學界的一件具有歷史意義和轟動效應的大事,並令各國學者歡欣鼓舞、興奮不已。[7] 不過,到1990年代中期以後,許多已經開放的檔案對於外國學者再度封存,不僅國防部和克格勃檔案館門禁森嚴,就是以前開放的外交部和蘇共中央檔案館,也令國外研究者望而卻步。[8] 當然,政府的控制已經無法改變俄國檔案開放並得到廣泛利用的大趨勢,目前涉及冷戰時期俄國檔案的收集和使用主要依靠三個來源。

第一,俄國學者利用近水樓臺和內外有別的便利條件,在各種刊物上陸續披露了一些解密文件。這些文件數量有限,未成系統,且常帶有披露者的主觀色彩,未必能夠全面和客觀地反映歷史的本來面目。不過,這種缺陷並不否定這些檔案文獻本身的重要性和真實性,況且其中有許多文件迄今為止尚屬唯一的版本。

第二,在俄國檔案館採取收縮政策以後,俄國學者及研究機構陸續編輯和出版了大量專題性檔案集,其中引起冷戰史研究者注意的內容有:1945—1954年蘇聯的核計劃,共產黨情報局歷次會議記錄,蘇共二十大與非史達林化,導致赫魯雪夫下臺的「宮廷政變」,至1960年前克格勃的工作,蘇共中央意識形態委員會的活動,中央與地方黨組織的關係,書刊和新聞檢查制度,1956年匈牙利危機,中近東的衝突,還有蘇聯與美國、德國、奧地利、芬蘭、以色列及東歐、非洲的關係等等。作為蘇共高層決策的檔案,出版了1945—1953年聯共(布)中央政治局和蘇聯部長會議的部分歷史文件,1954—1964年蘇共中央主席團的部分會議記錄和決議。至於中蘇關係,已經出版的三部文件集則公佈了1945—1950年中蘇關係檔案共815件之多,此外還有作為附

錄的幾十個文件。這些文件集對於冷戰史專題研究十分重要,需要注意的是編者的選擇未必全面,有些關鍵性檔案還要研究者透過其他渠道獲取。

第三,俄國檔案館開放初期,許多國外學者或研究機構紛紛趕赴莫斯科收集檔案,尤其是美國的一些機構捷足先登,花重金複製了大量俄國檔案,其中專門收集冷戰時期檔案文獻的主要有威爾遜國際學者中心冷戰國際史項目、國家安全檔案館。此外,國會圖書館、哈佛大學圖書館、耶魯大學圖書館和胡佛研究所檔案館也收藏了大量俄國檔案。以這種方式收集的檔案文獻雖然顯得分散零亂,查找起來也頗費工夫,但其最大的好處是研究者自己有選擇權,而不會受制於人。

在俄國檔案館收縮的同時,東歐前社會主義國家的檔案館開始陸續對外開放。筆者最近去東歐和中歐七國訪問,參觀了二十多個檔案館。那裡的國家檔案館和外交部檔案館在幾年前已全面開放,特別是前共產黨的檔案,沒有解密期限制。這種狀況,對於研究者瞭解冷戰時期鐵幕另一邊的情況,尤其是涉及華沙公約組織、經濟互助委員會,以及東歐各國與蘇聯關係的內容,在很大程度上彌補了俄國和中國檔案管理政策緊縮的不足。目前在冷戰國際史研究較多利用的有捷克、匈牙利、波蘭、保加利亞和羅馬尼亞的檔案,以及德國檔案館收藏的東德檔案。一些國家的冷戰史研究機構也收藏和整理了大量專題檔案,如匈牙利中歐大學社會檔案館收藏的自由歐洲電臺檔案,匈牙利冷戰研究中心所從事的項目:1945—1991年蘇聯集團活動年表、1988—1991年共產主義瓦解與冷戰結束、匈牙利與東西方關係等。還有很多研究機構與冷戰國際史項目或平行歷史項目(PHP)合作,在這兩個中心的網站或雜誌上經過公佈他們整理的各國檔案,其內容涉及共產黨情報局、華沙公約組織、蘇南關係、阿南關係、中朝關係,以及羅馬尼亞與華約關係、羅馬尼亞與中美關係正常化、南斯拉夫與冷戰、南斯拉夫與匈牙利事件的專題。在很大程度上可以認為,東歐各國檔案的開放將推動冷戰國際史研究邁上一個新臺階,其意義不亞於1990年代俄國檔案的解密。這一點,非常值得引起注意。華東師大冷戰國際史研究中心正在策劃收集、整理和翻譯東歐檔案的項目。

在亞洲，經過若干年的整頓，目前臺灣的檔案開放最為規範，使用也十分便利。應廣大學者要求，內容豐富的「國民政府外交部」檔案幾年前已從臺北郊區的北投外交部檔案館移至中研院近代史研究所檔案館，目前已經基本完成數位化整理，至1975年以前的所有檔案均製成可供下載的PDF格式，使用者也可以上網查詢目錄。此外，「國史館」所藏「蔣中正總統文物」、「國民政府」目錄中也有大量涉及冷戰歷史的檔案，為了方便使用者，「國史館」今年已在臺北市內開設閱覽室。香港大學的主圖書館則是亞洲地區收藏美國、英國檔案（縮微膠卷和縮微膠片）最多的地方。

根據《國家公文書公開法》，自1976年以來，日本政府分21批陸續解密了外務省所藏戰後的檔案。目前檔案的解密時間已到1972年，從解密的卷宗主題看，首先是有關美國對日占領政策和日美關係的文件，其次如日本對東南亞各國政策、對中國海峽兩岸政策、對朝鮮半島政策，以及日本與阿拉伯世界各國、拉丁美洲各國和歐洲各國關係的檔案，都已基本解密。[9]此外，日本學者還注重整理和出版美國政府最新解密的對日政策檔案。

韓國的國家檔案館也是對外開放的，但很少看到韓國學者直接引用韓國檔案，據說是因為卷宗管理混亂，不易查找，外交通商部也沒有專門的檔案館。不過，韓國學者也做出了很大努力。有關朝鮮戰爭及此前的檔案，韓國本身的文件大部毀於戰火，但學者們注意收集和編輯了主要參戰國的檔案。如美國文件：原主文化社1993年編輯、出版的《1945—1948年駐韓美軍軍政廳官報》、翰林大學亞洲文化研究所1995年編輯、出版的《美軍政期情報資料集（1945—1949年）》等。中國文件：將戰爭中繳獲的中國人民志願軍基層部隊的文件、命令、戰士家書等編輯、影印成冊，成為一套很有價值的文獻集。俄國檔案：把在朝鮮的蘇聯軍事顧問團的900餘件檔案影印出版，其中主要是顧問團關於朝鮮領導人的背景、朝鮮政治經濟狀況、朝鮮人民軍的情況以及戰爭各階段進程給莫斯科的報告。此外，國防部軍史編纂研究所還在整理有關戰俘問題的歷史文獻。

以威爾遜中心的冷戰國際史項目為主要牽頭人，透過到當事國舉辦或邀請當事國學者參與國際學術會議，各國學者正在一致努力，敦促越南、蒙古、古巴、印度和朝鮮政府打開他們那裡檔案館的大門。特別是2009年5月在新

加坡召集的亞太地區各國檔案館負責人的會議，新加坡、馬來西亞、柬埔寨、菲律賓、印尼和澳大利亞等國家檔案館均表示了積極態度。顯而易見，這些國家檔案的解密，對於推動冷戰國際史研究向縱深發展具有十分重大的意義。

中國在改革開放之際也公佈了檔案法，解密年限為30年。但是迄今為止，檔案制度及其管理方式幾乎還停留在原地，沒有出現本質性的改變。且不說西方發達國家，就是與近年來的俄國相比，中國大陸的檔案管理、開放和利用，也存在著一些令人遺憾的缺陷。

其一，開放程度極其有限，特別是中央一級和各國務院主管部門的檔案，根本就沒有對社會開放。據說在1998年檔案法修訂和公佈以後，有關機構還下達了「十不準看」的內部規定，照此排列下來，可以對公眾開放的有研究價值的檔案就所剩無幾了。甚至南京的第二檔案館，儘管都是民國時期的文件，一般學者也很難看到。省級檔案雖然好一些，但也有類似現象，而且很具中國特色——人際關係超於法律規定。中共中央、國務院及所屬各主管部委都是決策機構，那裡的檔案不開放，對冷戰時期中國的決策過程當然是無從瞭解的。不過，也有例外，外交部的檔案已於2004年對社會公開，到目前為止已經分三批解密了1949—1965年的檔案。不僅一般中國公民，甚至國外學者亦可前往查閱。

其二，中國的高層檔案文獻主要是經專門機關挑選和編輯後出版的，其優缺點如上所述，是十分明顯的。此外，在中國，只有極少數機構的研究者得以利用職務和工作之便，直接使用中央一級的檔案文獻進行研究，一般學者只能從他們的研究著作中間接引用一些重要史料。且不説這種狀況對廣大學者來講是十分不公平的，而且也是很危險的，因為一旦直接引用者由於疏忽或受其觀點和水平的限制，片面以至錯誤地使用了檔案文獻，就會以訛傳訛，影響其他學者的研究思路。

其三，中國沒有專門的檔案解密機構，也沒有規範的和科學的解密程序，某一文件是否可以開放和利用，往往是主管人説了算，於是便出現了種種奇怪的現象：同樣一件檔案，在這個檔案館可以看，在另一個檔案館就不能看；甚至在同一個檔案館，這個館長批準查閱，另一個館長卻予以拒絕。更為可

憐的是，中國許多檔案是否可以利用——這在一定程度上影響了研究的進度和深度——竟取決於一個檔案保管者的知識和政策水平。

中國限制檔案開放的做法，最終受害的是中國自己。同一個事件，你不解密，人家解密，結果是研究者只能利用國外檔案進行研究，不僅話語權旁落，也往往難以全面掌握歷史真相。問題的關鍵，一方面在於中國有關檔案管理和利用的法律制度不健全、不嚴謹，一方面在於檔案管理者的觀念需要根本轉變：檔案文獻屬於國家還是屬於社會？查閱和使用歷史檔案是不是一個公民的基本權力？檔案管理者對檔案文獻的責任，是重在保管收藏，還是重在為社會提供和利用？雖然這兩方面的改進，在中國均非普通學者力所能及，但是作為檔案的使用者，中國的冷戰歷史研究者也不能只是被動地、消極地等待。在期待中國檔案文獻進一步開放，期待中國檔案制度提高其公正性、公平性和法律化水平的同時，學者也必須而且應該努力有所作為。充分利用地方檔案進行個案研究，就是一個突破口。面對 21 世紀學術研究發展的國際化和公開性前景，中國學者只有在收集和利用檔案文獻方面開拓出一個新局面，才能進一步推動中國的冷戰國際史研究。在目前的條件下，應該說，研究者在這方面的工作還是可以有所作為的，而且也是有很大的拓展空間的。華東師範大學、北京大學、首都師範大學、東北師範大學、上海交通大學、南開大學等學校都已經收集了相當數量的檔案文獻，如果這些單位聯合起來，對於中國學者利用檔案將是一件很有意義的事情。

各國檔案的解密和利用推動著冷戰史研究的深入，反過來，冷戰史研究的發展也推動著各國檔案的解密，這是一個相輔相成的運動。綜合利用各國檔案文獻研究一個專題，的確是冷戰國際史研究的一個特點。自不待言，研究雙邊關係要利用雙邊檔案，而各國檔案的解密則為學者提供了更為廣闊的視野和資料來源。如研究中蘇關係時人們發現，由於蘇聯與東歐各國的特殊關係，在後者的檔案館裡收藏著許多涉及中蘇分裂時期蘇共與東歐各黨的往來函電，而這些材料無疑是判斷蘇聯立場和態度轉變的重要依據。同樣，俄國外交部檔案館中保存的蘇聯駐朝使館的大量電報和報告，也是研究中朝關係不可或缺的史料。至於研究冷戰時期發生的一系列重大事件和危機，就更離不開對多邊檔案的利用了。以朝鮮戰爭為例，在目前冷戰歷史的所有重大

事件中，關於這個專題所發表和披露的各國檔案數量最多，範圍最廣。惟其如此，朝鮮戰爭研究才在前幾年形成了高潮，成為冷戰史研究中最深入的一個課題。其他像研究馬歇爾計劃、柏林危機、印度支那戰爭、匈牙利事件、臺海危機、柏林牆危機、古巴導彈危機、核武器問題等等，亦無不如此。總之，對於讀冷戰國際史碩士和博士學位的研究生來說，沒有檔案文獻的題目是不會去做的，做了也不會通過。

3. 研究者學術關懷的重點集中在重建歷史事實

冷戰國際史之所以被稱為「新冷戰史」或「冷戰史新研究」，並不是因為研究者持有相同的、統一的觀點，更不是因為他們形成了一個學術流派，恰恰相反，學者之間在很多觀念、概念、定義以及對史料的解讀方面，往往存在不同的釋義和看法。就學術關懷而言，研究者的共同努力首先和重點在於重新描述歷史過程，重新構建歷史事實。

在過去的冷戰史研究中存在不同學派（如傳統派、修正派、後修正派等），其區別主要是觀點不同，而對基本史實的認定則沒有根本的分歧。冷戰結束後的情況就完全不同了，即在基本史實的認定方面出現了顛覆性的變化。由於意識形態的對立和檔案文獻的缺失，過去冷戰雙方的研究者無法看到或不想看到鐵幕另一邊究竟發生了什麼，學者眼中的歷史往往是片面的、虛假的、錯誤的，甚至是被歪曲的。現在，雙邊的檔案文獻可以看到了，在學術研究中的意識形態對立也淡漠了，人們才發現，原來冷戰的歷史過程並不是以往理解的那樣。例如，過去研究者以為史達林、毛澤東和金日成1950年1—2月曾在莫斯科秘密會面，從而產生了關於朝鮮戰爭起源的「共謀論」解釋。現在我們知道了，金日成4月10日到達莫斯科，而毛澤東在2月17日已經離開了那裡。沒有這種對史實的重新認定，研究者就無法瞭解朝鮮戰爭爆發的複雜過程和真正原因。還有，過去人們都認為，在波蘭十月危機初期，是毛澤東的反對立場迫使赫魯雪夫做出了從華沙周圍撤兵的決定。現在我們知道了，在10月19日和20日蘇共中央決定放棄在波蘭的軍事行動時，毛澤東還不知道在華沙究竟發生了什麼。儘管新的史實認定並不否定中國後來在促成蘇波關係緩和方面所起的作用，但如果看不到這一點，卻很可能導致對中、蘇、波三角關係的簡單化理解。類似的案例在新冷戰史研究中比比

皆是，整個冷戰歷史的過程正在重建，而在一個相當長的時間裡，各國學者首要的和主要的任務就是恢復歷史的本來面目。

當然，在史實認定的過程中，也會出現對同一事實的不同解釋，也不排除會發生分歧，甚至激烈的爭論，但其總體目標是澄清史實，研究者首先要做的也是對歷史過程做出正確的和準確的判斷，只有在這一基礎上，才有可能進行觀點方面的辯論，並逐漸形成不同的學派。由於新的檔案文獻大量地、成系統地湧現，冷戰史研究不得不著力於重構歷史，但也正是由於這些檔案正在不斷地、陸續地被披露或挖掘出來，根據言必有據、有一分史料說一分話的學術準則，在一段時間內，歷史學家不可能講述一個完整的故事。因此，只有經過歷史研究者細緻地對他們所得到的檔案文獻進行考證和分析，並耐心等待和努力發掘尚未被發現的檔案資料，人們才會把斷裂的歷史鏈條連接起來，才有可能獲得一幅越來越接近於真實的歷史畫面。同時，也只有在這個基礎上，研究者才有可能逐步實現理論的昇華。

4. 在檔案交流和專題研究中盛行的國際合作

冷戰國際史研究國際化的另一個突出特點就是在檔案交流和專題研究方面所進行的廣泛的國際合作。冷戰史研究走向國際化的趨勢，是冷戰結束以來各國檔案大規模開放的現實促成的，也是其研究領域本身內涵決定的。

冷戰史學者的國際合作首先表現在檔案文獻的收集、利用和交流方面。凡是參加冷戰國際史的學術會議，各國學者關心的第一件事情就是誰帶來了什麼新的檔案，會議組織者也經常要求各國學者帶來相關的檔案或訊息。休會和茶歇時，會場內外見到的都是學者們在交流檔案資料。這種景像在冷戰史的一系列國際會議上均可見到。有些會議的主旨就在於介紹和推薦最新解密的檔案，如 2006 年 2 月在華盛頓召開的國際會議「1954 年日內瓦會議與亞洲冷戰」，其主要目的之一就是讓剛剛解密的中國外交部檔案在國際學界亮相。還有的會議則是專門為了促進某一國家的檔案開放，如 2000 年 1 月在河內、2003 年在烏蘭巴托舉辦的專題討論會，以及 2009 年 6 月在威爾遜中心召開的國際會議「印度與冷戰」，都體現了這樣的功能。中國學者積極參

與了上述活動,並廣泛邀請國外學者參加在中國舉辦的學術討論。一般說來,冷戰史的學術討論會只要稍具規模,就一定是國際會議。

　　冷戰國際史可以納入國際關係史的範疇,但它又不僅僅是研究國際間雙邊或多邊關係,而是在這一研究的基礎上,向外擴展,探討某一地區乃至全球的政治、外交、軍事格局的形成和走向;向內延伸,分析在已經形成的世界格局中各國國內政策的變化和發展,以及由此而產生的對國際關係的影響。例如中蘇同盟破裂引起的社會主義陣營大改組及中國國內政策的變化,中美關係緩和造成的國際政治格局變動及其對多重雙邊關係的影響,還有馬歇爾計劃、朝鮮戰爭、越南戰爭、波匈事件等等,無不如此。因此,在冷戰史研究領域的重大專題研討會,幾乎都無法單獨由一個國家召開,這是導致冷戰史雙邊會議和國際會議頻頻召開、冷戰史學者在國際舞臺異常活躍的主要原因。此外,冷戰史研究中檔案利用的多國性和綜合性,也要求相關專題的各國學者必須坐在一起討論問題。從形式上看,這種國際合作除了經常或定期召開雙邊會議和國際會議外,還有檔案利用培訓班、雙邊博士論壇、跨國口述訪談等,如威爾遜中心與喬治·華盛頓大學每年夏季組織的檔案培訓班,華東師大和喬治·華盛頓大學連續舉辦的兩次冷戰史中美博士論壇,都極受各國學生歡迎。在某些專題研究方面,甚至出現了不同國家學者共同參與的國際項目,如威爾遜中心組織的北朝鮮國際文獻開發項目(North Korea International Documentation Project)。華東師大最近設計的關於社會主義同盟理論及社會主義發展道路比較研究的項目,都邀請了多國學者參與,組織了國際團隊。此外,華東師大冷戰國際史研究中心正在與威爾遜中心商談,準備明年在華盛頓設立駐美國的常設聯絡機構。

　　如果用一句話來概括冷戰國際史研究的學術特徵,那就是從史料收集、研究方法到成果形式等各方面都體現出來的國際化現象。

二、冷戰國際史研究的熱點問題

　　冷戰國際史的研究成果,因其對當代人記憶中的歷史所進行的顛覆性描述和闡釋而備受世人關注,甚至學術著作也能成為暢銷書。不僅如此,隨著

檔案文獻的解密，研究中的熱點問題也是層出不窮，簡直令人目不暇接。這裡重點介紹一些中國學者比較關注和參與較多的學術成果。

1. 關於冷戰起源和結束的討論持續不斷

冷戰結束的最初幾年，美國學術專著、報刊雜誌甚至國家領導人經常討論的話題就是冷戰的起源，人們似乎又回到了傳統派的觀點，認為蘇聯應對冷戰的出現承擔責任。至於冷戰的結束，則是美國和西方所取得的勝利。最具代表性，也最有影響的，當屬美國最著名的冷戰史專家蓋迪斯在1997年出版的專著《我們現在知道了：重新思考冷戰歷史》。作者是以勝利者的心態和姿態重新審視冷戰歷史的，認為冷戰的形成都是共產主義的錯誤，而冷戰的結束則是西方領導人——特別是像裡根、撒切爾這樣強硬派和保守派領導人正確決策的結果。[10] 蓋迪斯的著作受到美國主流媒體的高度評價，在中國也頗有影響。不過，冷戰史研究學者中還是有不同的看法。不少學者對他提出批評，如把冷戰的責任完全推給史達林有失偏頗；把冷戰的結束看成是正義戰勝邪惡則忽視了美國外交政策中不道德和違背法律的現象；認為1970年代美蘇緩和只是維持戰後的均勢就低估了西歐國家的重要性；對中國和第三世界如何影響冷戰的進程缺乏關注和認識等。[11] 特別是進入21世紀後，「9·11」事件的發生使西方的價值觀再次受到威脅，因冷戰結束而產生的西方優越感頓時消失，「歷史終結論」也很快被人遺忘，人們需要再次重新審視冷戰。在這方面的代表性著作是2007年出版的維吉尼亞大學教授萊夫勒的專著《為了人類的靈魂：美國、蘇聯與冷戰》。作者強調：導致冷戰爆發和延續的主要因素在於美蘇的國內體制及國際機制，對美國政策提出了更多的批評；至於冷戰的結束，則是蘇聯和戈巴契夫個人起了主要作用。[12] 中國學者對於冷戰的起源也提出了自己的看法，有的從戰後國際秩序建立的角度提出了新看法[13]，有的認為蘇聯是被動地捲入冷戰的，史達林的冷戰戰略是「內線進攻，外線防禦」[14]。

2. 關於蘇聯與冷戰關係的研究引人注意

俄國檔案館開放的直接後果之一，就是對蘇聯與冷戰關係的研究在國際學界掀起了引人注意的熱潮。在英語世界比較有影響的著作有：馬斯特尼的

《冷戰與蘇聯的不安全感》，他的觀點與蓋迪斯比較接近，認為史達林由於從不相信別人而總有一種不安全感，他不斷尋求建立新的緩衝地帶，以控制蘇聯的周邊地區。[15] 旅美俄裔學者祖博克和普列沙科夫合著的《克里姆林宮的冷戰：從史達林到赫魯雪夫》，充分利用了大量公佈的俄國檔案，重點在於描述戰後蘇聯領導人的思想傾向，強調領袖個性、馬列主義意識形態、俄羅斯歷史文化以及地緣政治在冷戰初期的重要性。[16] 祖博克的新著《失敗的帝國：從史達林到戈巴契夫的蘇聯冷戰》，則全面地考察了整個冷戰時期蘇聯對外政策的變化及社會走向。[17] 在這方面，俄國學者自然做出了極大努力，他們對蘇聯參與冷戰的研究涉及更為廣闊的領域。冷戰結束初期，俄國學者依靠集體的力量，側重於利用新檔案比較全面地描述冷戰時期蘇聯的對外政策。研究很快就擴展開了，有的討論冷戰起源，有的研究緩和年代，有的專門考察蘇聯的軍事工業綜合體，還有的集中探尋蘇聯的核計劃和核政策。俄國學者研究最深、成果最多的主要體現在戰後蘇聯與東歐國家關係的領域。中國學者在這方面研究成果不是很多，主要原因是俄語人才短缺。現有比較重要的成果主要是張盛發的一部專著和筆者的幾篇論文。[18] 最近幾年年輕學者開始進入這一領域，從已經完成的博士論文即可看出，其中涉及蘇捷關係、蘇以關係、特殊移民、猶委會案件、阿富汗戰爭等等。

3. 對於中美關係的考察經久不衰

中美關係是冷戰國際史最早吸引研究者的領域之一，並且隨著時間推移，到期解密的檔案逐漸增多，人們的關注點和研究範圍不斷擴大。冷戰結束後不久，在中美關係研究中，學者們最初比較感興趣的還是新中國建立之初中美關係是否有可能實現正常化的問題，即以往美國冷戰史各學派有關「失去的機會」的爭論。研究者根據新的史料再次進行了討論，比較一致的看法是實際上不存在所謂的「失去機會。」他們強調中共與莫斯科之間已經建立的良好關係使毛澤東在 1949 年不願意去發展同美國的關係，有限的外交及貿易聯繫不足以構成中美和解的契機。[19] 隨後，人們較多研究的是 1950 年代的中美衝突問題。學者們對中美衝突的起源、朝鮮戰爭期間的中美關係、臺海危機等都有較為深入的研究，出版了很多有份量的專著。在約翰遜和尼克森政府檔案解密後，學者們討論的焦點開始轉向中美和解的進程。吳翠玲的

專著討論從 1961 年到 1974 年美國關於中美和解政策的實施過程，認為美國官場在 1960 年代就開始提出並討論與中國緩和關係的想法。[20] 朗巴斯的新著則考察約翰遜政府為改善對華關係所採取的一些新舉措，並指出尼克森和季辛吉打開中美關係的思想是建立在約翰遜政府對華新嘗試的基礎上的。[21] 伯爾、詹姆斯曼、唐奈心、夏亞峰以及麥克米倫等學者的著作，利用最新解密的美國檔案，對 1970 年代初中美關係緩和進程從不同角度做了深入的研究和探討。[22] 中國學者最早參與國際討論的課題就在這一領域，領銜者是資中筠、陶文釗等，跟進的有章百家、時殷弘、牛軍等，復旦大學美國研究中心也有一批優秀成果問世。那時中國中美關係研究完全可以同美國學者媲美。[23] 隨著時間的推移，關於中美緩和時期的美國檔案繼續開放，而中國檔案很少見到，所以中國的研究人數雖然很多，但基本上是跟在美國學者的後邊走。即使有一些比較重要的成果發表，其作者也是在美國接受學術訓練的。[24] 無疑，中美關係研究的進一步發展，有待於中國檔案文獻的開放。

4. 對於中蘇關係的研究邁上新臺階

由於以往難以見到的中國和俄國檔案的大量披露，冷戰國際史學者對中蘇關係的研究取得了比較大的突破。在西方出版的論著中，德國學者海因茨希對中蘇同盟建立的過程進行了詳盡討論[61]，旅美華人學者張曙光、在加拿大教書的瑞士籍學者呂德良和在中國工作的俄國學者拉琴科從不同的角度和時段，集中研究了中蘇同盟破裂的過程[62]；美國學者陳兼講述毛澤東的對外政策，魏麗莎分析布里茲涅夫的對華政策，但主要落腳點都是中蘇關係。[25] 此外，筆者還看到一部英文的博士論文，作者利用了大量俄國檔案及中國人民大學的校史材料，討論蘇聯如何幫助中國建立、發展教育事業，其內容和觀點都十分吸引人。[26] 在俄國，綜合性專著的作者大體上都是負責對華事務的職業外交官或黨內幹部，他們的論述還帶有較多的意識形態色彩，在很大程度上都是為蘇聯特別是史達林的政策進行辯護。不過，其史料價值還是不容忽視的。[27] 在專題性著作中，比較集中討論的是關於中蘇邊界問題。[28] 涉及的其他領域還有新疆問題、在華蘇聯專家問題及中蘇科學技術合作等。[29] 這些專題性研究著作的學術性較強，很有參考價值。中國學者在這方面的成就目前已經走到世界前列，其中特別是楊奎松、李丹慧、牛軍和筆者本人

的研究，引起國際學界的重視，很多論文和專著已經或正在譯成英文。[30] 中國學者的突出特點有兩個方面，一是大量使用中國和俄國的雙邊檔案，這就比西方學者占了先機；二是中國學者看問題的角度和對史料的解讀要勝過西方學者，畢竟中國人對蘇聯的理解更為深刻。例如關於中蘇同盟破裂的過程及其原因的討論，中國學者的看法對現在通行的國家關係理論的某些觀點提出了挑戰。[31]

5. 朝鮮戰爭仍然是研究者最感興趣的課題

朝鮮戰爭不僅在東亞各國膾炙人口，在美國也是經久不衰的研究課題。各有關國家的檔案大量解密，為新的研究注入了活力。除了比較全面地講述戰爭過程的專著[63]，學者們還充分利用新檔案、新史料考察了美國以外的國家參與這場戰爭的情況。關於蘇聯與朝鮮戰爭的關係，學者們不僅討論了史達林對朝鮮半島政策的演變及蘇聯在戰爭起源和停戰談判中的作用，還描述了蘇聯空軍參戰的情景。[32] 至於中國與朝鮮戰爭，討論比較集中在中國出兵及其在戰爭中的形象等問題上。[33] 還有一些學者研究了美國的盟國與戰爭的關係，如日本、英國、土耳其等。[34] 即使在朝鮮戰爭研究中最為敏感和有爭議的問題，比如戰俘、細菌戰等問題，也有不少學者涉獵。[35] 在這一研究領域，中國學者也處於領先地位，特別是關於鐵幕另一邊的故事，西方人如霧裡看花，很難說清。在原來的東方陣營中，朝鮮學者閉目塞聽，基本看不到他們的成果，俄國學者大多囿於傳統，很少有所創建。[36] 而中國學者的研究早在1980年代末就開始突破了以往的傳統看法。[37] 隨著檔案文獻的不斷披露，對於中、蘇、朝一方參與戰爭的過程的研究越來越具體，越來越深入。在戰爭起源、中國出兵、中朝關係、停戰談判等一系列問題上，中國學者都提出了自己的獨特見解。[38]

冷戰國際史研究的熱點問題還有很多，如核武器的研製與核政策問題、馬歇爾計劃、蘇南衝突、共產黨情報局、柏林封鎖危機、東柏林騷動、波匈事件、華約與北約的對抗、臺灣海峽危機、柏林牆的建立、古巴導彈危機、蘇聯入侵捷克斯洛伐克、美蘇限制戰略武器談判、阿富汗戰爭、波蘭團結工會等等，無論是老題目，還是新領域，由於這些研究主要依據的是冷戰結束

後各國解密的檔案文件,都給人耳目一新的感覺。中國學者對於其中某些問題的研究還是比較深入的,這裡就不再一一列舉了。[39]

三、冷戰國際史研究發展的新趨勢

進入 21 世紀以來,特別是最近幾年,冷戰國際史在其研究領域、研究對象和研究方法等方面,表現出某些新的發展趨勢。

1. 走出大國關係史研究的光環,考察中心地帶與邊緣地區的互動關係

過去半個世紀的國際關係屬於兩極結構,所謂冷戰就是以美蘇各自為首兩大意識形態陣營(集團)的對抗,所以冷戰國際史研究始終籠罩在大國關係的光環下,學者們很自然地也把主要目標鎖定在考察美蘇兩國關係或兩大陣營在危機中的決策及其結果。「9・11」事件以後,由於伊斯蘭原教旨主義對基督教文明的挑戰,西方的價值觀受到威脅,人們突然發現西方的意識形態並沒有被全世界廣泛接受。於是,學者們開始關注大國以外的世界,特別是第三世界。對於西方集團中弱小或處於邊緣地位的國家——加拿大、西班牙、丹麥、芬蘭、冰島等——的研究成果已經出現,對於第三世界眾多處於冷戰邊緣的國家和地區的研究也開始不斷升溫。目前,這些研究多數是從大國對邊緣地區和國家的政策的角度從事考察,希望透過追溯冷戰時期大國對第三世界的干涉和介入,來找到當前這些地區動盪的根源。或者說,是研究冷戰在第三世界的作用和結果。不久前文安立出版的專著《全球冷戰:第三世界的干涉和我們時代的形成》可以說具有代表性。作者研究了冷戰時期美蘇兩個超級大國對越南、南非、埃塞俄比亞、伊朗、阿富汗以及其他地區的干涉,並探討了這種干涉對當今世界的影響。文安立認為,在歐洲由於兩個軍事集團的存在和對峙,冷戰對抗陷入僵局,取得新突破的空間和機會很少。而美蘇在第三世界的爭奪則代表了冷戰中最主要、最核心問題,第三世界是美蘇兩家推廣和驗證各自遵循的一套政治理論和經濟發展模式的場所。他們在這裡的爭奪,不僅是為了獲取軍事優勢(盟友、基地等),更主要是希望透過干涉第三世界的內部事務、影響第三世界的政治和經濟發展,來顯示各

自代表的政治和經濟模式的優越性和合法性,來證明自己所信仰的價值觀所具有的全球適用性。[40]

對於第三世界或冷戰邊緣地區和國家的研究還有一種「本末倒置」的趨向,即從研究這些地區或國家本身的歷史出發,考察其自身發展的歷史慣性、特徵和趨勢對美蘇關係的影響,對地區和國際格局的影響。如果説前者傾向於討論邊緣地區和國家是如何在兩極世界格局的影響下被動地捲入冷戰的,那麼後者的出發點則在於考察邊緣地區和國家是如何向兩極世界挑戰,從而影響了美蘇兩國的政策。美國愛荷華州立大學教授劉曉原在其新著《解放的制約——蒙古獨立、中國領土屬性和大國霸權的歷史糾葛》的導言中表述了這樣的觀點,即認為小國、邊緣地區和第三世界國家並不完全是被動地捲入冷戰的,在很多情況下,他們的選擇和驅動力迫使美蘇不得不修正自己的政策。惟其如此,才會出現在美蘇爭奪的中心始終保持「冷戰」的狀態,而在邊緣地區則「熱戰」連綿不斷。[41] 另一部受到關注的著作是美國哥倫比亞大學康納利教授的《外交革命:阿爾及利亞的獨立鬥爭和後冷戰時代的起源》。作者將阿爾及利亞的民族解放鬥爭置於東西方和南北方的雙重矛盾中考察,指出阿爾及利亞爭取獨立的鬥爭既包含東西方(美蘇)之間對抗的因素,又包含南北方(殖民地人民與殖民主義國家、伊斯蘭教與基督教)之間矛盾的因素,僅用傳統的冷戰眼光來看待1945年後的歷史是不夠的和不全面的。[42] 中國學者對第三世界的研究主要是由年輕一代完成的,他們很多人一進入冷戰史研究的大門便選擇了這一新的領域,目前已經發表的成果雖然還不是很多、很成熟,但從這幾年博士論文的選題看,中國在冷戰與第三世界這個領域的研究必將迅速發展起來。[43]

其實,正是這種對中心地帶與邊緣地區互動關係的研究,才會使人們更加深刻而全面地瞭解冷戰年代世界格局的內涵以及在這一總體格局中各國歷史的發展道路。

2. 突破傳統國際關係史研究的範疇，把經濟、文化、社會納入觀察視野

　　冷戰國際史研究的另一個發展趨向就是突破傳統國際關係史的研究範疇，把觀察的視野轉向經濟、文化以及一系列社會問題，從事跨學科的研究。

　　英國劍橋大學教授雷納茲在其所著《一個被分割的世界：1945年以來的全球史》一書中提出，戰後發生的許多事情是「無法全部裝在冷戰這個盒子裡的」，美蘇冷戰「分割」了世界，但冷戰只是這個時代的一部分，此外還有經濟、民族、文化、宗教、南北差別、性別差異等問題，冷戰的出現無疑對這些社會問題的發展產生了影響，但同時又反過來深受這些社會問題的影響。他在書中系統地描述了一些與冷戰根本不相關的事情，如非殖民化進程、科技發展、文化趨向、社會變革以及所有這一切對政治產生的影響，最後強調：「冷戰只是這個時代的中心，而非時代本身。」[44] 作者是要提醒人們，對於冷戰時代的研究，不能僅僅研究冷戰本身，不能把研究的對象限制在傳統的國際關係史範疇，還必須全面考察在這一時代發生的其他事件和問題。

　　當然，冷戰國際史研究無法取代經濟史、文化史、宗教史、社會史等各類專門史研究，但重要的是，關於戰後以來這些問題的考察無論如何也不能擺脫冷戰這個核心問題，因為它們都在「一個被分割的世界」的框架下發生和發展的；同樣重要的是，研究冷戰史，研究國際格局產生和變化的過程，也必須考察經濟、文化、科技、宗教等等問題，因為這些問題與國際關係問題溶合在一起，才構成了這個時代本身。在這方面，目前已有的冷戰國際史研究成果中比較多的是關於「經濟冷戰」、「文化冷戰」以及「宣傳戰——心理戰」的研究。馬里蘭大學教授張曙光較早使用了「經濟冷戰」的概念，並以此為書名，講述了美國對中國的經濟封鎖政策及其對中蘇同盟造成的經濟壓力。[45] 俄羅斯科學院俄國歷史研究所西蒙諾夫的研究對像是蘇聯的軍工綜合體組織，論證了蘇聯制度下的這一特殊經濟部門如何擔負著國家經濟有機組成部分的職能，決定著社會產品和國民收入分配的比例，同時又成為國家安全系統最重要的環節，決定著武裝力量軍事技術組織的性質。[46]「文化冷戰」的研究涉及美國文化的對外傳播[47]，美蘇之間的文化交流及其結果[64]，以及冷戰中的文化政治[48] 等方面的內容。關於「宣傳戰–心理戰」的

研究出現得比較早，其中既有對蘇聯在國內宣傳鼓動和對外開展「舌戰」的介紹，也有對西方冷戰廣播及內部輿論導向的描述。[49]在所有這些領域的研究及其拓展，不僅豐富了冷戰史研究的內容，更重要的是將加深人們對於冷戰時代的認識。

中國學者對經濟冷戰的研究主要表現在美日、美韓、中蘇關係方面，成果比較顯著。[50]於群集中研究心理冷戰，取得不少成果。[51]對於文化冷戰的研究相對比較落後，成果還很少見到。[52]

3. 在實證研究的基礎上，重新建構冷戰國際史的分析框架和理論模式

如果說冷戰的結束為國際關係史學者提供了更多的機會和更廣闊的開拓空間，那麼這一結果的突然來臨對於國際關係理論專家而言，遇到的則是嚴峻的挑戰。人們還發現，在舊冷戰史研究中曾廣泛應用過的某些國際關係理論，不僅因其對冷戰的結束缺乏預見而受到學者的質疑，而且面對大量的和不斷出現的新史料、新史實似乎也正在失去其闡釋價值。[53]正像文安立所言，冷戰國際史（新冷戰史）「是一個讓現實主義和結構主義迎頭衝撞的領域」，現實主義固然因為國際體系的變化而正在失去其原有的解釋能力，結構主義也由於受到某些固有模式的束縛而很難對冷戰進程中複雜的現象做出更好的說明。[54]

其實，在冷戰後的冷戰史研究中，歷史學家同樣面臨著某種困境，當他們面對與高采烈地找到的大量渴望已久的檔案時，當他們在新的歷史文獻的基礎上開始兢兢業業地重建歷史時，才突然發現原有的概念、分析框架或理論模式似乎還不足以讓他們理解、解釋和闡述新顯露的歷史現象。例如在中蘇關係史的研究中，情況就是如此。目前已經披露的檔案文獻和口述史料，其數量多的驚人，不僅大量有關中蘇兩黨高層內部的討論、兩國領導人之間的談話已經為人所知，甚至像1957年11月莫斯科會議期間蘇聯在克里姆林宮為毛澤東的臥室專門改建廁所、1959年9月30日赫魯雪夫在北京機場發表講演時擴音器突然中斷這樣的細節，都可以得到確實的考證。面對越來越清楚的史實，人們無論如何也無法再使用以往國際關係理論中的同盟利益說

來解釋中蘇同盟破裂的原因了。正是依據同盟是共同利益的體現這一框架，美國的情報分析官員在 1950 年代初認為既然中蘇已經結盟，那麼就是鐵板一塊了——殊不知恰恰此時，史達林因在中蘇條約談判中被迫向毛澤東讓步而對中國產生了極大的不滿和懷疑；在 1960 年代初他們又認為中蘇的根本利益是一致的，所以他們的同盟是不會破裂的——殊不知時隔不久，中蘇兩國便分道揚鑣了，而導致他們分裂的並非國家利益之間的衝突。[55] 顯然，維系中蘇關係的不僅僅是利益，甚至主要不是利益，那麼應該如何來解釋中蘇同盟破裂的根本原因呢？於是，冷戰史研究者開始嘗試建立新的概念和分析框架。有學者提出了中國國內政治需要說，如陳兼就認為，中國革命的國內使命決定了其國際使命，外交政策是「國內動員的源泉」，為此，「毛澤東在國際關係方面故意製造敵人。」[56] 還有學者提出了意識形態分歧說，如呂德良認為，莫斯科和北京在關於如何「正確」解釋和實踐共產主義方面產生嚴重分歧，中蘇雙方由此相互指責對方為共產主義的「叛徒」；沒有意識形態之爭，中蘇也不可能分裂。[57] 甚至有學者從性格和心理狀態的角度分析毛澤東的對蘇立場，如盛慕真就用精神分析法來描述毛澤東的個性及其對政治決策的影響，認為領袖的個性缺陷和心理障礙是導致中蘇分裂的主要因素。[58] 這些理論是否能夠解釋中蘇關係的興衰姑且不論，但有一點毋庸置疑，歷史學家正在嘗試在合理的新歷史證據的基礎上建立自己的概念、分析框架和理論模式。而這種做法本來就是冷戰國際史研究者所關注的重構歷史活動之中的應有之意。筆者和李丹慧即將出版的《冷戰與中蘇同盟的命運》一書，會提出一個對中蘇分裂過程和原因的新的分析框架，也許有益於推動這一討論。華東師大冷戰國際史研究中心正在策劃的研究課題——社會主義國家關係及同盟理論研究，也將從事這方面的嘗試。

最後，特別值得一提的是正在出版的由萊夫勒和文安立共同主編的三卷本《劍橋冷戰史》。[59] 該書的目的是闡明冷戰的根源、動力和結局；力圖說明冷戰是如何從第一次和第二次世界大戰以及兩次大戰之間的地緣政治、意識形態、經濟和政治環境中演化而來的；冷戰遺產是如何影響當今國際體系的。這是一部名副其實的國際史，除用一些章節討論大國之間的雙邊或多邊關係，有更多篇幅討論的是地區性和全球性問題，特別是廣泛涉及社會史、

科技史和經濟史的內容，討論了人口、消費、婦女和青年、科學和技術、種族和民族等一系列問題。其意義遠遠超出了狹義的外交史，在國際關係和國際格局之外，還要說明的是冷戰時期對絕大多數人來說最重要的是什麼；為什麼只有瞭解經濟、思想和文化互動是如何影響政治話語、外交事件、戰略決策的，才能理解冷戰的起源和結束。這部巨著的大部分作者是歷史學家，但也有政治學家、經濟學家和社會學家。在方法論方面，該書力圖做到綜合性、比較性和多元性的結合。可以說，這部著作代表了目前冷戰國際史研究最前沿、最權威的學術成果，也反映了這一研究的發展趨勢。

近來「新冷戰」（New Cold War）問題開始引起國際社會的關注，大國之間圍繞著利益和權力的對抗，國際政治中出現的對峙和遏制，使人們不得不想起冷戰年代。[60] 世界是否會進入新冷戰時代？目前國際緊張狀態中有哪些因素來自於冷戰年代？今後又將如何發展和演變？回答這些問題，無疑都需要思考過去的經驗和教訓。因為當代世界的結構性因素和重大國際問題的淵源都與冷戰時期密切相關，所以，冷戰研究可以為理解和把握後冷戰時期歷史運動規律、應對現實國際問題提供必要的戰略性思考和歷史借鑑。這也是進一步全面、深入地加強冷戰國際史研究，並在學科建設方面把這一研究提高到應有地位的現實意義所在。

註釋

[1]. 本文是華東師範大學冷戰國際史研究中心主任沈志華教授，為 2010 年 10 月 16—17 日教育部社會科學委員會歷史學部年會論文。

[2]. 人們也曾使用過「新冷戰史」這一概念。美國著名冷戰史專家約翰·蓋迪斯把冷戰結束後出現的重新考察和評估冷戰歷史的現象稱為「The New Cold War History」，見 John Gaddis, We Now Know：Rethinking Cold War History, New York：Oxford University Press, 1997, p. 282。

[3]. 徐思彥：《冷戰史研究：一個新的學術增長點》，《中華讀書報》，2004 年 11 月 10 日。

[4]. 主要參考資料：Odd Westad(ed.), Reviewing the Cold War： Approaches, Interpretations, Theory, London：Frank CASS Publishers, 2000；Wilfried Loth,「General Views on the Cold War」, Cold War History, Vol. 3, No. 2, January 2003, pp.157–165；沈志華：《冷戰史新研究與檔案文獻的收集和利用》，《歷史研究》，2003 年第 1 期，

第140—150頁；陳兼、余偉民：《「冷戰史新研究」的源起、學術特徵及批判》，《歷史研究》，2003年第3期，第3—22頁；Зубок В.М.,Печатнов В.О. Отечественная историография「Холодной войны」：некоторые итоги десятилетия// Отечественная история, 2003, № 4, 5；翟強：《西方冷戰史研究近況》，2008年4月29日在華東師範大學冷戰國際史研究中心的演講；Круглый стол вИВИ РАН「Феномен 『холодной войны』в международных отношениях ХХ века：итоги и перспективыисследования」// Новая и новейшая история, 2006, № 6, с.73—100。

[5]. 該文後來在美國發表，見 Shen zhihua,「The Discrepancy between the Russian and Chinese Ver-sions of Mao's 2 October 1950 Message to Stalin on Chinese Entry into the Korean War：A Chinese Scholar's Reply」, Cold War International History Project Bulletin, Issues 8-9, Winter 1996/1997, pp.237-242。

[6]. 華東師大冷戰國際史研究中心已購買近2000捲縮微膠卷，目前正在整理目錄，並將在網站公佈。

[7]. 關於俄國檔案的開放和利用的情況介紹，參見 Mark Kramer,「Archival Research in Moscow：Progress and Pitfalls」, CWIHP Bulletin, Issue 3, Fall 1993, pp.18-39；沈志華：《俄國檔案文獻：保管、解密和利用》，《歷史研究》，1998年第5期，第136—149頁；余敏玲：《俄國主要檔案館現狀簡介》，（臺北）《近代中國》，第140期（2000年），第200—217頁。

[8]. 參見 Чубарьян А.О. Новая история「холодной войны」// Новая и новейшая история, 1997, №.6, с.3-22。

[9]. 有關日本外務省解密檔案的卷宗目錄及各批解密檔案的數量，可以在日本外務省網站瀏覽。其網址是：http://www.mofa.go.jp/。

[10]. John Gaddis, We Now Know. 關於這種看法還有一部比較典型的著作：Norman Friedman, The Fifty Year War：Conflict and Strategy in the Cold War, London：Chatham Publishing, 2000。

[11]. Carolyn Eisenberg,「Review of We Now Know by John L. Gaddis」, The Journal of American History, Vol. 84, No. 4, March 1998, pp. 1462-64；David Painter,「A Partial History of the Cold War」, Cold War History, Vol. 6, No. 4, November 2006, pp. 527-34；Geir Lundestad,「The Cold War Accord-ing to John Lewis Gaddis」, Cold War History, Vol. 6, No. 4, November 2006, pp. 535-42.

[12]. Melvyn Leffler, For the Soul of Mankind：The United States, the Soviet Union, and the Cold War, New York：Hill and Wang, 2007.

[13]. 徐藍：《試論第二次世界大戰後國際秩序的建立與發展》，《世界歷史》，2003年第6期。

[14]. 參見沈志華：《共產黨情報局的建立及其目標——兼論冷戰形成的概念界定》，《中國社會科學》，2002 年第 3 期；《史達林的「聯合政府」政策及其結局（1944—1947）》，《俄羅斯研究》，2007 年第 5、6 期；《史達林與 1943 年共產國際的解散》，《探索與爭鳴》，2008 年第 2 期。

[15]. Vojtech Mastny, The Cold War and Soviet Insecurity, New York：Oxford University Press, 1996.

[16]. Vladislav Zubok and Constantine Pleshakov, Inside the Kremlin』s Cold War：From Stalin to Khrushchev, Cambridge：Harvard University Press, 1997.

[17]. Vladislav Zubok, A Failed Empire：The Soviet Union in the Cold War from Stalin to Gorbachev, Chapel Hill：University of North Carolina Press, 2007.

[18]. 張盛發：《史達林與冷戰》，中國社會科學出版社，2000 年。沈志華：《中蘇同盟、朝鮮戰爭與對日和約——東亞冷戰格局形成的三部曲及其互動關係》，《中國社會科學》，2005 年第 5 期；《史達林與中國內戰的起源（1945—1946）》，《社會科學戰線》，2008 年第 10 期。

[19]. Warren Cohen, Chen Jian, John Carver, Michael Sheng, and Odd Arne Westad,「Rethinking the Lost Chance in China」, Diplomatic History, Vol. 21, No. 1, Winter 1997, pp.71-115.

[20]. Evelyn Goh, Constructing the US Rapprochement with China, 1961-1974：From「Red Menace」to「Tacit Ally」, New York：Cambridge University Press, 2005.

[21]. Michael Lumbers, Piercing the Bamboo Curtain：Tentative Bridge-Building to China during the Johnson Years, Manchester：Manchester University Press, 2008.

[22]. William Burr, The Kissinger Transcripts：The Top Secret Talks with Beijing and Moscow, New York：The New Press, 1998；James Mann, About Face：A History of America』s Curious Relationship with China, from Nixon to Clinton, New York：Alfred A. Knopf, Inc., 1999；William Kirby, Robert Ross, and Gong Li（eds.）, Normalization of U.S.-China Relations：An International History, Cambridge and London：Harvard University Press, 2005；Nancy Tucker,「Taiwan expendable? Nixon and Kissinger go to China」, Journal of American History, 92：1（2005）, pp. 109-135；Xia Yafeng, Negotiating with the Enemy：U.S.-China Talks during the Cold War, 1949-1972, Bloomington：Indiana University Press, 2006；Margaret MacMillan, Nixon and Mao, The Week That Changed the World, New York：Randon House, 2007.

[23]. 最近發表的重要成果有何慧的《尼克森與中國——半個世紀的不解之緣》（河南人民出版社，2005 版）、王立新的《意識形態與美國外交政策——以 20 世紀美國對華政策為個案的研究》（北京大學出版社，2007 年版）。

[24]. 如張曙光的《接觸外交：尼克森政府與解凍中美關係》（世界知識出版社，2009年版）。

[25].Chen Jian, Mao』s China and the Cold War, Chapel Hill & London：The University of North Carolina Press, 2001；Eliza beth Wishnick, Mending Fences：The Evolution of Moscow』s China Policy from Brezhnev to Yeltsin, Seattle and London：University of Washington Press, 2001.

[26].Douglas Stiffler, Building Socialism at Chinese People』s University：Chinese Cadres and SovietExperts in the People』s Republic of China, 1949–1957. Ph. D. dissertation, University of California, San Diego, 2002.

[27].Брежнев А.А. Китай：тернистый путь к добрососедству, воспоминания и размышления, Москва：Международные отношения, 1998；Ледовский А.М. СССР и Сталин в судьбах Китая, Документы и свидетельства участника событий 1937–1952, Москва：НИМ, 1999；Кулик Б.Т. Советско-китайский раскол：причины и последствия, Москва：ИДВ РАН, 2000；Рахманин О.Б. К истории отношений России-СССР с Китаем в XX веке, Обзор и анализ основных событий, Москва：Памятники исторической мысли, 2002.

[28].Ткаченко Б.И. Россия – Китай：восточная граница в документах и фактах, Владивосток：Уссури, 1999；Мясников В.С., Степанов Е.Д. Границы Китая：История формирования, Москва：Памятники исторической мысли, 2001；Попов И.М. Россия и Китай：300 лет на грани войны, Москва：издательство АСТ, 2004；Рябушкин Д.С. Мифы Даманского, Москва：Издательство АСТ, 2004；Ивасита А. 4000 километров проблем：российско-китайская граница, Москва：АСТ, Восток-Запад, 2006.

[29].Бармин В.А. Синьцзян в советско-китайских отношениях 1941–1949гг., Барнаул：Изд-во БГПУ, 1999；Зазерская Т.Г. Советские специалисты и формирование военно-промышленного комплекса Китая（1949–1960годы）, Санкт-Петербург：НИИХ СПБГУ, 2000；Мартыненко В.П.(ред.) Российско-китайские научные связи：проблемы становления и развития, СПБ：Издательство Санкт-Петербугского института истории РАН, 2005.

[30]. 詳見徐思彥：《走向破裂的結盟：中蘇同盟研究的新進展》，《清華大學學報》，2008年第5期。

[31]. 詳見沈志華主編：《中蘇關係史綱（1917—1991）》（新華出版社，2007年版）的跋。

[32]. 如Kathryn Weathersby,「The Soviet Role in the Early Phase of the Korean War：New Docu-mentary Evidence」, The Journal of American-East Relations, 1993, Vol. 2, No. 4,

pp.425–457；「Soviet Aims in Korea and the Outbreak of the Korean War, 1945–1950：New Evidence from the Russian Archives」, CWIHP Working Paper, No.8, 1993；「Korean, 1949–50：To Attack, or Not to Attack? Stalin, Kim Il Sung, and the Prelude to War」, CWIHP Bulletin, Issue 5, Spring 1995, pp.1–9；Орлов А.С. Советская авиация в Корейской войне 1950–1953гг.// Новая и новейшая история, 1998, №4, с.121–146；Волохова А. Переговоры о перемирии в Корее 1951–1953гг., по материалам Архива внешней политики России// Проблемы дальнего востока, 2000, №2, с.96–110；Zhang Xiaoming, Red Wings over the Yalu：China, The Soviet Union, and the Air War in Korea, College Station：Texas A & M UniversityPress, 2002。

[33]. 全面研究的有陳兼和張曙光的專著，Chen Jian, China's Road to the Korean War：The Making of the Sino-American Confrontation, New York： Columbia University Press, 1994；Shu Guang Zhang, Mao』s Military Romanticism：China and the Korean War, 1950–1953, Lawrence：University Press of Kansas, 1995。還有一些論文也值得注意：Thomas Christensen,「Threats, Assurances, and the Last Chance for Peace：The Lessons of Mao's Korean War Telegrams」, International Security, 1992, Vol. 17, No. 1, pp.122–150；Philip West,「Confronting the West：China as David and Goliath in the Korean War」, The Journal of American-East Asian Relations, 1993, Vol. 2, No. 1, pp.5–28；V. Petrov,「Mao, Stalin, and Kim Il Sung：An Interpretative Essay」, Journal Northeast Asian Studies, 1994, Vol. 13, No. 2, pp.3–30；Michael Sheng,「Mao, Tibet, and the Korean War」, Journal of Cold War Studies, Vol. 8, No. 3, Summer 2006, pp.15–33。

[34].Roger Dingman,「The Dagger and the Gift：The Impact of the Korean War on Japan」, The Journal of American-East Asian Relations, Vol. 2, No. 1, 1993, pp.29–55；Michael Hopkins,「The Price of Cold War Partnership：Sir Oliver Franks and the British Military Commitment in the Korean War」, Cold War History, Vol. 1, No. 2, January 2001, pp.28–46；Çagdas Üngör,「Perceptions of China in the Turkish Korean War Narratives」, Turkish Studies, Vol. 7, No. 3, September 2006, pp.405–420.

[35].Laurence Jolidan,「Soviet Interrogation of U.S. POWs in the Korean War」, CWIHP Bulletin, Issues 6–7, Winter 1995/1996, pp.123–125； Kathryn Weathersby,「Deceiving the Deceivers：Moscow, Beijing, Pyongyang, and the Allegations of Bacteriological Weapons Use in Korea」, CWIHP Bulletin, Issue 11, Winter 1998, pp.176–185；Milton Leitenberg,「New Russian Evidence on the Korean War Biological Warfare Allegations：Background and Analysis」, CWIHP Bulletin, Issue 11, Winter 1998, pp.185–200； Stephen Endicott and Edward Hagerman, The United States and Biological Warfare：Secrets From the Early Cold War and Korea, Bloomington：Indiana University Press, 1998；Milton Leitenberg,「The Korean War Biological Weapon Allegations：Additional Information and Disclosures」, Asian

Perspec-tive, 24（3），2000, pp.159–172. 筆者在臺灣冷戰時期海峽兩岸的歷史發展研究生工作坊（2008年8月）還看到一篇專門研究中國戰俘的論文，David Chang，「Huijia（To Return Home）：The origins of the forcible screening for voluntary repatriation of Chinese POWs during the Korean War。」

[36]. 值得注意的成果見 Торкунов А.В. Загадочная война：корейский конфликт 1950–1953годов, Москва：Российская политическая энциклопедия, 2000。

[37]. 徐焰：《第一次較量——抗美援朝戰爭的歷史回顧與反思》，中國廣播電視出版社，1990年版。

[38]. 參見鄧峰：《朝鮮戰爭研究在中國：十年綜述》，《中共黨史研究》，2010年第9期，第116—125頁。

[39]. 值得提及的是年輕學者也開始加入了討論，如對美國外層空間政策（張揚）、美國核戰略（詹欣）、蘇聯核武器研製（劉玉寶）、蘇聯對以色列政策的演變（肖瑜）、美國與北約的關係（姚百慧、丁祖煜）、波匈事件（胡泊、郭潔）、阿富汗戰爭（李瓊、李曉亮）、美國對史達林去世後蘇聯外交政策的反應（葛騰飛、汪婧、樊百玉）等問題的研究。

[40]. Odd Westad, The Global Cold War：Third World Interventions and the Making of Our Times, New York：Cambridge University Press, 2005. 還可參見：Jeremi Suri, Power and Protest：Global Revolution and the Rise of Détente, Cambridge, Mass.：Harvard University Press, 2003；Jeffrey Engel（ed.），Local Consequences of the Global Cold War, Washington D.C.：Woodrow Wilson Center Press, Stanford C.A.：Stanford University Press, 2007。

[41]. Liu Xiaoyuan, Reins of Liberation：An Entangled History of Mongolian Independence, Chinese Territoriality, and Great Power Hegemony, 1911–1950, Washington, D.C.：Woodrow Wilson Center Press, Stanford：Stanford University Press, 2006.

[42]. Matthew Connelly, A Diplomatic Revolution：Algeria』s Fight for Independence and the Origins of the Post-Cold War Era, New York：Oxford University Press, 2002.

[43]. 目前已發表的研究成果可見戴超武的《1965年印巴戰爭與美國的反應和政策》（《世界歷史》，2008年第2期）、《中印邊界衝突與蘇聯的反應和政策》（《歷史研究》，2003年第3期），趙學功的《巨大的轉變：戰後美國對東亞的政策》（天津人民出版社，2002年版）、《簡論肯尼迪政府對古巴的隱蔽行動計劃》（《南開學報》，2007年第5期），姚昱：《中國與不發達國家的經濟聯繫》（《中共黨史研究》，2008年第2期），舒建中的《美國的「成功行動」計劃：遏制政策與維護後院的隱蔽行動》（《世界歷史》，2008年第6期），劉蓮芬：《1960—1962年老撾危機與美泰關係》（《東南亞研究》，2008年第1期），孫德剛的《第四次中東戰爭與美國政府的危機管理》（《華東師範大學學報》，2009年第1期），代兵的《日

內瓦會議與老撾、柬埔寨的中立》(《社會科學研究》，2008年第2期)，王延慶的《美國對南非核政策的演變》(《歷史教學》，2008年第20期)等。

[44].David Reynolds, One World Divisible：A Global History since 1945, New York：Norton, 2000.

[45].Zhang Shu Guang, Economic Cold War, America』s Embargo against China and the Sino-Soviet Alliance, 1949–1963, Stanford：Stanford University Press, 2001.

[46]. Симонов Н.С. Военно-промышленный комплекс СССР в 1920–1950-е годы：темпы экономического роста, структура, организация производства и управление, Москва：РОССПЭН，1996.

[47].Walter L. Hixson, Parting the Curtain：Propaganda, Culture, and the Cold War, 1945–1961, New York：Palgrave Macmillan, 1997；Jessica C.E. Gienow-Hecht, Transmission Impossible：American Journalism as Cultural Diplomacy in Postwar Germany, 1945–1955, Baton Rouge：Louisiana University Press, 1999；Volker Berghahn, America and the Intellectual Cold Wars in Europe：Sheppard Stone between Philanthropy, Academy, and Diplomacy, Princeton：Princeton University Press, 2002.

[48].Тихвинский С.Л.(отв. ред.) Восток-Россия-Запад, Исторические и культурологические исследования, Москва：Памятники историчрской мысли, 2001；Tony Shaw,「The Politics of Cold War Culture」(Review Essay), Journal of Cold War Studies, Vol. 3, No. 3, Fall 2001, pp.59–76；Patrick Major and Rana Mitter,「East is East and West is West? Toward a Comparative Socio-Culture History of the Cold War」, Cold War History, Vol. 4, No. 1, October 2003, pp.1–22.

[49].Наджафов Д.Г. Сталинский Агитпроп в холодной войны, по архивным фондам ЦК ВКП（6）и МИД СССР// ИВИ РАН Сталин и холодная война, Москва：ИВИ РАН, 1998, с.205–227；Фатеев А.В. Образ врага в советской пропаганде, 1945–1954 гг., Москва：ИРИ РАН, 1999；James B. Critchlow,「Western Cold War Broadcasting」, Journal of Cold War Studies, Vol. 1, No. 3, Fall 1999, pp.168–175；V. Pechatnov,「Exercise in Frustration：Soviet Foreign Propaganda in the Early Cold War, 1945–47」, Cold War History, Vol. 1, No. 2, January 2001, pp.1–27；Рукавишников В.О. Холодная война, холодный мир：Обшественное мнение в США и Европе о СССР/России, внешней политике и безопасности Запада, Москва：Академический Проект, 2005；Ira Chernus,「Meanings of Peace：The Rhetorical Cold War after Stalin」, in Klaus Larres and Kenneth Osgood（eds.）, The Cold War after Stalin』sDeath, pp.95–114.

[50]. 其中最突出的是崔丕的《美國的冷戰戰略與巴黎統籌委員會、中國委員會（1945—1994）》(中華書局，2005年版)，其他還有沈志華的《中蘇同盟的經濟

背景（1948—1953）》（香港中文大學香港亞太研究中心，2000年版）、鄧峰和杜宇榮的《美國冷戰戰略與中日貿易關係（1948—1950）》（《東北師範大學學報》，2007年第5期）、《美國對華政策與中日貿易（1950—1952年）》（《日本研究》，2008年第2期）、姚昱和郭又新的《1953—1956年美國的橡膠政策與國內政治》（《世界歷史》，2007年第6期）、梁志的《美國對外開發援助政策與韓國的經濟「起飛」》（《當代韓國》，2009年春季號）以及謝華的《冷戰時期美國糧食外交的歷史演變（1954—1969）》（《歷史教學》，2009年第6期）等。

[51]. 於群：《美國對日本的心理戰略計劃項目初探（1951—1960）》，《東北師大學報》，2005年第5期，第83—90頁；《「特洛伊計劃」——美國冷戰心理宣傳戰略探微》，《東北師大學報》，2007年第2期，第5—12頁；《社會科學研究與美國心理冷戰戰略》，《美國研究》，2007年第2期，第68—82頁；《論美國在伊拉克進行的心理戰（1945—1958）》，《東北師大學報》，2010年第3期，第47—53頁。

[52]. 在這方面嘗試的有牛可：《國家安全體制與美國冷戰知識分子》（《二十一世紀》，總第79期）；於群：《戰後初期美國在伊朗開展的冷戰電影宣傳戰略（1945—1953）》，於群主編：《美國國家安全與冷戰戰略》，中國社會科學出版社，2006年，第273—293頁。

[53]. 對現有國際關係理論提出的質疑，主要見John Gaddis,「International Relations Theory and the End of the Cold War」, International Security, Vol. 17, No. 3, Winter 1992/1993, pp.5–10；Jeffrey Checkel,「The Constructive Turn in International Relations」, World Politics, 50（1998）, pp.324–348；William Wohlforth,「Reality Check：Revising Theories of International Politics in Response to the End of the Cold War」, World Politics, 50（1998）, pp.650–680。

[54]. Westad（ed.）, Reviewing the Cold War, pp.7–10.

[55]. 美國中央情報局官員關於這方面的分析報告見沈志華、楊奎松主編：《美國對華情報解密檔案》第9、12編，上海：東方出版中心，2009年版。

[56]. Chen Jian, Mao』s China and the Cold War, pp.7–8、180.

[57]. Lorenz Lüthi, The Sino-Soviet Split, pp.46–50, 63.

[58]. Michael M. Sheng,「Mao Zedong』s Narcissistic Personality Disorder and China』s Road to Disaster」, in Ofer Feldman and Linda Valenty（eds.）, Profiling Political Leaders：Cross-Cultural Studies of Personality and Behavior, London：Greenwood Publishing Group, 2001, pp.111–128；「Mao and China』s Relations with the Superpowers in the 1950s：A New Look at the Taiwan Strait Crises and the Sino-Soviet Split」, Modern China, Vol. 34, No. 4, October 2008, pp.477–507.

[59].Melvyn Leffler and Odd Westad（eds.）,The Cambridge History of the Cold War, Vol. I： Origins, 1917–1962; Vol. II： Conflicts and Crises, 1962–1975; Vol. III., Endings, 1975–1991, Cambridge：Cambridge University Press, 2009/2010.

[60]. 關於「新冷戰」問題的集中討論，見《俄羅斯研究》，2008 年第 5 期「熱點聚焦」欄目。

[61]. 原文為德文，中譯本見迪特・海因茨希：《中蘇走向同盟的艱難歷程》，張文武等譯，新華出版社，2001 年版。

[62].Shu Guang Zhang, Economic Cold War, America』s Embargo against China and the Sino-Soviet Alliance, 1949–1963 ，Stanford：Stanford University Press, 2001；Lorenz Lüthi, The Sino-Soviet Split：Cold War in the Communist World ，Princeton and Oxford：Princeton University Press, 2008；Sergey Radchenko, Two Suns in the Heavens：the Sino-Soviet Struggle for Supremacy, 1962–1967 ，Washington, D.C.：Woodrow Wilson Center Press, Stanford：Stanford University Press, 2009.

[63]. 其中比較有影響著作包括：Sergei Goncharov, John Lewis, and Xue Litai, Uncertain Partner：Stalin, Mao, and the Korean War ，Stanford：Stanford University Press, 1993；William Stueck, The Korean War：An International History ，Princeton：Princeton University Press, 1995；蔡漢國、鄭錫均、梁寧祚：《韓國戰爭》（三卷），首爾：國防軍史研究所印行，1995—1997 年；Валковский Н.Л. гла.ред.Война в Корее, 1950–1953, Санкт-Петербург：ПОЛИГОН, 2000；Торкунов А.В. Загадочная война：корейский конфликт 1950–1953годов, Москва：Российская политическая энциклопедия, 2000；William Stueck, Rethinking The Korean War：A New Diplomatic and Strategic History ，Princeton：Princeton University Press, 2002；和田春樹：《朝鮮戰爭全史》，東京：岩波書店，2002 年版；Alan J. Levine, Stalin』s Last War：Korea and the Approach to World War III, Jefferson, North Carolina, and London：McFarland & Company, Inc., Publishers, 2005。

[64].John E. Bowlt and Dmitrii Sarab'yanov,「Keepers of the Flame：An Exchange on Art and Western Cultural Influences in the USSR After World War II」, Journal of Cold War Studies ，Vol. 4, No. 1, Winter 2002, pp.81–87；Victor Rosenberg, Soviet-American Relations, 1953–1960, Diplomacy and Cultural Exchange During the Eisenhower Presidency ，Jefferson and London：McFarland & Company, Inc., 2005；Jeffrey Brooks,「Stalin』s Ghost：Cold War Culture and U.S.-Soviet Relations」, in Klaus Larres and Kenneth Osgood（eds.）,The Cold War after Stalin』s Death, pp.115–134.

國別個案

- 試論戰後匈牙利的「蘇聯模式化」
- 美國對匈牙利十月危機的反應
- 納吉關於匈牙利社會主義道路的設想
- 「納吉案件」之謎——根據原蘇東國家解密檔案的分析
- 近二十年波蘭外交轉型芻議

▎試論戰後匈牙利的「蘇聯模式化」

匈牙利位於歐洲中部，是一個國土面積僅有9.3萬平方公里的內陸國家。從公元1000年第一位國王聖·伊什特萬正式加冕算起，到20世紀1940年代，匈牙利已有了940多年的歷史。二戰期間，匈牙利與保加利亞、羅馬尼亞一樣，同為法西斯德國的僕從國。由此，戰爭結束後也都成了戰敗方。盟國在這些國家設有管制委員會（The Allied Control Commission），[1]委員會名義上由蘇、美、英三國共管，但在具體運作過程中，實際上依據「誰占領、誰負責」的原則被劃歸蘇聯的勢力範圍。1944年底至1947年深秋，與東歐多數國家類似，匈牙利走的是一條由人民民主向社會主義過渡的道路。

一、短暫的「人民民主」及其產生背景

「人民民主」這一術語，據俄羅斯學者塔季揚娜·沃羅基京娜（Т.В.Волокитина）等人的研究，始見於1930年代西班牙內戰時期。它與「新型議會制共和國」的出現緊密相連，代表的是一種特殊類型的共和國。在這種共和國中，國家政權歸由各派政治力量共同組成並在整個社會中具有決定性影響的反法西斯力量聯盟民族陣線所有，民族陣線在整個社會具有決定性的影響。[2]當時，在包括共產黨在內的政治左翼力量看來，人民民主應當是一種新型的民主，它既不能仿效傳統的西方自由民主制度，又當同建立在無產階級專政基礎上的蘇聯政權模式區別開來。而「人民民主道路」這一概念，依照美國學者查爾斯·蓋蒂（Charles Gati）的說法，代表的是政治、經濟和社會秩序的一種「過渡形態。」在這一形態中，「資本主義和社會主義的力量、因素和特徵同時並存，社會主義將透過漸進的方式戰勝資本主義。」[3]戰後

初期東歐各國的人民民主制度，從其主要特徵來看：在政治上，實行的多黨議會民主制度，即採取多黨聯合組閣而非共產黨一黨執政的政權組織形式；在經濟上，則是一種多種所有制形式並存的混合結構，即一方面保留私營經濟和市場關係的存在，同時又透過大規模的土地改革和逐步國有化部分地實現生產資料的公有。

1944年至1947年間東歐國家選擇「人民民主道路」，首先同反法西斯戰爭結束前夕社會中左翼激進情緒普遍高漲直接相關。在當時，無論是共產黨人還是社會黨人，都將社會主義視為自身努力的前景和方向。雖然雙方對社會主義的理解存在著種種分歧，但他們均承認通往社會主義的道路將會是漫長的，多半需要數代人的努力方能實現。同時，他們也都認為，由於這是一條和平的、免除了革命動盪的道路，故而無須實行無產階級專政。不過，在具體目標方面，社會黨人大多嚮往西歐的社會改良主義模式，而共產黨人則常常認為「蘇維埃民主」是最高級的民主模式，但即便如此，他們希望透過和平方式而非像蘇聯那樣以社會政治動盪為代價來實現它。[4] 然而，若從更深層次來看，人民民主在二戰接近尾聲之時之所以能夠從一種理論設想變為政治現實，決定性的因素主要來自於外部——首先是蘇聯的影響。1945年前後，蘇聯對東歐的外交政策是在一個目標和現實相互衝突的矛盾框架中形成的。一方面，蘇聯新的歐洲地緣政治地位為它提供了將「一國建設社會主義」推廣到在「一個地區建設社會主義」的歷史機遇。另一方面，為鞏固和發展蘇聯在雅爾達－波茨坦體系中獲得的政治利益，蘇聯又需顧及到同西方國家之間結成的戰時同盟關係；此時若在東歐強行推進社會主義的戰略會招致西方的敵視、不滿和反對，激化雙方矛盾。可以說，戰後初期東歐透過漸進式的議會道路走向社會主義這種制度安排是服務於蘇聯的對外政策的。當時，蘇聯對外政策的主要目標就是確保繼續維持大國間相互合作的紐帶，在對蘇友好的國家（首先是位於蘇聯西部和西南部邊界的那些國家）構築起一條戰略「安全帶」，同時在戰後共產黨影響力增強、幾個主要的西歐共產黨（如義大利共產黨、法國共產黨、希臘共產黨）紛紛進入政府的形勢下，力求實現推進「世界革命」的設想。[5]

國別個案
試論戰後匈牙利的「蘇聯模式化」

　　這樣，在世界反法西斯戰爭即將結束以及結束後的最初兩年裡，蘇聯鼓勵東歐國家選擇一條不同於自己的社會主義發展道路。根據莫洛托夫就成立匈牙利臨時政府問題與匈牙利代表團的會談紀要，1944年11月，蘇聯關於匈牙利多黨聯合政府的設想是，它「應當建立在民主的基礎上，並吸收所有政黨、所有政治派別的代表參加。」[6]按照這種設想，1944年12月2日，匈牙利共產黨、小農黨、社會民主黨、全國農民黨、資產階級民主黨以及工會理事會的代表共同組成匈牙利民族獨立陣線。該陣線以匈牙利共產黨提出的反法西斯、反封建、爭取建立人民民主制度的民主改革綱領作為聯合的政治基礎。12月21日，匈牙利臨時國會在德布勒森市召開，成立了由小農黨、社會民主黨、全國農民黨、匈牙利共產黨四黨組成的臨時聯合政府。臨時政府體現了人民民主政體的政權組織形式，它實行的是代表各階級的幾個主要政黨聯合組閣和多黨議會民主制。臨時政府成立後採取的第一項措施就是土地改革，通過把土地分給農民，改變了戰後匈牙利的社會和階級結構，為擴大農業生產開闢了廣闊天地。1945年11月14日，根據第一次議會選舉的結果，[7]匈牙利正式建立了匈牙利解放後第一屆民主聯合政府。1946年2月，匈牙利廢除帝制，建立了共和國，組成了以匈牙利小農黨占多數的新政府。新政府在經濟、社會等領域實施了一定範圍的民主改革：1946年春夏，為了克服金融危機和通貨膨脹，制定和公佈了財經和貨幣改革措施；同年6月和9月，分別通過了關於煤礦國有化的法令和關於大規模電力站全部國有化的法令；此外，還決定建立國家對民族銀行以及私人生產的監督，鞏固並加強重新建立起來的農業生產單位，等等。

　　戰後初期，整個歐洲都普遍組建了由各政黨派別參加的聯合政府。但是，東歐國家所建立的人民民主制度與西方的議會民主制度有著根本的不同，它是對各階層勞動者實行民主，是勞動人民的國家政權；同時，它又不同於蘇聯式的無產階級專政，人民民主制度並不剝奪資產階級的民主權利，而且國家經濟具有多種成分並存的特徵。從當時的客觀情況看，人民民主是基本符合東歐歷史與現實的一種社會主義模式。應當肯定，把人民民主制度作為從資本主義向社會主義過渡的一種國家形態，在當時的歷史條件下是符合東歐各國實際的一種選擇。

二、從「人民民主」向蘇聯模式的過渡

依照蘇聯和匈牙利兩國領導人的最初想法,匈牙利的人民民主道路將會經歷一個相當長的歷史階段。1944年底史達林曾告誡匈牙利共產黨[265]領導人,切勿以政治口號「嚇著人民」,「要想走得更遠,必須有待力量足夠強大。」匈黨主管意識形態工作的領導人雷瓦伊·約瑟夫(József Révai)在同期召開的匈牙利共產黨成立大會上也曾公開宣稱:「千萬不要以為(由幾個政黨組成的)民族合作是一個短暫的政治聯盟,是戰術上的緩兵之計,相反,這個聯盟將長期存在。」[8] 但是,聯盟終究未能長期存在,不到兩年之後,在蘇聯的直接干預下,匈牙利的人民民主道路被迫中斷。

蘇聯為何突然改變其原定的設想?對此,不乏大量的解釋。應當說,大國之間在諸如德國問題、東歐發展前景等重要問題上的矛盾和對抗變得愈加明顯和激烈,西歐社會情緒的指針開始向右擺動,芬蘭共產黨在議會選舉中失利、法國和義大利兩國的共產黨人與社會黨人之間的關係急劇惡化並先後被逐出政府、希臘共產黨抵抗運動在事實上的失敗以及東歐各國共產黨在大選中頻頻遭挫等,都是非常重要的誘因。在上述事態的綜合影響下,蘇聯以及東歐各國共產黨開始對民主聯盟政策以及在新的國際形勢下透過議會道路和平地走向社會主義的現實可能性產生出懷疑和擔憂。在莫斯科看來,日漸緊張的國際局勢和東歐國家內部政治力量的對比變化對共產黨在聯合政府中的地位構成了嚴重的威脅。一旦東歐各黨步西歐黨之後塵,被排擠出聯合政府,則東歐各國對蘇友好政府的生存繼而蘇聯在東歐的存在,都將面臨嚴峻挑戰。於是不久後,在馬歇爾計劃和蘇南關係惡化兩件事的直接刺激下,蘇聯對東歐的政策隨之發生重大轉變,史達林斷然決定拋棄大國合作的幻想,並叫停東歐人民民主嘗試。

從1948年到1953年,匈牙利經歷了美國政治學家胡安·J. 林茨(Juan J. Linz)和阿爾弗萊德·斯泰潘(Alfred Stepan)所稱的「東歐最強烈的史達林化時期。」[9] 其中,1947—1948年可以視作是從人民民主向蘇聯模式邁進的階段,在某種意義上也可將其稱為一個「去人民民主化」的階段。在此期間,人民民主道路所具有的特徵被一點點剝離,除共產黨之外的其他政黨逐步被清除出國家政權,國有化邁出了更快、更大的步伐。

國別個案
試論戰後匈牙利的「蘇聯模式化」

從1947年開始，為了將其他黨派逐個清除出聯合政府，實現共產黨一黨執政，匈黨開始實施所謂的「切香腸戰術」（Salami Tactics）。對於這一戰術，黨的總書記拉科西‧馬加什（Mátyás Rákosi）曾做過形象的解釋。他說：「我們力圖做到毫不費力地取得政權，像切香腸一樣，分階段地一個一個切割。首先，我們廣泛聯合；然後，我們在諸如警察、國內保安這類部門增加我們的實力；最後，我們把敵人統統地排擠出去，讓他們引退去當老百姓。」[10] 根據這一戰術設計，首先要被「切割」的「香腸」是聯合政府中的第一大黨獨立小農黨（Smallholder's Party，SHP）。[11] 1947年1月5日，匈黨控制下的內務部發出公告，聲稱由原反動組織匈牙利生命黨領導人為首的七人委員會，從1946年下半年開始進行反對共和國的陰謀活動，準備在1947年夏簽署《對匈牙利和約》和蘇軍撤離時發動政變，建立投靠西方的、由小農黨一黨專政的政權，此即所謂的「共和國陰謀案。」隨後，匈黨領導人便以此為藉口，不斷向小農黨領袖施壓，致使該黨創始人之一、時任內閣總理的納吉‧費倫茨（Ferenc Nagy）及其他小農黨政府成員被迫辭職。同時，在蘇聯的直接干預下，該黨另一位領袖、時任共和國總統的蒂爾迪‧佐爾坦（Zoltán Tildy）亦被軟禁並押往莫斯科。遭此重創後，小農黨的政治影響力急劇滑落。同年11月，匈黨聯合政府中的第二大黨社會民主黨（Social Democratic Party，SDP）[12] 在全國大選中擊敗小農黨，組成了以左派政黨為主體的新政府。隨後，匈黨又透過對社會民主黨中的中、右勢力實施打擊和政治清洗，於1948年6月最終實現了社會民主黨與共產黨的合併。根據蘇聯的建議，合併後的黨取名為匈牙利勞動人民黨，黨的總書記由拉科西擔任。社會民主黨作為一個政治實體不復存在。1949年5月，匈牙利舉行全國大選，勞動人民黨毫無懸念地以絕對優勢贏得了勝利。在選出的402名議會代表中，285名代表（佔代表總數的71%）是匈黨成員；在15個政府部長職位中，匈黨佔了11個。[13] 至此，匈牙利完成了由多黨聯合執政向一黨單獨執政的過渡。

除了取消多黨制的鬥爭之外，匈黨還加快了經濟領域清除資本主義成分的步伐。戰後頭兩年，聯合政府只是將礦業和電氣產業收歸國有，仍然保留並允許私有經濟在其他領域的存在。從1947年起，國有化的範圍迅速擴大。1948年2月，國民議會通過了關於鐵礬土和制鋁工業國有化的法令；次月，

批準了關於對雇工超過百人的企業（約有 600 多家）實行國有化的法令和將匈牙利保險公司劃歸國有的決議；其後不久，又做出決定，將全國 13 家大銀行連同其參股和監督下的 264 個工業企業全部收歸國有。至 1948 年春，生產資料的國有化已基本完成。是年 3 月底，國有企業從業人數已占全國工人總數的 73.8%。在此階段，土地國有化尚未大規模展開，但已開始選點試行。1948 年秋，僅幾週之內，就迅速地組建了 600 個生產合作社。[14]

三、蘇聯模式在匈牙利的全面確立

多黨制的取消、無產階級專政的建立，為全面推進蘇聯模式掃清了道路。從 1949 年起，匈牙利的「蘇維埃化」進入到第二個階段，開始向蘇聯模式的社會主義全面而快速地邁進。

首先，政治上，在匈牙利勞動人民黨一黨執政的基礎上形成了高度集權的領導體制。

在匈牙利，高度集權的政治體制突出地表現在：黨凌駕於國家和社會之上，代行最高權力機關（國民議會）、國家最高管理機關（部長會議）、最高司法機關（最高法院和總檢察長）的立法、行政和司法權，同時將全國工會、勞動青年聯盟、民主婦女聯合會等群眾團體置於黨的直接控制之下。以國民議會為例，在 1949 年議會大選之後，國民議會的權力較之多黨聯合執政時期大為收縮，其立法權事實上已由共和國主席團代為行使。有數據表明，聯合政府時期，國家所有的法令均須由國民議會批準通過，但自 1950 年開始，國家 80%—90% 的法令是由共和國主席團制定和頒布的。[15] 由於共和國主席團的成員系由黨中央任命，如此一來，國民議會實際上處於黨的領導之下，對國家政治生活失去了應有的影響。

除此之外，權力的高度集中在黨的自身組織系統內也表現得特別明顯。跟蘇聯共產黨一樣，匈黨內部的權力架構也猶如一座金字塔，自下而上，權力依次遞增：基層黨組織 → 地區委員會 → 中央委員會 → 政治局。在位於塔尖的政治局中，黨的總書記拉科西與另外三位委員格羅·埃諾（Ernő Gerő）、法卡什·米哈伊（Mihály Farkas）、雷瓦伊又組成了一個號稱「四駕馬車」的權力小集團，其中，拉科西擁有最後的發言權。「四駕馬車」不僅

獨攬黨內一切大權，而且依照蘇聯的做法，不斷強化政治警察、保安機構的職權和地位，並將其置於黨和國家各級組織和機構之上。這樣的一種組織模型和權力架構，不僅為黨的最高領導人濫用權力開了方便之門，而且也造成了個人崇拜的蔓延和盛行。在匈牙利，對自稱為「史達林最優秀的學生」的拉科西的個人崇拜同樣達到了登峰造極的地步。拉科西在晚年回憶起這段經歷時也不由坦承，自己在此過程中充當了「身不由己的主體」，一定程度上推動了全黨和全社會對自己的個人崇拜。[16]

其次，經濟上，在單一的公有制基礎上形成了高度集中的經濟管理體制和快速工業化的經濟發展戰略。

1. 實行單一公有制，消滅其他所有製成分。1949 年 12 月 20 日，共和國主席團發佈第 20 號法令，規定凡雇工在 10 人以上的工業、交通、礦業，5 人以上的印刷廠、電氣廠、翻砂廠和工場，面積達 100 平方米的汽車修理廠、車庫，載重 100 噸以上的運輸車輛以及超過 30 馬力的船隻，均由國家接管。根據法令，收歸國有的還包括美商企業「國際標準電氣公司」、「法康石油公司」，英企「殼牌油」和「凱茲」，荷蘭的「飛利浦」等 60 家外資企業。[17] 不到一個月後，政府又下令將所有從事批發貿易的公司全部國有化。在具體操作過程中，國有化所覆蓋的範圍其實遠大於此，最終許多小手工業者和小商販也被納入其中。國家在將工、商企業收歸國有的同時，農村的土地國有化也迅速鋪開，推動這一進程的基本指導思想是建立蘇聯式的集體農莊。1948 年 11 月，匈黨放棄了先前在此問題上的審慎立場，提出用三至四年的時間實現農業集體化的目標。[18]

2. 形成高度集中的計劃經濟管理體制。1949 年 8 月通過的《匈牙利人民共和國憲法》明確規定：「匈牙利人民共和國的經濟生活受國家的國民經濟計劃決定。」[19] 一整套消除市場經濟、建立中央計劃經濟的做法也從蘇聯原封不動地搬到了匈牙利。根據這套做法，計劃的實施依靠的不是激勵機制，而是行政命令與硬性指標。黨和國家在中央一級設立了主管全國經濟和生產的計劃辦公室，由計劃辦公室根據中央確立的經濟目標制定訂出五年計劃，然後，按年度、季度分解並細化後，下達分管國民經濟各行業的重工業部、輕工業部、農業部、商業部、建設部、交通及郵電部等各政府機構，最後再

由它們落實到各自分管的企業中去。企業生產所需的資金、原材料等均由國家統一調撥，最終產品則必須上交國家統分統銷。作為勞動集體，企業沒有自主經營的權利，除了儘可能快、儘可能多地完成各項計劃指標之外，具體生產什麼、生產多少、怎樣生產，都必須服從於中央的指令；單個工人也因指令性計劃而失去了主體地位，其首要職責就是在一定勞動強度下按規定並儘可能超額完成勞動定額。[20]

3. 實施以重工業為基礎、機器製造和軍事工業為核心的快速工業化發展戰略。1950年1月，匈牙利第一個五年計劃正式生效。該計劃將「加速匈牙利的工業化，首先是發展重工業、特別是機器製造業」確定為國民經濟發展的首要任務。根據規定，「一五」計劃全部投資額（共計509億福林[21]）中大約42%將用於工業生產，而重工業投資額將占全部工業投資額的86%，這其中，又有三分之二用於發展機器製造和軍事工業。按照一五計劃確定的指標，1950至1954年底，國家對農業的總投入僅為80億福林，不足全部投資額的16%；輕工業和商業則更少，分別是30億福林和9億福林。[22]這種重重工業、輕輕工業和農業的經濟發展計劃，也是機械照搬了蘇聯五年計劃的模式。不過，重工業是一種能源與資源消耗型產業，以此作為國民經濟發展的重心，對於匈牙利這樣一個能源稀缺、資源基礎又相當薄弱的傳統農業國家而言，其所需付出的代價可想而知。

再次，在意識形態領域，宣揚史達林的階級鬥爭尖銳化理論，並在實踐中進一步將其推向極端。

在匈黨領導人的大力倡導和推動之下，史達林關於「社會主義越發展、階級鬥爭越尖銳」的理論日益成為黨在意識形態領域的主導思想。同時在此基礎上，拉科西又作了進一步的發揮，提出了「誰不和我們在一起，就是反對我們」、「在錯誤後面找代理人」等口號。在此渲染之下，全黨和全社會被籠罩在一種濃重的政治恐怖氣氛之中。早在1948年秋即匈牙利勞動人民黨成立後不久，第一輪黨內清洗便隨即展開，一部分原社會民主黨人被清除出黨。1949年秋，為了配合史達林在社會主義陣營發起的反南運動，匈黨政治局委員、書記處書記、人民陣線總書記、外交部長拉伊克·拉斯洛（László Rajk）被冠以「狄托分子」、「共產黨叛徒」、「國際間諜」、「霍爾蒂密探」

等罪名遭到處決。轟動一時的「拉伊克案」迅速拉開了黨內更大規模政治清洗運動的序幕。[23] 在拉科西的直接指揮和領導之下，許多黨和國家領導人、普通黨員幹部被扣上了「狄托分子」、「拉伊克分子」或「帝國主義代理人」等諸如此類的帽子，遭到拘捕或被逐出黨的隊伍。到 1950 年初，匈牙利勞動人民黨的黨員人數已由 1948 年成立之初的 1,128,130 人驟降為 828,695 人，減少近三分之一。[24]

大規模清洗運動是從黨內開始的，但很快便波及整個社會，幾乎無一個階層得以倖免。工人、農民、城市中產階級、知識分子、宗教人士均成了鎮壓對象。為使企業完成或超額完成中央下達的生產任務，國家規定了嚴苛的勞動紀律，工人稍有違反，輕則會被扣薪或罰款，重則招致拘留和監禁。1950 年春，時任財政部長的格羅在一次公開講話中強硬地表示：「我們必須採取嚴厲的措施保障勞動紀律得到遵守，對於那些觸犯者……不能僅以違紀論處，必須給以更嚴厲的處置，追究其刑事責任！」[25] 僅 1951 年至 1952 年間，就有 1.5 萬名勞動者因違反勞動紀律被關進監獄。1949 年至 1953 年，為瞭解決黨內各級領導幹部住房緊張的問題，當局將大約 35—40 萬戶城市中產階級家庭的房產予以沒收，並將其驅逐至偏遠鄉村重新安置。[26] 在大清洗期間，天主教會也受到嚴厲的鎮壓。1948 年 12 月，匈牙利總主教、紅衣主教若瑟·敏真諦（József Mindszenty）因反對教育世俗化和關停所有宗教學校遭到逮捕，並於次年 2 月以「反國家陰謀罪」判處無期徒刑。1951 年 6 月，另一名教會領導人格雷斯·約瑟夫（József Grösz）也因捏造的罪名而被捕。1948 至 1950 年，另有 225 名天主教牧師、僧侶遭到拘捕和判刑，2500 名（約占總人數的 25%）神職人員被放逐。在整個匈牙利，從 1948 年底至此後短短四年間，共有近 130 萬人受到法庭審訊，其中一半以上被定罪。如以匈牙利當時 950 萬人口來衡量，也就是說，每年全國約有 1.2% 的人口遭受牢獄之災。[27] 不知何時就會大禍臨身，使得本應平靜的生活變得充滿恐懼與不安，人與人之間的關係，也被籠罩在一層彼此猜疑、互不信任的烏雲之下。

結論

蘇聯模式就這樣被移植到了匈牙利。在這裡，它也有自己史達林式的領袖，整個國家就仿似一個「微型蘇聯。」為使東歐各國的蘇聯模式儘可能地

接近於原型，蘇聯逐漸加大向東歐各國派出顧問。[28] 最開始是軍事方面的顧問。1949 年 1 月底至 2 月初，匈牙利代表團在莫斯科就軍事問題與蘇聯方面舉行談判，雙方就蘇聯派遣一批軍事顧問到匈牙利問題達成協議。其後不久，蘇聯加緊了在東歐國家安全機構和內務部門中建立和鞏固顧問系統的步伐。同年秋，蘇聯國家安全部在其內部專門設立了一個負責「幫助各人民民主國家的安全機構」的部門，包括匈牙利在內的各東歐衛星國家的情報被派駐各國的蘇聯顧問們源源不斷地反饋到這個部門。在經濟領域，根據蘇聯部長會議書記處的檔案材料，倘若沒有蘇聯顧問的參與，那麼匈牙利任何一個重大的社會經濟決定都不會做出並且也不會付諸實施。無論是長、短期的經濟發展規劃，還是有關未來「社會主義藍圖」的構想，抑或是農業合作化以及社會管理組織的改革等很多其他方面的問題，均是如此。[29] 這樣，蘇聯在按自己的樣式「革命性的改造」了匈牙利的政治關係、經濟關係和社會關係後，透過匈黨、蘇聯模式和蘇聯專家，將其完全統合到蘇聯陣營中來，成為這個體制大家庭中不可分割的一個組成部分。然而，今天看來，也正是這一切，為日後匈牙利政治、經濟、社會的曲折發展埋下了深重的伏筆。

（原載《俄羅斯研究》2010 年第 2 期。此處略有修訂）

美國對匈牙利十月危機的反應

　　1956 年匈牙利的十月危機，肇始於 10 月 23 日的學生遊行示威活動，若以 11 月 4 日蘇聯第二次出兵鎮壓作為結束的標誌，其間共經歷了震撼人心的十三個日夜。這短短的十三天不僅在戰後匈牙利的歷史發展中留下了最為沉重的一頁，也對蘇東關係以至此後美蘇冷戰進程產生了深遠的影響。那麼，在美蘇冷戰對峙的時期，美國究竟是如何看待這些危機，又相應做出了怎樣的反應，其背後原因何在？本文將對此加以考查。

一

　　1956 年 10 月 23 日，當布達佩斯爆發危機的消息傳到華盛頓時，美國政府相當意外。甚至連專門負責情報收集和分析並向政府提出政策建議的中央情報局，也和白宮、國務院一樣，頓時不知所措。當然，這並不等於說美國

國別個案
美國對匈牙利十月危機的反應

對匈牙利可能發生騷亂事件的跡象毫無察覺。事實上，早在1956年4月以前，中央情報局的歐洲分部已就匈牙利可能會發生騷亂事件發出過警告。[30] 不僅如此，蘇共二十大後，許多政策分析人士對波匈兩國知識界的躁動不安亦瞭如指掌。不過，直到10月23日，美國政界確實無人預料到在匈牙利會爆發這樣暴烈的一場危機。[31]

此時的美國總統艾森豪威爾正全身心地忙於競選連任，突如其來的匈牙利事件令他極為不安。據他本人回憶說，從當地時間上午8點36分到下午6點17分，他一共主持了23次會議，幾乎每次會議都與這場危機有關。[32] 當晚10點15分，艾森豪威爾在華盛頓雪端敦克飯店舉行的木器工人工會的年會聚餐上發表演說中談及東歐局勢，聲稱，「那些武力暫時能扼殺抗議的地方，解放的日子可能推遲。但是全部歷史證明，對自由的懷念不會由於懼怕槍炮而泯滅，對自由的愛比暴君的威力更為持久。」[33] 國務卿杜勒斯對事件抱持一種謹慎樂觀的態度。一方面，他樂於看到東歐局勢發生動盪。剛獲知此信時，杜勒斯曾欣喜地對身邊的人說：「我是不是跟你們說過，我們對南斯拉夫的經濟援助……會得到十倍的回報？……波蘭和匈牙利的人民，他們的領導人，已經看到了可能脫離莫斯科的前景！我們讓他們保持了對自由的渴望。這已在南斯拉夫見效了；還會繼續在波蘭和匈牙利收到成效。共產主義這塊巨大的鐵板正在碎裂！」[34] 但另一方面，他對東歐國家能否通過暴力方式反抗並擺脫蘇聯的控制又深感懷疑。所以，翌日一早，他在就事件做出的公開表態中，僅是輕描淡寫地稱：「我們今天非常關注波蘭和匈牙利的局勢。」同天晚些時候，在白宮舉行的一次大選籌備會議上，應邀前來參會的一個美籍匈牙利人代表團要求國務卿依據《聯合國憲章》與《對匈牙利和約》就匈牙利局勢發表評論，杜勒斯仍然重複了以上的表述，稱「我們的政府對匈牙利局勢表示謹慎的興趣和關注，並且完全同情匈牙利人民為了重獲自由和獨立而做出的努力。」[35]

不過此時，白宮其實並不清楚匈牙利究竟發生了什麼。23日下午，匈牙利學生開始遊行後不久，美國駐匈公使館代辦斯潘塞·巴恩斯（Spencer Barnes）曾向總部發回一份電報，就局勢作了簡要通報。電文斷斷續續地寫道：「在貝姆雕像前舉行大規模示威遊行……要求蘇軍撤出、恢復納吉領導職務、

組建新政府、實行自由選舉、恢復多黨制。遊行秩序井然但情緒高昂……口中喊著『向波蘭學習』……大約 5 點時，人群分散開，向國會方向走去……17 點 45 分有幾百人的隊伍走過美國公使館前，喊著『跟蘇聯軍隊一起滾出去』。詳報隨後發送。」[36] 不想此電發出後，如上所述，布達佩斯全城電訊設施遭到示威者襲擊，華盛頓與駐匈公使館就此斷了聯繫。後來公使館於午夜發出的所謂「詳報」，國務院是在兩天后即 25 日下午 4 點半才收到。與此同時，中情局與其在布達佩斯僅有的一名情報人員亦失去聯絡，因而也未能向當局提供任何情報。[37] 24 日下午 3 點 49 分，國務院收到了美國駐蘇聯大使波倫從莫斯科發回的電報，不過波倫在這份電報同樣沒有提供什麼新的訊息，只是匯報了當天在比利時攝影展上遇見赫魯雪夫和布爾加寧的情況。波倫稱自己沒有機會與他們交談，但對方的表情是他見過「最陰鬱的一次」；波倫還特別補充說，在當地時間下午 5 點以前，莫斯科電臺對匈牙利的局勢始終保持緘默，這使得他難以推知到底發生了什麼。[38] 而此時，國際媒體中卻充斥著對事件各種各樣混亂不堪的猜測。美國之音廣播電臺也沒有什麼特別具體或可靠的材料，只是多報導了 60 條有關東歐地區（特別是羅馬尼亞境內匈牙利人居住區）騷亂蔓延的新聞。[39] 據艾森豪威爾回憶，這一天白宮是透過布達佩斯的無線電廣播寫的「零碎的新聞報告」，開始「點點滴滴地接到在匈牙利發生新衝突的消息。」[40] 所以，除了借鑑此前不久發生的波蘭事件，美國決策者此時確實很難找到什麼新的線索或思路。

　　25 日早上 6 點半，華盛頓與駐匈公使館重新取得聯繫。不到一小時後，國務院收到了巴恩斯於 24 日正午發出的一份電報，由於信號不穩，電報只是草草提到市內各處激烈巷戰、蘇聯坦克在街頭行進、布達佩斯電臺宣布全城戒嚴等情況。[41] 很快，國務院又收到代辦巴恩斯於此後不到一小時內補發的另一份電報，專就「當前匈牙利局勢」向總部作了詳細的匯報。[42] 就在此電發出不久，一支遊行隊伍來到美國公使館前，要求美國給以援助。由於沒有收到來自華盛頓的任何消息，巴恩斯回應說，公使館只是駐外機構，無權給以答覆，此事當由美國政府和聯合國決定。[43] 隨後，他在下午 3 點發回華盛頓總部的電報中，建議美國政府盡速發表一項緊急聲明，就蘇聯出兵布達佩斯「提出強烈的外交抗議。」從字裡行間可以看出，此時巴恩斯內心

非常焦急，他在電文最後寫道，「過去 24 小時裡，幾乎每一個發言的人都提到『給我們武器』、『給我們外交援助』、『美國人準備在此時刻為我們做些什麼？』，我認為在目前這種情形下，這一抗議非常緊要。」[44]

然而，白宮的決策者並不這麼認為，他們似乎更願意將蘇聯的軍事介入作為一個事實接受下來。25 日，杜勒斯在給美國駐南斯拉夫大使館發去的電報中這樣寫道，「如同在波蘭一樣，我們對任何國家的人民為從蘇聯的統治之下爭得國家獨立和自由所採取的一切行動表示歡迎……不過，無論他們多麼勇敢，手無寸鐵是難以對付蘇聯坦克的。因此，在這種情形下，我們希望減少流血，確保卡達爾－納吉政權不去採取報復措施。」[45] 同日晚些時候，艾森豪威爾在紐約麥迪遜廣場公園發表的競選演說中，首次就匈牙利事件正式發表聲明。他說：「美國認為，匈牙利當前的事態發展再次表明，匈牙利人民長期以來對自由懷有強烈的渴望……美國對蘇聯軍隊的干涉感到遺憾」，並將通過一切和平的力量向匈牙利人民提供幫助。[46]

雖然美國政府自己不願對蘇聯軍事干預匈牙利進行抗議或做出什麼強硬的表示，不過，它開始考慮如何通過聯合國出面來作出反應。24 日，杜勒斯在與美國常駐聯合國代表亨利·C.洛奇（Henry C.Lodge）的一次談話中表示，應提請聯合國安理會對於「蘇聯動用軍力對他國爭取獨立和人權行動進行鎮壓」的情勢予以注意，他希望洛奇考慮一下並盡快提出。[47] 次日，艾森豪威爾、杜勒斯、洛奇開始同英、法兩國駐聯合國代表就安理會可能做些什麼和蘇聯入侵匈牙利的合法性等問題舉行會談。

無論是艾森豪威爾還是杜勒斯，都在竭力避免公開作出任何美國可能捲入匈牙利事件的表示。國務院多數蘇聯東歐問題方面的專家也一致認為，在此階段，美國所能做的便是密切關注局勢並保持沉默。

10 月 25 日，由比姆領導的機構間組織蘇聯及相關問題特別委員會就波匈局勢召開會議。會議集中討論了哥穆爾卡 10 月 20 日和納吉 10 月 25 日分別發表的兩個講話。會上，委員會成員對哥穆爾卡的講話表現出濃厚興趣，稱其「是與過去的根本性決裂」；而對於納吉關於承諾與蘇聯就撤軍問題舉行談判的講話，與會者則對其真實意圖表示懷疑。在他們看來，納吉完全聽命於莫斯科，缺乏哥穆爾卡的獨立傾向。[48] 波倫於同日發回的電報中亦持

此觀點，其中寫道：「鑒於納吉召來了蘇聯軍隊，至少從表面上看來，匈、蘇兩國政府並無明顯分歧。」[49] 國務卿本人對納吉亦無甚好感。在他看來，納吉與蘇聯人是站在匈牙利人民對立面的「另一夥。」他在 26 日發往各駐外機構的函電中評論說，「無論軍事後果如何，事件無疑加強了人民的力量，削弱了（匈牙利）政權並撼動了蘇聯占領軍的地位。」[50]

次日上午，艾森豪威爾召集國家安全委員會會議討論匈牙利局勢。會上，艾森豪威爾坦言，自己對於蘇聯領導人是否真的害怕西方介入表示懷疑。他提醒與會者認真考慮，鑒於蘇聯對其東歐衛星國的控制「已大為弱化」，它會否訴諸「非常極端的措施」，甚至不惜挑起一場「全球戰爭」，來確保對匈牙利的控制。艾森豪威爾強調，美國當前應對此種可能性保持「最高度的警惕。」[51] 杜勒斯也認為，如果蘇聯任由匈牙利局勢繼續發展下去，「必定會危及它對所有東歐國家的控制」，如果蘇聯不願看到這一結果，那麼它就便只有一個選擇，即採取軍事鎮壓。經討論，國家安全委員會成員一致認為，美國必須設法讓蘇聯清楚地知道，美國無意插手隸屬蘇聯勢力範圍內的東歐事務。總統裁軍事務顧問哈囉德·史塔生（Harold E.Stassen）提議，應即刻向莫斯科發出此類安撫訊息，清晰地闡明美國不會採取任何可能威脅到蘇聯安全的行動來推動東歐國家走向獨立。[52] 史塔生這一建議的假定前提同 1953 年國務院政策計劃署提出的一個觀點是基本一致的，即認為蘇聯需要將東歐作為確保其自身安全的戰略緩衝帶，如果蘇聯的安全能夠得到保障，不排除東歐有贏得獨立的可能。[53] 會後，史塔生就此問題又給艾森豪威爾寫了一封信。信中稱：「蘇聯人可能在默默猜測，如果自己失去了對匈牙利的控制，美國就會把這個國家拉入北約。在他們看來，這將對其安全構成嚴重威脅。或許，對美國來說，比較明智的做法是：以某種方式向蘇聯表明，我們只是希望看到匈牙利像奧地利那樣實現中立，無意將其拉入北約。」[54]

艾森豪威爾對史塔生的建議動了心。當天下午 5 點 50 分，他在與杜勒斯的電話中，指示國務卿在其定於翌日發表的演說中加入「諸如此類的表述。」[55] 不過，杜勒斯本人對史塔生這一提議並不讚賞。在他看來，這麼做無異於在意識形態方面對蘇聯作出巨大妥協。故此，他在將史塔生的建議加入講稿時，特別刪掉了其中有關中立的提法和無意將東歐納入北約這樣的保證。[56]

國別個案
美國對匈牙利十月危機的反應

27日晚，杜勒斯在得克薩斯州達拉斯城關於世界事務杜勒斯委員會上發表的演說中，就美國對匈牙利問題的原則立場首次做了公開表述。他說：「美國希望各衛星國家獲得獨立，但我們沒有隱蔽未宣的目的。我們衷心希望這些國家的人民——我們自己的民族生活有許多成分是從他們中間來的——應該恢復他們的主權，應該有他們自己所選擇的政府。我們沒有把這些國家視為潛在的軍事盟國（著重號系筆者所加）。我們把他們視為友人，是一個新的、友好的並且不再四分五裂的歐洲的一部分。」杜勒斯進而表示，如果這些國家能取得成功，依靠其自身力量獲得自由，「將大大有助於穩定整個歐洲、西方和東方的和平」，美國會「利用自己的富源幫助它們度過經濟調整時期。」[57]

然而，即使是這樣一個經過「淡化」處理的表述，仍然具有非同尋常的意義，因為在此之前，艾森豪威爾政府凡涉及對東歐政策的官方聲明都蘊含著這樣一種假定，即東歐國家一旦獲得獨立，將會被立即納入西方陣營——加入北約自然亦是其應有之義。因此可以說，杜勒斯的這一聲明實際上表明美國已背離了先前對東歐的政策立場。[58]

如前所述，早在1952年大選期間，艾森豪威爾和杜勒斯就曾把和平「解放」東歐這些「被奴役國家」、把共產主義從歐洲「推出去」，作為與民主黨爭奪總統寶座重要的政治和宣傳籌碼。他們公開宣稱，杜魯門時期遏制共產主義的政策對於作為自由世界領袖的美國已不再適用，要想迫使蘇聯退出歐洲，唯有採取更為強硬的立場。其實，1953年8月（即艾森豪威爾上任剛過半年），總統的心理戰顧問、前自由歐洲委員會主席C.D.杰克遜（C.D.Jackson）曾就「解放」政策可能遭遇的困境向總統發出過警告。他說：「當我們要在鐵幕背後採取行動時，面臨的一個最大的問題就是，假如真的有嚴重的麻煩出現的話，我們打算把它推回到什麼地步？挑起大屠殺，既不道德亦無效果，因為它不僅會殺掉最好的人，也會毀掉我們自己在鐵幕後面那些民眾心目中的形象。」[59] 所以從某種意義上可以說，杜勒斯的這一聲明，對拓清「解放」政策的實際內涵造成了一定的作用。

在公開發出了美國不會插手東歐的信號之後，華盛頓似乎很不放心。為確保蘇聯確實「聽到」並「領會」了其中之意，次日，美國駐聯合國代表亨

53

利·洛奇（Henry C.Lodge）受命在安理會會議上特意引述了杜勒斯發言中的上述內容。29日晚，杜勒斯又給波倫發了封電報，訓令他務必向包括朱可夫在內的蘇聯領導人傳達以下這段同達拉斯講話幾乎無甚二致的話：「美國在希望衛星國家取得獨立方面並沒有不可見人的目的。我們的真正願望是，這些人民——我們自己的國家生活有很大一部分源於他們——的主權應當得到恢復，他們應當有他們自己自由選擇的政府。我們並不把這些國家看作潛在的軍事盟國。我們把他們看作朋友，看作一個新的、友好的、不可分割的歐洲的一部分。我們深信，他們的獨立（如果立即給予的話）將為穩定西歐和東歐即整個歐洲的和平作出莫大的貢獻。」[60] 當日下午，在莫斯科慶祝土耳其國慶舉行的招待會和阿富汗大使館的招待會上，波倫遵囑將此訊息傳達給了到會的赫魯雪夫、布爾加寧和朱可夫。[61] 即便這樣，白宮領導人仍感惴惴不安。兩天後，艾森豪威爾在其廣播講話中談到關於向東歐新獨立的政府提供經濟援助時，又親自重申了美國不會把東歐國家視為潛在的軍事盟國這一立場。

二

儘管就其本意而言，美國絲毫不願捲入匈牙利事件的漩渦之中，不過，為了向世界表明自己對東歐局勢並非袖手旁觀、無動於衷，它決定借助聯合國這一舞臺來作出表示。

對於當局在匈牙利問題上的立場，美國媒體給予了一定的支持。《基督教科學箴言報》10月27日發表社論文章稱，「如果美國或其他西方國家做出任何鼓勵暴亂者復辟資本主義的暗示，將可能會更有利於（匈牙利當局）在蘇聯的授意之下採取較之當前更為嚴厲的鎮壓措施。」同日，《紐約時報》的一篇文章亦稱，不要試圖從外部對任何國家的內政進行干預，應適當運用「國際法武器」和「道德的力量」，將這些「罪行」即刻提交聯合國予以裁決。《紐約先驅論壇報》所刊登的斯蒂文森的言論表明，這位民主黨總統候選人也認為政府將匈牙利問題提交聯合國是明智之舉。[62] 不過，那些在美國的匈牙利流亡者對於華盛頓的表現卻頗為不滿，他們試圖推動美國做出某些實質性的反應。10月26日，總部設在紐約的匈牙利國民委員會的主席沃爾高·貝拉（Bela Varga）給艾森豪威爾發去一封信。信中抱怨稱，匈牙利悲劇

已過去四天,但西方國家對蘇聯「如此嚴重危害和平的舉動至今沒有採取任何行動」,並稱「如果聯合國對蘇聯的罪行仍舊視而不見的話,其崇高的道德聲望將遭受致命打擊。」隨後,沃爾高代表該委員會執行委員會請求美國與聯合安理會共同採取行動,立即派一個停戰委員會前去匈牙利,「全權干預武裝鬥爭並將蘇聯紅軍逐出匈牙利領土。」[63] 國務院東歐事務辦公室主任愛德華 L. 弗里爾斯(Edward L. Freers)27 日的覆信中,對此建議並未做出任何回應,只是說美國會設法通過聯合國推動國際社會對匈牙利局勢給予關注和同情。[64]

10 月 28 日,聯合國安理會召開會議。當天一早,匈牙利常駐聯合國代表科什·彼得(Péter Kós)提出要向安理會成員國分發《匈牙利人民共和國政府聲明》,對美英法三國關於將匈牙利問題列入議程的要求表示抗議。聲明稱,1956 年 10 月 22 日及其後所發生的事件,包括在此事件中所採取的措施,完全是匈牙利人民共和國內部事務,不屬於聯合國權限範疇,因為並沒有威脅到全世界的和平與安全事業。[65] 然而,下午 3 時會議一開始,美國便攜同英、法等國,援引《聯合國憲章》第 34 條款(即安理會有權對國際爭端展開調查以維護國際和平與安全),提議將蘇聯出兵匈牙利的問題列入會議日程。議案一提出,蘇聯駐聯合國代表阿爾卡季·索博列夫(Arkady A.Sobolev)便起身抗議,稱安理會將匈牙利問題列入會議日程違反了程序,並指責美英法三國這麼做的目的,「是要進一步鼓勵反革命地下運動實施的反對匈牙利合法政府的武裝叛亂。」索博列夫進而聲稱,由於匈牙利是一個主權國家,無論聯合國採取怎樣的行動,都將違反《聯合國憲章》第二條款第七項原則即「不得授權聯合國干涉在本質上屬於任何國家國內管轄之事件」的規定。[66] 蘇聯代表還反駁說,《憲章》第 34 條款只是授權安理會就國際事務展開調查,這一點並不適用匈牙利問題。[67] 對此,英國駐聯合國代表皮爾遜·狄克遜(Pierson Dixon)反駁說,蘇聯軍隊的介入使問題具有了國際性質。雙方各執一詞,互不相讓。在最後舉行的投票表決中,美、英、法三國的提議獲得了多數票支持,匈牙利問題被列入議程。[68] 接下來,會議在就匈牙利問題正式討論的過程中,如上所述,美國代表轉述了國務卿杜勒斯此前一天在達拉斯發表的講話,稱希望安理會考慮採取何種步驟使蘇聯停止在匈牙利的軍

事行動。接著，皮爾遜援引《對匈牙利和約》中有關人權的條款和《華沙條約》中關於簽約國相互尊重主權獨立與平等的規定，要求聯合國採取行動。在此之後，法國、古巴、秘魯、中國、臺灣和澳大利亞代表也做出類似表態。此時，索博列夫再次表示抗議，聲稱蘇聯的出兵完全是應匈牙利政府之邀，而被要求對此作答的匈牙利代表科什卻顯得不知所措，只是避稱沒有接到布達佩斯的指示。爭論無果而終，安理會遂以匈牙利形勢尚不明了且納吉政府正在穩定局勢為由，宣布將匈牙利問題無限期擱置。[69]

就在此次會議閉幕後第二天，即10月29日，以色列按照此前一週在巴黎郊外塞弗爾同英法兩國共同制訂的秘密計劃，大舉入侵西奈半島。僅一夜時間，以軍插入埃及領土75英里，到達了離蘇伊士東岸只有25英里的地方。當晚，華盛頓召開緊急會議。會上，杜勒斯猜測英法可能會軍事介入，艾森豪威爾認為在當時情形下，將此事提交聯合國是最佳方案。[70]艾森豪威爾打電話召來了當時在華盛頓代替英國大使履行職務的代辦約翰·庫爾森（John E. Coulson），表明美國對英法這一行動深感不滿，並向其明示，為履行1950年5月美英法三方協議（Tripartite Agreement of 1950）中關於保證支持在中東發生的侵略的受害者的承諾，美國次日「開門第一件事就是去找聯合國」，並且會「在蘇聯之先到那裡。」[71]次日早上，艾森豪威爾又給英國首相安東尼·艾登（Anthony Eden）發去一份長電，強調了美國的立場，並警告稱，如果英美法現在不能遵守自己做出的保證，一旦埃及向蘇聯求援，「中東這個油庫真的會起火。」他還告知對方，為避免讓蘇聯藉機樹立起作為阿拉伯人反對西方帝國主義和猶太復國主義的唯一支持者的形象，美國將堅持請求聯合國對中東局勢進行核查並予以「可能的干預。」[72]然而，美國的態度並未阻止英法採取進一步行動。10月30日下午4點半，依照此前與以色列商定的計劃，英法政府藉口保護運河正常通航，分別向埃及和以色列發出最後通牒，要求雙方向各自部隊撤至運河兩側10英里以外，由英法軍隊暫時進駐運河沿岸的蘇伊士、伊士梅利亞和塞得港等要主要陣地以保證航行暢通。如埃、以任何一方在12小時內（即截至次日開羅時間上午6：30）不履行上述要求，英法兩國軍隊將不惜一切力量進行干預。[73]以色列立即接受了最後通牒，而埃及斷然拒絕。[74]在獲知英法兩國聯合發出最後通牒之事以後，

國別個案
美國對匈牙利十月危機的反應

美國領導人既震驚又惱火,這不僅因為兩國事前向美國刻意隱瞞了這一計劃,事後又置美國的「嚴重關切」於不顧,還因為它們的行動選擇了這樣一個關鍵的時刻,轉移了國際輿論對匈牙利問題的注意力並使西方世界喪失了在匈牙利問題上譴責蘇聯的「道義」資本。據稱,杜勒斯得知此事後,不由大發雷霆:「蘇聯的勢力範圍已搖搖欲墜,正當我們可以拿西方世界與蘇聯人加以比較之時,西方人看來竟也出現了同樣的問題!」[75] 30日,聯合國安理會召開緊急會議。會上,美、蘇兩國代表分別提出議案,要求以軍撤離埃及領土,有關各方立即停火。兩項議案均遭到英、法兩國否決。

正當華盛頓為中東局勢愁眉不展之時,同日從莫斯科傳來了一則被艾森豪威爾稱為「令人震驚」的好消息,這就是蘇聯政府透過的《關於發展和進一步加強蘇聯同其他社會主義國家的友好與合作的基礎的宣言》(以下簡稱《宣言》)。在《宣言》中,蘇聯不僅就過去在處理社會主義國家間關係方面所犯的錯誤作了自我批評,並且主動表示,願意立即同匈牙利政府就蘇軍撤離布達佩斯展開談判。如前所述,此份宣言正式刊發於10月31日,但在此前一天即10月30日,在克里姆林宮舉行的一次招待會上,朱可夫提前向參加招待會的西方各國大使作了通報。當天晚上,美國駐蘇使館即速將此事電告國務院。[76] 對於蘇聯政府的這一聲明,艾森豪威爾雖心存疑惑,但更多表示歡迎。當天,他心情不錯地對即將被派往布達佩斯出任公使的愛德華·韋爾斯(Edward Wailes)說,假如東歐獲得了獨立,「世界政治將進入到一個更具建設性的時期。」[77] 當天從布達佩斯發回的電文中,巴恩斯的樂觀情緒亦躍然紙上,他寫道:「在過去一週裡,公使館一直認為,倘若西方不給以有力支持,這一切是不可能發生的。然而,事實表明,人民運動的巨大力量無疑對蘇聯政策產生了深遠影響。」[78] 中情局局長艾倫·杜勒斯對《宣言》評價甚高,他認為這是「過去十年間蘇聯所做的最有意義的事情之一。」[79] 參謀長聯席會議也對《宣言》給予了充分肯定,認為它表明了蘇聯領導人意欲用政治手段化解危機,蘇軍看來很快會主動撤離匈牙利。[80] 此期,美國媒體對匈牙利局勢表現出的愉悅之情遠勝於當局,一些報刊已開始大談所謂「匈牙利革命的勝利」和「奇蹟」之類的話題了。[81]

30日，由中央情報局、國務院、陸海空三軍聯合參謀部各情報機構共同準備並經情報顧問委員會一致通過的第12-1-56號特別國家情報評估「東歐局勢的可能走向及其對蘇聯政策的意義」（SNIE 12-2-56），對匈牙利局勢的未來走向做了預測（見附錄一文件三）。報告稱，在東歐日益增長的民族主義和國際輿論的雙重壓力之下，蘇聯的政策正面臨著嚴重的困境：一方面，它必須確保局勢的發展不危及自己對東歐的控制與權威；而另一方面，若想以軍事手段鎮壓這場帶有「反蘇」、「反共」色彩的「全民族暴亂」，實際上很難做得到。[82] 同日，杜勒斯親自簽發了一份致駐外各使領館的函電，通報了國務院對匈牙利局勢的基本看法。電報稱，匈牙利未來局勢取決於蘇聯的真實意圖，即究竟是「願意撤出軍隊並讓納吉政府來穩定局勢」，還是「仍然繼續以一個外國占領者的身份重新確立自己對這個國家的控制」；有鑒於此，美國當前的主要目標是，透過聯合國，「力促蘇聯停止用武力對付匈牙利人民，並為其最終撤離匈牙利創造條件。」函電特別指示，由於美國在安理會的行動「直接服務於這一目標」，各駐外使團在此階段務必「保持克制」，不得做出承認或支持納吉政府的任何表示。[83]

　　10月31日，國家安全委員會計劃委員會通過了「美國對波匈事件的政策」的聲明草案，即國家安全委員會第5616號文件（NSC 5616）。文件就美國對匈牙利事件的基本政策立場作了正式表述。文件指出，鑒於美國此前已公開表明不會軍事介入，故蘇聯蓄意藉機挑起世界大戰的可能性不大。美國當前應主要著眼於阻止蘇聯對匈牙利展開進一步的軍事干預，同時動員包括聯合國在內的國際力量向蘇聯施壓，迫使其望而卻步。文件在此特別補充道，在落實這一目標的同時，務必使蘇聯確信美國關於「不會將匈牙利或其他衛星國家視作潛在的軍事同盟」這一原則立場不會動搖。值得一提的是，NSC 5616採納了國務院政策計劃署此前的一項建議，提出應考慮是否向蘇聯表明美國願意撤出其在歐洲的部分軍隊，以換取蘇聯從匈牙利撤軍並允許它依照奧地利模式實現中立。NSC 5616再度表明美國決策者對納吉一貫缺乏好感。文件稱，波蘭和匈牙利兩國局勢之不同，即在於波蘭「在關鍵時刻有強有力的領導」，而納吉政府則「向蘇聯干涉妥協。」故此，文件最後特別提議，

美國政府應「透過秘密手段」支持匈牙利政府中那些具有更加自由和獨立傾向的領導人。[84]

三

10月31日晚7時，艾森豪威爾發表題為「東歐和中東局勢」的廣播電視講話。講話前，他與講稿起草人之一埃米特·修斯（Emmet J. Hughes）對由杜勒斯送交審閱的草稿做了些改動，刪去部分內容，並特別對其中「東歐國家所釋放出的『不可抗拒』的『解放』的力量」這一說法做了軟化處理。[85] 對於匈牙利局勢，總統接受了巴恩斯當日早10點發至華盛頓電文中提出的部分建議，[86] 具體表述如下：「全世界都在注視著匈牙利已經並正在發生的驚心動魄的事件。在那裡，像過去一樣勇敢的匈牙利人，正在為從擺脫外國主人的奴役獲得獨立奉獻出他們的生命。今天，一個新的匈牙利似乎正在從這場鬥爭中脫穎而出。一個我們打心底希望看到的匈牙利，將會成為一個完全自由的民族。我們為這些具有歷史意義的事件而感到歡欣。」提到蘇聯宣言時，艾森豪威爾說道：「蘇聯宣布它願意考慮從東歐各國撤出蘇聯『顧問』……還表示準備將軍隊撤出波蘭、匈牙利和羅馬尼亞。我們尚不知道，這些諾言是否會真能得以兌現……美國已明確表態，準備向這些國家新組建的獨立政府提供經濟援助。我們已於幾天前同波蘭新政府取得了聯繫。此外，我們也已公開聲明，不會以實行某種特定的社會形式作為向這些政府提供經濟援助的條件。我們唯一的關切，就是他們應當自由——為他們自己，也為了自由本身。對於蘇聯，我們也已試圖明白無誤地去除掉它可能懷有的錯誤擔憂，即我們會將這些東歐國家的新政府視為潛在的軍事盟友。我們沒有這樣不可告人的目的。我們是把它們看作朋友，我們只是單純地希望他們成為自由人民的朋友。」[87]

就在美國總統發表上述講話之時，中東局勢進一步惡化。同樣在下午7點，英法軍隊開始對埃及發動入侵行動，占領了蘇伊士運河要地，並對開羅、亞歷山大、塞得港、伊士梅利亞等重要城市和軍事目標進行空襲。當天，埃及政府對英、法兩國的入侵行動提出抗議，並請求聯合國予以干預。由於英、法兩國頻頻投反對票，安理會未能採取任何行動。無奈之下，聯合國秘書長哈馬舍爾德宣布，如若不能立即採取行動，他將被迫辭職。在此情形下，安

59

理會以 7 票贊成、2 票反對（英國和法國）、2 票棄權，通過了由南斯拉夫代表提出的第 119（1956）號決議：鑒於安理會由於常任理事國意見不一致而不能擔負起維護國際和平與安全的主要責任，應根據大會 1950 年 11 月 3 日通過的聯大 377A（V）號決議即「聯合一致共策和平」決議的規定召開緊急特別會議。[88]

11 月 1 日上午 9 時，國家安全委員會召開第 302 次會議。會議臨時更改議程，蘇伊士危機取代了原定有關匈牙利局勢的討論，成為整個會議的焦點。經大量討論，會議最後，艾森豪威爾指示杜勒斯起草兩份文件：一份是宣布美國暫停對以色列的一切軍事援助和若干經濟援助項目的聲明，另一份是提交聯合國大會的一個「措辭溫和」的議案，以同蘇聯可能提出的「肯定是持反對意見」的議案相抗衡。[89]

10 點 26 分，國家安全委員會上述會議仍在進行之時，紐約聯合國總部收到了來自匈牙利外交部的一則簡短消息，稱蘇聯正在向布達佩斯增兵，匈政府即將宣布退出華約、實行中立。午時，納吉在電臺正式宣布了這一決定。幾分鐘後，聯合國收到了一份由納吉署名的呼籲書，請求聯合國承認並保護匈牙利的中立地位。然而，此信並未受到特別關注，聯合國秘書長哈馬舍爾德沒有試圖去與布達佩斯取得聯繫，詳細瞭解事態的發展。聯合國辦公室也只是將納吉的呼籲油印出來後擱在各國駐聯合國代表的文件架上，未附任何說明。[90]

此時，華盛頓也收到了來自美國對外廣播情報機關的相關訊息報告。[91] 在得知了納吉關於宣布匈牙利退出華約並實行中立的講話後，中情局局長艾倫·杜勒斯顯得比較興奮，他在提交總統的一份情報評論中，不禁將匈牙利這一情勢發展比作「奇蹟」，稱其「推翻了在現代化武器面前不可能發生群眾性叛亂的說法。」[92] 不過，來自駐匈公使館的報告，則顯得相對冷靜，巴恩斯在布達佩斯時間當晚 10 點發至華盛頓的電報中，提請國務院對蘇聯再度出兵匈牙利的可能性予以考慮，理由是：蘇軍撤出布達佩斯並不太遠，而匈牙利目前所表現出的「極右翼無政府狀態」可能會在近期令「蘇聯人很不高興。」電文最後，巴恩斯強調，「在此階段，美國（對局勢發展）具有非

國別個案
美國對匈牙利十月危機的反應

常巨大的潛在影響力」，並建議華盛頓「應盡快作出更進一步的表態」，並且最好由總統或國務卿親自出面，以取得「最大效果。」[93]

不過，華盛頓並無意改變其基本立場，它不僅不想甚至竭力避免對納吉關於中立的聲明和要求承認其中立的請求正式給予任何支持。為從道義上做出表示，也為對國內輿論有所交代，艾森豪威爾於10月31日發表了一個聲明，授權國會從緊急用途基金中撥款2000萬美元用於向匈牙利提供糧食和其他救濟物資。[94] 不過，國務院在就此事發往各駐外機構的一份指示中特別強調，援助物資原則上將透過匈牙利政府交給匈牙利人民，但鑒於「匈牙利的政治局勢尚不明朗」，要求各駐外機構不要提匈牙利政府。[95] 值得一提的是，兩小時後，國務院又專就政府對當前匈牙利形勢的評估意見給各駐外機構發去了另一份電報。電報先是用了不小篇幅大談特談莫斯科10月30日《宣言》的「積極意義」，稱此宣言是蘇共二十大路線的邏輯結果，反映了蘇聯政府的「基本決定」，即盡速改變同東歐國家之間的關係，「支持那裡的民族共產主義政權。」更令人百思難解的是，電文竟說，美國政府「目前尚不清楚，蘇聯人是否認為匈牙利局勢已威脅了共產黨對東歐的控制，以至於必須對匈牙利人實施鎮壓」，並進而預測，「蘇聯人可能希望繼續避免同匈牙利政府作戰。」[96] 顯然，在納吉宣布了退出華約、華盛頓業已獲得大量關於蘇聯增兵匈牙利情報的情形之下，國務院仍作出這樣一份評估，其動機多少是令人質疑的。這裡有必要提及一個鮮為人知的插曲，或許此事為理解這一困惑能夠提供某種線索。1960年8月，據國會議員邁克爾・費漢（Michael A. Feighan）稱，國務院曾在1956年11月2日即給各駐外機構發出上電的同日，給狄托發去過一份電報，其中提到，「美國政府並不希望看到在蘇聯周邊出現對蘇聯不友好的政府。」考慮到華盛頓此時已通過情報得知赫魯雪夫、馬林科夫將與狄托在布里俄尼島秘密會晤一事，此番表態很大程度上意在借南斯拉夫領導人之口傳給蘇聯領導人聽的，希望借此機會最後向莫斯科擺明美國不欲干預的立場。[97]

與此同時，美國政府也沒有依照NSC 5616中所設定的政策目標，透過聯合國向蘇聯施壓。就在上述文件通過的當天，杜勒斯曾給洛奇發去指示，不要在預定於11月1日下午5點召開的聯大第一次緊急特別會議上就匈牙利

61

問題提出具有實質意義的議案，以便使會議聚焦於中東危機。[98] 對此，英國首相艾登後來回憶說：「五天過去了，雖然我們和其他一些國家多次提議，安理會沒有再就匈牙利問題舉行會議。美國代表表現得很不情願，聲稱他懷疑我們敦促討論匈牙利局勢是為了轉移人們對於蘇伊士（危機）的關注。美國政府看來不急於採取行動。」[99] 但是會議當天，由於匈牙利局勢日趨緊張，在聯合國總部，一些國家的代表對匈牙利問題表現出極大關切，他們聯合一些知名的匈牙利流亡者以及聯合國秘書處官員，組成了後來所謂的「卡珊德拉俱樂部」(Cassandra Club)，[100] 提議在即將召開的首屆緊急特別聯大上對匈牙利問題進行討論。倡議者之一古巴代表埃米利奧·波圖翁多（Emilio Nunez Portuondo）聲稱，此次會議是在「聯合一致共策和平」決議之下召開的首次特別會議，如果提議獲得三分之二票通過，聯大理應將其列入議程。不過，「卡珊德拉俱樂部」的努力並沒有結出什麼果實，他們的提議沒有受到美國等大國的支持。整個會議期間，除了英國代表提及過一次之外，匈牙利問題幾乎被完全置於腦後。[101]

當晚10點，聯大召開第二次緊急特別會議，繼續圍繞蘇伊士危機展開討論。會議進行中，「卡珊德拉俱樂部」一位成員在路透社電傳機上看到了一則通報蘇軍調集並包圍了布達佩斯機場的消息，他旋即向聯合國秘書長辦公室和某些國家駐聯合國代表團發送了電報副本。包括杜勒斯在內的許多與會代表看到了這份材料。11月2日凌晨1時左右，聯合國總部收到了納吉發來的第二份緊急呼籲。納吉在電報中通報了匈牙利政府最新收到的有關蘇聯軍隊大舉入境、迅速占領各交通要道並向布達佩斯挺進的消息，呼籲哈馬舍爾德要求各大國承認匈牙利的中立，請求聯合國安理會立即對匈牙利局勢予以干預，勒令蘇聯就蘇軍撤離問題與匈牙利政府舉行談判。[102] 凌晨3時，在譴責英、法、以三國入侵埃及的決議獲得通過後，義大利代表提請與會者對納吉上述呼籲給予注意和考慮。他說，「匈牙利請求聯合國援助，我希望聯合國——並且如果必要，在這次特別緊急會議上——無論如何在可能的情況下根據匈牙利人民的請求立即採取行動。」秘魯代表隨後提出了同樣的建議。然而，兩國代表的提議沒有得到任何回應，爭論很快地又重新轉到了中東問題上。會議的最後，杜勒斯只是象徵性地在其總結髮言中輕描淡寫地提了一

下匈牙利問題，稱其希望對事件「繼續給以密切關注」，並稱美國政府「不會在全身心投入中東事務的同時，忽略協助匈牙利人民重獲獨立的問題。」[103]

11月2日下午5點，安理會召開第752次會議。這一次，匈牙利問題終於被列入議程。此間，也許是為了轉移各國代表的注意力，英、法兩國宣布承認匈牙利中立。[104] 美國代表洛奇則收到來自華盛頓相反的指示——儘可能地拖延，設法使聯合國對此問題推遲表決。[105] 於是，洛奇在講話中，環顧左右而言他，一會談蘇聯政府10月30通過的《宣言》，一會談納吉最近提出的抗議，隨後以匈牙利局勢「混亂不堪」為由，建議聯合國秘書長哈馬舍爾德暫且擱置討論，先讓布達佩斯派一名代表前來聯合國提供進一步的情況。[106] 美國當局作出的上述反應至今仍讓許多學者感到迷惑理解。不過，美國總統和國務卿二人對中立問題所持立場，可能在其中發揮了重要的影響作用。艾森豪威爾本人對中立持一種比較寬容的態度。在他看來，「中立」僅只意味著不願參加軍事同盟，並不意味著對是非問題無動於衷。關於使東歐成為中立地帶，他基本也是贊同的，但強調最好是在重建東西方關係的前提下、透過同蘇聯談判的方式來推動這一目標的實現。他認為，若此時便承認匈牙利中立，很可能會讓美國自此背上日後難以甩得脫的國際責任；而且，一旦蘇聯對此作出強烈反應，東西方緩和進程勢必會受到嚴重影響。相比較之下，杜勒斯對中立一貫缺少同情。很久時間以來，他始終認為在一場像冷戰這樣如此尖銳對立的意識形態鬥爭中，中立沒有什麼存在的餘地。早在1955年時他就宣稱，中立「是個過了時的概念」；而此時，據其表述，這一概念已不僅只是過時，甚至可以說是「不道德」和「目光短淺」的。[107] 故而，在反對推動東歐國家走向中立這一問題上，他的態度要比總統更為堅決。在他看來，倘若它們有朝會脫離蘇聯，美國政府又何須現在支持其中立。[108]

四

聯合國安理會第752次會議結束後不久，關於蘇聯即將對匈牙利實施軍事打擊的情報源源不斷地送抵華盛頓。這些情報與此前不久國務院發往各駐外機構函電中對匈牙利局勢所作的樂觀估計構成了鮮明對照。11月2日下午，艾倫‧杜勒斯將蘇聯進行軍事準備的消息再次打電話告訴其兄約翰‧杜勒斯。

幾乎同一時間，駐瑞士使館向國務院匯報稱，隨著蘇軍不斷湧入匈牙利，當地媒體普遍認為「悲劇即將上演」，並稱這是「俄國人預謀好的詭計。」[109] 同日抵達布達佩斯的韋爾斯於次日下午發回電報稱，蘇軍已包圍了首都和其他城市，他猜測，蘇聯可能會待軍隊部署完畢後，以談判為掩護向匈牙利政府發出一項後者無法接受的最後通牒。韋爾斯表示，如果這樣的話，「可能將導致屠殺。」在電文最後，這位剛剛到任的新部長特別指出，納吉政府向聯合國求援並請求四大國承認並保護其中立，「實乃無奈之下的絕望之舉。」[110]

3日中午，波倫亦從莫斯科發來緊急電報，稱當日蘇聯報紙上根本沒有提及此前一天布爾加寧跟他說起的蘇匈組建混合委員會一事，大使提醒華盛頓，蘇聯答應與納吉政府談判，很可能只是計謀，其目的要麼是為準備軍事行動贏得時間，要麼則是想以此阻礙安理會討論匈牙利問題或針對匈牙利問題採取行動。[111] 當晚，波倫在其發來的第二份電報中，匯報了是日下午在克里姆林宮參加蘇聯政府為敘利亞總統舉行的招待會上同赫魯雪夫會面的情況。波倫稱，在招待會接近尾聲時，剛剛從南斯拉夫回到莫斯科的赫魯雪夫主動找到自己，開口便說，他猜想北約一定對華約正遭受的「震盪」感到高興，並稱蘇聯在匈牙利駐有足夠的軍隊，如果不夠，必要時「還會增派更多的軍隊。」[112]

有如此多可靠情報在手，國務院又匯聚了眾多蘇聯問題專家可備諮詢，此時美國當局已很難再聲言對匈牙利局勢和蘇聯意圖「尚不清楚」了。11月3日下午，聯合國安理會再次召開會議。此次會上，洛奇終於代表美國政府向安理會提交了一份關於要求蘇軍停止入侵併撤出匈牙利的決議草案（S/3730），同時提請聯合國秘書長哈馬舍爾德考慮並研究向匈牙利實施救援的問題。不過，就其實質而言，該議案更像是一份象徵性的呼籲書，其中沒有提出任何具有實質意義或具有可操作性的建議或方案。同時，洛奇要求匈牙利新派駐聯合國的代表薩伯·亞諾什（János Szabó）向安理會提供有關匈牙利局勢的更多情況。薩伯回答說，據他所知，蘇、匈兩國談判正在進行之中，雙方將於布達佩斯時間晚10點再次舉行會談。南斯拉夫代表建議休會，等待談判結果。英法兩國代表則堅持認為，安理會應根據美國提出的決議草

國別個案
美國對匈牙利十月危機的反應

案立即通過一項決議，作為對納吉數次呼籲作出的反應。可此時提出議案的洛奇卻似乎並不急於看到議案獲得通過，而只是說道，「我們主張……拖延一到兩天，這樣可以給納吉政府一個真正的機會，使其能夠實現蘇軍有序並即刻撤離匈牙利的願望。」辯論持續了四個小時後，英國、法國、澳大利亞等國代表提議安理會繼續就匈牙利問題進行討論，美國卻出人意料地投了棄權票，動議因此流產。隨後，澳大利亞代表又提議，次日下午5點重新召開會議討論匈牙利問題，這時，美國乾脆投了反對票（伊朗支持，蘇聯、南斯拉夫、秘魯棄權），提議未得通過。最後，聯合國副秘書長恩蒂扎姆（Nasrollah Entezam）關於11月5日安理會再次召集會議的建議獲得通過。[113]

顯然，此時美國的真實意圖仍在於「拖延。」匈牙利事件過去一段時間後，洛奇曾對此辯解說：「的確，匈牙利政府在一段時間後愈發清楚地意識到蘇聯在說謊。但是，11月3日匈牙利政府曾多多少少希望蘇聯人說的是真話，這是無法改變的事實……在此特殊時刻，華盛頓無法確知究竟發生了什麼……當時，華盛頓面前堆著這樣一些事情：蘇伊士危機；匈牙利事件帶來的一頭霧水；以及存在著一個非常真切且必將給世界帶來毀滅性後果的可能性，即與蘇聯人發生軍事衝突。」[114] 顯然，根據以上史實的梳理，這一說法無法令人信服。

就在11月3日安理會會議結束後不到三小時，蘇聯對匈牙利發動了代號「旋風」的第二次軍事行動。納吉在廣播講話中宣布了蘇軍向布達佩斯發動全面進攻五分鐘之後，美國駐匈公使館即將此最新局勢電告國務院。[115] 4日凌晨兩點左右，代理國務卿胡佛打電話給比姆，稱其收到了一封最近獲釋的匈牙利紅衣主教明曾蒂及其秘書正前往美國使館請求避難的密電，向比姆徵求意見。比姆強調，美國「原則上」反對給予避難，但這一次是有「正當理由」的，「因為這涉及危害生命的大肆追捕問題。」[116] 通話結束後，胡佛又向艾森豪威爾請示此事，最後決定授權使館給以庇護（此後，明曾蒂在這幢建築物中足足待了15年）。[117] 據艾森豪威爾回憶，其後不久（約華盛頓時間凌晨4點左右），國務院接到駐匈公使館一封電報，稱從英國武官處得到消息，蘇聯人已向匈牙利政府發出最後通牒，限其在四小時內投降，否則將對布達佩斯展開轟炸。[118] 得此信後，艾森豪威爾召集代理國務卿胡佛、

副國務卿幫辦勞勃·墨菲（Robert D. Murphy）、赫爾曼·弗萊格（Herman Phleger）、勞勃·鮑伊（Robert R.Bowie）以及負責近東、南亞、非洲事務的副國務卿威廉·朗特裡（William M.Rountree）和中央情報局局長艾倫·杜勒斯在白宮舉行了會議，經過會上討論和會後的電話交流，就美國政府針對匈牙利局勢所應採取的行動達成了五項共識：發表一項總統聲明；由總統以個人身份致信蘇聯部長會議主席布爾加寧；向是日下午4點即將召開的聯大特別會議提交議案e；將為洛奇準備的會議講話稿傳至紐約；最後，決定不向匈牙利派出聯合國部隊。[119]

4日清晨，聯合國安理會緊急召開第754次會議。會上，洛奇提議通過一項責令蘇聯政府停止向匈牙利派兵、立即撤走其全部軍力以及聯合國動員各有關國家和組織給予匈牙利人道主義援助的決議草案。在十幾分鐘後舉行的投票中，由於蘇聯一票否決，議案未得通過。洛奇遂又提議依據「聯合一致共策和平」決議召開一次緊急特別會議，討論匈牙利局勢，議案以10票對1票（蘇聯）獲得通過，此即安理會第120號決議（S/3733）。決議寫道，鑒於蘇聯軍隊對匈牙利的軍事入侵業已造成「嚴重情勢」；而聯合國常任理事國未獲全體一致，安全理事會無法行使維持國際和平與安全之責任，決定依據1950年11月3日大會決議案377A(5)召開大會緊急特別會議。[120] 在下午召開的聯大第二次緊急特別會議上，蘇聯代表索博列夫以違背《聯合國憲章》第二條款（禁止干涉成員國內政）為由，反對將匈牙利問題列入會議日程。不過，由於獲得絕對多數的支持，索博列夫的反對意見被駁回。在對匈牙利局勢展開討論時，洛奇向會議呈遞了美國政府於會前一小時傳給美國駐聯合國代表團關於敦促蘇聯從匈牙利撤軍的決議草案。議案儘管遭到蘇聯代表的強烈反對，經投票表決，最終獲多數通過（50票贊成、8票反對、15票棄權）。[121]

下午4點25分，國務院致電駐蘇使館，要求波倫將艾森豪威爾致布爾加寧的信送抵蘇聯外交部。信中，艾森豪威爾再次提及了蘇聯政府10月30日的《宣言》，聲稱美國政府及他本人「曾將此《宣言》視作一個國家最為明智的舉動」，並說蘇聯「朝令夕改的政策」，特別是「乘蘇匈兩國政府代表正就蘇軍撤出匈牙利問題舉行談判之機，用軍事力量對付匈牙利政府和人

民」，令美國感到「莫可名狀的震驚。」艾森豪威爾在其信件結尾處寫道：「我以人道的名義並以和平為由，敦促蘇聯採取行動立即從匈牙利撤軍，允許匈牙利人民獲得《聯合國憲章》所規定的人人均應享有的人權與基本自由。」[122] 巧合的是，此時，布爾加寧也從莫斯科給艾森豪威爾發出了一封信，此信於次日送達華盛頓，恰與艾森豪威爾的信擦肩而過。在這封信中，布爾加寧聲稱，蘇聯已向英、法兩國發去最後通牒，令其迅速停止行動，否則將面臨核報復的危險。[123] 此信令艾森豪威爾大為震驚，他擔心蘇聯真的會乘西方世界陷入混亂之機發起攻勢，「這些傢伙既暴烈又恐懼。就像希特勒一樣，滿腦子都是最最危險的想法……我們的每一句話、每一個舉動都必須積極且明確。如果這些傢伙開始幹什麼勾當，我們可能不得不給以回擊，如果必要的話，拿出全部家當。」[124] 白宮在其正式聲明中稱，布爾加寧的信意在「將全世界的注意力從匈牙利悲劇上轉移開」，並表示美國「嚴重關切埃及局勢，但與此同時，也同樣關心匈牙利事態的發展。」[125] 11月7日，蘇聯政府對艾森豪威爾信的回覆送抵華盛頓。布爾加寧在覆信中稱，美國總統函中所提有關蘇聯軍隊從匈牙利領土撤出的問題，「完全是匈牙利政府和蘇聯政府職權範圍內的問題」，並稱對於10月30日蘇聯政府「關於發展和進一步鞏固蘇聯和其他社會主義國家的友誼和合作原則」的《宣言》，美國政府「沒有任何理由去懷疑」，蘇聯在自己的政策中「現在遵循，將來也會遵循該宣言中提出的原則。」[126] 多年後，艾森豪威爾在其回憶錄中寫道，「布爾加寧寫此信時當然知道匈牙利在這種情況下就像西藏一樣是無法跟我們接觸的，他那封信使我怒火中燒，幾難自制。」[127] 1956年11月8日，在國家安全委員會第303次會議上，總統再次表達了內心這種無奈，「匈牙利革命的失敗」是「我們必須吞下的一杯苦酒……我們說我們的耐心已近極致，但我們能做些什麼建設性的事情？我們能與蘇聯斷交嗎？這麼做我們能得到什麼？」[128]

五

匈牙利事件結束後的五十多年間，華盛頓在整個事件過程中這種「消極」、「無所作為」的表現一直備受國內各界譴責。國際關係學界現實主義學派代表人物漢斯・摩根索（Hans Morganthau）在蘇聯出兵不久後發文稱，「1956年11月的第一週將可能作為美國外交史上最喧鬧的一段插曲印刻在

人們的記憶之中。我們政策中的一些基本假想已被現實擊得粉碎,未能經得起檢驗。一個假想就是我們承諾幫助東歐國家實現獨立,冷戰也正是在此問題上開始並大規模展開的。然而,當俄帝國開始坍塌之時,美國卻立刻放棄了動用武力。」[129] 著名的政策分析人士歐內斯特·勒菲弗(Ernest Lefever)不無諷刺地寫道,「在聲明與政策、應諾與現實表現之間存在著嚴重且不合理的脫節,我們叫嚷得很凶,懷裡卻揣著根小棍子。」[130] 近兩年來,針對美國當年的「言行不一」,匈裔學者蓋蒂提出的尖銳批評給人留下深刻印象,他在一篇文章中直言不諱地表示,「實踐證明,艾森豪威爾政府的『解放』和『推回去』的政策不過是個騙局而已。」[131] 英國記者、匈裔作家維克托·謝拜什真(Victor Sebestyen)亦稱,「1956年許多匈牙利人感覺美國人背叛了他們。」[132]

面對種種指責,美國當局的解釋是:華盛頓是由於擔心干預會升級為一場與蘇聯之間的核戰才決定放棄的。10月29日,副總統尼克森在西點軍校的演講中即已明示,對於匈牙利事件,美國「唯一可用的武器就是道義的譴責」,如若作出「另外一種選擇」(即指軍事介入),則可能引發「第三次也是最後一次世界大戰。」[133] 艾森豪威爾在其回憶錄中也有類似表述:「蘇聯對匈牙利發動的進攻幾乎是自動地向我們提出了使用武力反對這一野蠻侵略的問題……把美國部隊單獨送進匈牙利,就會使我們捲入全面戰爭。同樣,如果聯合國拒絕了蘇聯的某一次否決,決定動用成員國的一切軍事及其他手段將蘇聯人趕出匈牙利,我們也將不可避免地面對一場嚴重的衝突。」[134] 這一解釋並非毫無根據,但卻忽略了一個基本的事實,即爆發毀滅性核戰爭的危險的假定前提是美國對匈牙利事件的軍事介入,而此種可能性不僅在事件期間,其實早在「解放」政策提出之時(甚至之前)就已被華盛頓公開或秘密地排除了。如此看來,即使不能完全否認華盛頓擔憂爆發核戰爭的真實性,但不干預的考慮和決定顯然並非僅出於此。事實上,如第四章所述,美國對匈牙利事件表現出的審慎並不僅限於軍事層面,在危機期間及其後,通過政治或外交等非軍事途徑作出反應這樣的選擇也被決策者排除在考慮之外。對此,美國前國務卿亨利·季辛吉(Henry Kissenger)曾發出一連串質疑:「雖然管道有許多,美國也從來沒有忠告匈牙利人,如何先鞏固已經爭到的,

然後再進一步攤牌。美國在和蘇聯領導人溝通時……立場若是更堅定、更清晰些，或許將使蘇聯決定干預之時少些算計，至少後果也不會如此狼狽。克里姆林宮可以被警告：鎮壓匈牙利革命將付出重大的政治、經濟代價，並且在可見的未來令東西關係陷入冰凍期。美國和聯合國對匈牙利事件的立場，也可以比對蘇伊士運河的反應更加一致化。」[135] 美國東歐問題專家科夫裡格也同意這一觀點。他認為，11 月初，美國若立即承認匈牙利中立或敦促聯合國派觀察員前往匈牙利的話，至少會推延蘇聯做出干預的決定。[136] 蓋蒂更是堅持認為，華盛頓哪怕稍稍做些外交努力，匈牙利事件的結局就可能完全逆轉了。[137]

避免引發核戰固然可以算作一個說得通的解釋，不過它仍然無法說明，為什麼在匈牙利危機期間及其後，華盛頓始終不肯以任何可能的非軍事方式作出反應。僅僅是樂於口惠而實不至地空唱高調，還是像官方常用的說法那樣，系因各種例外情形的干擾，比如：蘇伊士危機牽轉了美國政府的注意力並妨礙其聯手西方盟國共同對付蘇聯，即將到來的總統大選耗盡了白宮領導人的精力使其無暇他顧，對奧地利由此失去中立地位的擔憂使美國政府憚於採取行動，對納吉的不信任甚至反感使當局不願對匈牙利局勢作出積極反應，除此之外，還包括如缺乏必要的情報，等等。[138]

那麼，究竟如何解開 1956 年秋美國政府對匈牙利事件消極不作為之「謎」？本文以為，在華盛頓審慎的不干涉政策背後其實蘊含著某種「合理」的內在邏輯。這一邏輯大致可以透過以下三個層面來加以解讀。

首先是冷戰的層面。應該看到，自冷戰開始後，不管美、蘇兩國何者應為這場特殊戰爭的打響負歷史的責任，其各自冷戰戰略的實質均是防禦而非進攻性的，正是這一特徵使得這場長達四十餘年的「冷戰」得以始終維持在非戰非和的狀態並保持著熱而不沸的溫度。同時，在此框架下，「交戰」雙方逐漸達成並繼而保持了某種奇特的「默契」，在許多情況下心照不宣地共同遵守著冷戰中自成的遊戲規則，透過公開或秘密的克制與妥協，防止了無數次可能突破「冷和平」走向「熱戰爭」的危險。其次是美國冷戰戰略的層面。遏制，是美國冷戰戰略的總體特徵。這一戰略的根本目標即在於遏阻並限制蘇聯的擴張（在美國核壟斷被打破後特別強調要避免全面戰爭）。就此目標

而言，其中至少暗含著兩層涵義：其一，抵禦來自蘇聯的進攻，而非主動發起對蘇聯的進攻。其二，這裡的「擴張」是相對具體的參照體系而言的，在此體系之外謂之擴張，之內便屬「蘇聯陣營」內部事務，這一體系便是二戰結束前夕由戰時同盟國共同確定下來的雅爾達體系。不對蘇聯所轄勢力範圍發起攻勢，是遏制戰略的重要潛臺詞。最後是美國對東歐政策這一層面。冷戰時期，美國的東歐政策是根據美國對蘇冷戰遏制戰略的總體目標來制定和實施的，力圖通過軍事以外包括政治的、心理的、經濟的等各種途徑和手段，達到分化和肢解「蘇東集團」、削弱和動搖（而非推翻）蘇聯在這一地區的控制和權威的目的。由於認識到東歐對於蘇聯所具有的地緣政治和意識形態的特殊重要性，在整個冷戰時期，不打破歐洲現狀、不威脅蘇聯的核心安全，一直是美國東歐政策的一個核心原則。

若從以上邏輯來看，則1956年艾森豪威爾政府對匈牙利事件所作出的上述反應，並非難解的弔詭，更非無解的例外。不過，如果這一邏輯可以用來解釋華盛頓在十月危機時的表現，不免延伸出另一個問題：既然審慎與不干預蘇聯陣營內部事務，系美國冷戰戰略邏輯或者說是對東歐政策邏輯使然，艾森豪威爾何以要制定出一個與此明顯「唱反調」的「解放」政策來「混淆視聽」，並為自己招來不必要的指責和麻煩？筆者以為，1956年「解放」政策所面臨的困境，很大程度上與政策本身無關，而更多地是由「解放」這一宣傳辭令自身所蘊含的好戰意味所致。正如凱南所說，蘇聯的對外政策是國內影響的產物，並非受制於外界的說服、操縱甚或包容。這一觀點同樣適用於解讀美國對外政策的變化。「解放」政策的誕生有其特定的國內政治背景，它的標新立異大多僅限於修辭或宣傳層面，就其實質而言，並未脫離「遏制」的軌道。匈牙利事件過後不久，在成功蟬聯總統後的第一次新聞發佈會上，艾森豪威爾不禁透露了這一點，「沒有什麼事情像匈牙利事件那樣令美國人感到如此困擾……但是我必須說明一點：美國現在不會，並且永遠不會，鼓動手無寸鐵的人們向其不可能戰勝的力量進行公開造反。」[139] 關於「解放」的高談闊論很快淡出了美國的政治舞臺。1958年出臺的國家安全委員會第5811號文件（NSC5811）再次就美國對東歐的政策作出新的調整。調整後的政策吸取了匈牙利事件的教訓，絕口不提「解放」，而是強調以後將更多地

運用貿易交流、經濟援助、文化接觸等途徑，對東歐各國政府施加政治影響和壓力，促使其內部發生變化。[140]這便是後來廣為人知的所謂「和平演變」戰略的最初表述。就其核心要義（即通過漸進方式、不動搖現有的歐洲現狀、不煽動嚴重騷亂、借助軍事以外的其他手段促使東歐國家實現「獨立」）而論，這一戰略仍然服從於遏制戰略的基本邏輯。同樣，繼「解放」之後，美國對東歐政策領域繼續湧現諸如「架橋」、「區別對待」等種種政策語彙，也並未跳出遏制戰略的「魔咒。」如此，便不難理解，為何在東歐隨後發生的一系列危機中（如1968年的捷克斯洛伐克危機、1980年代初的波蘭團結工會危機），「解放」的豪言壯語雖早已銷聲匿跡，但艾森豪威爾政府在1956年秋遭遇過的困境卻一再重演，揮之不去。

（原載《國際政治研究》2009年第4期，版面所限，刪節較多，此處以原文刊出）

納吉關於匈牙利社會主義道路的設想

　　1953年史達林逝世後，以馬林科夫（G.M.Malenkov）為首的蘇聯領導層，為了緩和國內矛盾，爭取一個較為有利的國際環境，開始對史達林時期的內外政策進行調整。鑒於當時在東歐各國中，匈牙利的經濟、政治和社會局勢尤為緊張，1953年6月，蘇聯領導人邀請匈牙利派代表團前往莫斯科舉行會談。[141]會談中，蘇聯領導人要求匈牙利黨的總書記拉科西·馬加什（Mátyás Rákosi）將其擔任的部長會議主席一職轉交納吉·伊姆雷（Imre Nagy），由後者領導新政府，調整政策、緩和局勢。[142]從1953年7月至1955年初，納吉在經濟、政治、文化等各領域採取了一系列改革舉措，以期糾正和解決蘇聯模式在匈牙利推行後暴露出的弊端和衍生出的問題。西方學者將1953年在蘇聯和匈牙利、東德等個別東歐國家開始的這場非史達林化的政策調整，稱作「New Course」，中文一般譯作「新方針」或「新階段。」

　　匈牙利的「新方針」改革嘗試，主要宗旨在於緩和國家與社會間日趨緊張的關係，提高人民生活水平。措施包括：改變黨的權力過分集中的現象，加強立法與行政機關的權力；健全法律制度，恢復社會主義法制，平反冤假錯案；修改國民經濟發展方向，降低重工業發展速度，提高農業和輕工業投資比例；鼓勵發展個體私人經濟，開放市場，促進城鄉商品流通；以提高工

資、降低物價、減少稅收、增加住宅等手段改善人民生產和生活條件；調整知識分子政策，提高其政治、經濟待遇；加大教育投入；對宗教事務保持寬容，等等。納吉政府上述種種政策得到了匈牙利民眾的普遍歡迎，但在實施過程中，卻受到以拉科西為首的黨內頑固派的奮力阻撓。1955年初，馬林科夫被免去部長會議主席的職務，很快，在蘇聯強有力的干預下，匈牙利的「新方針」也被迫中斷。[143] 是年4月，匈黨中央以「右傾機會主義」、「有反馬克思主義、反列寧主義和反黨觀點」和「搞派別活動」等罪名，解除了納吉的部長會議主席和黨內外一切職務，並於年底將其開除出黨。

　　納吉在遭到貶黜後，從1955年夏至1956年春，對「新方針」進行了深刻的反思，並在基礎上寫了一系列文章。他寫這些文章的初衷，一來是想捍衛「新方針」的各項原則和理念，同時，也想為自己所受的不實指摘進行申辯。在這些文章中，他不僅深刻總結了自己對馬克思列寧主義基本理論的認識，對改革社會主義國家間和政黨間關係的看法，還進一步從經濟、政治、外交、倫理道德等方面提出了關於建設匈牙利社會主義的主張。[144] 限於篇幅，本文在此主要集中探討最後一個問題，即納吉在匈牙利社會主義建設道路方面的設想，這一部分內容既是納吉全部政治思想的核心，也是精髓。

一、以新經濟政策作為過渡時期整個經濟政策的基礎

　　任何一個社會主義國家，在選擇自己的發展道路和社會主義的實現途徑時，首先必須對本國所處的發展階段有一個清晰而準確的認識，這是制定其政治、經濟、社會等各項政策的基礎和前提。納吉關於匈牙利社會主義道路的全部理論是建立在這樣一個基本認識的基礎之上：匈牙利是一個傳統的農業國家，資本主義和私有制在農民中植根較深，因而走向社會主義必將是一個漫長的歷史過程。在他看來，以匈牙利的現實，它仍處於由資本主義向社會主義過渡的時期，全面建設社會主義尚不具備物質基礎。過去，匈黨領導人所以犯錯誤，匈牙利的社會主義建設所以遭受挫折，他認為，其中很重要的原因就是「簡單地抄襲了蘇聯在社會主義建設進展階段中用過的方法，而越過了一個完整的發展階段。」因此，正確的道路是重新回到這一階段上來，按照過渡時期的特點來決定各項路線和政策。在經濟領域，就是將新經濟政策作為過渡時期整個經濟政策的基礎。[145]

國別個案
納吉關於匈牙利社會主義道路的設想

所謂「新經濟政策」，根據納吉的理解，就是「掌權的無產階級，在工人階級和小生產者農民基於商品交換的經濟聯合的基礎上，旨在實現戰勝資本主義因素和建成社會主義的政策。為了實現後者，甚至也要利用經濟上的資本主義因素，即不是直接通過產品交換，不是不要市場和迴避市場，而是利用市場和通過市場戰勝資本主義因素和建立社會主義的經濟。」其中，工農經濟聯盟即「工人階級和勞動農民的經濟聯合」，被納吉視為新經濟政策的中心問題，而實現這一聯合的手段就是「通過一切方式發展城鄉間的商品流通。」不過，納吉特別強調，就是利用新經濟政策，也不能照搬蘇聯當時的做法，而必須特別注意「在匈牙利的條件下產生的獨特任務。」[146]

考慮到匈牙利的現實國情，納吉表示，把工業化作為過渡時期社會主義建設的總路線是不恰當的，必須要確保國民經濟的綜合平衡和按比例發展，不能繼續採取偏重工業輕視農業、偏重重工業輕視輕工業的方針。照他的看法，依據匈牙利的歷史條件和物質基礎，在利用新經濟政策的基礎上，恢復國民經濟的綜合平衡，最適宜的道路就是「用發展農業的辦法」來實現。接著，納吉又特別指出，「發展農業的辦法」指的主要並不是農業的社會主義改造，而是「擴大市場關係。」政府應當做的，是鼓勵而非限制個體經濟，照他看來，只要個體農民家裡有足夠勞動力並有能力承擔經營任務，就應當讓他們自主地擴大他們的經濟。納吉雖然鼓勵發展個體經濟，但也並反對合作社這種生產和經營形式。他在文章中多次強調，自己所反對的，是那種不顧條件、違反自願原則、只為追求數量上的「強行增加」和「過分發展」的集體化運動。他認為，依據匈牙利的經濟發展水平和新經濟政策的基本原則，集體化不應成為匈牙利農業發展的唯一道路。在相當長時期內，匈牙利的農業發展將沿著兩條道路前進，即合作化道路和非合作化道路；在合作化內部，也將長期存在著兩條同時並進的道路，即較高級的合作化道路和較簡單的合作化道路。納吉強調，不要害怕自由市場、害怕農民經濟的發展，鼓勵個體農民經濟不會導致資本主義傾向的加強。個體農民經濟也是集體經濟的一部分，應該給它以充分的發展空間。黨和政府固然可以鼓勵合作社的發展，但必須遵循自願原則。在納吉看來，最值得鼓勵的合作化方式是個體農民本著自願原則，自發結成集體勞動組織，自主管理，自主經營。[147]

可見，納吉關於匈牙利過渡時期運用新經濟政策進行社會主義建設的思路大致可歸納為：透過鼓勵農民發展個體經濟或在自願基礎上組成合作社，促進農業的發展，使農民有更多的剩餘產品用於交換，推動城鄉物資交流，鞏固工農經濟聯盟，進而使整個國民經濟形成良性循環。此外，利用資本主義因素並不僅限於農業方面，還包括零售業、手工業等個體私營行業。對它們，政府也應當採取措施鼓勵其發展，以活躍市場，促進商品流通。

納吉指出，一切生產，無論是社會化生產還是個體生產，根本目的都是為了更好地滿足人民的需求、改善勞動者的福利，社會主義的生產必須把「人」放在中心，發展國民經濟最崇高的目的就是「人民的福利、工人階級和全體人民生活水平的經常提高」，而提高生產力以及擴大生產規模都只是實現這一目的的手段。[148]

二、以尊重民主與法製作為黨和社會生活的基本準則

針對蘇聯模式在匈牙利政治實踐方面存在的各種弊病，納吉在涉及政治領域的革新方面，特別強調了以下幾點：

第一，推動黨內生活和社會生活的民主化。政黨是推進民主政治的工具，領導民主政治的黨，自身應當是民主的。黨內民主的原則是政黨運作必須遵循的一條根本原則，無產階級的政黨也毫不例外。然而，在匈黨的政治生活中，這一原則並沒有真正落實，黨內民主缺失成了一種常態。納吉批評說，拉科西不遵守黨的組織原則，「實質上是由一個小集團代替了選舉產生的黨機構來領導黨，這不可避免地導致了無原則和無黨性，並成為嚴重錯誤的根源。」沒有黨內民主也難有社會民主。在納吉看來，黨內長期盛行的個人專斷與集權作風，不僅嚴重破壞了黨的政治生活，還使黨的民族團結、人民陣線、工農聯盟政策失去了作用，為了確保人民民主的原則得以落實，必須使廣大群眾對國家的政治、經濟、社會生活等各個方面擁有更多的發言權。納吉尤其強調要發揮地方議會和愛國人民陣線的作用，認為應當在更廣泛的基礎上擴大人民陣線和各級議會的權限。文化政策的民主化也是納吉關注的一個重要問題，他將其視為社會生活民主化不可分割的一個方面。他指責說，過去黨的文化政策「用曲解了的黨性歪曲事實和真理，使文學、音樂和藝術

成了哈哈鏡」；而作為科技文化傳播主力軍的知識分子，長期以來也沒有得到應有的重視與信任。對此，納吉提出，要發揚文學藝術獨立和自由的傳統，給知識分子以應有的尊重，真正繁榮社會主義的文化事業。[149]

第二，鞏固和保證法律制度和秩序。納吉指出，過去由於國家機關、地方議會、司法警察等部門，對勞動人民特別是農民，做了許多不合法的事情，做了大量無法律根據的從嚴判決，嚴重動搖了國家的法律和法制，破壞了國家體制的基礎，瓦解了工農聯盟。因此，當務之急是切實保障憲法所規定之各項公民權與人權，鞏固法律秩序、恢復法制，重建社會正義和社會生活的純潔性，把違反道德與法律的人從社會生活以及黨和國家機構中清除出去。同時，他還強調，法律和法規是絕大多數人民的意志的表達，符合勞動者的利益，是「建設社會主義、保衛人民民主制度的非常有效的工具」，每一個國家機構、社會組織及個人，都必須毫無例外地、無條件地切實遵守。[150]

第三，改革黨政關係。匈牙利在「新方針」實施以前，黨政關係一個突出的特點，就是黨過多地干涉政府的具體工作。國家的許多方針、政策不僅是由黨來制訂，甚至大部分也是由黨來執行。這種狀況，在納吉看來，一方面嚴重損害了行政機關的獨立性，降低了它們的威信，使政府事實上等同於一個「影子政府」，無權決策而只能「認可」黨已做出的決定；另一方面助長了瞎指揮風和個人專斷，危害了國家和經濟生活的法制基礎。納吉指出，上述以黨代政、個人集權的現像是破壞社會主義法制的禍根，它既是脫離群眾的後果，也是這種脫離日益嚴重的深刻原因。因此，在黨政關係上，必須改變黨的權力過分集中，澄清國家的作用，使黨政職責分明。納吉強調，黨的職責主要是對政府機關加以指導和監督，不是代行或包攬其職能；政府機構的中心任務主要是全力推動國家經濟、社會、文化等各項事業的發展，而不是突出鎮壓的職能。[151]

第四，改善黨群關係。納吉在其著述中，將「脫離群眾」稱為「國家生活最嚴重的癰疽和社會主義法制被動搖的禍根」，把黨群關係的鬆弛視作「威脅黨的最大危險。」在他看來，黨群關係惡化反映了黨對其權力來源的「誤解。」納吉指出，「黨的領導作用不是產生於它自身的」，也「不是由上面發表一個聲明而建立的」，它是有條件的，這個條件就是：人民的同意。因此，

要保持和保證黨的領導作用,就要不斷加強黨的作風建設。納吉指出,黨的幹部要用平等的態度對待非黨群眾,不發號施令,注意傾聽聲音;驕傲自大和強迫命令、壓制批評和自我批評,只會「從根本上扼殺首創性」,破壞黨的紀律和黨內生活的「列寧民主原則。」此外,納吉還呼籲要發揚共產黨員的美德,如熱愛和尊重人民、密切聯繫和團結人民、忠於並真正服務於人民等。[152]

三、以「和平」或「積極共處」作為外交政策的取向

回顧「新方針」期間的種種艱辛與矛盾,納吉得出了一個最為重要的結論,即:在匈牙利,任何改革嘗試要取得成功,首要前提是改變不平等和不正常的匈蘇關係,實現「民族獨立。」[153] 1955 年,國際舞臺上發生的兩件事促使他對這一問題進一步展開了深入思考。第一件事是 1955 年 4 月下旬召開的萬隆會議。在這次會議上,中國、印度等國共同倡導並提出了和平共處五項基本原則。納吉將其稱為世界政治中出現的「新的非常因素。」第二件事是蘇南關係的正常化。1955 年 5 月,蘇聯領導人前往貝爾格萊德,主動修復與南斯拉夫的關係,在兩國發表的共同宣言中,蘇聯不僅明確表示將以五項基本原則作為處理國家間關係的原則基礎,而且承認各人民民主國家有權選擇自己走向社會主義的道路。對於這兩件事,納吉的看法是:其一,五項基本原則是「與社會政治制度無關的、國家關係方面的要素」,它「不能只限於同資本主義制度或兩個體系間的鬥爭,也應該擴大到民主和社會主義陣營國家的相互關係上去。」[154] 其二,既然蘇聯公開聲明贊同五項基本原則、允許東歐國家探索自己的社會主義道路,匈牙利應充分利用這一有利形勢,推動匈蘇關係「正常化。」[155]

基於上述思考,納吉在《國際關係的五項基本原則和我們的外交政策問題》等文章中對匈牙利的外交政策提出了富有創新性的設想,[156] 主要包括:

第一,匈牙利應當重新成為「國際大家庭」中的一員。納吉指出,匈牙利作為一個民族國家,有其悠久的歷史和不可磨滅的傳統,它並非「生活在真空中」,它屬於「社會主義大家庭」,但也是世界舞臺上的一個主權國家,不應人為割斷它與整個世界的聯繫。他強調,根據社會制度分割世界體系的

做法是目光短淺的，匈牙利應當結束閉關自守和消除孤立，在「國際大家庭和平共處和經濟競賽」中，沿著自己的道路走向社會主義。

第二，倡導和平發展，反對集團政治。納吉指出，和平是社會主義的基本價值之一，社會主義國家對和平的「熱愛」不應停留在口頭，而要付諸行動。他指出，「和平發展、避免戰爭的唯一途徑，不是建立而是取消勢力集團。這不僅是民族的、社會主義陣營的利益所在，也是整個進步人類的利益所在。」這裡，納吉實際上對蘇聯東歐國家組建「華沙條約」集團表達出不滿。在他看來，華約的存在本身就是對和平的威脅、對社會主義基本原則的破壞，它不僅給國際安全帶來隱患，而且也影響了社會主義的聲譽。要維護和平、「使社會主義勝利傳播開來」，在納吉看來，唯一的選擇就是——取消勢力集團、肅清集團政治。

第三，奉行「中立」或「積極共處」的對外政策。納吉認為，取消勢力集團最適宜的道路就是，「進步的民主和社會主義國家或類型相似、也贊同五項基本原則的其他不同制度國家在中立或積極共處的基礎上，採取一致的對外政策和合作，反對勢力集團的政策。」在此基礎上，納吉進而提出了他關於匈牙利外交政策的新主張：即奉行「中立」或「積極共處」的外交政策，反對集團政治。他對此解釋道，所以必須選擇這樣一種外交政策，一方面是因為匈牙利是一個小國，它必須要學會保護自己，儘量避免成為敵對集團衝突的參與者，避免捲入戰爭，變成戰場或兵力集結地，否則就會危及國家和民族的存亡。另一方面也是基於沉痛的歷史教訓。過去發生的兩次世界大戰，匈牙利都曾深卷其中，結果給國家和民族帶來災難性後果和沉重的包袱，要避免成為「歷史風暴的純粹犧牲品」，匈牙利就絕不可再參與到任何勢力集團的角逐當中。

第四，在「中立」或「積極共處」的基礎上，加強與周邊國家的合作，參與社會主義國家間的互助與協作。納吉強調，奉行「中立」或「積極共處」對匈牙利無疑具有至關重要的意義，但這並不意味著匈牙利選擇了一條孤立隔絕、閉關自守的道路。恰恰相反，匈牙利要走的是一條在此基礎上的開放與合作的道路。早在 1940 年代，納吉就曾撰文倡導在多瑙河流域組建一個經濟層面的區域聯盟，推動地區各國相互間的經濟合作。不過，納吉反覆表示：

無論是主張「中立」或「積極共處」，還是提倡何種形式的地區聯合，「都意味著堅決代表和執行社會主義陣營國家進行合作的基本原則。」這清楚地反映出了納吉腦海中的一個核心觀念，即追求獨立自主並不代表著脫離社會主義陣營。對於匈牙利而言，它只是希望藉此使本國的獨特利益與社會主義國家的普遍利益同時得以實現。[157]

四、以尊重人格和人道主義精神復興社會的倫理道德

經濟、政治、外交無疑是社會發展的重要方面，但並非全部。納吉在做出上述思考的同時，還深入探討了黨和國家以及社會的倫理道德問題，這主要集中反映在《關於匈牙利社會生活中迫切的倫理道德問題》這篇文章中。文中，納吉以犀利的言辭，揭露和剖析了匈牙利政治和社會生活中倫理道德墮落的種種表現及其根源，同時闡明了自己對社會主義倫理道德原則等問題的看法。

納吉指出，當前匈牙利存在著的倫理道德危機，同走向崩潰的政治、經濟危機一起，正從根本上動搖著黨和社會。這種危機最嚴重的表現，就是「社會生活的蛻化和墮落」以及受其影響產生的「社會人格的敗壞。」

在「社會生活的蛻化和墮落」方面，首要的就是「政權的蛻化。」「政權的蛻化」突出地表現在它日益脫離群眾並與人民尖銳對立，亦即：黨的專政代替了人民民主制度，個人獨裁又代替了黨的專政，而少數人「獨裁的」、「波拿巴主義」的精神代替了社會主義、民主主義、人道主義精神。簡言之，以專政扼殺民主，以集權取消民主。政權的這種蛻化源起何時呢？納吉指出，最早可以追溯到當年黨採用所謂「切香腸戰術」（Salami Tactics）排除民主力量和消滅社會主義的民主盟友之時。自此之後，民族團結、人民陣線、工農聯盟政策以及民主原則相繼失去了作用，個人集權取代了黨的領導，暴力、行政手段取代了政治說理，國家保安隊被置於社會和黨之上，成為政權的最高機構。但是，這只是政權蛻化的一個過程，還不能揭示其根源。

政權為什麼會發生蛻化，是什麼導致了政權的蛻化？納吉的回答值得深思。他指出，黨的專制統治、個人集權以及強化暴力機構，這些都不是國家和黨內生活中自發產生的，而是推行蘇聯模式的結果。他寫道，「波拿巴主

義要占上風，就得消滅社會主義的民主盟友；實現個人獨裁，就要消除黨的領導幹部；為了執行這些任務，就要把國家保安隊變成政權的萬能因素。」在這種情況下，民主被僭越、法制遭踐踏，「一切政治、法制和道德的概念……都失去其原來的意義」，憲法、法制和法律在這樣政權下非但不能保障公民的各項權利，反而成為「對大多數勞動人民實行個人獨裁的工具。」

　　納吉認為，社會生活蛻化和墮落的另一方面，就是社會生活的純潔性嚴重遭破壞。在黨內，列寧式的民主生活原則(如黨內民主、民主集中制)被「波拿巴主義精神、個人獨裁、發號施令和奴隸式的隸屬關係」所取代，其具體表現就是：用政治和暴力手段踐踏人權和公民權、壓制黨內的反對意見；利用「人的物質依存性」威脅黨員的政治立場和個人行為，強迫其放棄個性和信念。特別是後者，被納吉稱為「最要不得」和「對共產黨道德品質影響最壞」的惡劣做法。這種做法是對尊嚴的踐踏和對人格的辱沒，導致了奴隸習性肆意蔓延，卑躬屈膝、口是心非、權欲薰心、爭寵邀賞、阿諛奉承大行其道。還有許多黨員由於物質上受挾制，被迫成為盲目的馴服工具，「由政治道德上的絕望遁入了漠不關心和消極的境地。」納吉指責道，「這不是社會主義的道德，是現代的權術。」然而，人格的敗壞並不限於黨內，名利思想、怯懦、撒謊、懷疑、報復等等在社會中也廣泛存在。但是，不應把社會人格的敗壞歸咎於個人性格上缺陷，事實上它是「社會的病症。」至於它的「病源」，在納吉看來，同樣要到「史達林的政策」中去找。

　　經濟、政治等領域的危機或可透過政策調整予以緩解，倫理道德危機該如何解決呢？既然危機根源於蘇聯模式，那就必須「肅清史達林主義的政策」，可由誰來肅清呢？納吉認為，不能依靠拉科西等人，必須把他們從黨的領導機構和國家生活中清除出去，通過「換班」，實現黨和國家領導在政治和道德上的復興。他指出，領導和引導匈牙利人民走向社會主義的黨，應該既是社會倫理道德的體現者又是民族傳統道德和情操的代表者，是社會主義的真正信仰者。納吉強調，過去幾年的社會主義建設，黨和國家只關心經濟和建立在經濟上的階級關係的改造，以及奪取和鞏固政權的問題，而「忘記了活生生的社會和人」，在未來的匈牙利人民民主制度裡，應該將尊重人格和人道主義精神「貫徹到國家和社會的生活中去」，使社會生活立足於較

高的倫理道德基礎上,使「勞動人民根據自己制定的法制和法律成為國家真正的主人,主宰著自己的命運。」[158]

如果說,納吉在領導「新方針」時期只是試圖在某些方面突破蘇聯模式,那麼,1955—1956年他在對「新方針」進行回顧與總結時,所探討和關注的,已不僅僅是觸動或改革蘇聯模式的某些方面,而是要走一條不同於蘇聯模式的匈牙利社會主義道路。按納吉的話說,如果新生一定伴隨著痛苦的話,人民希望在各條道路中選擇一條「較好的、較容易而可接受的、較人道也較符合匈牙利情況和條件,即符合我們的力量和傳統的道路」,這條道路「不是別的,正是社會主義的匈牙利形式」,也就是「從社會主義建設的普遍的、基本的,因而是共同的規律出發,在根據中國自身情況運用和進一步發展以其他道路和形式建設社會主義所取得的經驗,並以新觀點代替舊觀點來豐富科學社會主義的同時,把馬克思列寧主義運用於匈牙利的獨特條件。」[159] 在他看來,這條道路在當時是最符合匈牙利國情和人民利益的選擇。納吉關於匈牙利社會主義道路的設想,嚴格地說,已超出了修補蘇聯模式的範疇,而近乎是以一種「新」的模式取而代之。這種模式雖然不能算作是蘇聯模式的對立面,但在許多方面確是與其格格不入的。受歷史條件所限,納吉的這些設想在當時的時代背景下難以有踐行的空間和實現的途徑,不過,他所做的大膽探索和有益思考,無論過去還是現在,都是值得充分肯定的。

(原載《科學社會主義》2007年第5期,版面所限,刪節較多,此處以原文刊出)

▎「納吉案件」之謎——根據原蘇東國家解密檔案的分析

1956年秋匈牙利所發生的那場令人驚心動魄的危機,在20世紀世界社會主義運動史上寫下了極其沉痛的一頁。而兩年後這場危機的主角、匈牙利政府總理納吉·伊姆雷慘遭處決,更為事件增添了一抹悲劇色彩。納吉遭處決,從表面上看十分突然,但其中卻隱藏著許多令人難以理解的困惑:納吉何以會被遣送至羅馬尼亞?為什麼要對納吉進行審判?審判的前後過程是怎樣的?為何在事件結束兩年後要對納吉等人處以極刑?很長時間以來,與所謂「納吉案件」相關的內情鮮為人知。冷戰結束後相關檔案材料的陸續解密

國別個案
「納吉案件」之謎——根據原蘇東國家解密檔案的分析

和開放,為解開以上歷史謎團提供了鑰匙。本文主要依據大量前蘇聯和匈牙利以及其他相關東歐國家的檔案,描述並分析「納吉案件」源起、發展與演變的全過程,以期為深入解讀冷戰時期蘇聯與東歐的相互間關係提供一個典型案例和歷史視角。

一、蘇南糾葛與所謂的「納吉問題」

1956年11月4日凌晨,蘇聯軍隊向布達佩斯展開了代號「旋風」的軍事行動。其後不久,納吉代表匈牙利政府透過電臺公開發表了蘇聯入侵的正式聲明後,與其部分政府成員及家人共計47人前往南斯拉夫駐匈使館尋求政治避難。匈牙利事件結束後,如何處置納吉很大程度上取決於蘇聯的決定。

1990年代以來不斷解密的檔案材料表明,處決納吉並非蘇聯領導人的既定目標。事實上,根據蘇共中央主席團1956年10月31日的會議記錄,當時莫斯科的想法的是,待以軍事手段平息匈牙利事件後,讓納吉進入其正在積極籌劃中的匈牙利新政府之中。[160] 11月2—3日,蘇聯與南斯拉夫兩國領導人在南布里俄尼島舉行秘密會晤時,狄托曾允諾勸說納吉主動辭去部長會議主席一職並支持莫斯科欲組建的匈牙利工農革命政府。赫魯雪夫對此表示贊同,並也相信納吉「能夠做很多事情,幫很大的忙。」[161] 由此可見,至少在當時,蘇聯並未打算日後對納吉採取極端措施。4日清晨,當納吉等人來到南斯拉夫駐匈使館後,南領導人立即派人與納吉進行了接觸。[162] 蘇聯駐南大使費留賓當日下午發回莫斯科的電報對此事作了匯報,稱南聯邦執行委員會副主席卡德爾已向其明示,正試圖說服納吉發表一項支持新政府的聲明。[163] 晚些時候,納吉表示願意發表聲明,但聲明的內容並不是辭職或承認卡達爾為首的工農革命政府,在於次日準備好的一份聲明中,納吉這樣寫道:「在如此關鍵的形勢之下,我覺得有必要向我的祖國再次重申,作為政府領導人,我內心深處一直受著一種共產主義信念與意識的指引——要忠誠於我的人民和國家。40年來,我的行為始終受著這一信念的影響,不管未來會怎樣,我都不會動搖進而背棄這一信念。」[164] 納吉此種「不合作」的態度,頓時令南斯拉夫陷於被動,同時也大大激怒了蘇聯領導人。莫斯科立即要求南斯拉夫無條件交出納吉,而一向奉行獨立外交路線的南斯拉夫豈能就這樣

公然在世人矚目下屈服於莫斯科的指令。於是，所謂的「納吉問題」便由此產生。

11月5日下午，即在南斯拉夫以違反國際慣例為由明確回絕了莫斯科的要求後不久，蘇聯坦克向南斯拉夫駐匈使館開了火，使館秘書米連科·米洛萬諾夫不幸遇難，蘇南關係驟然緊張。[165] 8日，狄托致函赫魯雪夫，再次闡明了南斯拉夫不能交出納吉的原因，並建議雙方就「納吉問題」尋找一個折衷的解決方案。[166] 而此時，莫斯科似乎已下定決心不做任何妥協。次日，蘇聯領導人透過時任駐匈大使的安德羅波夫轉告卡達爾，稱「關於納吉·伊姆雷的問題已成為我們和南斯拉夫同志爭論的問題，是重大的原則問題，關乎匈牙利的根本利益和社會主義共同事業的根本利益……在這個重要問題上我們必須表現出堅定性和原則性。」[167] 如此，「納吉問題」便同複雜難解的蘇南關係相互纏繞、糾葛在了一起。

其實，單就如何處置納吉這一問題來看，蘇南雙方也是各有打算。就蘇聯而言，將納吉牢牢控制在手中，不僅對它在匈牙利「整頓秩序」意義重大，甚至對於維護整個社會主義陣營的穩定都是至關重要的。自1956年2月蘇共二十大召開以來，蘇聯雖看似一定程度地默許了東歐的「非史達林化」進程，但其底線是不可脫離社會主義陣營和莫斯科的控制。1956年11月蘇聯對匈牙利的第二次出兵固然並非僅只因由納吉「走得太遠」所致，不過，在如何處置納吉這個問題上採取何種立場和態度，在蘇聯看來，確能造成向東歐小兄弟暗示蘇聯對「非史達林化」容忍底線的作用。在此背景下，蘇聯對「納吉問題」的態度益加強硬。就南斯拉夫方面來講，蘇聯入侵布達佩斯之前，南方所以同意「在必要情況下」向納吉等人提供政治庇護，並非意在保護這些人的安全，其真實目的在於向納吉施加影響，勸其支持新成立的卡達爾政府。[168] 11月初，當狄托在布里俄尼島向蘇聯領導人許下這一承諾時，是自信能做到這一點的，因此對於納吉此時這種「不諳時勢」、「冥頑不化」的表現，這位南斯拉夫領導人在意外之餘，更是深感尷尬與不悅。11月11日，狄托在普拉向伊斯特里亞黨的積極分子發表的演說中對納吉政府提出了指責，稱其只曉得「在電臺上哭哭啼啼呼救」，卻不願同反革命作堅決鬥爭。[169] 就其實質而言，南斯拉夫領導人此時雖口頭表示絕不會將這些他已公開表明

給予政治庇護的人拱手交出，但其內心非常不希望因「納吉問題」致使同蘇、匈兩國兩黨關係陷入危機。

正是在這樣的背景下，圍繞著納吉去留問題的談判開始了。談判形式上是在匈、南兩國政府間進行的，在其背後實則反映的是蘇、南兩國領導人意見的交鋒與妥協。

11月17日以前，匈、南雙方代表團分別就解決「納吉問題」提出了各自的解決方案。南斯拉夫的立場是：如果卡達爾政府公開承諾保障納吉等人的生命安全，南方便同意他們離開南使館，留居匈牙利；如果卡達爾政府不願或不能做到這一點，便應當允許他們到南斯拉夫避難。[170]匈牙利談判代表則據莫斯科的指示聲稱，不同意納吉等人前往南斯拉夫，但如果納吉公開表態承認匈牙利新政府，這些人可以去羅馬尼亞避難。儘管表面看來談判雙方意見相左，但欲求解決「納吉問題」，蘇、匈所開列出的條件，即納吉必須主動辭職並發表聲明支持卡達爾政府，對南斯拉夫擺脫尷尬困境其實也是同等重要的。於是，南斯拉夫領導人指示其駐匈大使索爾達蒂奇，繼續設法從納吉那裡獲得哪怕是形式上的這樣一份聲明。[171]然而，無論索爾達蒂奇如何勸說，納吉始終不肯順從。從11月17日起，南斯拉夫放低了談判的門檻，不再提將納吉引渡至南斯拉夫的問題，只是強調如果卡達爾政府公開聲明確保納吉等人在匈牙利安全不受侵害，便同意讓他們離開南斯拉夫使館。不僅如此，南斯拉夫還主動表示，不反對匈方提出的關於將納吉遣往羅馬尼亞的方案。[172]

納吉堅決不辭職也不願表示支持卡達爾政府的態度令蘇聯領導人大為惱火。他們決定盡快使納吉離開南斯拉夫大使館，然後迫其妥協。11月17日，馬林科夫、蘇斯洛夫、阿里斯托夫聯名向蘇共中央提出一項建議，要求納吉等人按照上述要求發表聲明並作自我批評，當他們離開南斯拉夫大使館時予以逮捕，然後遣送羅馬尼亞。[173]蘇共中央同意了這一方案，同時指示卡達爾政府接受南斯拉夫的條件。21日，卡達爾在致南聯邦執委會的信中承諾，匈牙利政府不打算對「納吉·伊姆雷及其集團成員」實行報復或鎮壓。[174]雙方達成協議，南斯拉夫同意22日讓納吉等人離開南斯拉夫大使館，回到自己的家中。

11月22日，羅馬尼亞領導人喬治烏－德治率團抵達布達佩斯，隨同前來的有1930年代曾在共產國際與納吉共事的瓦爾特爾·羅曼，受羅黨委派，羅曼在納吉離開南斯拉夫使館前同其進行了單獨會晤，意在勸說納吉接受條件發表一項支持卡達爾政府以及自願前往羅馬尼亞的聲明，後者回答說，他不會自願離開匈牙利，也不會發表任何支持卡達爾政府的聲明。[175]當日下午6點半，納吉及其同伴和他們的親屬在南斯拉夫兩名外交人員的陪同下乘車離開使館，但車子剛駛出不久即遭蘇聯裝甲車攔截，納吉等人被蘇聯軍方帶走。[176]第二天，按照蘇聯方面的原定計劃，納吉等人被遣送到羅馬尼亞。

「納吉問題」就這樣畫上了句號。在納吉被劫持並送往羅馬尼亞後，南斯拉夫向蘇、匈兩國政府發出照會，對後者破壞「公認的國際法準則」的行為表示「最強烈的抗議。」[177]當然，抗議很大程度上只是一種外交姿態的表示。卡德爾在其回憶錄也說：「我們在匈牙利和納吉問題上與蘇聯政府的爭執比較快地解決了……繼續與蘇聯爭吵也沒有什麼益處。」[178]「納吉問題」得以解決的方式雖不免給人戲劇化的感覺，但不管怎樣，這一結果對於蘇、南、匈三國來說，可以說是一種「三贏」的和局：納吉的一舉一動重又回到蘇聯的控制之下，南斯拉夫既走出困局又在國際道義方面沒有失分，而匈牙利新政府也終於將納吉這個「危險人物」暫時驅逐出境。

二、「納吉案件」的政治背景

1956年11月23日至1957年4月14日，納吉等人一直被軟禁在位於布加勒斯特附近的斯那科夫政府別墅內。在納吉去往羅馬尼亞後不久，羅共第一書記喬治烏－德治委派全權代表波德納拉舍夫繼續對納吉進行勸說，要其承認自己的犯罪行為，結果仍舊是無功而返。[179]1957年1月10日，赫魯雪夫在寫給狄托的信中表示，當前「唯一正確的措施就是在政治上審判納吉·伊姆雷、洛松奇及其同夥。」[180]所謂「政治上審判」，即指對納吉等人展開口誅筆伐，為正在準備中的法庭審判製造輿論。

反觀1956年11月初蘇聯發動「旋風」行動後匈牙利當時的媒體報導，明顯可以看出對納吉及其政府的批判逐步升級的一條清晰脈絡。最初，事件剛剛結束時，卡達爾政府先是將納吉政府的錯誤歸結為「軟弱無能」，說它

國別個案
「納吉案件」之謎——根據原蘇東國家解密檔案的分析

「為反革命勢力開闢了道路」，其後不久接著坦承「納吉·伊姆雷本人和他的政治集團都不願意自覺地幫助反革命。」[181]可是從12月開始，對納吉的評價就急轉直下了，出現了「納吉集團」的說法。12月5日，匈黨臨時中央召開會議，會議最後通過的決議對事件做出了明確的定性，決議稱：「匈牙利10月23日的武裝暴動從根本上來說帶有什麼樣的性質，它是革命還是民族革命，對於這個問題，事實擺在我們面前，我們只有一個回答：這既不是前者，也不是後者。這是反革命。」[182]這樣一來，「納吉集團」也不再是「不願意自覺地幫助反革命」，而變成「很大程度上促成了反革命事件的爆發」，而且早在1956年春為達此目的大肆破壞黨的威信，開始了對匈牙利人民民主制度的猛烈進攻。相應地，納吉也由「軟弱無能」，對反革命「退讓」、「妥協」、「縱容」的動搖分子變成了策劃反革命的陰謀家。[183]

幾乎與此同時，匈黨通過內務和司法部門組織對納吉等人提起訴訟的工作也進一步鋪開。1956年底，匈黨中央全會通過了對「納吉案件」展開調查的決議。1957年1月，匈黨臨時中央執委會派中央書記卡拉伊·久洛前往羅馬尼亞與「納吉集團」成員進行接觸並展開初步調查。1月29日，卡拉伊向執委會提交了他的調查報告。根據這份報告，納吉在與卡拉伊的會談中堅持認為，自己所做的一切都是依據人民的願望做的，所採取的措施也都是正確的，並且堅信，這些措施本來是可以穩定局勢的。[184]卡拉伊建議執委會考慮將「納吉案件」提交法院審理，後者同意了這個意見並下令司法機構蒐集1956年10—11月間「納吉集團」活動的相關材料，這是匈黨首次公開表示要將納吉提交審判。2月22日，匈黨政治局召開會議。會上，卡拉伊進一步表示：「第一次我們公開提到他們（即指納吉及其政府成員——筆者注）時，只說他們犯了一個錯誤，後來我們又說他們為反革命開闢了道路。然而，僅僅這麼看還不正確，我們必須更深更進一步，應該說納吉·伊姆雷背叛了國家，對此我們必須找出證據使之成立。」[185]四天后召開的匈黨中央全會根據執委會呈交的報告指出，早在1955年夏時，納吉就已開始組織派別活動並以他為核心組成了所謂的「納吉集團」，並稱這個集團「在10月23日以前擔任了反革命的前哨，11月4日轉折點以後，又擔任了後衛的角色。」[186]在會議最後通過的《關於匈牙利當前的問題和任務》的決議中，匈黨中央做

出了「根據這個集團成員的揭發繼續進行工作」以及就「叛徒」納吉展開罪行調查的決定。[187]

1957年3月19日，納吉給蘇聯、羅馬尼亞、捷克斯洛伐克、波蘭以及南斯拉夫黨的領導人寫了一封信，要求由一個「國際性的黨的審查委員會」來調查自己及同伴在匈牙利事件中的政治角色。結果，信被羅馬尼亞當局扣留。[188]一週後，卡達爾出訪蘇聯，期間同蘇聯領導人舉行了會談。依據他回國後向匈黨中央所做的情況匯報，卡達爾說：「會談討論了納吉及其同伴的命運問題，問題由我方提出。同志們（即指蘇共領導人——筆者注）同意我們的看法即應當對納吉等人實行嚴厲的懲罰。至於何時對他們採取措施，是現在還是晚些時候？同志們雖然還未能達成一致，但是他們都表示懲罰是必需的。」[189]4月9日，應卡達爾提議，匈黨中央通過決議，要求對納吉等人予以逮捕並起訴。五天后，納吉正式遇捕，並同其他人一起被從羅馬尼亞秘密押解回國。6月，匈牙利內務部根據二月中央全會通過的決議精神對「納吉集團」的「犯罪行為」展開正式調查，調查持續了兩個月，並最終形成了83卷調查材料。據說，在審訊過程中納吉始終拒絕應答，也堅決不在口供記錄上簽字。6月14日，納吉提出要求，希望能舉行一次聽證會，他說：「我認為自己無罪，這些指控都是不成立的。我希望對自己的活動進行陳述。」[190]8月10日，內務部準備好了一份對納吉及其同伴的起訴書。據8月26日蘇共中央對社會主義國家共產黨和工人黨聯絡部負責人安德羅波夫、蘇聯總檢察長魯堅科以及克格勃第一副主席伊瓦舒京向蘇共中央提交的報告，當天到訪的匈內務部部長比斯庫·貝拉向他們通報了匈黨政治局對「納吉集團」案件的「決定」和「意見。」值得注意的是，一年以後對納吉等人的終審結果與政治局的這些「決定」或「意見」幾乎完全一致。

匈黨政治局的「決定」和「意見」主要包括如下幾點：第一，「納吉集團」的罪名應突出三個方面，即「用暴力奪取政權」、「策劃旨在推翻人民民主制度陰謀」和「與帝國主義者結成聯盟」；第二，對11名「陰謀家領導核心」中的納吉、洛松奇、多納特、吉梅什、馬勒特、西拉吉和基拉伊要「處以極刑」，其餘人依其在偵查和審判期間的表現「考慮採用較為緩和的懲罰措施」；第三，審判採取「非公開」的形式。[191]匈黨中央政治局原定於9月便正式

國別個案
「納吉案件」之謎——根據原蘇東國家解密檔案的分析

開啟對「納吉集團」案件的秘密審判，蘇聯方面雖原則上同意匈黨的上述「決定」和「意見」，但對於預定組織起訴的時間表示反對，認為為時尚早。

所以如此，主要還是受了蘇南關係的影響。如上所述，「納吉問題」雖然表面看來較為順利地得到瞭解決，但對蘇南關係所造成的政治影響不可低估；同樣，雖然納吉等人已離開了南斯拉夫大使館，但他們的命運仍繼續牽動著蘇南兩國領導人的神經。1957 年夏秋，蘇聯領導人正積極籌劃著即將於 11 月在莫斯科舉行的 68 國共產黨和工人黨代表會議暨十月革命勝利四十週年慶祝大會。會議特別邀請了南斯拉夫前來參加，蘇聯領導人希望在各國黨的共同努力下，借此次會議把南斯拉夫重新拉回到社會主義陣營中來。另外，同年 11 月，南共聯盟第七次代表大會也將召開，南共聯盟表示此次會議將重新確定和加強同蘇共「友好與合作」的方針。因此，這兩次會議對於南斯拉夫是否將重新接受蘇聯的領導具有至關重要的意義。在這個關鍵時刻啟動對納吉的起訴顯然是不合時宜的，蘇聯認為這必然會招來與南斯拉夫不必要的爭吵。

正是出於上述考慮，蘇聯領導人指示匈牙利方面將起訴時間推遲到 1957 年底至 1958 年初，開庭時間定於 1958 年 3 至 4 月間。總之，按蘇聯領導人的話來說，「以何種形式進行這次審判，完全取決於政治形勢以及審判本身將給匈牙利人民共和國和整個社會主義陣營所帶來的政治好處。」[192]

在相關檔案解密之前，學界有一種較為普遍的誤解，即認為 1958 年 1 月 28 日開始對納吉展開訴訟程序，是蘇聯對南斯拉夫在 11 月國際共產黨和工人黨代表會議上拒簽《莫斯科宣言》而採取的報復措施。[193] 事實並非完全如此。從以上分析可以看出，起訴和審判納吉是匈牙利領導層積極推動的結果，從 1957 年開始逐漸成為匈蘇兩國領導人的既定目標。蘇聯在 1957 年 8 月就起訴時間給匈黨的指示，與實際開審時間相差無幾。因此可以想像，無論南斯拉夫在莫斯科會議上是否同意重回社會主義陣營，「納吉案件」的開審都會按部就班地進行。在蘇聯領導人看來，如果南斯拉夫在莫斯科的「家庭聚會」中表現得較為合作，那麼會後南斯拉夫極有可能「少一點過分地對審判納吉的事實依據提出問題」，則整個過程將少一些阻礙。[194] 既然南斯

三、「納吉案件」的審判及其結局

1958年1月28日,「納吉案件」的審理在布達佩斯正式拉開帷幕。匈牙利總檢察長塞納希・格佐簽發了「關於納吉・伊姆雷及其同謀陰謀顛覆國家的人民民主秩序和其他罪行」的起訴書。起訴書指控納吉,早在「反革命事件」爆發前就組織了一個「由反動知識分子、人民民主國家秩序的敵人」組成的集團,從1955年底開始「向黨不斷發起進攻。」起訴書進而強調指出,10月23日發生的示威遊行就是納吉等人「暴力奪權」的開始,納吉上臺後積極與國外反動分子、國外帝國主義「相勾結」,「對前來幫助保衛匈牙利人民民主制度的蘇聯軍隊進行百般阻撓。」11月4日在工農政府成立後,他們「仍然緊密聯合退卻的反動分子向國家政權發起攻擊。」最後,起訴書聲稱,納吉是這次「反革命事件」的主犯,犯有「發動並領導陰謀推翻人民民主制度的罪行和叛國罪。」[195]

2月5日,對納吉等人的秘密審判開始了。當日的審判沒有取得任何成果,納吉拒絕承認犯有被指控的那些罪行。第二天的審判剛開庭沒多久,審判長就以需收集新的「補充材料」為由匆匆宣布休庭。[196] 當然,真實情況並非由於所謂證據不足,而是另有隱情。首先,同樣地,還是緣於莫斯科的阻攔。此時的蘇聯正在積極同西方緩和關係,先是主動提出共同中止核試驗、在中歐建立非軍事區以及兩大軍事集團間簽訂互不侵犯條約等建議;然後又照會北約各國、中立國奧地利和瑞典以及不結盟國家印度和埃及等國,建議1958年上半年召開各國政府首腦峰會。在此背景下,蘇聯擔心一旦對「納吉案件」做出判決,西方國家會以此為藉口向蘇聯展開攻擊並拒絕其關於召開峰會的提議,使自己陷於被動。[197] 除此之外,此時亦正值義大利大選的最後籌備期。義共總書記陶里亞蒂向蘇聯領導人表示,對納吉進行審判將很可能給其他黨派以「口實」,以此向義共發起輿論攻勢,造成義共在議會選舉中處於不利境地。[198] 當然,還有出於對南斯拉夫的考慮。從本意上講,蘇聯對南斯拉夫的行為雖有種種不滿,但此時並不希望看到兩國兩黨關係因「納吉案件」而重現危機。無論如何,在蘇聯決策層看來,審判納吉需要權衡政

國別個案
「納吉案件」之謎——根據原蘇東國家解密檔案的分析

治成本,而正確選擇審判時間,同樣「具有相當重要的意義」,在這個問題上絕不可草率。[199]

然而,局勢很快發生了變化。一來是西方對於蘇聯的和平倡議無動於衷。從1958年3月到6月,為了促成首腦峰會的召開,蘇聯做出一系列讓步,但西方國家在談判中並沒有表現出多少誠意。為了打破僵局,蘇聯領導人進一步宣布單方面裁軍11.9萬人,同時在羅馬尼亞和匈牙利實現了全部和部分撤軍,可對方依舊表現得不以為然。6月11日,在寫給美國總統艾森豪威爾的信中,赫魯雪夫再度表達了希望盡快召開首腦會議的願望,不料卻遭到後者的回絕,理由是「時機尚不成熟。」所有這些都令蘇聯領導人大為惱火。[200]幾乎同時發生的另一起「意外事件」也強化了蘇聯在審判納吉問題上的決心。1958年3月底,卡達爾對南斯拉夫進行了訪問,在與狄托的會談中再次向南斯拉夫領導人重申匈牙利將遵守諾言,不會對納吉等人進行迫害。狄托對此表示滿意,並在會談中建議匈牙利「應當學學波蘭,別什麼都聽莫斯科的吩咐。」不料,赫魯雪夫很快得知此事。在蘇聯領導人看來,南斯拉夫自己不願重回社會主義陣營則罷,但其挑唆和離間其他東歐國家擺脫蘇聯領導的行為,無異於為蘇南緩和畫上了終止符。6月3日,赫魯雪夫在保加利亞黨的代表大會上對南斯拉夫展開了激烈的攻擊,在其所有舊的罪名上又加上了一條:「在布達佩斯反革命事件中,南斯拉夫駐匈大使館成為向匈牙利人民民主發動攻擊的窩點,並為遭到挫敗的、叛徒納吉·伊姆雷——洛松奇集團提供庇護。」[201]

在以上多種原因的促動下,對納吉的審判很快重啟。如前所述,納吉的命運其實早在一年前就已被「決定」了,剩下的一切只是悲劇性的細節。

與1949年轟動一時的拉伊克案件不同,「納吉案件」的審判是在完全秘密的情況下進行的。在審判結束後很長時間裡,匈牙利人對審判的具體時間、地點等多有猜測。比如,終審當日(6月15日)恰好是星期天,按照匈牙利的慣例,這天是不會開庭的。所以,很多人因此懷疑納吉等人早已於此前被處決。也有人認為日期可能沒有錯,但審判地點大概在莫斯科或布加勒斯特而非布達佩斯。綜合現有文獻,對納吉的審判是在布達佩斯進行的,終審日期也確係1958年6月15日。「納吉案件」是史達林去世後社會主義陣營內

89

首起涉及國家領導人的政治審判案,也有學者也將稱為「蘇聯集團國家歷史上最後一次血腥審判。」[202] 審判中對被告的最終量刑,按照匈黨政治局的表述,依其「在偵查和審判期間的表現」來決定。[203] 面對捏造的罪行,凡承認者從寬;反之,則從嚴。根據這一原則,納吉、馬勒特和吉梅什由於「拒絕認罪」被判處死刑。[204] 洛松奇的命運更具悲劇色彩,由於絕食抗議,於1957年12月21日已不幸死於獄中;基拉伊被缺庭判處死刑,長期流亡海外;其餘幾人中,科帕奇被判終身監禁,多納特、亞諾希、蒂爾迪、瓦沙赫利分別被處以12年、8年、6年和5年徒刑。

然而,納吉在審判中與其他幾個人不同,他一方面對那些捏造的罪名予以公然駁斥,但同時對那些自己做了的事坦承不諱。他承認,在匈牙利是發生了武裝起義,事件的目的的確是為了實現民族獨立和民主,他本人也的確曾宣布國家中立和退出華約,並同意取消一黨制和組建多黨派聯合政府。在整個審判中,納吉沒有為減輕自己的罪責反訴過任何一個人,按有關當事人的描述:「這一點令審判現場的共和國法官都深感震動。」根據解密的圖片和影音資料顯示:站在被告席上的納吉形容憔悴,手持一本練習簿,不時用鉛筆在本子上作著筆記,「他仔細地聽著法官的每一句話,就好像自己不是在參加審判,而是在參加一次學術討論。」[205]

1958年6月16日,布達佩斯當地時間午夜12點的廣播和次日的報紙佈了《匈牙利人民共和國司法部關於判處納吉·伊姆雷和他的同謀者死刑和徒刑的公告》。公告稱:「納吉·伊姆雷和他的同謀者根據他們從前的修正主義、資產階級民族主義的政治觀點自然而然地墮落到了同最反動的資產階級帝國主義勢力結成聯盟,墮落到了背叛人民民主制度、背叛匈牙利勞動人民和社會主義祖國……」[206]

納吉被處決了。臨刑前,他在法庭上作了最後的陳述:「在這種情形下,唯一讓我感到安慰的是,終有一天,匈牙利人民和國際工人階級將免除今天加在我身上的這些沉重的罪名,這些罪名是我現在又不得不背負的,也因而必須為之付出我的生命。我相信在一個更加平和的氣氛下,當人們能夠更清醒地看待今天、更深切地瞭解事實真相的時候,終有一日歷史將還我以公正。」[207]

30年後，納吉等到了歷史的公正裁決。1989年5月，匈黨中央正式發表公報，為納吉恢復了政治名譽，公報中正確地分析了納吉在匈牙利事件中所處的困境，其中寫道：「在特殊的環境下，他既要反對史達林主義對匈牙利的束縛，又要醫治民族創傷；既要排除外來的干涉，又要同隱藏在人民起義後面的反革命活動作鬥爭。在這場鬥爭中，黨和政府的同僚都沒有給他以應有的支持。」[208] 很長時間以來，儘管對於納吉的評價，還存在著種種不同的看法，但有一點恐怕是無法否認的，亦即任何有關戰後匈牙利歷史的話題，任何有關冷戰時期蘇東關係的反思，都難以繞開對匈牙利事件和納吉的討論。從這個角度來講，不論是將納吉視為一個積極的或消極的象徵，他以生命為代價所表達出的對自身社會主義信念的追求和對非理性時代的反抗，不僅是那個特定歷史時期的一個縮影，也成為匈牙利現實政治生活中永遠無法消逝的記憶。

（原載《俄羅斯研究》2010年第4期。此處略有修訂）

近二十年波蘭外交轉型芻議[209]

在冷戰結束後的地區研究中，有關中東歐前社會主義國家的轉型問題吸引了眾多學者的關注和興趣，相關成果數量之多，用經濟史學家拜倫德·伊萬（Iván T. Berend）的話說，簡直可以填滿一個圖書館了。[210] 不過，其中多數討論的是政治或經濟領域的轉型及其相關問題，有關中東歐各國1989年以來外交領域的變遷，成果相對有限，而以地區或國別為研究對象的綜合性著作則更不多見。就本文所涉及的波蘭二十年來外交領域的轉型或變遷而言，據所做資料普查表明，目前尚缺乏加以集中論述的大部成果，相關研究多散見於將中東歐外交關係作為整體加以考察或是就波蘭外交中較受關注的一些重點領域或問題加以追蹤或評論的著述。[211] 比較之下，與此相關的外文成果略顯豐富，分析問題的視角也相對多樣。[212] 不過同樣，若對照對波蘭國內政治、經濟等轉型問題的研究現狀來看，國外學界對波蘭外交轉型的研究還有著較大的延伸、整合以及繼續深入的空間。本文的要旨，即在於對1989年以來波蘭外交的階段性發展軌跡及轉型時期的外交重點等加以綜合考察，並在此基礎上就其轉型目標、難題等進行初步的分析與解讀。

一、波蘭外交轉型的幾個階段

1989 年政治劇變後，波蘭的外交轉型大致可以較具轉折意義的三個年份（1993 年、1997 年、2005 年）為界前後劃分出四個階段。其中，每個階段反映了伴隨著內外環境的變遷，波蘭向歐洲一體化目標邁進的進展、與東西方大國和周邊國家關係的調整變化以及在此基礎上外交走向呈現出的新特點。

第一階段：1989—1993 年

1989 年夏，以反對派贏得大選為標誌，波蘭政治發展進入到一個新的歷史時期。此後直至 1993 年在團結工會及其派生各黨執政期間，波蘭經歷了轉型初期的劇烈震盪：三次議會大選、四度政府更迭、五任總理的上上下下，加之 1990 年突然來襲、影響達數年的大規模經濟衰退，使得波蘭的民主化、市場化轉型充滿了不確定性。與此種動盪不寧的政治、經濟局勢形成鮮明對照的是，此期波蘭的外交轉型卻奇蹟般地保持了連貫性。之所以如此，原因主要在於：首先，根據 1989 年春圓桌會議達成的協議，外交事務由總統統領，這使得政治鬥爭（特別是總統與總理間的政治鬥爭）對這一領域的影響相對較少。其次，轉型最初這四年間，儘管內閣成員更換頻繁，但外交部長一職始終由無黨派人士斯庫比謝夫斯基（Krzysztof Skubiszewski）擔任，這在一定程度上也有效避免了政策發生顯著波動。[213] 除此兩點外，更為重要的是，如果說政治、經濟局勢的動盪不寧多少反映了政治精英對於同時進行的民主化、市場化轉型的戰略、政策、理念等仍難以達成一致甚至存有很大分歧的話，那麼在外交領域，無論圍繞總體的轉型目標抑或具體的政策選擇，各派力量更多表現出的是高度共識。[214]

劇變之初，波蘭為其外交轉型所規劃的藍圖是清晰的，亦即擺脫以往意識形態的干擾及同蘇聯不平等同盟關係的束縛，獨立自主地制定本國的對外政策；透過努力融入歐洲一體化進程，保障自身獨立與安全，實現回歸歐洲的夢想；在相互尊重主權平等、領土安全與共同邊界的基礎上同所有鄰國發展友好關係。不過，目標明確並不意味著實踐過程的現實、可控。在 1989 年秋至 1990 年初這段時間，由於受外部環境急劇變化的影響，波蘭自主外交所

能踐行的空間還相當有限。在諸多制約因素中，以下兩點值得注意：其一，它與蘇聯的聯盟關係尚未完全終結，境內仍有數萬蘇軍駐留。其二，德國統一的步伐越來越近，敏感的波德邊界問題重又浮出水面。在此背景下，波蘭外交採取了一種有針對性的雙軌政策：在西部，一方面繼續推動波德和解，另一方面試圖打蘇聯駐軍這張「牌」，用以牽制德國可能提出的領土要求；在東部，繼續對波羅的海三國（愛沙尼亞、拉脫維亞、立陶宛）以及烏克蘭等蘇聯加盟共和國的獨立運動表示同情，但同時力避做出任何可能惹惱莫斯科的舉動。[215] 總之，此期除了繼續同蘇聯保持良好關係外，波蘭外交並無多少彈性空間。「德國因素」甚至還使波蘭決定對戈巴契夫提出的以一種新的泛歐體系取代北約和華約的主張表示支持。[216]

自 1990 年春，形勢發生了一些有利於波蘭的變化。首先是西部邊界問題如願以償地得到瞭解決。是年 3 月，在西方大國特別是美國的斡旋下，東西兩德議會共同發表聲明，承認奧德河—尼斯河線為波德邊界。11 月 14 日，統一後的德國與波蘭簽署邊界條約，正式對此予以確認。[217] 伴隨著西部邊界隱患的消除，波蘭對境內蘇軍和華約的態度隨即發生轉變，華沙當局開始頻頻敦促蘇聯就從波蘭撤軍問題展開談判。同時，斯庫比謝夫斯基亦放棄此前「模棱兩可」的態度立場，轉而加入到匈、捷兩國外長呼籲解散華約的行動中來。[218] 1991 年夏，數十年來支撐著蘇東陣營的兩大支柱經互會和華約組織先後宣告解散，波蘭同蘇聯的同盟關係就此不復存在。同年末，蘇聯自身的轟然解體及作為其繼承國的俄羅斯在此後一年間所奉行的「親西方」路線，賦予波蘭外交以更大的迴旋餘地。1992 年，在與俄羅斯就蘇軍撤離問題最終達成一致後，波蘭開始同新獨立的東方鄰國正式建交。截至是年夏，除立陶宛以外，波蘭同所有鄰國簽署了新的雙邊條約，確認了彼此主權和共同邊界。

進入 1993 年後，外部環境的改變對波蘭外交轉型產生了進一步的影響。一方面，捷克斯洛伐克的解體、波黑戰爭不斷升級以及東歐地區民族關係的普遍趨緊，促使西方大國開始認真考慮通過推動歐洲一體化機制的東擴來達到維護地區穩定、防止衝突蔓延的目的。西方態度的這一變化，對波蘭而言，意味著回歸歐洲這一夢想開始啟程。另一方面，在其東方，「親西方」政策

帶來的幻滅使俄羅斯在國際舞臺上重新以強硬姿態示人。1993年4月，在新出臺的外交政策構想中，俄羅斯公開聲明將努力重獲對前勢力範圍的控制。[219]在波蘭看來，俄外交路線的這一調整，無疑對自身獨立與安全構成了潛在威脅。面對此情，波蘭外交當作何反應，方能及時避免昔日「夢魘」重現，同時抓往歷史機遇，迎頭趕上即將駛來的西進列車？隨著新一屆議會選舉的日趨臨近，這一系列問題將由斯庫比謝夫斯基的下任去思考和解答。

第二階段：1994—1997年

1993年9月的大選，共有1442萬選民參加了投票，轉型帶來的社會陣痛加之團結工會掌權後的四分五裂，多數選民將票投給了在野的左翼政黨。[220]贏得大選的民主左翼聯盟（SLD）與農民黨（PSL）攜手組閣，年僅35歲的農民黨主席帕夫拉克（Waldemar Pawlak）出任總理。波蘭劇變四年以來由團結工會派生政黨執掌政權的局面由此改變。不過，左翼政黨的上臺並未影響到各派力量在外交轉型問題上的政治共識。換言之，重返歐洲、融入歐洲一體化的總體目標未有動搖。相應地，「斯庫比謝夫斯基時代」業已確立的親西方取向，在1994—1997年帕夫拉克及其後幾屆左翼政府執政期間得到了延續。這種延續從政策層面來看主要體現在以下兩方面：第一，尋求加入以北約和歐盟為代表的歐洲一體化組織；第二，繼續加強並密切同德、美兩國之間的關係。[221]

加入北約和歐盟，是實現重返歐洲這一戰略目標的兩大基石。早在劇變之初，波蘭便公開表達了加入歐共體的願望。加入北約的申請，則直到1992年即波德邊界問題塵埃落定、蘇聯也已不復存在的情況下才正式提出。而北約雖然早在1990年便表示願同所有華約國家建立外交關係，但此後三年間，由於擔心危及同俄羅斯的脆弱關係，並無真意推進東擴。[222]1994年初，北約峰會通過了「和平夥伴計劃」，提議將始於1992年的北大西洋合作委員會框架下的政治協商擴展到軍事合作領域。儘管如此，在隨後兩年多的時間裡，北約東擴未見有大的動作。直到1996年底，情況才發生了實質性變化。當時，美國總統克林頓成功獲得連任，並任命了堅決支持北約擴大的奧爾布萊特出任國務卿，在此之後，北約擴大被置入了快車道。1997年在馬德里峰會上，北約正式向波、捷、匈三國發出了邀請。如果說入約進程多少有點曲折的話，

對東歐國家來說，通往歐盟的道路則可謂艱辛、坎坷，較之前者有所不同的是，俄羅斯因素在此並不具有決定性意義，構成「路障」的是一些更為複雜的問題。就 1994—1997 年這一時段來看，比較突出的三組問題包括：第一，申請國採納並落實繁冗的歐盟既有法規（acquis communautaire）的問題；第二，歐盟內部久已存在的許多分歧議題有待解決的問題；第三，有關擴大前對歐盟現有機制進行改革的問題。[223] 以上問題的繁複糾結是顯而易見的，儘管如此，在這一階段接近尾聲之時，波蘭入盟的問題終於取得了突破性進展。1997 年 12 月，歐盟盧森堡首腦會議做出了第五次擴大的決定，波蘭被列入首批入盟候選國行列，並獲邀就入盟問題展開談判。

1990 年代中後期，波蘭在向歐洲一體化組織邁進的過程中所以能取得上述進展，除了得益於國際環境的改變以及與其他中歐各國以「維謝格拉德集團」為平臺展開的有效配合與努力外，來自德、美兩國的大力支持與助推在其中有著至關重要的作用。如前所述，北約東擴的鑰匙並不掌握在其歐洲成員的手中，對此問題擁有最後發言權的是大西洋彼岸的美國。美國對北約東擴的支持以及北約先於歐盟實現擴大的事實，加強了波蘭外交甚至整個波蘭社會的親美取向（或所謂「大西洋主義」），美國也由此漸漸被視作相較西歐更為可靠的一個盟友。如果說北約的擴大與美國態度的上述轉變直接相關的話，歐盟的擴大則不能不說是德國不懈努力的結果。自 1989 年起，德國一直是歐共體／歐盟內部在東擴問題上最強有力的支持者和推動者，且每每不忘強調儘早吸收波蘭入盟的重要性。[224] 為此，波蘭在幾乎整個 1990 年代始終將德國作為一個關係非同尋常的「特殊朋友」加以看待。

在波蘭外交轉型的第二階段，親西方雖然仍是外交戰略的主要取向，不過，隨著局勢發展，波蘭愈發意識到，位處歐洲「心臟地帶」的地緣現實，使得採取一種完全排他的親西方立場不可避免地蘊含風險，如今它亟需一個清晰連貫的、不是妨礙而是有助於實現其歐洲夢的東方政策。1994 年 2 月，新任外長、來自支持改革無黨派聯盟的奧萊霍夫斯基（Andrzej Olechowski）在眾議院外交事務委員會上的一次講話中，就波蘭的東方政策做了正式表述。從很多方面看，這一政策基本上是對斯庫比謝夫斯基時期所奉行的「雙軌政策」的延續和發展。它一方面尋求改善同俄羅斯之間的關係；另一方面致力

於和介於波、俄兩國之間的烏克蘭、白俄羅斯以及波羅的海三國積極展開互利合作。[225] 此後，波蘭開始採取主動拉近同烏克蘭、立陶宛兩國的關係，同時尋求與白俄羅斯保持友好開放的關係。1995年，社會民主黨主席克瓦希涅夫斯基（Aleksander Kwasniewski）當選總統後，決心將東方政策打造為任內波蘭外交的一個重要特色。在此背景下，波蘭的東方政策內容亦更趨明朗，概括來講，大致包括以下幾個方面：第一，對俄奉行特殊對待的原則；第二，將與烏克蘭、立陶宛兩國之間關係提升到與波俄關係同等重要的地位；第三，透過支持上述兩國加入中歐地區合作組織，促其向西靠攏；第四，積極發展旨在能減輕對俄能源依賴的經濟合作。[226]

總體看來，較之前一階段，波蘭外交在1994至1997年間無論是主動性還是方向感均明顯增強。在此背景下，除了繼續奉行積極的親西方外交外，波蘭開始尋求在東方為自己打造一個有利的地區角色。自1997年後，這種傾向西方同時關注東方的特點在波蘭外交中愈益清晰地展現出來。

第三階段：1998—2004年

如前所述，1997年在波蘭外交轉型中具有一定里程碑意義，自此時起，加入北約和歐盟的前景變得越來越現實可觸了。作為大選年，1997年同時也帶來了國內政治的一些新變化。任期屆滿的左翼政府在過去四年間，雖說在內外政策方面均取得不凡成就，但由於未能贏得多數農民的支持，在9月下旬舉行的大選中痛失議會第一大黨的地位。此後，獲勝的右翼政黨團結選舉行動（AWS）聯合得票率位居第三的中派政黨自由聯盟（UW）組成新一屆中右翼政府。來自自由聯盟、強烈支持一體化的蓋雷梅克（Bronislaw Geremek）被任命為第三共和國第五任外長。這樣，在柏林牆倒塌八年後，用歷史學家羅斯柴爾德的話說，「信仰羅馬天主教的波蘭擁有了一個主張無神論、前共產黨人出身的總統，一個新教徒的總理和一個猶太人出身的外長。」[227] 儘管如此，左派總統、右派總理、中派外長共處的格局一直保持到了2001年9月第四屆議會大選之時。這一次，政治鐘擺再度左擺，在野四年後，左翼政黨重新贏得大選上臺執政，10月10日，組成了由米萊爾（Leszek Miller）領導的民主左翼聯盟—農民黨—勞動聯盟聯合政府。同樣來自民主左翼聯盟、曾於1996—1997年間擔任政府總理的齊莫夫謝維奇

（Wlodzimierz Cimoszewicz）受命出任外長一職。米萊爾領導的聯合政府一直執政到 2004 年 5 月，隨後財長貝爾卡（Marek Bellka）接任總理直至 2005 年秋大選。

1998—2004 年，是波蘭外交走向成熟的一個時期。雖然此前向北約和歐盟邁進的過程中一路磕磕碰碰，但到 1998 年時，兩個組織的擴大已呈不可逆轉之勢。不過起初，波蘭能否順利成為首批新成員國中的一個以及它將在歐洲大家庭中扮演一種怎樣的角色，前景尚不明了；除此之外，波蘭外交中日漸凸顯出來的「大西洋主義」色彩會否就此發展為波蘭外交的一種永久性特徵，當時也仍充滿不確定性。事實上，這些問題恰好構成了 1998—2004 年間波蘭外交轉型的一條主線。

1999 年 3 月 12 日，北約進行了有史以來的第四次東擴，波、匈、捷三個前華約國家如願以償地實現了加入北約的夢想。就其初衷而言，波蘭是期望北約這個以集體防禦為目的的組織能為自己提供安全保障、抵禦外部威脅。不過，就在波蘭入約後不到兩週，北約在未經聯合國授權的情況下，在科索沃展開了針對南聯盟的軍事行動。此種情形意味著已是成員國的波蘭必須在以下兩種選擇中擇取其一，即要麼繼續堅持北約應恪守其作為集體防禦組織這一定位，從而反對北約在巴爾幹的軍事行動；要麼則接受北約角色和功能的這一轉變，支持北約的行動。事實上，波蘭幾乎毫不猶豫地選擇了後者。不僅如此，在整個戰爭期間，它都堅定地同北約內部「單邊主義」的支持者站在一起。波蘭的這一表現，不由令歐盟國家隱隱擔憂：一旦波蘭獲準進入歐盟，它將會在歐洲和美國二者間作何選擇？事實上，隨著後來美國反恐戰爭的打響，這一問題很快便有了答案。

1998 年春開啟的入盟談判對波蘭來說並不順利，進展異常緩慢。之所以會這樣，其中既有客觀條件的限制，亦有主觀因素的影響。就前者而言，眾所周知，波蘭是「盧森堡集團」中面積最大的一個國家（其一國面積超出了其餘五國之總和），它的入盟準備過程自然會較為複雜和漫長；就後者來講，由地理面積催生出的「大國心態」，使得波蘭在許多問題上較之其他候選國往往表現得更加不願妥協，相應地，談判進程也就慢了下來。波蘭的這種狀況很快引起了其他五個「盧森堡集團」國家的不滿。圍繞波蘭的入盟問題，

爭論持續了很久。由於不想自己的入盟進程被波蘭拖了後腿，其中個別國家（如匈牙利），即提議歐盟先進行一次小規模的東擴，將「盧森堡集團」中那些條件業已成熟的國家先吸收入盟。不過，此方案一提出，立即遭到德國的強對反對。據時任匈牙利總理的邁杰西・彼得（Péter Medgyessy）回憶，當時德國領導人表示，他們「欠波蘭人一份沒有償付的帳單，在道義上應該予以處理。」在德國作了上述表態度後，波蘭被納入擴大計劃。後來，斯洛伐克、拉脫維亞、立陶宛、馬耳他也相繼被納入首批東擴候選國之列。[228]

2002年11月，歐盟各國外長在布魯塞爾舉行會議，正式邀請包括波蘭在內的八個前蘇東國家和兩個地中海國家加入歐盟。次年春，在雅典舉行的歐盟首腦會議上，以上十國正式簽署加入歐盟的協議。與此同時，除塞浦路斯以外的九個候選國先後在國內就加入歐盟舉行了全民公決。根據波蘭國家選舉委員會公佈的數據：2003年6月7—8日，共有58.85%的選民參加了投票，其中77.45%的人贊成加入歐盟。[229] 2004年5月1日，在經過漫長的等待和艱苦的努力之後，波蘭終於夢想成真，名副其實地成為了歐洲大家庭中的一員。

第四階段：2005—2011年

然而，幾乎就在踏進歐盟大門的同時，波蘭國內政治發生了結構性變化。重返歐洲這一目標的實現，使得15年來支撐著各派政治共識的一根主要支柱隨之消失，政治舞臺出現了新的分裂，一種更趨保守的意識形態日漸占據主流。2005年9月，曾帶領波蘭成功加入歐盟的民主左翼聯盟，因未能妥善解決國內面臨的諸多社會經濟問題，加之政府內部涉及權錢交易的腐敗醜聞接連不斷，結果在議會選舉中被打著「道德復興」旗號的兩支中右政治力量聯手擊敗。這兩支力量分別是：2001年由列赫・卡臣斯基（Lech Kaczynski）創建的抱持民族主義和社會保守立場的法律與公正黨（PIS），以及同年從自由聯盟中分離出來、由圖斯克（Donald F. Tusk）領導的具有自由保守性質的公民綱領黨（PO）。以上兩黨共奪得51.1%的選票，而民左聯黨得票率僅為11.3%，甚至不及劇變後首次自由選舉的成績。[230] 選舉結果揭曉後，人們普遍以為，兩大中右政黨會聯合組閣。[231] 然而，當第二個月列赫・卡臣斯基贏得總統選舉的勝利後，法律與公正黨已無意同公民綱領黨合作，先是於

10 月 31 日成立了由馬爾欽凱維奇（Kazimierz Marcinkiewicz）領導的少數派政府，次年 5 月又與議會中兩個較小的極右翼民粹政黨自衛黨（Samoobrona）和波蘭家庭聯盟（LPR）組成了多數派聯合政府。7 月中旬，法律與公正黨主席、總統列赫·卡臣斯基的孿生哥哥雅羅斯瓦夫·卡臣斯基（Jaroslaw A. Kaczynski）接替馬爾欽凱維奇出任總理。波蘭進入到了卡臣斯基兄弟主政時代。

2005 年的選舉從表面看來，似乎只是政權在左右兩翼之間的再度易手，但隨後許多跡象表明，以上兩場選舉實際上構成了 1989 年以來波蘭政治發展的一個重要拐點，標誌著波蘭政治的分化和組合進入了一個新的時期。[232] 繼承了團結工會右翼傳統的法律與公正黨在其競爭綱領中明確宣稱，自己的目標在於同過去徹底決裂，即不僅要跟劇變前波蘭四十餘年的社會主義歷史劃清界限，還要與 1989 年以來主導著波蘭轉型進程的政治共識和核心信條分道揚鑣。[233] 很快，法律與公正黨政府在國內政策方面諸多帶有民粹主義、反共和社會保守色彩的激進主張和實踐，也外溢到了外交領域，尤其突出表現在對歐洲和俄羅斯的態度變化上。在對歐政策方面，疑歐情緒明顯上升、排德傾向有所顯現。無論是在競選期間還是執政之後，法律與公正黨一再宣稱，作為民族利益最堅定的捍衛者，它所領導的政府要使波蘭成為一個「在國際舞臺上享有大歐洲國家地位的共和國。」[234] 在此驅動下，法律與公正黨政府在歐盟內外政策問題上屢屢提出異議。對於德國這個「特殊朋友」，該黨的態度也與前幾屆執政黨亦有很大不同。在它看來，鑒於歐盟正在或已經變成為德國控制歐洲的一個工具，波蘭應向德國「將自己的繁榮建立在犧牲他國利益」基礎上的霸權野心發起挑戰。[235] 在與俄羅斯關係方面，對抗色彩也日漸濃重。在這方面，2005 年的「天然氣管線事件」是一個較為典型的例子。當時，俄羅斯國有天然氣公司（Gazprom）與德國化學公司 BASF 達成一項關於穿越波羅的海海底鋪設一條天然氣管線的協議，用以替代 1993 年曾與波蘭簽署的一項關於鋪設第二條經由西伯利亞、過境波蘭然後抵達德國及其他西歐國家的天然氣管線的協議（即亞馬爾－歐洲管線二期）。俄德的協議，在波蘭看來，對其地緣政治地位和能源安全構成了直接威脅。為抵制此項計劃，波蘭政府提出了組建一個「能源北約」的設想。根據這一設想，

需要俄羅斯供給能源的國家可向「能源北約」定購；如果俄羅斯決定切斷供給的話，各國可相互支持、協調行動。雖然提議後以失敗告終，但從一個側面反映出了此屆波蘭政府對俄羅斯的不信任和擔憂是何其之深。[236]

2007年夏，由於法律與公正黨、自衛黨、家庭聯盟黨在眾多核心問題上分歧難調、紛爭不斷，執政聯盟走向破裂。10月21日，在提前舉行的議會選舉中，公民綱領黨以超出法律與公正黨近十個百分點的得票率成為議會第一大黨，並隨後與農民黨組成聯合政府，圖斯克出任總理。[237]較之法律與公正黨，公民綱領黨對歐洲持積極友好的態度，在圖斯克的領導下，波蘭在強調本國利益的同時，積極奉行融入歐洲的政策，並在此基礎上就前任對德政策做出相應調整。2011年下半年，波蘭在首次擔任歐盟輪值主席國期間，多次強調了支持歐洲朝著進一步一體化方向邁進的立場，並表明波蘭不僅願意而且有能力在此過程中扮演重要角色。對一段時間來持續發酵的歐債危機、炙手可熱的利比亞問題等，波蘭也借各種場合表明了自己的態度主張。所有這些都表明，波蘭希望在歐盟事務中爭取更多發言權，成為歐盟的主導力量之一。[238]此外，在繼續保持親美外交的同時，圖斯克政府也非常注意推進波俄關係的平衡發展，相較法律與公正黨政府，前者更強調兩國之間的「務實」合作。

2011年10月9日，公民綱領黨憑藉執政四年間取得的突出業績，以39.18%的支持率再度贏得大選，圖斯克也由此成為劇變二十多年來首位獲得連任的總理。[239]在11月18日正式組成的新政府中，外交部長一職仍由西科爾斯基（Radoslaw Sikorski）擔任。根據近期波蘭總理和外長在一些重要場合的政策表述，可以預期此屆政府將會繼續把在歐盟內政外交中扮演積極角色置於外交全局的重心。[240]此外，維持波美同盟關係，加強對俄經貿關係並審慎處理兩國關係中可能出現的不和與摩擦，繼續鼓勵和支持烏克蘭、白俄羅斯、摩爾多瓦等東方鄰國以及亞美尼亞、阿塞拜疆和格魯吉亞等高加索國家的民主化與市場化轉型、努力推動其加入歐洲一體化組織，也將依然是貫穿新政府外交政策的一條主線。當然，不排除個別外交重點或領域會有新的調整。

二、轉型時期的外交重點

1989 年以來的波蘭外交，很大程度上主要圍繞著如何處理同俄羅斯、美國、德國等各主要大國間的關係，如何協調同歐盟以及同其他鄰近國家之間的相互關係等層面來展開的。其中第一方面是近 20 年多來波蘭外交的重點，篇幅所限，以下擇取其中最為關鍵的幾組雙邊關係分別加以討論。

波俄關係

冷戰的結束從兩個方面根本改變了波俄關係：首先，它使波蘭脫離了蘇聯的勢力範圍並進而加入了歐洲一體化組織；其次，它重新點燃了兩國對「中間地帶」的歷史爭奪。簡言之，波蘭從一個前蘇聯的「衛星國」變成為俄羅斯的地區對手。回顧蘇聯解體以來波俄關係的發展歷程可以看出，兩國關係的發展不甚順暢，矛盾與摩擦時有發生。1990 年代中期以來，有關兩國關係的負面消息不時見諸報端。法律與公正黨執政期間，惡化趨勢明顯加劇。不過，要想對波俄關係有更為全面的理解，僅關注眼前出現的種種不和是不夠的，還需對其背後的歷史根源和地緣因素做進一步探究。

波俄關係的歷史糾葛由來已久，至遠可追溯到 16 世紀。1507 年由於莫斯科公國對立陶宛的侵犯和蠶食，波蘭被拖入與莫斯科的戰爭之中。1537 年戰爭結束後，雙方保持了二十多年的和平，但很快在爭奪波羅的海統治權的立沃尼亞戰爭中，再度兵戎相見，結果波勝俄敗。1605 年，為滿足向東擴張的願望，波蘭國王齊格蒙特三世對俄國發動戰爭。次年 9 月，波軍占領莫斯科，此事後來被俄作為民族恥辱載入史冊。17 世紀下半葉，雙方力量對比倒轉過來。18 世紀後半期，俄國開始向西擴張，並於 1772、1793、1795 年三次參與瓜分波蘭，共占領波蘭近三分之二的領土。1939 年 9 月簽署的蘇德秘密補充協定，事實上造成了波蘭第四次被瓜分。[241] 冷戰結束後，諸如此類的歷史積怨一一浮出水面，給當代波俄關係造成了許多難以踰越的障礙。對波蘭來講，上百年國之不存的歷史、二戰初期的再度淪亡、1943 年爆出的卡延慘案、損失慘重的華沙起義、戰後四十多年主權受控的經歷，這一連串的民族傷痛都與這個東方鄰國有著直接的關係。1990 年代以來，波蘭政府多次重提往事，希冀俄方還歷史也還波蘭民族以公正，然而，莫斯科方面的反應

似乎總難令人滿意。以卡廷事件為例，1989年波蘭劇變之後，蘇聯/俄羅斯領導人也曾就此事做出種種歉意表示。比如，1990年蘇聯總統戈巴契夫主動將1939—1940年間涉及卡廷事件的部分內務人民委員會檔案移交到訪的波蘭總統雅魯澤爾斯基；1992年，俄總統葉爾欽解密了表明蘇聯最高領導層對此事負有責任的文件，並將其交給了波蘭；一年後，在對波蘭進行正式訪問期間，葉爾欽拜訪了華沙波沃斯基公墓（Powązki Cemetery）並向卡廷紀念碑敬獻花圈；挖掘工作亦大致同時展開，1990年代末位於哈爾科夫、卡廷和梅德諾耶的軍墓建成並於2000年對外開放；2010年4月7日，俄羅斯總理普京前往位於俄斯摩棱斯克附近的卡廷墓地祭奠，向事件受害者致哀並跪獻花圈等。不過在波蘭人看來，以上這些與真誠的懺悔仍相距甚遠，至少俄羅斯直至目前還不願就此事做出正式的道歉。此外，對於華沙當局多次提出的諸如解密所有相關文件、就事件做出解釋以及將其定性為「種族屠殺」等要求，莫斯科方面亦予以了拒絕。[242] 2010年，圍繞著卡廷事件舊傷未去、又添新痛。4月10日，赴俄參加卡廷事件70週年紀念活動的波蘭總統列赫·卡臣斯基所乘專機在斯摩棱斯克上空墜毀，連同總統夫婦在內的機上96人全部罹難。此次空難事件又為「卡廷」二字增添了一抹濃重的悲情色彩。事實上，在與二戰相關的諸如戰爭的起源、爆發、結果以及冷戰時期的涉及兩國關係的許多問題方面，波俄雙方的看法均存有較大分歧，有些甚至截然相對。當然，「翻歷史舊帳」的並非只是波蘭。2005年，俄杜馬宣布取消十月革命節（11月7日），代之以新的節日「民族統一日」（11月4日），用以紀念1612年的這一天波蘭占領軍被俄軍逐出莫斯科。此事不可避免地給兩國關係增添了新的不愉快。所有這些積怨或糾葛，都無疑對兩個民族間的情感帶來了負面影響。

除歷史問題外，波俄關係還深受地緣因素的影響。1991年伴隨蘇聯的解體，波蘭東部的地緣環境發生了很大變化。波羅的海三國、烏克蘭、白俄羅斯、摩爾多瓦以及高加索各國的紛紛獨立，使波、俄之間出現了一條中間地帶。顯然，波蘭東部邊界的安全與否，同這條中間地帶是否穩定息息相關。而後者，在波蘭看來，不僅取決於這些國家國內的民主化轉型順利與否，更重要的是，取決於它們與歐洲和俄羅斯二者之間的關係孰近孰遠。從1998年

起，波蘭不斷向歐盟提議吸收這些國家入盟，以期透過聯盟的力量將它們徹底納入西方軌道。21世紀初，在獲得歐盟準成員國身份後，波蘭在推行其東方政策方面採取了更為積極的姿態。2004年11—12月，烏克蘭發生「橙色革命。」此間，波蘭的表現頗令人關注。總統克瓦希涅夫斯基在美國的支持和歐盟的默許下，在烏克蘭兩位總統候選人亞努科維奇（Viktor Yanukovich）和尤先科（Viktor Yuschenko）之間展開斡旋，並對事態發展起了重要的影響作用；許多波蘭的藝術家、反對派領袖以及大量的志願者來到基輔，向烏克蘭示威者表示支持；此外，波蘭還派出了當時規模最大的一支國際觀察員隊伍前往烏克蘭監督重新舉行的選舉。[243]波蘭向東擴大穩定地帶的努力，與俄羅斯在此地區的地緣政治目標發生了衝突，並被後者視作對其歐洲後院的蓄意侵入。為示「懲罰」，俄羅斯隨後以不合健康標準為由對波蘭許多肉類和農產品實施禁運；作為回應，波蘭亦在2006年歐盟就同俄羅斯簽署新的《夥伴關係與合作協議》舉行談判的問題上投了否決票。[244]此間，兩國媒體亦相互展開「大戰。」波蘭媒體指責俄羅斯慣用「帝國式外交思維」、「仍把波蘭看作是自己其勢力範圍」、意圖「削弱波蘭主權」、「還生活在過去」等。俄羅斯媒體則駁斥稱波蘭「干涉烏克蘭選舉進程」、「在烏、白兩國充大哥」、「陰謀破壞俄歐合作」，企圖在歐洲大陸「再造出一道新的鐵幕」等。[245]如此這般你來我往後，波俄關係很快跌至劇變以來的歷史最低點。

除了歷史問題和地緣利益的分歧與衝突外，近些年來能源問題成為引發雙邊關係緊張的又一誘因。冷戰時期，波蘭即對蘇聯的能源（特別是天然氣）供給存在較為嚴重的依賴。冷戰結束後，這一狀況並無改變。在波蘭，由於近七成的天然氣購自俄羅斯國有天然氣公司，造成國內能源市場一直被後者所壟斷。作為俄羅斯天然氣輸往歐洲的中轉國之一，多年來波蘭一直享受著價格方面的優待。2004年後，隨著兩國關係的急劇惡化，俄羅斯多次威脅擬就出口波蘭的天然氣價格重新舉行談判。另外，烏克蘭危機也促使俄羅斯決定在對歐天然氣供應方面調整政策，一方面提高價格，另一方面設法通過新的運輸線路使俄羅斯天然氣繞開烏克蘭、波蘭等中東歐中轉國，直接輸抵歐洲市場。目前俄羅斯計劃修建的從北部穿越波羅的海抵達德國的「北溪」管道和從南部穿越黑海抵達保加利亞的「南流」管道便屬此列。[246]其中，「北

溪」管道頗受關注。2005年俄總統普京訪德期間,同德國總理施羅德就此項目簽署協議。如前所述,對於俄德此舉,波蘭反應甚為激烈。時任國防部長的西科爾斯基後來在接受德國媒體採訪時,甚至將其同1939年蘇德密謀瓜分波蘭的《莫洛托夫－裡賓特洛甫協定》相提並論。[247] 近年來,波蘭各屆政府雖積極尋求能源供應多樣化,減少對俄羅斯能源的依賴,但迄今為止收效並不顯著,未來波俄關係恐怕還很難擺脫能源因素的影響。

過去二十多年來,波俄關係雖齟齬不斷,兩個民族間歷史形成的不信任感亦很難短期內消除,不過,最近幾年許多跡象表明,雙方在改善和推進兩國關係務實發展方面開始表現出越來越多的共識,尤其是在經貿領域。對於波蘭來說,俄羅斯不僅是它不可或缺的能源供應國,亦是波蘭資本和商品的重要流入地。[248] 就俄羅斯而言,波蘭同樣是一個重要的貿易夥伴。眼下雙方圍繞波美反導合作及俄羅斯威脅在歐盟邊境部署導彈問題雖有不少爭執,但事實卻如波蘭外長西科爾斯基所説,「俄羅斯的導彈」並不是「波蘭安全面臨的最大威脅」,如今最令波蘭擔憂是歐盟能否渡過當下面臨的種種危機,因為後者才真正對波蘭的未來和命運有著最為直接的影響。[249]

波美關係

與上述波俄關係狀況形成很大反差的是波蘭同位於大西洋彼岸的美國之間的關係。1989年以來,波美關係的密切程度不斷加深。如今,波蘭已被普遍認為是歐洲範圍內除英國以外最親美的一個國家,而波蘭似乎也有意將自己同美國的關係提升到某種「特殊」層面。

造成波蘭對美國懷有「親近感」的因素可以舉出許多。不過,從現實外交角度來看,冷戰結束後波蘭外交親美取向的背後更多折射出的是一種深刻的不安全感,以及對唯有美國能幫助它擺脫地緣政治陷阱的堅定信念。這一信念的產生與二戰時的遭遇密切相關。眾所周知,二戰對波蘭造成了重創,戰爭留下的沉痛記憶連同二戰的結果,對此後波蘭的安全觀產生了極其深遠的影響。首先,1939年的再度亡國以及1944年華沙起義的慘敗,使波蘭對保衛自身國家安全的能力喪失信心。其次,英、法的綏靖政策及其帶來的災難性後果,致使波蘭對西歐大國保衛歐洲安全與穩定的意願和決心產生嚴重懷疑。以上因素,加之後來美國在結束二戰過程中所起的作用,催生出波蘭

早期的親美情結。而隨後冷戰年代的經歷更使波蘭確信，美國是世界上唯一願意並且能夠對德國和蘇聯/俄羅斯這兩個給波蘭帶來無數浩劫的鄰國加以牽制和阻遏的國家。[250] 如今在波蘭，還有很多人會不時提到1980年代美國對波蘭團結工會曾經給予的支持和援助，認為美國在結束冷戰、推動波蘭脫離「東方陣營」獲得「獨立」的過程中發揮了重要作用。依照某些波蘭學者的說法，對於像波蘭這樣的國家而言，它需要一個「老大哥」為自己提供安全和保護，而波蘭民族的歷史和情感決定了，美國是唯一信得過的選擇。[251]

儘管如此，在劇變之初，由於華約尚未解散、蘇軍仍未撤離、北約的命運亦不甚明了，這種親美的取向在波蘭外交中並未明確表現出來。但是此間，美國在推動德國統一特別是調處波德邊界爭端中所發揮的關鍵性作用，促使波蘭強烈感受到了美國對於歐洲局勢發展的重要影響。此後，幾乎每屆波蘭政府上臺都會強調，支持美國繼續在歐洲保持軍事和經濟存在。[252] 1990年代末，由於美國的支持，包括波蘭在內的中歐三國順利加入北約，這對後來波蘭親美取向不斷增強產生了很大推動作用。2001年，美國發起反恐戰爭，波蘭不僅緊隨布希政府的反恐路線，且於2002年初，應邀派出300人的部隊（包括來自機動反應作戰部隊的精銳特種軍和後勤支援艦隊）參加到美國在阿富汗的「持久自由行動」（Operation Enduring Freedom）中，成為了反恐聯盟名副其實的參與者。自阿富汗戰爭後，波美兩國不僅在諸如核擴散、人權、中東歐地區合作、聯合國改革等外交領域展開密切配合，軍事領域的合作也大為加強。2002年12月，波蘭政府向美國洛克希德‧馬丁公司一舉訂購了48架第52批次的F-16多用途戰鬥機。此份訂單不僅使美國和波蘭可以進行聯合訓練，共享通用的戰術和條令，而且使波蘭可以充分地參加美國和北約的地區及國際聯合任務，從而極大地加強了兩國在政治和軍事層面的戰略關係。2003年，當美國將反恐的矛頭轉向伊拉克時，波蘭置歐洲內部激烈的爭論與分歧於不顧，繼續給予美國無條件的支持，並迅速作出向海灣派兵的決定。波蘭在伊拉克戰爭問題上的立場和行動，可謂親美外交的一次集中體現，但其中表現出的對美國戰爭政策近乎盲目的忠誠，在歐洲引發了眾怒，有媒體甚至以「美國在歐洲的特洛伊木驢」相稱。就連一向對波蘭親美路線

持支持立場的前美國國家安全顧問布熱津斯基，也認為波蘭這種表達忠誠的方式「走過了頭」，會對與德、法兩國的關係造成損害。[253]

批評之聲並不僅只來自於外部。2003年11月，當波蘭士兵在伊拉克戰場上發生了首例陣亡後，民怨終於爆發了。壓力之下，政府被迫宣布撤軍計劃。除了撤軍外，此期另外兩個與伊拉克戰爭相關的熱點議題也令波蘭當局甚為尷尬。其一，波蘭原本期望戰爭結束後能透過參與伊拉克重建賺取現實的物質利益，結果大失所望。事實上，除個別特例外，絕大多數參與競標的波蘭公司均空手而歸。其二，波蘭原本以為如此全力以赴地支持美國，應該不難換取已為多數歐盟國家享有的免簽證入境美國的待遇。然而，當波蘭總統克瓦希涅夫斯基向布希總統提出這一要求時，得到的卻是否定的回答。[254]一心努力將自己打造成「美國模範盟友」的波蘭，此時也不得不承認，波美同盟關係遠不對等，顯然，波蘭並非美國外交關注的重點。

以上種種尷尬或失望，加之國際、國內不斷增強的輿論壓力，推動波蘭政府對其伊拉克戰爭政策展開反思，親美的熱情也多少有所降溫。2004年在正式加入歐盟後，波蘭開始重新審視歐盟在歐洲安全中的地位和作用，並逐漸對共同外交與安全政策（CFSP）採取一種較具建設性的立場。不過，諸如此類的反思或調整併不表明波蘭外交業已放棄了親美路線。事實上，如前所述，2005年中右翼政府上臺後，波蘭外交的親美色彩不是減弱而是更趨濃重了。法律與公正黨執政伊始，便首先取消了前屆政府關於2005年開始從伊拉克撤軍的計劃，聲明波蘭軍隊將繼續駐留伊拉克，直至完成任務。2007年圖斯克政府上臺後，雖強調波蘭外交應更多地轉向歐洲，而不是像法律與公正黨政府那樣一味地「對美國卑躬屈膝」，但據近幾年波美關係的具體實踐看，「大西洋主義」並未褪色。[255]2008年8月，波蘭置國內外種種反對意見於不顧，與美國正式簽署反導協議，同意了對方提出的在波境內佈置10枚攔截導彈的請求，而美國則承諾與波蘭建立更緊密的軍事合作關係，包括在波部署愛國者導彈。2009年11月4日，即《里斯本條約》在最後一個歐盟成員國捷克獲批的第二天，波蘭向美國提出在波境內駐軍的請求。12月10日，雙方就美國向波派駐軍隊達成協定並共同簽署了《美國駐軍地位協定》。2010年，波美兩國在波羅的海舉行了首次重要的軍演，作為對此前俄羅斯發

出核威脅的回應。凡此種種均表明，儘管歐盟成員國身份以及捲入伊拉克戰爭事實上的「得不償失」對波蘭外交決策產生了一定的影響，但在依靠美國牽制俄羅斯、保障自身安全與防務以及一定程度上借助波美「特殊關係」提升自己在歐洲的地位和影響等戰略意圖的驅動之下，波蘭外交的親美本質並未發生改變，維護並加強作為美國親密盟友的形象仍將是波蘭外交今後較長時期內的一個重要內容。

波德關係

如果簡單以親疏好壞來論國家關係，那麼 1989 年以來波蘭同德國的關係大致可說介乎波美、波俄關係之間。同樣，波德關係目前的這種狀態也有其歷史成因。

與波俄關係相類似，波德關係也有解不開的冤結。兩個民族的關係史久遠而複雜。早在 10 世紀，波蘭與神聖羅馬帝國建立了交往，但很快雙方關係因波蘭與條頓軍團的戰爭蒙上陰影。結果，普魯士成了波蘭的屬地。後來，普魯士王國強大起來，18 世紀下半葉同俄、奧一起將波蘭瓜分殆盡。一戰結束後，波蘭重新建國，根據《凡爾賽和約》從德國獲得了原屬波蘭的大部分領土，並在國際聯盟介入下，與德國劃定了上西里西亞、波美拉尼亞、馬祖爾亞等爭議地區的邊界。祖國的復興自然令波蘭人歡欣鼓舞，然而，對於爭議領土內德語區被劃入波蘭境內，德國人則一直深感不悅。1939 年 9 月，納粹德國入侵波國，掀開了兩國關係史最黑暗的一頁。入侵僅六週後，德軍開始大批逮捕、屠殺波蘭人，並在波蘭建立了數千個集中營和死亡營。與此同時，成千上萬的波蘭人被當作苦力運往德國。1944 年，為反抗納粹統治掀起的華沙起義，終以悲劇收場，超過二十萬軍民在與德軍的戰鬥中陣亡，華沙被夷為廢墟。二戰結束後，波蘭的版圖整體西遷了二百多公里。隨著奧德－尼斯河以東領土被劃歸波蘭，一千多萬德國原住民被波蘭當局強行驅逐出境。兩次世界大戰及其前後波德邊界的數度變遷，為兩國關係的未來發展投下了陰影。

不過，回顧起來我們發現，雖然同樣存在著很深的民族積怨，但冷戰結束以來波德關係的發展似乎並不像波俄關係那樣備受歷史羈絆。至於原因，簡單來講有這樣兩個方面：第一，儘管上千年來波德雙方曾發生過戰爭、流

血，但也有過較長時間的和平、合作以及特別是文化的共享。對波蘭來説，德國帶給它的歷史夢魘是實實在在的，但它對於這個西部近鄰的文明認同也是真真切切的，這一點為波蘭界定對德關係的最終立場提供了強大的心理支撐。其二，冷戰期間開啟的和解進程在一定程度上減輕了兩國關係的歷史重負。1949年德國一分為二。同為東方陣營國家，波蘭與東德的關係自不必説，但與西德的關係在戰後最初十幾年間始終處於冰點。直到1962年古巴導彈危機後，伴隨東西方關係的緩和，兩國關係開始解凍。1963年波蘭與西德簽訂了首個商貿協定，隨後西德在華沙設立了工商代表處。1965年波蘭天主教會主教致信西德主教，以一句「我們寬恕對方，並請求對方寬恕」發出了兩國應就戰爭與驅逐問題實現和解的倡議。[256] 1970年底，兩國關係正常化條約的簽署、西德對波蘭西部邊界的承認以及特別是西德總理勃蘭特在華沙猶太人隔離區起義紀念碑前那歷史性的一跪，為雙方化解怨仇、走向和解打開了大門。[257]

1989年，波蘭發生政治劇變。11月，德國總理科爾到訪，其間西德政府同馬佐維耶茨基領導的首屆團結工會政府發表了具有歷史意義的共同聲明。此後二十餘年間，波德關係總體看來進展順利，但亦時有齟齬。據其變化特徵可大致劃分出以下幾個階段。

德國統一前後，兩國關係因科爾最初拒絕承認奧德–尼斯河為未來德波邊界一度變得緊張微妙。不過，在西方特別是美國的外交介入下，這段插曲比較快地過去了。1990年秋，雙方以條約的形式對現存邊界正式予以確認。次年6月獲簽的《德意志聯邦共和國與波蘭共和國睦鄰友好合作條約》進一步解決了包括經濟關係、雙邊交往、境內少數民族權益等諸多領域的問題，標誌著兩國實現了國際法意義上的關係正常化。[258] 此後直至1998年科爾總理在任期間，波德雙方展開了前所未有的全方位互利合作。此間，德國用行動兌現了它在上述《睦鄰友好合作條約》中做出的承諾，即不僅在技術上而且在政治上全力支持波蘭實現回歸歐洲的夢想。[259]

1998年，德國舉行大選。施羅德領導的紅綠聯盟上臺執政。此後七年間，受各自國內政治情勢、外交政策變化以及現實利益衝突等影響，波德關係中出現一系列猜疑、分歧與摩擦。首先，施羅德政府上臺後對德國的歐洲政策

作出調整，更加強調維護德國自身的民族利益，以及深化同對擴大歐盟不甚支持的法國之間的夥伴關係，這些動向讓波蘭開始對德國未來是否仍會支持其加入歐盟的努力感到擔憂。其次，隨著波蘭外交親美傾向日趨加劇，特別是 2003 年不顧德、法等歐洲國家的反對堅決支持美國對伊拉克動武，使得德國對波蘭產生出越來越多的不信任。[260] 第三，波德兩國對俄羅斯及其他前蘇聯加盟共和國的政策分歧為兩國關係增添了新的不和。如上所述，波蘭將俄羅斯視為一個對歐洲安全構成潛在威脅因而需要加以遏制的國家，而施羅德政府更願意把俄羅斯看作自己在東方的一個重要夥伴。[261] 對於烏克蘭等前蘇聯加盟共和國的政策方面，波德兩國的差異也非常明顯。此期，個別歷史議題亦開始浮出水面，對波德關係帶來了一些負面影響。比如，2004 年夏，在華沙起義 60 週年活動前夕，德國被驅逐者協會採取行動，要求波蘭歸還財產和支付賠款。與此同時，一個受到該協會支持的名為普魯士託管公司的組織也展開活動，聲言要為被驅逐德國人遭波蘭沒收的房屋、地產等提起歸還訴訟。此事在波蘭仍引發了極大不滿。[262] 儘管德國政府明確表示，它不支持被驅逐者關於獲得賠償的要求以及享有在其前家園重新安置的特權。但它亦明確指出，一待轉軌進程結束，必須允許所有的歐洲公民行使其權利——不管它們曾住在哪裡。[263] 總之，1990 年代初關於以法德和解與合作為樣板發展波德夥伴關係的提法，在不到十年之後便不再有市場。2002—2003 年，在上述種種因素影響下，波德關係滑至 1989 年以來的谷底。

  2005 年同為波、德兩國的大選之年。受各自國內政局變動的影響，2005 年後，波德關係呈現出一些新的變化。如前所述，是年秋，波蘭法律與公正黨在贏得大選後上臺執政。該黨在單獨和聯合執政的兩年間，將帶有民粹、反共、社會保守色彩的國內政策與疑歐、排德、反俄、親美的外交政策給合在一起，不僅使波蘭的政治生態發生了急劇變化，也給外交實踐帶來了消極影響。在對德政策方面，法律與公正黨政府在雙方存有爭議、分歧或利益衝突的問題上表現得頑固而強硬。與此形成對比的是，2005 年 11 月上臺的由基民盟主席默克爾領導的德國新政府，較之上屆政府，更願與波蘭透過增加對話、擴大接觸達到增進共識的目的。2007 年波蘭政府更迭，公民綱領黨上臺後，及時對上屆政府的對德政策做出調整，波德關係得到明顯改善。隨著

圖斯克政府越來越將波蘭外交的重心放在歐洲，與德國加強合作、增進互信就成為當務之急。2011年11月28日，波蘭外長西科爾斯基訪問柏林期間發表的一篇講話在德國和波蘭國內引發熱議。講話中，西科爾斯基除敦促德國在當前歐債危機中承擔起「歐洲領袖」的責任、「幫助歐元區逃過此劫」、防止其「分崩離析」之外，更明確表示了，波蘭願同德國一道，齊心協力共策歐盟繁榮與穩定。在回顧了劇變以來德國給予波蘭的種種支持和助推後，西科爾斯基滿懷深情地用德語說道：「作為一個政治家和一個波蘭人，我感謝你們。」[264] 鑒於目前波蘭國內對西科爾斯基可能出任下屆政府總理多有猜測，他此次在柏林的這番講話被初步解讀為意味著波德關係將進入一個新的歷史時期。

結論

以上本文就過去近二十多年間波蘭外交的轉型進程及其重點做了簡要分析。總體看來，冷戰的結束、東方陣營的瓦解，是開啟這一進程的基本前提；世界局勢、歐洲地緣政治、東西方大國關係的變遷，國際政治、經濟、安全等各領域內眾多新課題的出現，是影響這一進程的外部要素；以民主化和市場化為目標的國內政治經濟轉型，在獨特的民族歷史中形成的政治文化以及外交領域的傳統、理念及政策遺產等，則是推動這一進程的內在動力。

正是在以上各種因素共同作用之下，1989年後波蘭外交呈現出一條基本清晰可見的階段性變化軌跡。在這條軌跡中，不同階段反映了轉型目標在回歸歐洲這一總的框架下所發生的調整。這些調整在以下三個節點上表現得尤為明顯，這三個節點分別是：1997年獲得北約和歐盟的候選國身份、2001年「9·11」事件的爆發、2004年成為歐盟完全成員國。首先，在1997年以前，加入以歐盟、北約為代表的歐洲一體化機制，擺脫歐洲結束分裂後的身份和安全困境，並分享由其帶來的「繁榮」與「穩定」，是波蘭外交的核心訴求。歐洲亦由此成為此間波蘭外交關注的絕對焦點。從政策角度看，密切與德國之間的夥伴關係、推進與周邊國家的全方位合作、在謹慎提防的同時力求保持與俄羅斯的正常交往，是此間波蘭歐洲外交的主要特點。1997年在初步獲得了北約和歐盟的入場券之後，此前處於隱性狀態的一些政策趨向開始顯現出來，由此帶動波蘭外交的面貌發生了改變。變化突出表現在兩個方面：其

一，以波德關係為紐帶的親歐路線發生動搖，親美取向浮出水面；其二，東方政策的溫和色彩加速消退，積極與俄羅斯爭奪中間地帶的動向愈益明顯。2001年「9·11」事件爆發後，「大西洋主義」開始在波蘭外交中占據主導地位。2004年歐盟成員國身份的取得，推動波蘭外交轉型進入一個新的階段。自此之後，特別是2007年以來，如何在歐洲一體化機制中成為重要一「極」、努力影響並參與規則的制定以最大限度促進波蘭的國家利益，成為其外交轉型的新重點。

從以上線索的梳理中，我們既看到了近二十年間波蘭外交的變化軌跡，也發現了一種內在的慣性。或者，更確切地説，正是這種內在的慣性在自覺或不自覺地牽引著波蘭外交轉型的整個進程，並使波蘭外交自1990年代後半期開始，日益呈現出鮮明個性。這種個性透過波蘭外交中漸趨明晰的四種取向表現出來，即源自歷史與情感的親美、出於經驗的疑歐、由歷史和現實促成的恐俄以及積極進取的東方政策。當然，前三種取向就其基本方面來講，在歐洲前社會主義國家外交轉型中亦不時有所體現，不過不像在波蘭外交中那樣清晰可辨。至於東方政策，則一直被公認為冷戰後波蘭外交轉型中最具獨創性的一個方面。在上述四種取向的背後，首先反映出的是與歷史和地緣緊密相連的深刻的不安全感。如前所述，頗具悲情色彩的民族歷史和夾處在歐洲東西方大國之間、位於歐洲大陸地緣政治中軸這一現實，對波蘭外交的影響是極為深遠的。從某種意義上可以説，不瞭解歷史和地緣對波蘭外交觀念所產生的重大影響，就無法理解波蘭何以對主權獨立、國家安全表現出超乎尋常的關注，也就無法把握和看清其外交轉型內在的邏輯性和規律性。除此之外，以上四種取向還折射出波蘭將其自身視作「地區大國」、「歐洲大國」這樣一種角色定位，並在此基礎上自覺捲入大國博弈的漩渦，希求在此過程中為自己在歐洲一體化機制中謀得與其大小、「地位」相稱的份量。

上述種種既是波蘭外交獨特個性的體現，同時亦是致使其轉型進程遭遇難題的原因所在。概括來講，這些難題包括：首先，如何克服「大西洋主義」所隱含的風險。進入21世紀以後，日漸在波蘭外交中占據主導地位的「大西洋主義」可謂是把雙刃劍。就其政策動因而言，波蘭努力發展與美國之間的「特殊關係」，意在籍此提升波蘭在歐洲的地位和影響，增強自身防抵俄羅

斯的信心和實力。然而，作為歐洲大陸一個中等發展水平的新興民主轉型國家，波蘭目前並不具有制衡以上任何一方的實力和槓桿，在這樣的基礎和背景下介入大國遊戲，既可能借大國相互間矛盾漁得額外利益，也可能不必要地使自己成為大國博弈的犧牲品，從而不僅無益甚至有損於自身國家利益。此外，由於波美合作背後所明顯帶有的「實用性」和「權宜性」色彩，「大西洋主義」完全有可能會給波蘭帶來與其預期截然相反的結果：即不是改善而是惡化了波蘭在歐洲的處境，加重而非減輕了來自俄羅斯的安全隱患。怎樣避免這一結局，對波蘭外交而言，是一個不容忽視的現實問題。第二，如何解決「東方政策」面臨的困境。如前所述，積極推動歐盟繼續東擴是波蘭提升影響力的一個重要戰略。對波蘭來說，該戰略的目標指向是明確的。不過，問題在於波蘭缺乏推動這些目標得以實現的強有力的手段和能力。換言之，以上國家與俄羅斯之間關係的親疏變化、其國內政治經濟轉型的現實走向以及北約和歐盟對於是否吸納這些國家的態度和立場，均非波蘭外交所能引導和把握。與此同時，近幾年來，波蘭積極進取的「東方政策」，不僅引發了俄羅斯的強烈反應，在以上東方國家以及歐盟內部也引起懷疑。

　　回顧1989年後波蘭外交走過的歷程，本文以為總體上「得」多於「失。」就其成功之處而言，最為突出的一點是：擺脫了劇變之初的身份和安全困境，透過融入歐洲一體化實現了回歸歐洲的夢想，同時透過個性外交的塑造，使自己成為地區、歐洲以至世界舞臺上一個頗受關注的力量。近兩年波蘭在經濟發展、政治穩定方面的突出表現也大大增強了波蘭在外交領域的自信。當然，其間還有許多問題值得反思。要予以克服，除需有針對性地對相關戰略、方針、目標等加以調整和平衡外，在本文看來，更為重要的是轉變慣性思維，培育平和心態，儘可能放下歷史包袱，透過真正發揮連通東西方橋樑的作用，化地緣困境為地緣優勢。

（原載《俄羅斯研究》2012年第1期）

註釋

[1]. 匈牙利的盟國管制委員會設立於1945年1月20日，主席由蘇聯紅軍元帥、蘇共中央政治局委員伏羅希洛夫（K.E.Voroshilov）擔任。

[2]. Волокитина Т.В., Мурашко Г.П., Носкова А.Ф., Народная демократия：Мифили реальность? Общественно-политические процессы в Восточной Европе в 1944–1948гг., Москва： Наука, 1993, с.3.

[3]. Charles Gati, Hungary and the Soviet Bloc, Durham： Duke University Press, 1986, p.35.

[4]. 詳見 Волокитина Т.В., Мурашко Г.П., Носкова А.Ф., Народная демократия：Мифили реальность?с.306–309.

[5]. Мурашко Г.П., Носкова А.Ф.Советский фактор в послевоенной Восточной Европе (1945–1949) //Институт Российской Истории РАН. Советская внешная политика в годы「холодной войны」(1945–1985)： новое прочтение, Москва： Международные отношения, 1995, с.89–90.

[6]. 莫洛托夫與匈代表團會談紀要，1944年11月13日。沈志華主編：《蘇聯歷史檔案選編》第26卷，北京：社會科學文獻出版社，2002年，第11頁。

[7]. 1945年11月4日，匈牙利舉行了戰後第一次議會選舉，在此次選舉中，小農黨共獲得57.03%的選票，排在其後的是社會民主黨，贏得17.41%的選民支持。共產黨所獲選票僅次於社會民主黨，為16.95%。全國農民黨排名第四，其支持率為6.87%。

[8].「An Attempt at a New and Democratic Start, 1944–1946」(http://www.rev.hu/history_of_45/ora1/index.htm); Gati, Hungary and the Soviet Bloc, pp.5, 85.

[9]. [美] 胡安 J. 林茨、阿爾弗萊德·斯泰潘：《民主轉型與鞏固的問題：南歐、南美和後共產主義歐洲》，孫龍等譯，杭州：浙江人民出版社，2008年，第305頁。

[10]. 轉引自闞思靜：《卡達爾與匈牙利》，北京：世界知識出版社，1993年，第43–44頁。

[11]. 匈牙利小農黨，又稱獨立小農黨，成立於1930年。創始人為納吉費倫茨和蒂爾迪·佐爾坦。1945年前為政權的主要反對派力量之一。1944年12月該黨參與四黨聯合執政，並在第二年11月的議會選舉中贏得絕對多數票，成為新政府第一大黨。1947年因「反共和國陰謀案」組織力量大為削弱。1948年匈黨實現一黨執政後，小農黨雖未解散，但黨的活動基本陷於癱瘓。

[12]. 匈牙利社會民主黨是四個聯合執政的政黨中歷史最為悠久的一個黨。它始創於1890年，宣稱代表匈牙利工人階級的利益。該黨黨員人數較多、組織健全，由於長期以來處於合法地位，黨的政治活動也比較規範。1944年底該黨作為左派政黨參加聯合政府。1948年6月被併入匈牙利共產黨。1956年匈牙利事件期間，社會民主黨重新恢復活動。

[13]. 馬細譜主編：《戰後東歐——改革與危機》，北京：中國勞動出版社，1991年，第237頁。

[14]. Peter A. Toma and Ivan Volgyes, Politics in Hungary, San Francisco：W.H.Freeman, 1977, p.6; Miklós Molnár, A Concise History of Hungary, Cambridge, New York： Cambridge University Press, 2001, p.299.

[15]. 詳細對比數據參看：Elemér Hankiss, Eastern European Alternatives, New York：Oxford University Press, 1990, p.20.

[16]. 拉科西關於拉伊克案件和匈牙利黨內鬥爭歷史的回憶片段（1949—1956 年）。沈志華主編：《蘇聯歷史檔案選編》第 26 卷，第 226 頁。

[17]. [匈] 弗理斯：《匈牙利完成工業國有化》，《爭取持久和平，爭取人民民主！》1950 年第 24 期。

[18]. Hankiss, Eastern European Alternatives, pp.23–25.

[19]. 《匈牙利人民共和國憲法（1949 年 8 月）》，中共中央黨校科學社會主義教研室國外社會主義問題教研組編：《匈牙利社會主義資料選編》，北京：求實出版社，1987 年，第 2 頁。

[20]. Ivan T. Berend and Györgi Ránki, Studies on Central and Eastern Europe in the Twentieth Century： Regional Crises and the Case of Hungary, Burlington： Ashgate, 2002, p.281.

[21]. 福林（Forint）系匈牙利的貨幣名稱。

[22]. 《匈牙利人民共和國第一個五年國民經濟計劃》，載《歐洲人民民主國家發展國民經濟計劃彙編》，陳東旭等譯，北京：世界知識出版社，1954 年，第 316—319 頁。

[23]. 有關拉伊克案件詳情，參看 ЖелицкиБ.Й.ТрагическаясудьбаЛаслоРайка, Венгрия 1949г.// Новаяиновейшаяистория, 2001, № 2, с.125–138; ЖелицкиБ.Й.ТрагическаясудьбаЛаслоРайка, Венгрия 1949 г.(окончание)// Новаяиновейшаяистория, 2001, № 3, с.166–186.

[24]. Bennett Kovrig, Communism in Hungary： From Kun to Kádár, Stanford, Calif.： Hoover Institution Press, 1979, Appendixes 2.

[25]. Berend and Ránki, Studies on Central and Eastern Europe in the Twentieth Century：Regional Crises and the Case of Hungary, p.291.

[26]. [英] 本福凱斯：《東歐共產主義的興衰》，張金鑒譯，北京：中央編譯出版社，1998 年，第 94 頁；Kovrig, Communism in Hungary： From Kun to Kádár, p.261.

[27]. Molnár, A Concise History of Hungary, p.299; Hankiss, Eeastern European Alternatives, pp.26–27.

[28]. 蘇聯向東歐國家大量派出顧問是在各國開始大規模「蘇聯化」之後，但蘇聯顧問最早出現在這一地區則是在第二次世界大戰期間以及其後不久。當時，蘇聯顧問前往目的國的時間較短，且主要是向所在當局就一些具體問題，如邊境站和海

關的組建、對空防禦、警察和內務部隊、刻不容緩的經濟難題，提供諮詢和建議。參見 НосковаА.Ф., Московскиесоветникивстранах ВосточнойЕвропы(1945–1953гг.)// ВопросыИстории, 1998, № 1, c.104–105.

[29]. НосковаА.Ф., Московские советники в странах Восточной Европы (1945–1953гг.)，c.106–112.

[30]. Bennett Kovrig, The Myth of Liberation： East-Central Europe in U.S. Diplomacy and Politics since1941, Baltimore： The Johns Hopkins University Press, 1973, p.177.

[31]. Charles Gati, Failed Illusions： Moscow, Washington, Budapest, and the 1956 Hungarian Revolt, Washington, D.C.： Woodrow Wilson Center Press and Stanford University Press, 2006, pp.162–163；[美] 亨利 季辛吉：《大外交》，顧淑馨等譯，海口：海南出版社，1998 年，第 508 頁。

[32]. [美] 德懷特·D.艾森豪威爾：《艾森豪威爾回憶錄》第 3 冊，樊迪等譯，北京：東方出版社， 2007 年，第 255 頁。

[33]. United States, Department of State, Foreign Relations of the United States (FRUS)，1955–1957,Vol. XXV： Eastern Europe, Washington, D.C.： US.Government Printing Office, 1990, p.265；《艾森豪威爾回憶錄》第 3 冊，第 256 頁。

[34]. Herman Finer, Dulles over Suez： The Theory and Practice of His Diplomacy, Chicago： Quadrangle Books, 1964, p.343.

[35]. 轉引自 Kovrig, The Myth of Liberation： East-Central Europe in U.S. Diplomacy and Politics since 1941, p.179.

[36]. 巴恩斯致國務院電，1956 年 10 月 23 日（布達佩斯時間下午 6 點）。Records of the U.S. Department of State Relating to Internal Affairs of Poland, 1955–1959[microform]，Department of State Decimal Files748, 848, and 948, Wilmington, Del.： Scholarly Resources, 1986, 764.00/10–2356.

[37]. 參見 Gati, Failed Ilusions： Moscow, Washington, Budapest, and the 1956 Hungarian Revolt, pp.165–166.

[38]. 波倫致國務卿杜勒斯電， 1956 年 10 月 24 日。Records of the Department of State Relating toInternal Affairs of Hungary, 1955–1959[microform]， 764.00/10–2456.

[39]. Kovrig, The Myth of Liberation： East–Central Europe in U.S. Diplomacy and Politics since 1941, p.178.

[40].《艾森豪威爾回憶錄》第 3 冊，第 256 頁。

[41]. 巴恩斯致國務卿杜勒斯電，1956 年 10 月 24 日中午。Records of the Department of State Relat-ing to Internal Affairs of Hungary, 1955–1959[microform]， 764.00/10–2456.

[42]. 巴恩斯致國務院電,1956年10月24日中午。Records of the Department of State Relating to Internal Affairs of Hungary, 1955–1959[microform], 764.00/10–2456.

[43]. Kovrig, The Myth of Liberation: East-Central Europe in U.S. Diplomacy and Politics since 1941, p.179.

[44]. 巴恩斯致國務卿杜勒斯電,1956年10月24日下午3點。Records of the Department of State Relating to Internal Affairs of Hungary, 1955–1959[microform], 764.00/10–2456.

[45]. 杜勒斯致美國駐南使館電,1956年10月25日。Records of the Department of State Relating to Internal Affairs of Hungary, 1955–1959[microform], 764.00/10–2556.

[46].《艾森豪威爾回憶錄》第3冊,第258—259頁。

[47]. 杜勒斯與洛奇的談話備忘錄,1956年10月24日。FRUS, 1955–1957, Vol.XXV: Eastern Europe, p.271. 洛奇後於10月27日向聯合國安理會陳情,籲請注意「外國軍隊在匈牙利行動所製造的局勢。」但如其後即將述及,安理會對此議案的處置散漫無章,以致直到11月4日即蘇聯已對布達佩斯發起第二次軍事干預後,才就此議案正式投票表決。

[48]. 蘇聯及相關問題特別委員會第38次會議紀要,1956年10月25日。FRUS, 1955–1957, Vol. XXV: Eastern Europe, pp.277–278.

[49]. 波倫致國務院電,1956年10月25日晚9點(華盛頓收電時間當日下午5點零6分)。Records of the Department of State Relating to Internal Affairs of Hungary, 1955–1959[microform], 764.00/10–2556

[50]. 國務院致駐外各主要使領館函電,1956年10月26日。Records of the Department of State Relating to Internal Affairs of Hungary, 1955–1959[microform], 764.00/10–2656.

[51]. 事隔多年後,艾森豪威爾在回憶當時的情形時表示,此時自己的腦海裡對問題給予了肯定的回答。在他看來,鑒於蘇聯「已經失去他們原先在南斯拉夫保有的全部據點,如今在波蘭和匈牙利的鎖鏈又在斷裂之中」,所以,蘇聯非常可能採取軍事手段鎮壓「叛亂的衛星國」,並由此「發展到大戰的規模。」參見《艾森豪威爾回憶錄》第3冊,第262頁。不過,就在本次國家安全委員會會議的第二天,波倫在其發回國務院的電報中,表達了不同的看法。波倫非常肯定地認為,不管納吉政府採取的政策是否與自己的願望背道而馳,蘇聯是不會對一個共產黨政權公開使用武力的,並稱這是從解決波蘭問題中得出的「主要經驗教訓。」參見[美]查爾斯·波倫:《歷史的見證:1929—1969年》,劉裘等譯,北京:商務印書館,1975年,第513—514頁。

[52]. 國家安全委員會第 301 次會議討論備忘錄，1956 年 10 月 26 日。FRUS, 1955–1957,Vol.XXV：Eastern Europe, pp.298–299.

[53]. 國務院政策計劃署立場文件，1956 年 10 月 29 日。轉引自 László Borhi, Hungary in the Cold War, 1945–1956： Between the United States and the Soviet Union, Budapest：Central European University Press, 2004, pp.297–298.

[54]. 杜勒斯與史塔生談話備忘錄，1956 年 10 月 26 日。FRUS, 1955–1957,Vol.XXV：Eastern Europe, p.305.(Note 2)

[55]. 艾森豪威爾與杜勒斯的電話備忘錄，1956 年 10 月 26 日。FRUS, 1955–1957,Vol.XXV： Eastern Europe, pp.305–306.

[56]. Csaba Békés,「The 1956 Hungarian Revolution and World Politics」, Woodrow Wilson International Center for Scholars, Cold War International History Project Working Paper（以下簡寫為 CWIHP Working Paper）, No.16 (September 1996)，pp.15–16.

[57]. 杜勒斯在達拉斯世界事務理事會上的演講，1956 年 10 月 27 日。FRUS, 1955–1957,Vol.XXV： Eastern Europe, pp.317–318.

[58]. Békés,「The 1956 Hungarian Revolution and World Politics」p.16.

[59]. H.W.Brands, Cold Warriors： Eisenhowe』s Generation and American Foreign Policy, New York： Columbia University Press, 1988, p.124.

[60]. 《艾森豪威爾回憶錄》第 3 冊，第 265—266 頁；國務院致駐蘇使館電，1956 年 10 月 29 日。FRUS, 1955–1957,Vol.XXV： Eastern Europe, p.328.

[61]. 但據他觀察，蘇聯領導人對此並未表現出重視。參見波倫：《歷史的見證：1929—1969 年》，第 515—518 頁。

[62]. Christian Science Monitor, October 27, 1956; New York Times, October 27, 1956; New York Herald Tribune, October 26, 1956. 轉引自 Kovrig,The Myth of Liberation： East-Central Europe in U.S. Diplomacy and Politics since 1941, pp.180–181。

[63]. 沃爾高·貝拉致艾森豪威爾的信，1956 年 10 月 26 日。Records of the Department of State Relating to Internal Affairs of Hungary, 1955–1959[microform], 764.00/10–2956.

[64]. 愛德華 L. 弗里爾斯給沃爾高的覆信，1956 年 10 月 27 日。Records of the Department of State Relating to Internal Affairs of Hungary, 1955–1959[microform], 764.00/10–2956.

[65]. 聯合國文件 S/3691，轉引自 Kovrig,The Myth of Liberation：East-Central Europe in U.S. Diplomacy and Politics since 1941, p.195. 在科什提交的這份聲明中，匈牙利政府在蘇聯的壓力下使用了關於帝國主義國家的破壞活動在匈牙利事件中起了決定性作用這樣的表述。結果，聲明公佈後，遭到國內輿論的強烈譴責，政府被迫將科什從聯合國召回，並派外交部長霍瓦特·伊姆雷（Imre Horvath）為首的代表團 30 日趕往紐約。

此後，匈牙利社會有傳言稱，科什提交安理會的聲明是他自己提出的，並未經政府批準，帶有一半蘇聯血統的科什實為暗藏的蘇聯公民，等等。參見蒂爾迪在匈牙利電臺的廣播講話，1956年10月30日。Волков В.К. и т.д. Советский Союз и венгерский кризис 1956года, Документы, Москва：РОССПЭН，1998, с.471–474；Ferenc A.Vali, Rift And Revolt in Hungary, London： Oxford University Press, 1961, p.430；駐匈使館關於匈青年報等論調和要求致外交部並中央電，1956年10月30日。中國外交部檔案館，109–01041–01，第64頁。

[66]. 本條見鄭啟榮、李鐵城編：《聯合國大事編年》，北京：北京語言文化大學出版社，1998年，第353頁。

[67]. Kovrig, The Myth of Liberation： East-Central Europe in U.S. Diplomacy and Politics since 1941, p.195.

[68]. 聯合國安理會會議記錄，1956年10月28日。轉引自 Borhi, Hungary in the Cold War, 1945–1956： Betweenthe United States and the Soviet Union, p.298.

[69]. Kovrig, The Myth of Liberation： East-Central Europe in U.S. Diplomacy and Politics since 1941, p.196.

[70]. 白宮會議備忘錄，1956年10月29日。FRUS，1955–1957, Vol.XVI： Suez Canal Crisis, July 27–December 31, 1956, Washington, D.C.： Government Printing Office, 1990, pp.833–839.

[71]. 《艾森豪威爾回憶錄》第3冊，第268—269頁。

[72]. 艾森豪威爾致艾登的信，1956年10月30日。Louis Galambosand Daun Van EE，eds., The Papers of Dwight David Eisenhower： The Presidency： The Middle Way, Vol. XVII，Baltimore and London： The John Hopkins University Press, 1996, pp.2340–2342.

[73]. FRUS，1955–1957, Vol.XVI： Suez Canal Crisis, July 27–December 31, 1956, pp.855–856.

[74]. 有關蘇伊士運河危機背景及源起，具體可參閱如 Roger W.M. Louis and Roger Owen, eds., Suez 1956： The Crisis and Its Consequences, Oxford： Clarendon Press, 1989；Daniel F. Calhoun, Hungary and Suez, 1956： An Exploration of Who Makes History, Lanham；New York；London： University Press of America, 1991.

[75]. Peter L. Hahn, The United States, Great Britain and Egypt, 1945–1956： Strategy and Diplomacy in the Early Cold War, Chapel Hill： University of North Carolina Press, 1991, p.231.

[76]. 駐蘇使館致國務院電，1956年10月30日晚10點。FRUS，1955–1957, Vol. XXV： Eastern Europe, pp.346–347.

[77]. Borhi, Hungary in the Cold War, 1945–1956：Between the United States and the Soviet Union, p.299.

[78]. 駐匈公使館致國務院電，1956年10月31日。Records of the Department of State Relating toInternal Affairs of Hungary, 1955–1959[microform]，764.00/10–3156

[79]. 國家安全委員會第302次會議討論備忘錄，1956年11月1日。FRUS，1955–1957,Vol.XXV：Eastern Europe, pp.358–359.

[80]. 聯合戰略調查委員會致國家安全委員會報告，1956年10月31日。轉引自Borhi, Hungary in the Cold War, 1945–1956：Between the United States and the Soviet Union, p.299.

[81]. Kovrig,The Myth of Liberation：East-Central Europe in U.S. Diplomacy and Politics since 1941, p.184.

[82]. SNIE 12–2–56，「東歐局勢的可能走向及其對蘇聯政策的意義」，1956年10月30日。USDOS FOIA Website, URL=http://www.foia.cia.gov/docs/DOC_0000119716/DOC_0000119716.pdf.

[83]. 國務院給駐外各主要使領館的函電，1956年10月30日。Records of the Department of State Relating to Internal Affairs of Hungary, 1955–1959[microform]，764.00/11–3056.

[84]. NSC5616，「美國對波蘭和匈牙利局勢的政策」1956年10月31日。FRUS，1955–1957,Vol. XXV：Eastern Europe, pp.354–358.

[85]. Emmet John Hughes,The Ordeal of Power：A Political Memoir of the Eisenhower Years, New York：Athenuem, 1963, pp.219–220；FRUS，1955–1957,Vol.XXV：Eastern Europe, p.351.

[86]. 詳見駐匈公使館致國務院電，1956年10月31日。Records of the Department of State Relating to Internal Affairs of Hungary, 1955–1959[microform]，764.00/10–3156.

[87]. 艾森豪威爾的廣播電視講話，1956年10月31日。URL=http://www.presidency.ucsb.edu/ws/index.php?pid=10685#axzz1KK9w4Kh2

[88]. 鄭啟榮、李鐵城編：《聯合國大事編年》，第53頁。

[89]. FRUS，1955–1957,Vol.XXV：Eastern Europe, pp.358–359；《艾森豪威爾回憶錄》第3冊，第281–282頁。

[90]. Kovrig,The Myth of Liberation：East-Central Europe in U.S. Diplomacy and Politics since 1941, pp.197–198.

[91]. 蘇聯及相關問題特別委員會第42次會議紀要，1956年11月1日。FRUS，1955–1957,Vol. XXV：Eastern Europe, p.360.

[92]. 參見《艾森豪威爾回憶錄》第3冊，第280頁。

[93]. 駐匈公使館致國務院電，1956年11月1日。Records of the Department of State Relating to Internal Affairs of Hungary, 1955–1959[microform]，764.00/11–156.

[94]. FRUS，1955–1957,Vol.XXV：Eastern Europe, p.364；《艾森豪威爾回憶錄》第3冊，第283頁。

[95]. 國務院發往各駐外機構函電，1956年11月2日晚8點。Records of the Department of State Relating to Internal Affairs of Hungary, 1955–1959[microform]，764.00/11–256.

[96]. 國務院發往各駐外機構函電，1956年11月2日晚10點16分。Records of the Department of State Relating to Internal Affairs of Hungary, 1955–1959[microform]，764.00/11–256.

[97]. 參看 Brian McCauley,「Hungary and Suez, 1956：The Limits of Soviet and American Power」Journal of Contemporary History, No.16, October 1981, p.792。

[98]. 杜勒斯給美國駐聯合國代表團電，1956年10月31日。Records of the Department of State Relating to Internal Affairs of Hungary, 1955–1959[microform]，764.00/11–3156.

[99]. Anthony Eden, Full Circle：The Memoirs of the Rt. Hon. Sir Anthony Eden, London：Cassell, 1960, p.545.

[100].「卡珊德拉」系希臘神話中不被人相信的凶事預言家。

[101]. Kovrig, The Myth of Liberation： East-Central Europe in U.S. Diplomacy and Politics since 1941, pp.199–200.

[102]. 納吉致聯合國秘書長哈馬爾舍德電，1956年11月2日。Paul E.Zinner, ed., National Com-munism and Popular Revolt in Eastern Europe：A Selection of Documents on Events in Poland and Hungary, February–November, 1956, New York： Columbia University Press, 1956, pp.468–469.

[103]. Kovrig, The Myth of Liberation： East-Central Europe in U.S. Diplomacy and Politics since 1941, pp.199–200.

[104]. 詳情可參看：英國外交部給英國駐聯合國代表團的電報，1956年11月2日。Eva Haraszti-Taylor, ed., The Hungarian Revolution of 1956： A Collection of Documents from the British Foreign Office, Nottingham： Astra Press, 1995, p.161；美國代表團致國務院電，1956年11月25日。Records of the Department of State Relating to Internal Affairs of Hungary, 1955–1959[microform]，764.00/11–256.

[105]. 杜勒斯與洛奇通話備忘錄，1956年11月2日。FRUS， 1955–1957, Vol.XXV：Eastern Europe, p.365.

[106]. 聯大第752次會議記錄，1956年11月2日。轉引自Kovrig, The Myth of Liberation：East-Central Europe in U.S. Diplomacy and Politics since 1941, p.201.

[107]. John Lewis Gaddis, Strategies of Containment：A Critical Appraisal of Postwar American National Security Policy, New York：Oxford University Press, 1982, pp.153–154；Michael A.Guhin, John Foster Dulles：AStatesman and His Times, New York：Columbia University Press, 1972, pp.252–264.

[108]. 參見杜勒斯與史塔生談話備忘錄，1956年10月26日。FRUS，1955–1957, Vol. XXV：Eastern Europe, p.305.

[109]. 駐瑞士使館致國務院電，1956年11月2日。Records of the Department of State Relating to Internal Affairsof Hungary, 1955–1959[microform]，764.00/11–256.

[110]. 駐匈公使館致國務院電，1956年11月3日。Records of the Department of State Relating to Internal Affairs of Hungary, 1955–1959[microform]，764.00/11–156.

[111]. 波倫從莫斯科致國務院電，1956年11月3日中午。FRUS，1955–1957, Vol. XXV：Eastern Europe, pp.370–371；波倫：《歷史的見證：1929–1969年》，第520頁。

[112]. 波倫從莫斯科致國務院電，1956年11月3日晚8點（華盛頓機收下午4點43分）。Records of the Department of State Relating to Internal Affairs of Hungary, 1955–1959[microform]，764.00/11–356.

[113]. Kovrig, The Myth of Liberation：East-Central Europe in U.S. Diplomacy and Politics since 1941, p.202.

[114]. Imre Kovács, ed., Facts about Hungary：The Fight for Freedom, New York：Hungarian Committee, 1966, p.209.

[115]. 駐匈公使館與國務院通訊對話記錄稿，1956年11月3—4日。FRUS，1955–1957,Vol.XXV：Eastern Europe, pp.375–385.當時華盛頓同駐匈公使館之間尚有一條電訊線路，直到當日下午被切斷前一直保持著聯繫，參見[美]雅各布·比姆：《出使蘇聯東歐回憶錄》，潘益世等譯，北京：商務印書館，1981年，第47頁。

[116]. 比姆：《出使蘇聯東歐回憶錄》，第47頁。

[117]. 有關明曾蒂前往美國公使館避難的詳情，相關說法不甚統一，參看如FRUS，1955–1957,Vol. XXV：Eastern Europe, pp.386–387.

[118]. 《艾森豪威爾回憶錄》第3冊，第287頁。

[119]. 根據白宮決定採取的行動，1956年11月4日。Records of the Department of State Relating to Internal Affairsof Hungary, 1955–1959[microform]，761.00/11–456.

[120]. 聯合國安理會第120號決議[S/3733]，1956年11月4日。URL=http://daccessdds.un.org/doc/RESOLUTION/GEN/NR0/109/54/IMG/NR010954.pdf?OpenElement.

[121]. FRUS，1955–1957,Vol.XXV： Eastern Europe, pp.392–393；《艾森豪威爾回憶錄》第 3 冊，第 288—289 頁。

[122]. 艾森豪威爾致布爾加寧的信，1956 年 11 月 4 日。The Papers of Dwight David Eisenhower： The Presidency： The Middle Way, Vol. XVII， pp.2361–2363；國務院致駐蘇使館電，1956 年 11 月 4 日。FRUS， 1955–1957,Vol.XXV： Eastern Europe, pp.390–392.

[123]. Kovrig, The Myth of Liberation： East-Central Europe in U.S. Diplomacy and Politics since 1941, p.192.

[124]. Hughes, The Ordeal of Power： A Political Memoir of the Eisenhower Years, p.223.

[125]. Kovrig, The Myth of Liberation： East-Central Europe in U.S. Diplomacy and Politics since 1941, p.192.

[126]. 布爾加寧給艾森豪威爾的覆函，1956 年 11 月 7 日。沈志華總主編、楊存堂卷主編：《蘇聯歷史檔案選編》第 27 卷，北京：中國社會科學文獻出版社，2002 年，第 369—370 頁。

[127].《艾森豪威爾回憶錄》第 3 冊，第 297 頁。

[128]. 國家安全委員會第 303 次會議討論備忘錄，1956 年 11 月 8 日。FRUS， 1955–1957,Vol.XXV： Eastern Europe, p.419.

[129]. New York Times, November 13, 1956.

[130]. Ernest M. Lefever, Ethics and United States Foreign Policy, New York： Meridian Books, 1958, p.151.

[131]. Charles Gati,「Come Clear in Hungary： Behind the 』56 Revolt」Washington Post, June 21, 2006.

[132]. Victor Sebestyen, Twelve Days： The Story of the 1956 Hungarian Revolution, New York： Pantheon Books, 2006, p.xxv.

[133]. Documents on American Foreign Relations, 1956, pp.57–58.

[134].《艾森豪威爾回憶錄》第 3 冊，第 289–290 頁。

[135]. 季辛吉：《大外交》，第 513 頁。

[136]. Bennett Kovrig, Of Walls and Bridges： The United States and Eastern Europe, New York： New York University Press, 1991, p.102.

[137]. Gati, Failed Illusions： Moscow, Washington, Budapest, and the 1956 Hungarian Revolt, p.220

[138]. 參見如《艾森豪威爾回憶錄》第 3 冊，第 289–290 頁；Borhi, Hungary in the Cold War, 1945– 1956： Between the United States and the Soviet Union, pp.301–302；比姆：《出使蘇聯東歐回憶錄》，第 50 頁。

[139]. New York Times, November 15, 1956.

[140]. NSC5811，「對蘇聯控制下東歐各國的政策」，1958 年 5 月 9 日。參見 Csaba Békés, Malcolm Byrne and Janos Rainer, eds., The 1956 Hungarian Revolution：A History in Documents, Budapest：Central European University Press, 2002, pp.543–552.

[141]. 蘇匈兩國領導人此次莫斯科會談沒有留下任何文字記錄，有關會談的詳情主要是依據一些當事人的回憶和口述史料編輯而成，參見 Csaba Békés, Malcolm Byrne, Janos M.Rainer, ed., The 1956 Hungarian Revolution：A History in Documents, Budapest：Central European University Press, 2002, pp.14–23。

[142]. 納吉·伊姆雷，1896 年 6 月 7 日出生於匈牙利科波什瓦爾一個僱農家庭，一戰期間在奧匈軍隊服役時被俄軍俘虜，1918 年參加了蘇聯紅軍，而後加入俄共（布）。1921 年回國後參與了匈共的創建。1930—1944 年旅居蘇聯。匈牙利解放前夕，納吉被派遣回國，出任臨時政府農業部長，領導了 1945 年匈牙利的土地改革。此後，納吉又相繼擔任過內務部長、匈黨中央書記處農業部長、國民議會主席等職。1948 年當選為黨的中央委員會委員、政治局委員。1949 年 3 月，因對強制集體化的政策感到不滿，納吉與拉科西公開發生爭執，此後被指責「犯了布哈林式的錯誤」免除了政治局委員職務，下放匈牙利經濟大學和農業大學從事教學工作。1950 年下半年，他重返政治舞臺，先後擔任了匈黨執行委員會行政部長、政府食品供應部部長、部長會議副主席等職。匈共第二次代表大會後重新當選為政治局委員、書記處書記。1953 年 7 月 14 日，納吉就任部長會議主席，主持實施匈牙利的「新方針」改革嘗試。1955 年 4 月，匈黨中央委員會以「右傾機會主義」等為名免去了納吉在黨內外一切職務。是年底，又將其開除出黨。1956 年蘇共二十大召開後，納吉及其先前的政策主張在匈牙利社會各界（特別是黨內知識分子）中得到了廣泛支持和擁護。匈牙利十月危機爆發後，他再度出任部長會議主席。11 月 4 日，蘇聯向布達佩斯發起第二次軍事行動後，納吉前往南斯拉夫駐匈使館避難，在離開使館後遭蘇聯軍方劫持。此後經歷了一年半的軟禁、關押和審判。1958 年 6 月 16 日，納吉被以「顛覆社會主義國家制度」和「叛國」等罪名處以絞刑。1989 年，匈牙利黨和政府發表公告，正式為納吉恢復了政治名譽，推翻了過去三十多年間對納吉的所有指控。目前對納吉生平介紹得最為全面和詳實的，當屬匈牙利學者賴納·亞諾什（János M.Rainer）的著作《納吉·伊姆雷：政治傳記》（Nagy Imre：Politikai Eletrajz, Budapest：1956–os Intezet, 1996）和《納吉·伊姆雷》（Nagy Imre, Budapest：Vince Kiadó, 2002）。另外，還可參見他的兩篇文章：《納吉·伊姆雷的簡歷》（「Curriculum Vitae of Imre Nagy」, in János M.Rainered., Imre Nagy：The Leader and Martyr of the Hungarian Revolution of 1956, Budapest：APR Atlanti Kutatóés Kiadó Közalapívány, 2006, pp.41–56）和《納吉·伊姆雷的生命歷程》（「The Life Course of Imre Nagy」, in Terry Coxed., Hungary 1956–Forty Years On, London：Frank Cass Publishers, 1997, pp.141–151）。相關俄文著述可參閱 B.A. 穆

薩托夫（В.Л.Мусатов）的幾篇文章，如《納吉·伊姆雷的悲劇》（трагедияИмреНадя // НоваяиНовейшаяИстория, 1994, № 1）、《納吉·伊姆雷過去是個什麼人？》（中譯文見《政黨與當代世界》，1993年第12期）等。

[143]. 關於1953—1955年匈牙利「新方針」改革嘗試的全過程，筆者的博士論文《納吉·伊姆雷與20世紀1950年代匈牙利政治發展研究》中有詳細論述。國外有關納吉和匈牙利事件的論著中對「新方針」亦多有涉及，但缺乏集中論述。

[144]. 1956年2月初，也就是蘇共二十大召開前，納吉曾將這些文章複印多份呈交匈黨中央委員會，同時也給蘇聯駐匈使館送了一份。但是沒有得到回應。匈牙利事件過後，納吉的朋友將這些文章悄悄帶到國外，1957年它們被譯成英文彙輯成冊在紐約出版，取名《論共產主義：為了保衛新方針》（Imre Nagy, On Communism： In Defense of the New Course, New York： Praeger, 1957），該書的中文版於1983年由人民出版社出版，書名為《為了保衛匈牙利人民》。

[145]. 納吉：《農業的社會主義改造》、《「新階段」的特點》、《新經濟政策的作用與意義》，《為了保衛匈牙利人民》，第180、105、220頁。

[146]. 納吉：《新經濟政策的作用與意義》、《「新階段」的特點》，《為了保衛匈牙利人民》，第219、223、106頁。

[147]. 納吉：《社會主義工業化問題》、《個體農民經濟問題》，《為了保衛匈牙利人民》，第151、189、195、197、225、198頁。

[148]. 納吉：《社會主義的擴大再生產問題》，《為了保衛匈牙利人民》，第120—121頁。

[149]. 納吉：《遵守黨內生活準則與恢復名譽問題》、《社會主義發展的客觀經濟規律》、《文化、文學和藝術》，《為了保衛匈牙利人民》，第305—306、108、249—256頁。

[150]. 納吉：《國家紀律、法制和徵購》，《為了保衛匈牙利人民》，第246—247、240頁。

[151]. 納吉：《黨與政府的關係問題》，《為了保衛匈牙利人民》，第275—279頁。

[152]. 納吉：《黨的作用及其所獲得成就的估價》、《關於匈牙利社會生活中迫切的倫理道德問題》，《為了保衛匈牙利人民》，第282、85頁。

[153]. Miklós Molnár,「The Heritage of Imre Nagy」, in Tamas Aczeled., Ten Years After： A Com-memoration of the Tenth Anniversary of the Hungarian Revolution, New York; Chicago; San Francisco： Macgibbon&Kee, Ltd., 1967, p.164.

[154]. 納吉：《國際關係的五項基本原則和我們的外交政策問題》，《為了保衛匈牙利人民》，第40、42頁。

[155]. 在納吉看來，1945 年後形成的匈蘇兩國國家關係，同蘇南關係一樣，都是一種「不正常」的關係。參見《國際關係的五項基本原則和我們的外交政策問題》，《為了保衛匈牙利人民》，第 50—52 頁。

[156]. 目前學界對納吉究竟有無外交思想尚存爭議。比如，匈牙利學者賴納·亞諾什認為，納吉在外交方面有其獨到見解，他特別讚賞納吉關於「多瑙河國家的獨立、中立和合作」的思想，認為它具有十分重要的價值。但也有學者持相反看法，比如加拿大歷史學教授彼得·希達什，他認為在 1953 年「新方針」時期，納吉並沒有提出自己的外交政策，當時匈牙利在外交領域完全追隨蘇聯，匈牙利事件發生後，納吉再度組閣，但由於任期很短、局勢混亂，他實際上既沒有時間，也沒有可能制定出自己的外交政策。（參見 Ignac Romsics and Béla K. Király, eds., Geopolitics in the Danube Region： Hungarian Reconciliation Efforts, 1848–1998, Budapest： Central European University Press, 1999； Peter I. Hidas,「Review of Ignac Romsics and Bela K. Kiraly, eds, Geopolitics in the Danube Region： Hungarian Reconciliation Efforts, 1848–1998」HABSBURG， H-Net Reviews, March, 2000. URL： http://www.h-net.org/reviews/showrev.cgi?path=27139953316084）。不過，筆者傾向於認為，總體上應當肯定納吉對匈牙利的外交政策有自己的設想，儘管這些想法在當時的歷史背景下缺乏實現的條件和機會，甚至無法具體表現出來，但就此否認其存在卻是不恰當的。

[157]. 納吉：《國際關係的五項基本原則和我們的外交政策問題》，《為了保衛匈牙利人民》，第 54—64 頁。

[158]. 納吉：《關於匈牙利社會生活中迫切的倫理道德問題》，《為了保衛匈牙利人民》，第 78、72—75、82—83、87、65、66、71 頁。

[159]. 納吉：《關於匈牙利社會生活中迫切的倫理道德問題》，《為了保衛匈牙利人民》，第 69—70、33 頁。

[160]. 蘇共中央主席團會議記錄，1956 年 10 月 31 日。Csaba Békés, Malcolm Byrneand JanosRainer, eds. The 1956 Hungarian Revolution： A History in Documents. Budapest, New York： Central European University Press, 2002, pp.307–310.

[161]. [南] 韋利科米丘諾維奇：《莫斯科的歲月（1956—1958）》，達洲等譯，北京：生活·讀書·新知書店，1980 年，第 171—182 頁。

[162]. 關於此前納吉的政治同伴與南斯拉夫就避難事交涉的經過以及 11 月 4 日納吉等人去往南駐匈使館的情況，狄托在後來給蘇共中央的信中是這樣表述的：「11 月 2 日，桑托·佐爾坦和我們在布達佩斯的代表談了話。在談話中，桑托表達了他的願望：由於他們的生命正受到反動集團暴亂分子的威脅，如果可能，他和一些共產黨員將離開中央委員會和政府大樓，到我們的大使館避難。根據這次談話內容，我們的代表答覆桑托，如果他們行動迅速，我們準備為他們提供庇護。我們估計他們會

在星期日，即11月4日作出答覆。然而就在4日上午，蘇軍開始行動，中斷了我們的談話。取而代之的是4日早晨，基於先前的談話，納吉和其他15位黨政領導人隨同家屬一起來到我們的大使館。」參見南共聯盟中央委員會關於匈牙利事件致蘇共中央委員會的信，1956年11月8日。Волков В.К. и т.д. Советский Союз и венгерский кризис 1956 года, Документы, Москва： РОССПЭН， 1998, с. 622–625.

[163]. 費留賓致蘇共中央電，1956年11月4日。轉引自 Johanna C. Granville, The First Domino： International Decision Making during the Hungarian Crisis of 1956, College Station： Texas A & M University Press, 2005, p.106.

[164]. 轉引自 Jenő Györkei and Miklós Horváth,「Additional Data on the History of the Soviet Military Occupation」 in Jenő Györkei and Miklós Horváth, eds., The Soviet Military Intervention in Hungary, 1956, Budapest： Central European University Press, 1999, p.103.

[165]. 費留賓致蘇聯外交部電，1956年11月5日。Волков В.К. и т.д. Советский Союз и венгерский кризис 1956года, Документы, с.597–599.

[166]. 有關檔案見 Волков В.К. и т.д. Советский Союз и венгерский кризис 1956года, Документы, с.524–533、582、585、587–588、595–596、608–611、622–625；另可參看 Гибианский Л.Я. Н.С. Хрущев, Й. Броз Тито и Венгерсий кризис 1956г.// Новая и новейшая история, 1999, № 1, с.23–25。

[167]. 蘇聯外交部致安德羅波夫電，1956年11月9日。沈志華總主編、楊存堂卷主編：《蘇聯歷史檔案選編》第27卷，北京：社會科學文獻出版社，2002年，第382—384頁。

[168]. A. S.Stykalin,「Soviet-Yugoslav Relations and the Case of Imre Nagy」Cold War History, Febru-ary2005, Vol. 5, Iss. 1, p.6.

[169]. 狄托在普拉南人民軍俱樂部向伊斯特里亞的共產主義者聯盟積極分子發表的演說，1956年11月11日。《南斯拉夫資料彙編》，北京：世界知識出版社，1957年，第636、630頁。

[170]. 蘇斯洛夫和阿里斯托夫致蘇共中央電，1956年11月12日。楊存堂主編：《蘇聯歷史檔案選編》第27卷，第401頁。

[171]. Гибианский Л.Я. Н.С.Хрущев, Й.Броз Тито и Венгерсий кризис 1956г // Новая и новейшая история, 1999, № 2, с.25.

[172]. 卡德爾致卡達爾政府的信，1956年11月18日。Волков В.К. и т.д. Советский Союз и венгерский кризис 1956года, Документы, с.657–661。

[173]. 馬林科夫、蘇斯洛夫、阿里斯托夫致蘇共中央電，1956年11月17日。Békés, et al., eds., The 1956 Hungarian Revolution： A History in Documents, p.436。

[174]. 卡達爾致南聯邦執委會的信，1956年11月21日。Волков В.К. и т.д. Советский Союз и венгерский кризис 1956года, Документы, с.665–668。

[175]. 馬林科夫、蘇斯洛夫、阿里斯托夫致蘇共中央電，1956年11月23日。楊存堂主編：《蘇聯歷史檔案選編》第27卷，第421—422頁。

[176]. 詳見費留賓關於轉交南斯拉夫照會的電報，1956年11月24日。Волков В.К. и т.д. Советский Союз и венгерский кризис 1956года, Документы, с.679–683。

[177]. 同上。

[178]. [南] 愛華德·卡德爾：《卡德爾回憶錄（1944—1957）》，李代軍等譯，北京：新華出版社，1981年，第164頁。

[179]. 布爾加寧致蘇共中央主席團報告，1956年11月27日。Волков В.К. и т.д. Советский Союз и венгерский кризис 1956года, Документы, с.700–702。

[180]. 赫魯雪夫致狄托的信，1957年1月10日。楊存堂主編：《蘇聯歷史檔案選編》第27卷，第456頁。

[181]. 分別參看「匈牙利工農革命政府發表《告匈牙利人民書》」，《人民日報》1956年11月5日；「匈牙利工農革命總理亞諾什·卡達爾的廣播演說」，《人民日報》1956年11月14日。

[182]. 「匈牙利社會主義工人黨臨時中央委員會就匈牙利政治局勢和黨的任務通過決議」，《人民日報》1956年12月10日。

[183]. 同上。

[184]. Alajos Dornbach, The Secret Trial of Imre Nagy, Westport, Conn.：Praeger, 1994, p.170；同時可參看匈黨中央與中國駐匈牙利大使郝德青會談摘要，1957年3月4日。中國外交部檔案館，109–001155–01。

[185]. Dornbach, The Secret Trial of Imre Nagy, p.170.

[186]. 「匈牙利社會主義工人黨臨時中央委員會會議的決議全文」，《參考資料》1957年3月2日（下午版），第11頁。

[187]. 波諾馬廖夫給蘇共中央的報告，1957年3月12日。楊存堂主編：《蘇聯歷史檔案選編》第27卷，第520頁；Stykalin,「Soviet-Yugoslav Relations and the Case of Imre Nagy」p.15.

[188]. János M.Rainer, ed., Imre Nagy：The Leader and Martyr of the Hungarian Revolution of 1956, Budapest：Atlantic Research and Publications Public Foundation, 2006, p.54.

[189]. Dornbach, The Secret Trial of Imre Nagy, p.172.

[190]. Rainer, Imre Nagy：The Leader and Martyr of the Hungarian Revolution of 1956, p.54.

[191]. 安德羅波夫、魯堅科和伊瓦舒京給蘇共中央的報告，1957年8月26日。楊存堂主編：《蘇聯歷史檔案選編》第27卷，第541—543頁。

[192]. Мусатов В.Л. СССР и венгерские события 1956г.：Новые архивные материалы// Новая и новейшая история, 1993, № 1, с. 20.

[193]. 參看如 Tibor Méray,「The Trial of Imre Nagy」in Béla K.Király and Jonas Paul, eds., The Hungar-ian Revolution of 1956 in Retrospect, Boulder：Columbia University Press, 1978, p.77.

[194]. 安德羅波夫給蘇共中央的報告，1957年8月29日。楊存堂主編：《蘇聯歷史檔案選編》第27卷，第546頁。

[195]. 對納吉及其同夥的起訴書，1958年1月28日。參看 Dornbach, The Secret Trial of Imre Nagy, pp.27–56.

[196]. 參看匈總檢察長提交的矯正申訴書，1989年6月6日。Dornbach, The Secret Trial of Imre Nagy, pp.123–124.

[197]. János Radvanyi, Hungary and the Superpowers：The 1956 Revolution and Realpolitik, Stanford：Hoover Institution Press, 1972, p.35.

[198]. Dornbach, The Secret Trial of Imre Nagy, p.175.

[199]. 安德羅波夫給蘇共中央的報告，1957年8月29日。楊存堂主編：《蘇聯歷史檔案選編》第27卷，第545頁。

[200]. Radvanyi, Hungary and the Superpowers, pp.36–37.

[201]. Tibor Méray,「The Trial of Imre Nagy」in Király and Jónás, eds., The Hungarian Revolution of 1956 in Retrospect, p.78.

[202]. Charles Gati, Failed Illusions：Moscow, Washington, Budapest, and the 1956 Hungarian Revolt, Washington：Woodrow Wilson Center Press and Stanford University Press, 2006, pp.224–225.

[203]. 安德羅波夫、魯堅科和伊瓦舒京給蘇共中央的報告，1957年8月26日。楊存堂主編：《蘇聯歷史檔案選編》第27卷，第543頁。

[204]. 在整個案件中被判死刑的還有西拉吉·約瑟夫，由於獄警對其行為無法控制，司法部門於1958年4月24日提前對其進行了單獨審判，西拉吉被判處死刑後即遭處決。參見：安德羅波夫就納吉審判事給蘇共中央的信，1957年8月26日。Békés, et al., eds., The 1956 Hungarian Revolution：A History in Documents, p.539.

[205]. István Rév, Retroactive Justice：Prehistory of Post-Communism, Stanford：Stanford University Press, 2005, p.17; Gati, Failed Illusions：Moscow, Washington, Budapest, and the 1956 Hungarian Revolt, pp.224–225.

[206]. 「匈牙利人民共和國司法部關於判處納吉·伊姆雷及其同謀者死刑和徒刑的公告」，《人民日報》1958年6月18日。

[207]. Rév, Retroactive Justice： Prehistory of Post-Communism, p.18.

[208]. 「匈黨中央就重新安葬納吉發表公報稱納吉是社會主義改革政策代表人物」，《人民日報》1989年6月2日。

[209]. 本文系北京大學國際戰略研究中心2009年度立項課題成果。

[210]. Ivan T. Berend,「The 『Crisis Zone』 Revisited： Central and Eastern Europe in the 1990s」East European Politics and Societies, Vol.15, No.2, 2001, p.251.

[211]. 前者如朱曉中：《中東歐與歐洲一體化》，北京：社會科學文獻出版社2002年版；朱曉中主編：《十年巨變——中東歐卷》，北京：中共黨史出版社2004年版；鄭羽主編：《俄羅斯東歐中亞國家的對外關係》，北京：中國社會科學出版社2007年版；孫曉青、王莉：《東歐國家的外交政策》，《歐洲研究》2004年第2期，等等。後者可參看如孔田平：《波蘭的歐盟政策與入盟談判戰略》，《歐洲研究》2004年第2期；楊燁燁：《歐盟東擴中的「波蘭現象」評析》，《俄羅斯中亞東歐研究》2004年第4期；朱曉中：《波蘭的憤怒》，《世界知識》2007年第16期；熊昊：《空難事件後波蘭對美歐俄政策走向》，《現代國際關係》2010年第4期；周偉：《淺談冷戰後波美關係》，《俄羅斯中亞東歐研究》2007年第4期，等等。

[212]. 比如，有對波蘭外交轉型的長線梳理（如 Ilya Prizel and Andrew A. Michta, eds., Polish Foreign Policy Reconsidered： Challenges of Independence, New York： St. Martin』s Press, 1995; Ryszard Zięba,「Trans-formation of Polish Foreign Policy」The Polish Foreign Affairs Digest, Vol.4 Iss.13, 2004; Sarah M. Terry,「Poland』s Foreign Policy since 1989： The Challenges of Independence」Communist and Post-Communist Studies, Vol.33, Iss.1, Mar. 2000; George Sanford,「Overcoming the Burden of History in Polish Foreign Policy」Journal of Communist Studies & Transition Politics, Vol. 19, Issue 3, September 2003），亦有對波蘭外交重點問題的綜合研究（如 Witold M. Góralski, ed., Poland-Germany 1945–2007： From Confrontation to Cooperation and Partnership in Europe： Studies and Documents, Warszawa： Polish Institute of International Affairs, 2007; Katarzyna Pełczyńska-Nałęcz,「How Far do the Borders of the West Extend? Russian/Polish Strategic Conflicts in the Period 1990–2010」Ośrodek Studiów Wschodnich (OSW) Studies, Warsaw, March 2010; Kerry Longhurst and Marcin Zabarowski, The New Atlanticist： Poland's Foreign and Security Policy Priorities, London ： Chatham House, 2007; Marcin Zaborowski, German, Poland and Europe： Conflict, Cooperation and Europeanisation, Manchester： Manchester University Press, 2004; Marcin Zaborowski and David H. Dunn., eds., Poland： A New Power in Transatlantic Security, London： Frank Cass, 2003; Aleks Szczerbiak, Poland Within the European Union： The New

Awkward Partner? New York： Routledge, 2011; Maciej Celewicz, Monika Niziol-Celewicz,「Relations between Poland and Its Eastern Neighbors after the 1999 NATO Enlargement」UNISCI Discussion Papers, No.10, January 2006; Helmut P. Gaibauer,「Euro-Scepticism Revisited： Poland after EU Accession」Perspectives on European Politics and Society, Vol.8, No.1, April 2007），還有一些對波蘭外交變遷所作的整體或局部的理論分析與總結等（如 Tadeusz Chrościcki， "A Preliminary Assessment of the Costs and Benefits of Poland's Accession to the European Union"，The Polish Foreign Affairs Digest, Vol. 5, No.4 (17)，2005; Adam Szymanski,「The Position of Polish Political Elites on Future EU Enlargement」Journal of Communist Studies and Transition Politics, Vol. 23, No. 4, December 2007; Beata Wojna,「Spain's and Poland's Road to NATO： The Problem of Continuity and Change in the Foreign Policy of A Democratising State」European Review of History, Vol. 15, Issue 5, October 2008）。

[213]. 事實上，斯庫比謝夫斯基也是這四年間唯一未被更換的政府部長。

[214]. Louisa Vinton,「Domestic Politics and Foreign Policy, 1989–1993」in Prizel and Michta, eds., Polish Foreign Policy Reconsidered, pp.24–25.

[215]. Ilya Prizel,「Warsaw』s Ostpolitik： A New Encounter with Positivism」in Prizel and Michta, eds., Polish Foreign Policy Reconsidered, p.100.

[216]. Longhurst and Zabarowski., The New Atlanticist, p.26.

[217]. 詳見《德意志聯邦共和國與波蘭共和國關於確認兩國目前邊界的條約》，1990年11月14日。Góralski, ed., Poland-Germany 1945–2007, pp.364–365.

[218]. Longhurst and Zabarowski., The New Atlanticist, p.27.

[219]. Terry,「Poland』s Foreign Policy since 1989： The Challenges of Independence」pp.19–21.

[220]. 選舉數據詳見波蘭國家選舉委員會1993年9月23日公告。URL=http://isap.sejm.gov.pl/Downl oad;jsessionid=25C30F40DDA75D682F07F9828858657E?id=WMP19930500470&type=2

[221]. Longhurst and Zabarowski, The New Atlanticist, p.30.

[222]. Terry,「Poland』s Foreign Policy since 1989： The Challenges of Independence」p.13.

[223]. Ibid, p.32.

[224]. 有關德國支持歐盟東擴的原因，可參看如 Karl Cordell and Stefan Wolff, Germany's Foreign Policy towards Poland and the Czech Republic： Ostpolitik Revisited, London; New York： Routledge, 2009, p.144.

[225]. Terry,「Poland』s Foreign Policy since 1989： The Challenges of Independence」pp.26–27.

[226]. Longhurst and Zabarowski, The New Atlanticist, p.32–33.

[227]. Joseph Rothschild and Nancy M. Wingfield, Return to Diversity： A Political History of East Central Europe since World War II，4th Edition, New York： Oxford University Press, 2008, pp.215–216.

[228]. [匈]邁杰西 彼得：《走在仕途上的公民──匈牙利前總理邁杰西 彼得自述》，楊永前譯，北京：人民出版社，2009年，第158頁。

[229]. 參看波蘭國家選舉委員會網站提供的數據 (URL= http://referendum.pkw.gov.pl/sww/kraj/indexA.html)。

[230]. 詳見波蘭國家選舉委員會相關統計數據 (URL=http://www.wybory2005.pkw.gov.pl/SJM/EN/WYN/M/index.htm)

[231]. Gavin Rae, Poland』s Return to Capitalism： From the Socialist Bloc to the European Union, London： Tauris Academic Studies, 2008, p.107.

[232]. 關於2005年秋議會和總統選舉對1989年後波蘭政治發展的意義，可參看 Timothy Garton Ash,「The Twin』s New Poland」The New York Review of Books, Volume 53, Number 2, 9 February, 2006, pp.22–25.

[233]. 詳見 Gavin Rae, Poland』s Return to Capitalism, pp.156–162.

[234]. Krzysztof Bobiñski,「Polish Foreign Policy 2005–2007」URL=http://www.isp.org.pl/files/2005762 29809989260011920 05247.pdf

[235]. Ibid.

[236]. Andreas Heinrich,「Poland as a Transit Country for Russian Natural Gas： Potential for Conflict」Koszalin Institute of Comparative European Studies (KICES) Working Papers, No. 9–10, September 2007, p.74.

[237]. URL= http://www.wybory2007.pkw.gov.pl/SJM/EN/WYN/M/index.htm

[238]. 參看如：圖斯克在歐洲議會的講話，2011年7月6日。URL=http://pl2011.eu/sites/default/files/users/shared/spotkania_i_wydarzenia/speech.pdf。

[239]. 具體數據詳見：http://wybory2011.pkw.gov.pl/wyn/en/000000.html#tabs-1

[240]. 參見如：圖斯克在波蘭議會就新政府施政綱領發表的講話，2011年11月18日（URL=http://www.economist.com/blogs/easternapproaches/2011/11/tusks-speech）；西科爾斯基在柏林發表的名為《波蘭與歐盟的未來》的講話，2011年11月28日（URL=http://www.msz.gov.pl/files/docs/komunikaty/20111128BERLIN/radoslaw_sikorski_poland_and_the_future_of_the_eu.pdf）

[241]. 條約文本詳見：「The Molotov-Ribbentrop Pact： The Documents」edited by Saulius Sužiedėlis, Lithuanian Quarterly Journal of Arts and Sciences, Vol.35, No.1, Spring 1989.

[242]. Katarzyna Pełczyńska-Nałęcz,「How Far do the Borders of the West Extend? Russian/Polish Strategic Conflicts in the Period 1990–2010」pp.65–66.

[243]. Minton F. Goldman,「Polish-Russian Relations and the 2004 Ukrainian President Election」East European Quarterly, XL，No. 4, December 2006, pp.409–428.

[244]. Ozbay and Aras,「Polish-Russian Relations」p.39.

[245]. Ekaterina Levintova,「Good Neighbours？： Dominant Narratives about the 『Other』 in Contemporary Polish and Russian Newspapers」Europe-Asia Studies, Vol.62, No.8, pp.1348, 1352.

[246]. 詳見 Rae, Poland』s Return to Capitalism, p.149；Agata Łoskot-Strachota,「Gazprom』s Expansion in the EU： Co-operation or Domination？」OSW Studies, Warsaw, October 2009, pp.8–13.

[247]. Martin Walker,「Russia v. Europe： The Energy Wars」World Policy Journal, Vol.24, No.1, Spring 2007, pp.1–8；Hans Michael Kloth,「Indirect Hitler Comparison： Polish Minister Attacks Schröder and Merkel」Spiegel Online, January 5, 2006.

[248]. 圖斯克政府上臺以來，波俄關係相對平穩的發展已給波蘭帶來了現實利益，2007—2010年間波蘭對俄貿易額增長了一倍之多。參見「Dancing With the Big Boys： In Its Foreign Policy Poland Has Chosen Realism Over Romanticism」The Economist, November 25, 2010.

[249]. 西科爾斯基在柏林的講話，2011年11月28日。URL=http://www.msz.gov.pl/files/docs/komunikaty/20111128BERLIN/radoslaw_sikorski_poland_and_the_future_of_the_eu.pdf.

[250]. 參看 Theresa Kurk Mc Ginley,「Embattled Polonia： Polish-Americans and World War II」East European Quarterly, XXXVII，No.3, September 2003, pp.325–343;

[251]. 2011年12月與波蘭羅茲大學國際關係和政治學系副教授 Dominik Mierzejewski 訪談記錄。

[252]. Igor S. Oleynik, ed., Poland ： Foreign Policy and Government Guide, Washington, D.C. ： Interna-tional Business Publications, 2003, p.33.

[253]. Longhurst and Zabarowski, The New Atlanticist, pp.45, 35, 48；Kerry Longhurst,「A Note on Polish Atlanticism on the Move」American Foreign Policy Interests, No.30, 2008, pp.136–137.

[254]. Longhurst and Zabarowski, The New Atlanticist, pp.48–50. 2010 年 12 月，波蘭新任總統科莫爾羅夫斯基訪美時，向美國總統奧巴馬再次「強有力地」提出了這一要求，並稱「波蘭人民完全不能理解，為什麼波蘭所有的鄰國，波蘭的周邊國家，都能享受美國的免簽證待遇，而我們卻不能」，但結果仍是失望而歸。參看「Joint Statement by President Barack Obama and President Bronislaw Komorowski of Poland」Daily Compilation of Presidential Documents, December 8, 2010, Special Section, pp.1–3.

[255]. Longhurst,「A Note on Polish Atlanticism on the Move」pp.136–138.

[256]. Terry,「Poland』s Foreign Policy since 1989： The Challenges of Independence」p.8.

[257]. 對於勃蘭特此舉的意義，同為前總理的施羅德在其回憶錄中給予了這樣的評價：「勃蘭特所做的事情，只有真正偉大的人在語言無法表達的時刻才能做到……（它）既是表明『永遠不再發生』，也是表明德國人願意以正視歷史為前提贏得未來。這同樣是德國戰後政治家的歐洲使命。」參見：[德] 格哈德·施羅德：《抉擇：我的政治生涯》，徐靜華、李越譯，南京：譯林出版社，2007 年，第 41 頁。

[258]. 條約文本詳見 Góralski, ed., Poland-Germany 1945–2007, pp.366–378.

[259]. Marcin Zaborowski,「Power, Security and the Past： Polish-German Relations in the Context of EU and NATO Enlargements」German Politics, Vol.11, No.2, August 2002, pp.165–188.

[260]. Olaf Osica,「『In Search of a New Role： Poland in Euro-Atlantic Relations』」Defence Studies, Vol.2, 2002, pp.24–25.

[261]. Janusz Bugajski, America's New European Allies, New York ： Nova Science Publishers, 2009, p.98.

[262]. 參見施羅德：《抉擇：我的政治生涯》，第 193—197 頁；亦可參看 Pawel Lutomski,「TheDebate about a Center against Expulsions： An Unexpected Crisis in German-Polish Relations?」German Studies Review, Vol.27, No.3, October 2004, pp.449–468.

[263]. Cordell and Wolff, Germany's Foreign Policy Towards Poland and the Czech Republic, p.148.

[264]. 西科爾斯基在柏林的講話，2011 年 11 月 28 日。URL=http://www.msz.gov.pl/files/docs/komunikaty/20111128BERLIN/radoslaw_sikorski_poland_and_the_future_of_the_eu.pdf

[265]. 匈牙利共產黨在七十多年的發展歷程中，曾先後經歷過幾次改組與更名。1918 年 11 月，匈牙利共產黨（Hungarian Communist Party, HCP）正式成立。1919 年庫恩·貝拉（Béla Kun）領導的社會主義革命失敗後，匈牙利共產黨長期處於非法地位，缺乏統一的領導和組織。1943 年 6 月，該黨曾一度解散，改組後取名和平黨，而後不久又更名為匈牙利共產主義者黨。1944 年 9 月，二戰接近尾聲時，重新稱共產黨，次年 5 月在布達佩斯召開的全國黨員大會上正式恢復「匈牙利共產黨」（The

Communist Party of Hungarian, CPH）這一名稱。1948 年 6 月，該黨同匈牙利社會民主黨合併，更名為匈牙利勞動人民黨（Hungarian Workers』 Party, HWP）。1956 年秋，匈牙利事件爆發後，由於黨員人數急劇減少，黨的威信大大跌落，匈牙利勞動人民黨被迫解散，重組為匈牙利社會主義工人黨（Hungarian Socialist Workers Party, HCWP）。1989 年，匈牙利發生政治劇變，匈牙利社會主義工人黨停止活動，改組後的新黨取名匈牙利社會黨。不過，這一次隨著名稱的改變，黨的性質也發生了根本的變化。為行文方便，除直接引文外，以下統稱為匈黨。

地區專題

- 東歐的政治變遷
- 東歐劇變的「蘇聯因素」探析
- 冷戰與東歐——近二十年國外學界相關代表性研究及述評
- 東歐社會主義的最後十年——二十年後的回顧與反思
- 東歐劇變二十年——回望與反思
- 東歐轉型國家公民社會探析

▎東歐的政治變遷——從劇變到轉型[1]

過去的 30 年間，東歐政治經歷了一個異常曲折、動盪和艱辛的歷程。自 20 世紀 1970 年代起，東歐各國普遍陷入難以自拔的多重危機之中。始於 1989 年席捲整個地區的政治劇變之後，以「民主化」、「市場化」、「歐洲化」為目標的轉型成為東歐各國政治發展的主旋律。經過 20 年的轉型，無論就民主的鞏固、市場經濟的運轉及融入歐洲的進程來看，整個地區次區域間的差距明顯拉大，多樣化無疑將繼續主導東歐未來的政治發展。以下本文將從比較政治的角度出發，就東歐國家劇變前後 30 年間的政治發展歷程及變化、走勢等加以初步考察。

一、社會主義的最後一程

20 世紀 1970 年代末至 1980 年代末的 10 年，是東歐社會主義走過的最後一段歷程。在此期間，無論就經濟、政治還是社會領域來看，各國均不同程度地遭遇了自改革年代以來最為劇烈的變動和危機。從某種意義上可以說，正是這 10 年間內外條件的變化共同促成了 1989 年東歐社會主義大廈的集體坍塌。

首先，在經濟領域，危機主要表現在以下幾個方面。

第一，改革愈發舉步維艱。東歐的改革始於 1953 年夏，當時以匈牙利為代表的部分國家實施了名為「新方針」的改革嘗試。此次改革雖以失敗告終，但作為一次可貴的探索為日後的改革提供了有益的借鑑。1960 年代中後期，

135

東歐再度興起革新熱潮，其結果在不同國家產生了不同的命運：在捷克斯洛伐克，號稱「布拉格之春」的改革運動尚未充分展開便招致華沙條約五國的武裝干涉，不幸夭折；而匈牙利的「新經濟機制」的改革則得以避越「雷區」，以「靜悄悄」的方式穩步前行；波蘭的改革進展緩慢並不斷趨於保守，最終引發了嚴重的經濟和政治危機。1970年，新上任的波蘭領導人吉瑞克（Edward Gierek）重新調整改革策略，強調借助西方的資金、技術、設備加速經濟發展，在改革的最初五年，國民經濟得到了顯著改善，但隨後五年，由於大量借貸、過度投資導致了外債激增，整個經濟由此陷入惡性循環。自1970年代中期，匈牙利以市場為導向、漸進式的分權化和自由化改革也漸漸失去了發展的動力，由於改革承諾與社會不斷上升的期望之間產生了越來越大的鴻溝，到1980年代，人們已經不怎麼相信改革了。[2]在東德，1973年昂納克（Erich Honecker）接替烏布利希（Walter Ulbrich）出任黨的最高領導人。此後十餘年間，昂納克對改革始終持相當保守的態度。總體看來，1980年代的東歐，改革任務比先前任何一次都更為艱巨。同時，由於經濟明顯收縮，改革漸漸失去了社會各界的支持，更有甚者，經濟與社會狀況的惡化直接引發了部分階層的直接反抗，1980年代初波蘭的團結工會危機便是一個典型實例。

第二，宏觀經濟持續衰退。東歐國家的經濟發展普遍依賴於低廉的能源價格和進口替代戰略，1973年由第一次石油危機引發的國際原油價格暴漲，加之同期建立在低工資、低成本基礎上的東亞及拉美新型工業化國家的崛起帶來的國際市場競爭加劇，給東歐各國帶來了巨大的壓力，並直接引發了經濟的持續衰退。從1976至1982年，以物質生產淨值衡量的總增長率從平均6%下降到2%，即使像匈牙利、波蘭、南斯拉夫三個率先實行經濟改革並取得一定成就的國家，也未能阻止經濟下滑的勢頭。據世界銀行相關數據顯示，匈牙利的年增長率在能源危機爆發後最初幾年尚能艱難維持在年均6%的水平，但到1980年便步入零增長。波蘭的情況更為嚴峻，1981—1982年國民經濟連續兩年負增長，降幅分別達10%和4.8%。1973年前，南斯拉夫經濟態勢雖然動盪，但總體上仍能保持增長，但進入1980年代後經濟基本上呈連年下滑趨勢。[3]由於抑制不斷上揚的財政赤字、阻止經濟持續下滑與人民生活的回落，急需大量的資金投入，各國不得不向國際信貸市場尋求硬通貨貸款，

其結果是在原有結構危機的基礎上又催生出債務危機,並進而墜入了所謂「外債陷阱。」1980年代中期,波蘭、匈牙利、羅馬尼亞、保加利亞等國均背上了100億到300億數額不等的外債包袱。沉重的外債負擔不僅大大削弱了各國的生產投資能力,也使得各國人民生活水平的改進陷於停頓甚至惡化,部分消費品、糧食和服務的短缺趨於嚴重。

第三,「第二經濟」對中央計劃經濟的挑戰加劇。20世紀1970、1980年代,整個東歐尤其是匈牙利、波蘭,出現了與國有經濟並存的正式和非正式的私營部門,即所謂「第二經濟。」[4]「第二經濟」的興起是東歐國家經濟改革進程中最重要的發展趨向之一。自20世紀1970年代,除了私有或半私有的農業經濟外,私人經濟在諸如交通、建築、零售、飲食及其他服務類行業中的比重呈不斷上升趨勢。通常,政府一旦取消限制私有經濟的禁令之後,由於私營活動擁有較大自主權且往往能帶來較高的收入,接著便會有大量的資源和勞動力湧入「第二經濟。」在改革的社會主義國家中,「第二經濟」的發展勢頭非常迅猛。以匈牙利為例,1980年代中期,私營經濟的產值已占國民生產總值的1/3強,整個社會約60%的服務業、80%的建築業以及15%的工業產出,來自於「第二經濟。」[5]私人經濟的發展在一定程度上改善了商品供應,緩解了短缺現象,減少了社會緊張,但同時也創造出新的不平等,並以一種非常激進的方式改變了社會主義的生產關係。1982年,匈牙利通過了一系列私人產權合法化的規定,以期透過對意識形態話語的重構來擺脫這一困境。此舉在促進現有信仰體系發生系統性轉型的同時,大大拓展了「第二經濟」企業家的財產權和行動空間。不過,後者似乎並不滿足於此,幾年後他們組織成立了代表自身利益的獨立組織,並聯合其他社會團體向政府施壓,要求被賦予法律地位,從而向國家不僅對生產而且對經濟組織和社團進行控制的權利提出了挑戰。如此,「第二經濟」便開始以一種特殊形式對現存體制發起了反抗。[6]

在政治與社會領域,局勢的複雜和緊張在以下幾個層面表現突出:

第一,黨內信仰危機與力量分裂。1980年代,由於深化改革的承諾與現實成功之間的差距越來越大,東歐各國黨內普遍出現了意識形態信仰危機,具體表現為:黨員的士氣不斷下滑,對制度的優越性和黨的執政能力失去信

心，對指導思想的科學性產生出懷疑，年輕黨員開始尋求重建歐洲認同，等等。對此，前東德的一名持不同政見者曾回憶說：「在1950年代，當人們談論政治時，總會有一位共產黨同志站出來維護黨的立場。可是到了1970年代和1980年代，在對政治問題進行爭論時，共產黨員們不是離開會場就是建議換一個話題。」[7]不僅是普通黨員，體制的擁護者甚至是執政精英也開始對社會主義信念產生動搖。信仰的失卻在改革年代很大程度上是一個難以逆轉的過程，就像匈牙利經濟學家科爾奈·亞諾什（János Kornai）所言，那些舊的世界觀已經在其心中坍塌的人，將無法再全力以赴並重拾往日的信仰與激情。[8]黨內的信仰危機不僅威脅了現有體制的穩定，對政權的日趨瓦解也產生了難以估量的影響。在黨的意識形態日趨動搖的背景下，政權內部的權力鬥爭與衝突也逐漸走向公開，最初表現為觀點分歧，而後便是林立黨派間的持續對抗，最後發展為具體的競爭平臺，從而加速了黨內的分裂和力量的消蝕。

第二，社會意識形態的分散與多元。伴隨著官方意識形態影響力的弱化、「第二經濟」的快速增長，以及大量接收來自西方的媒體訊息、語言技能、其他教育方式等，在東歐，一種帶有自治性質的「第二文化」也隨之興起。相對於由國家或執政黨組織和管理並受官方意識形態影響的「第一文化」或主導性文化，這種涵蓋了亞文化、反文化及其各種替代形態的「第二文化」，帶有明顯的偏離甚至對抗主流價值觀的色彩。同世界其他地方相類似，在東歐，參與這種非主流文化的通常主要是青年人。自1970年代起，他們曾掀起了一波又一波的文化浪潮。在捷克斯洛伐克，搖滾樂成為叛逆的象徵。1976年，當局監禁了當時甚為流行的「宇宙塑料人」樂隊的部分成員，引發了社會的強烈不滿和大規模抗議。1980年代初，當朋克運動風靡西方之時，東歐也出現了許多類似的樂隊，它們經常編唱一些帶有政治反叛意味的歌曲。在東歐，無論是對社會意識形態嚴加控制的捷克斯洛伐克、東德等國，還是社會氛圍相對寬鬆的波蘭、匈牙利，「第二文化」的發展態勢及其對「第一文化」產生的巨大衝擊，都令各國政權感到了越來越大的壓力。此外，宗教主義、平民主義、民族主義、自由主義等各種思潮和觀點在東歐社會主義的最後10年中也表現出前所未有的活躍。[9]

第三，「第二社會」的興起與發展。在「第二經濟」、「第二文化」不斷擴大、蔓延的過程中，1970年代中期以後，一些具有威脅性的社會力量在東歐也開始成長起來，並逐漸催生出與國家和政府所代表的所謂「第一社會」相對立的另一維度的社會網絡，即「第二社會。」各種協會、俱樂部及其他類似組織在社會中大量湧現，涉及領域包括文化教育、社會保障、宗教、慈善、環保等。有些組織以明顯不關心政治的姿態開展活動，而有些則熱衷於介入政治並提出了種種政治要求。在這類組織中，反對派運動表現得尤為活躍。[10]在東歐，反對派運動的壯大與「赫爾辛基進程」有著密切關聯。該進程始自1975年歐洲安全與合作會議的召開，特別是關注共同觀念和普遍人權標準的赫爾辛基最後決議的簽署。當時，包括蘇聯和除阿爾巴尼亞以外的東歐七國在內的35個國家共同簽署了這一決議。「赫爾辛基進程」鼓勵了蘇聯和東歐的一些社會力量自發組織起來，就其國內對相關決議的遵守情況進行監督。[11]1977年在捷克斯洛伐克出現的「七七憲章運動」（Charter 77），是其中最有影響的一個。從一定意義上可以說，「赫爾辛基進程」為東歐各國的反對派運動提供了外部支持。

　　事實上，儘管1980年代的東歐深陷無以自拔的多重危機之中，但幾乎沒有人預言東歐的社會主義制度會在此間的某個時候崩潰。原因很簡單，東歐是蘇聯的勢力範圍。自第二次世界大戰結束後直到1980年代中期，確保東歐的社會主義制度不動搖、確保東歐始終在處於蘇聯的控制之下，一直是蘇聯對東歐政策的兩大重要支柱。即使是1985年入主克里姆林宮的戈巴契夫（Mikhail Gorbachev），在其執政的頭兩年，在與東歐的關係問題上亦未越出這一雷池。從1987年起，情況開始發生了變化。是年11月，標誌著戈巴契夫「新思維」理論正式出臺的《改革與新思維》一書公開出版。作者在書中就蘇聯與東歐國家的關係問題表現出前所未有的靈活性，表示願意讓東歐在推動國內經濟、政治改革方面享有更大的自由行動空間。[12]1988年3月，戈巴契夫訪問南斯拉夫，在會後雙方發表的公報中，蘇聯將其對蘇東關係的「新思維」作了首次公開表述。公報稱，蘇聯將無條件地遵守社會主義國家間平等和互不干涉的原則，並充分尊重社會主義各黨及各國獨立地決定自身發展道路的權利。6月28日，戈巴契夫在蘇共第19次代表會議上發表的講話，

更清楚地表明了他反對軍事干預東歐事務的立場。[13] 是年底在聯合國大會的主題發言中，戈巴契夫再次重複了這一立場。他強調，「選擇的自由」是一個「普世原則」，無論對於資本主義國家還是社會主義國家，無一例外，都是適用的。除此之外，蘇聯還向聯合國作出重要承諾，表示將在此後兩年內單方面裁軍 50 萬，大規模削減常規武器，相應地，蘇聯在東歐的駐軍人數及相關武器裝備等也將同步裁減。[14] 凡此種種，均意味著「布里茲涅夫主義」（Brezhnev Doctrine）實際上已被一種倡導不干涉東歐事務的新的蘇東關係指導方針所取代，外界將其稱為「辛納屈主義」（Sinatra Doctrine）。[15] 就其本意而言，戈巴契夫對東歐政策的新思維，是想透過改革聯盟內部關係和推動東歐各國採取蘇聯式的體制內改革來恢復和加強蘇聯的國際地位，改善蘇東國家的社會主義形象。然而，他嚴重低估了聯盟內在的脆弱性。戈巴契夫激進的改革政策及蘇聯對東歐盟國政治控制的放鬆增強了波蘭、匈牙利等東歐各國黨內改革派的力量，同時鼓舞了黨外的民主反對派，為接下來這一地區政治局勢的驟變提供了外部條件。

　　20 世紀 1980 年代，雖然國內外形勢較之此前幾十年發生上述許多重大變化，但事實上直到 1989 年到來之前，制度崩潰的跡像在東歐各國並未充分展現。在每個國家，危機形勢如何一步步地引發了政權的最後崩潰，情況有所不同。在那些經濟改革比較深入、較早實行開放政策並與西方聯繫相對緊密、體制外反對派力量比較強大、執政精英內部分化與衝突比較突出的國家，劇變首先發生。在這些國家中，執政黨試圖重塑其執政的社會基礎，由此點燃了政權劇變的火苗並最終引發了崩潰。1988 年 12 月至 1989 年 1 月，波蘭共產黨召開中央全會，決定同最大的反對派組織團結工會舉行談判，此舉標誌著波蘭共產黨最終放棄了對國家權力的壟斷。接著，其他東歐國家緊隨其後。先是匈牙利，是年夏，執政的共產黨與反對派舉行圓桌會談，9 月 11 日，匈牙利當局決定開放同奧地利之間的邊界，這一決定很快引發了東德政局的崩潰。11 月 9 日，豎立達 28 年之久的柏林牆轟然倒塌。數天后，捷克斯洛伐克的「天鵝絨革命」拉開帷幕。此後不久，羅馬尼亞的希奧塞古（Nicolae Ceausescu）政權被推翻，保加利亞黨內發起「宮廷政變」，將日夫科夫（Todor Zhivkov）趕下臺。接著，南斯拉夫陷入分裂內戰，最終，阿爾巴尼亞亦未能

倖免。20世紀1980年代末1990年代初的東歐，就是這樣以一種出人意料的方式如滾雪球般相繼拋棄了社會主義制度。

二、20年風雨轉型

1989年隨著社會主義制度在東歐的集體崩潰，東歐的歷史翻開了新的一頁。柏林牆倒了，鐵幕緩緩垂落，雖然冷戰格局還未最終瓦解，東歐人已迫不及待地踏上了「重返歐洲」（Return to Eruope）之旅。

在具體探討東歐20年轉型歷程之前，有必要對兩個重要的概念「轉型」（transformation）與「轉軌」（transition）事先作一界定和區分，這兩個術語在相關研究中經常被頻繁地交叉使用、相互置換。丹麥社會學家米米·拉爾松（MimiLarson）曾在其作品《後社會主義社會的政治行為》中對「轉型」與「轉軌」之間的細微差別作了澄清。他強調，儘管二者在某些情況下可交替使用，但「轉軌」一詞在概念上被理解為一種線性路徑的演進過程，它更強調的是政治和經濟制度改革進程的結果，是一種向著已知的和確定的目標的改革，比如從社會主義到資本主義、從計劃到市場、從獨裁政體到民主政體，等等。與此相較，「轉型」則意指，改革進程不是一種可預測的直線演進過程，而是一種「向著嶄新的和未知的目標的改革。」[16]義大利比較經濟學家馬里奧·納提（D. Mario Nuti）則直言不諱地稱，「轉軌」根本是一種不正確的說法，這個概念所指的是一種「在單維空間中從A點到B點的線型運動。」恰恰相反的是，每一個轉型國家的出發點和最終目標都不盡相同，它們事實上是「在一個多維空間做著一種既非線型亦非單一、甚至並非朝向某一特定方向的運動，在此期間，可能會伴隨著中轉和衰退，隨著時間的流逝，不同的國家會在不同的領域取得程度不同的進展，而並非一定或者甚至可能根本無法達到其預期的目標。」[17]本文贊同此種辨析，並認為鑒於東歐政治、經濟和社會模式仍在不斷地修整、鞏固甚至探索之中，「轉型」一詞更適宜用來描述近二十年來東歐政治、經濟、社會所經歷的變遷過程。

如上所述，20年來東歐轉型的旗幟和方向可以概括為「民主化」、「市場化」、「歐洲化」，具體而言，亦即三個明確的目標：建立並鞏固以多黨製為基礎的議會民主制、確立並完善以私有製為基礎的市場經濟體制，以及

融入歐洲一體化進程。本文將從轉型的角度闡釋世紀交替的 20 年間東歐所走過的風雨歷程。

（一）「民主化」轉型

在東歐，拋棄社會主義體制向西方式政治、經濟體制轉型的進程，最先始於政治領域。而在政治領域，轉變的第一步是從取消一黨制、實行多黨制開始的。根據科爾奈的分析公式，作為社會主義體制「因果鏈條最深入的一環」，一黨執政的政黨模式不動搖，東歐制度譜系的轉換就不可能開始。[18] 同樣，執政黨一旦放棄了對權力的壟斷，自由競爭的政黨格局便會隨之而來。

1. 多黨格局的形成與演變

1989 年 1 月，波蘭率先邁出了向多黨制轉變的步伐，18 日波黨中央通過的「關於政治多元化和工會多元化立場」的決議，自軍管後再次承認了團結工會的合法地位，事實上確立了實施多黨制的政治藍圖。不過，若從法律角度來看，第一個奠定多黨制政治原則的東歐國家是匈牙利，1989 年 10 月 18 日匈國會通過的憲法修正案明確規定匈將以實行多黨議會民主製為目標，次日新的政黨法獲得通過。此後直至 1991 年 4 月阿爾巴尼亞議會通過《憲法主要條款》允許自由建黨、實行多黨製為止，共產黨一黨執政的相關條款從所有東歐國家的憲法中消失。

多黨制政治原則的確立，為隨後東歐政黨格局的形成和演變準備了必要的前提。最初，由於政治變革來得相當劇烈和突然，「摸著石頭過河」成了東歐政治轉型伊始的突出特點。在各國實行多黨制後，各種各樣的政黨和組織如雨後春筍般湧現出來，數量從幾十到幾百不等，規模大到數萬人，小到幾十人。當然，一開始在政治生活中扮主角的多數還是那些在劇變過程中曾積極發揮作用並擁有廣泛社會基礎的政治力量：在波蘭和解體前的捷克斯洛伐克，是由原共產黨改組而成的社會黨與參加圓桌談判的主要反對派力量團結工會、公民論壇（1991 年 4 月改名為公民民主黨）；在匈牙利，是主導劇變進程的匈黨內分裂各派改組或新建各黨與取消一黨制後重新出現的二戰前的歷史老黨獨立小農黨、社會民主黨等；在羅馬尼亞，是在 1989 年 12 月事

件中迅速接管政權的羅共後繼黨——羅馬尼亞救國陣線；在前南地區，則是在前共產黨基礎上產生出的各民族主義政黨。

事實表明，這種明顯帶有劇變烙印的政黨格局具有很大的不穩定和過渡性。在各國局勢漸趨平緩後，以上格局很快被打破，那些處於兩極對峙或單極獨大的政黨開始進一步分化，同時新的政治力量逐漸壯大並登上了主流政治舞臺。從1990年代中期開始，東歐政黨譜系較之劇變初期日趨明晰，除了極左、極右兩組極端力量外，若以傳統的左、中、右三翼來劃分，東歐的左翼力量主要包括新、老社會黨（亦稱改建社會黨和重建社會黨）及從前共產黨中分化出來的各類傳統或溫和的左派政黨或組織，其中社會黨的力量最為強大、組織也最為健全，是多數東歐國家左翼力量的主體。在有些國家比如波蘭和匈牙利，改建和重建的兩類社會黨能夠並願意展開政治合作，但另一些國家比如保加利亞、捷克，老社會黨往往因其正統身份自視清高，對新社會黨採取敵視或不屑態度，致使雙方難以攜手。不過，除了「新」、「老」之別，當今東歐政治舞臺上的各社會黨之間並無重大實質性差別，較之二戰前傳統社會黨甚至當前西方國家的社會黨，其思想面貌相對模糊。位於光譜右邊的主要是代表東歐共產黨執政前傳統強勢集團利益的保守派政治力量，主要包括各類新老資產階級和小資產階級政黨。從政治傾向看，多數主張民主自由，強調繼承歐洲基督教傳統，反對馬克思主義、列寧主義的意識形態，主張實行徹底私有化和市場經濟，減少國家干預。夾在左右兩翼之間的中派政黨，主要包括那些傾向於公民社會價值與個人權利，較多地代表中產階級和知識分子的自由派政黨。中派勢力在劇變初期曾有過一定影響，1990年代中期以後，其身份特徵逐漸弱化，部分黨分化重組或自行消亡、部分則分別向左、右兩翼靠攏，另有一些規模較大、較有競選實力的黨則傾向於走聯合路線，還有一些則退出權力競爭的政治舞臺轉變為壓力集團（如波蘭的團結工會）。所以從某種角度來講，當今東歐的政黨政治主要還是左、右兩束光譜。[19]

同當前許多國家的情況一樣，在現實黨派鬥爭中，東歐左、右兩翼政黨間意識形態的作用也日趨淡化。多數情況下，二者在思想信念或政策主張上的差異並不構成選民擇此棄彼的實質性依據。不同的人在現實轉型過程的感

受和境遇、在社會利益群體中的位屬及其對當前政府各項政策的滿意與否，與選票的流嚮往往有著更為直接的關係。由於整個社會仍然處於轉型之中，東歐國家的政黨政治有一個突出的特點，即無論各派政黨在競選中打出何種旗號，拋出怎樣的綱領，對於「民主化」、「市場化」、「歐洲化」的轉型目標都持擁護立場，東歐政治的鐘擺現象也只是在這一範圍內來回擺動。

目前在東歐各國，政黨數目較劇變之初已少了許多，但對照其人口基數有些還是多得有失比例。以保加利亞為例，根據最新數據，目前這個人口不過七百多萬的國家中共有登記註冊的政黨多達三百餘個。這種「多」黨的現實在劇變初期曾對議會的有效運作及其同選民間的聯繫帶來諸多問題。眾多規模大小不一的政黨紛紛參加自由選舉，結果造成議會內政黨數目過多。這一點在1991年7月舉行了第一次自由競爭選舉後的波蘭表現得尤為明顯，當時共有29個黨派進入了議會。轉型四五年後，這種狀況開始有所改觀。就目前情況來看，雖然參加議會選舉和總統競選的黨派有時還是很多，但多數規模較小、組織鬆散，最終能取得議會入場券的通常只有為數不多的幾個。波蘭、匈牙利、羅馬尼亞最近一次眾議院選舉，都只有4個政黨或聯盟政黨進入議會，其餘國家也多在5—8個之間。在數目降下來的同時，東歐各國議會黨團的主角也趨於穩定，劇變初期那種「新面孔」迅速出現又很快消失的情況已不復存在。同樣，在議會選舉中殺出黑馬的情況也已不多見，左、右翼力量中分別有兩三個大黨持續共同主導議會成為政治生活的常態。

最後值得一提的是，目前已成為歐盟成員的波蘭、匈牙利、捷克、斯洛伐克、斯洛文尼亞、保加利亞、羅馬尼亞七國，由於其議會各黨同時是歐洲議會成員，這對國內政黨光譜多少也會帶來某些影響。[20]

2. 議會民主的實踐和趨勢

向多黨議會民主制的轉型，意味著必須使議會在國家政治生活中居於核心地位。對於轉型初期的東歐各國而言，雖然它們均有現成的代議機構，但由於這些機構在社會主義時期大多處於黨的事實領導之下，其立法和監督功能相當得微弱。1989年的政局突變將東歐各國議會迅速推向了政治生活的前臺。

在東歐，多數國家的議會採取一院制，這也是近 20、30 年間民主轉型國家的一個普遍趨勢。在實行兩院制議會的國家中，上院通常主要有三種功能：一是代表各行政區劃的地方利益。波蘭、波黑的上院即屬此列。二是代表社會不同行業、不同職業群體的利益。斯洛文尼亞的上院就是一個典型的例子。該院有權提出議案，請求下院重新考慮其決定，提議舉行全民產公決等，雖然它也擁有有限的立法權，但主要還是一個諮詢機構。三是對下院形成制衡。在這一方面非常有代表性的是羅馬尼亞的參議院，該院同眾議院一樣擁有立法權。

東歐各國立法機關的規模大小差別很大，最小的如波黑下院，僅設 42 席，最大的則是大過它 10 倍有餘的波蘭下院，共有 460 席。在東歐，幾乎所有國家的第一屆議會由於立法任務比較沉重，任期都比較短，有些在屆滿前就被解散了。羅馬尼亞即是如此，1990 年該國舉行了首次議會選舉，1992 年便提前兩年舉行了第二次。[21] 目前，東歐各國議會下院均以四年為一任期，上院也大抵如此。如上所述，劇變後東歐各國的議會並非空地而起，而是在原來有名無實地享有立法權的議會基礎上形成的。有些國家的議會 1990 年後名稱發生了變化，比如為示區別，保加利亞將其大國民議會改名為國民議會。同樣是名稱發生了變化，捷克和斯洛伐克議會名稱的改變則完全歸因於聯邦國家的解體，1993 年隨著捷克共和國和斯洛伐克共和國分別成為獨立國家，其原有兩個省級進而升格為國家議會，並重新命名。

劇變後多數東歐國家選擇了一種介乎英國議會制與法國半總統制之間的混合政體模式。每個國家均設有總統一職，但與西方實行議會制政體的國家不同，東歐各國的總統並非單純的虛位元首，而在一定程度上享有憲法所賦予的行政權力。之所以如此，很大程度上也是同轉型初期東歐局勢的普遍動盪有關。在政黨格局尚未形成、議會尚不能有效運轉、政府相對弱勢的情況下，設置一個擁有一定實權的總統能夠造成團結全社會並帶給民眾某種方向感的作用，同時在一定程度上也能或多或少地彌補民主制度發育不良、代表制度不健全所帶來的缺陷。由於此種制度安排，總理、內閣加上總統便構成了三大行政權力主體。[22]

近20年來，東歐各國一般都舉行了4—5屆總統選舉和5—7屆議會大選。在劇變後最初10年，由於民主機制發育不良、法制不健全，頻繁的選舉導致了頻繁的行政輪班，一些國家（如保加利亞、羅馬尼亞）平均一年多即更換一屆政府，整個地區的議會民主實踐表現出很強的「實驗性」色彩。進入21世紀以來，隨著制度化和法治化建設取得較大進展，選舉週期逐漸穩定下來，相應地，政府更迭也不再像前期那樣頻仍。不過，在東歐，一個黨連續兩次或兩次以上贏得多數上臺執政的情況也並不常見，更普遍的現像是左右兩翼主要政黨輪流坐莊。截至目前，這種政權在左右政黨間交替輪換的情況，多數國家出現了兩三次，個別國家則高達五六次。大體從時間上可以歸納出以下幾個階段：劇變初期，由於反共思潮大大壓縮了左派政黨的生存空間，多數中、右翼反對派力量贏得首次自由選舉並組閣；1993—1995年前後，經濟衰退引發了政治反應，多數選民因不滿於制度轉型帶來的生活水準及其他一系列社會指標的急劇滑坡，將選票轉而投給了在野的左翼政黨，結果，東歐左翼紛紛登臺執政；1997年前後，東歐政壇又普遍向右回轉，執政的左翼各黨在議會大選中敗下陣來，右翼政黨接管政權；此後不過兩三年，東歐又出現了左翼復興浪潮，從2000開始，羅馬尼亞、阿爾巴尼亞、波蘭、匈牙利、捷克等國左翼政黨先後贏得議會大選，再度坐莊；2005年之後又是新一輪的政權易手……

迄今為止，東歐的「民主化」轉型已走過了二十個年頭，儘管差距很大，民主制度的框架在多數國家都已確立，其前景如何，取決於民主制度是否已經或即將鞏固下來。那麼，怎樣的民主才算是鞏固的？著名美國政治學家胡安·J.林茨（Juan J. Linz）和阿爾弗萊德·斯泰潘（Alfred Stepan）認為，「如果存在有效運轉的國家，只有其他五個相互聯繫、互相促進的條件也同時存在，或者被創造出來，一個民主政體才能得到鞏固。首先，必須存在一個自由和活躍的公民社會可以發展的條件。第二，必須存在一個相對自主並且受人尊重的政治社會。第三，必須有法律可以確保公民合法的自由權利和獨立的結社生活。第四，必須存在一個國家官僚系統（state bureaucracy），可供新的民主政府利用。第五，必須存在一個制度化的經濟社會。」[23] 目前，關於中東歐國家政治轉型進展及制度鞏固程度，由於存在各種不同的測算方

法，尚未形成某種統一的結論。不過，受地緣影響各國民主化程度表現出的區域性差異在多數研究中都體現得非常明顯：與西歐相鄰的中歐四國，民主的鞏固程度要優於斯洛文尼亞以外的東南歐各國，東南歐國家中保加利亞、羅馬尼亞、阿爾巴尼亞又略微好過經歷了多年戰亂的前南國家。其實，這種由西向東、由北向南依次錯落的階梯狀發展態勢不僅表現於東歐的政治轉型中，在以市場為導向的經濟轉型中體現得也非常明顯，甚至可以說，較之前者更為突出。

（二）「市場化」轉型

在多數東歐國家，向以私有化為基礎的市場經濟的轉型略晚於政治領域的轉型，基本上始於 1990 年初（巴爾幹國家略微滯後）。縱觀過去 20 年間東歐各國的「市場化」轉型歷程，可粗略劃分出前後兩個階段，即「休克」與衰退的時期和反思與復甦的時期。

1.「休克」與衰退

從中央計劃經濟向自由市場經濟轉型，是劇變後東歐各國的既定目標。劇變之初，人們對於新制度應當是市場經濟並無多少疑議，但向此目標邁進的第一步當如何走？該循著怎樣的一種進程？最後所要建立的是什麼類型的市場經濟？對於這些問題，即使政治精英們，腦中亦沒有一個清晰的答案。當時在波蘭、匈牙利、前捷克斯洛伐克等國，一種主張走「第三條道路」或曰建立「社會市場經濟」或「市場社會經濟」的觀點曾一度被認真考慮過。[24] 不過，躊躇的時間極為短暫。蘇聯撤離後留出的這片真空地帶，很快吸引了眾多國際組織的介入，首先是佈雷頓森林機構國際貨幣基金組織和世界銀行，其他包括歐洲復興開發銀行、歐共體、經合組織、世貿組織等。作為西方世界參與東歐轉型的工具之一，國際組織不僅為各國帶來了急需的貸款，更緊要的是，為徘徊中的東歐各國帶來了一個濃縮了當時在西方占主流地位的新自由主義和市場至上主義的指導性轉型理念，即所謂「華盛頓共識」（Washington Consensus）。這個在美國學院圍牆內形成並由國際金融組織塑造成形的經濟設想，原本是針對拉美國家克服結構性危機而提出的，此時被幾乎原封不動地搬到了東歐。

根據「華盛頓共識」，東歐經濟轉型的總體目標應是：透過快速實現宏觀經濟穩定化、自由化、私有化，促使自由市場經濟模式的形成。至於如何實現這一目標，「華盛頓共識」開出的藥方是採用所謂「休克療法」（Shock Therapy）。這個由美國經濟學家杰弗裡·薩克斯（Jeffrey D. Sachs）率先提出的術語，在用於拉美的經濟實踐時是指通過實施嚴格的財政與貨幣的雙緊縮政策來治理惡性通貨膨脹，但在東歐變異為一套旨在盡快告別過去、一躍而至資本主義制度和自由放任的市場模式的激進作法，具體包括：實施價格自由化、充分開放資本和金融市場；推行貿易自由化、取消貿易壁壘；對國有資產實行快速而大規模的私有化；實施全面的財政緊縮政策，削減開支，取消對生產者和消費者的各項補貼等。[25]「休克療法」特別強調，為使市場盡速形成並充分發揮其自我調整、自我管理的功能，國家干預越少越好或者不要國家干預。以薩克斯的話說：「中央計劃者一旦撤出，市場即刻就會出現。」[26]

起初，針對是否實行「休克療法」，東歐各國內部曾有過辯論。贊成的人強調這是徹底擺脫計劃經濟、促使市場自由形成以及制度上鞏固私有制的必由之路；反對的人則認為應將重點首先置於在舊的體制框架內培育新的經濟制度，保留一定的政府干預，以循序漸進的方式實現自由化和私有化。[27] 爭論雖很激烈，但很快失去了意義。來自國際組織的隱形壓力、各國新政府的茫然無措、國內外相關利益集團的助推，再加上一種普遍祭出某種靈丹妙藥的社會情緒，「休克療法」被東歐各國無一例外地接受下來，並率先於波蘭付諸實施。

1990年初，團結工會馬佐維耶茨基（Tadeusz Mazowiecki）政府開始全面實施以財長萊塞克·巴爾采羅維奇（Leszek Barcelowicz）名字命名的、旨在短期內同時實現經濟政策和制度框架的徹底變革的一攬子激進措施。接著，匈牙利、捷克斯洛伐克等國紛紛緊隨其後，採取了大體類似的激進轉軌政策。

「休克療法」的第一步是價格自由化。在波蘭，「巴爾采羅維奇計劃」實施的第一天，政府宣布放開除少數特例產品之外所有產品的價格，交由市場自發形成。在捷克斯洛伐克，1991年初也開始了全面價格自由化改革，立即導致了價格體系的重組。[28] 其他幾國的情況也大同小異。隨著放開物價、

取消價格補貼以及市場的全面開放，各種商品和服務的價格急劇上漲，1990年，波蘭、斯洛文尼亞的物價增幅分別高達 585.8% 和 549.7%；1991 年開始價格改革的保加利亞、羅馬尼亞，當年物價也分別較前一年上漲 334% 和 161.1%。[29]

激進轉軌的第二步是透過私有化建立「初始產權」，這也是計劃體制向市場體制轉型最根本性的一步。在這方面，各國採取的方法和步驟有所不同，可大致歸納為三種，即由公民分享企業所有權、由經理和工人收購企業以及低價出售的方式。捷克斯洛伐克採取的是第一種號稱最激進且最具平均主義色彩的私有化方式。轉型之初，國家直接宣布擁有全部企業的所有權，但接下來並沒有組織出售，而是根據政府總理瓦茨拉夫·克勞斯（Václav Klaus）組織制定的一種「股權認購證」的私有化方案，從 1992 年開始透過無償分配的方式將國有資產平均地分給每一個成年公民。按照克勞斯的說法，此種私有化方式的原則在於「在起點平等的原則下產生最初的所有者，在（競爭）規則平等的原則下產生最終的所有者。」[30] 捷克斯洛伐克政府承諾，力爭在 1—2 年時間內處理掉全部或絕大多數國有資產。事實上，這一目標確實達到了。[31] 匈牙利的私有化同樣比較激進，但它走的是同捷克斯洛伐克大眾私有化這種所謂「由勞動力管理的資本主義」相對的另一個極端，即對國有資產只賣不分。從其私有化實踐看，將國有資產以低於其實際價值的價格出售給外資是匈牙利私有化的一個重要特點。以 1995 年匈牙利國家銀行的統計數據為例，當年現金形式流入匈牙利的外資共計 44.53 億美元，其中私有化收入高達近 70%。[32] 波蘭的私有化道路基本介於二者之間，大致採取了以下幾種途徑：對小型企業進行拍賣的小規模私有化；對贏利狀況較好的優質資產以內部私有化的方式以低價賣給企業內部職工，對經營狀況不佳的則主要透過僱員股權方案（ESOP）或經理買斷制（MEBOs）的方式作私有化處理；以及向外國投資者拍賣國有資產。[33] 至 1990 年代中，中歐幾國國有經濟私有化程度均已達到 50% 以上（見下表），東南歐各國的私有化開始得較晚，大多在 1990 年末達此水平。

部分國傢俬有化情況（1992—1995 年）

國家	國有經濟私有化的比重		私有工業企業 (1995 年)	
	1992 年	1995 年	佔全部工業企業的比重 (%)	佔工業總產出的比重 (%)
捷克	60	87	89	93
匈牙利	27.5	82	67	65
波蘭	20	55	61	60
斯洛伐克	43	74	79	83
斯洛維尼亞	—	54	41	41
保加利亞	—	15	8	7
羅馬尼亞	0.22	20	15	12

數據來源：Lucian Cernat, Europeanization Varieties of Capitalism and Economic Performance in Central and Eastern Europe, New York: Cambridge University Press, 2006, p.50.

　　作為「華盛頓共識」必要組成部分的穩定化，意在解決舊體制遺留下來的如供求失衡、商品短缺、財政與國際收支失衡等種種經濟失衡問題。根據「休克療法」給出的藥方，實現宏觀經濟的穩定，需要實施全面的財政緊縮政策、解除國家內部管制，其中一個重要尺度即減少或取消給予生產者和消費者的各項補貼。在這方面，東歐轉型各國實際做法上有些差別。波蘭，主要出於平衡預算的目的，取消補貼是與國家限制信貸結合在一起的：即政府一方面大大降低了對所有國有企業的直接補貼，另一方面加強了對國企發放信貸的數量限制。這一政策很快致使許多企業在缺乏外部融資渠道和開放市場後過多進口威脅的雙重打擊下，滑向了破產邊緣。在保加利亞，雖然對企業的預算補貼仍在繼續，但由於深受腐敗的影響，大量資金並未分配到企業手中，而是流入了私人腰包。市場充分對外開放了，但企業卻未能及時獲得必要的資金用於重組以增強其抗擊市場衝擊的能力，其結果如何，可想而知。[34] 除了生產性補貼之外，政府還取消了許多個人生活性補貼，同時大幅削減社會福利支出。以前民眾所長期享有的諸如終身就業、穩定的收入、免費的社會服務、可靠的社會保障以及各種形式的社會資助等社會權利，都隨之不復存在。

「休克療法」實施伊始，在穩定經濟方面確曾一度顯示出令人嘆為觀止的「奇效。」波蘭、斯洛文尼亞、保加利亞分別高達586%、549%、333%的年通貨膨脹率，在僅僅數月間令人難以置信地回落到兩位數。[35] 同時，隨著價格和貿易的自由化以及取消管制，社會主義時期長期困擾各國的商品短缺問題，幾乎也是「藥到病除。」[36] 1991年，一位波蘭政府顧問當被問及「巴爾采羅維奇計劃」取得的最大成就時，他回答說：如今可以在華沙街頭買到奇異果了。[37] 然而，夢幻般的海市蜃樓稍縱即逝，「休克療法」這根「魔杖」，輕輕一揮，帶來了瞬間的「奇蹟」，但隨後便是一場漫長的噩夢。正當人們面對琳瑯滿目的進口商品唏噓不已之時，一場前所未有的衰退接踵而至。現在的問題是：有了奇異果了，口袋卻空了。

1990年先是從波蘭開始，東歐各國無一倖免地遭遇了一場短則三五年、長則十餘年的經濟衰退。1990—1994年間，多數國家的經濟狀況基本跌至谷底，工農業產量總體下滑了20%—50%，通貨膨脹率又迅速飆升至3—4位數。[38] 對比1930年代大蕭條期間，那時農產品價格急劇下滑，但工業生產平均降幅也不過25%，沒有出現嚴重的通貨膨脹，而且多數國家在五年後經濟得以復甦。在經濟學界，許多專家都贊同：1990年代東歐轉型過程伴生的這場衰退遠較60年前的那場全球性經濟災難更為嚴重。[39] 除了產出的急劇下滑外，「休克療法」帶來的還有驟增的失業人口。科爾奈在其《短缺經濟學》中所描述的排隊買商品的情形如今被排隊找工作的場景所取代。除此之外，收入分配也在短時期內急劇拉大。轉型的前十年，東歐各國的基尼係數均呈連年上升趨勢。相應地，貧困也在迅速增長。[40] 無情的現實擊碎了東歐人最初的幻想，人們深刻地認識到，民主與市場的快速成型並不，甚至絕不意味著效率與福利的自動跟進。

2. 反思與復甦

在東歐經濟轉型開始之前，似乎沒有人預見到會出現這樣一場衰退。1990年代上半期，就像多米諾式的劇變一樣，「轉型衰退」（或「轉軌衰退」）襲擊了整個地區。經濟下滑的廣度、深度和持久性引起了人們對「華盛頓共識」的質疑：衰退是轉型必然的邏輯結果，還是完全可以避免的人為災難？如果是前者，代價的極限在哪裡？如果是後者，衰退的根由在何處？1990年

中期以後，圍繞著諸如此類的問題，捍衛或贊同新自由主義激進轉型方案的經濟學家和政界人士，與對「華盛頓共識」持批判或反對立場的凱恩斯主義倡導者之間，展開了激烈論爭。

對於經濟衰退，「休克療法」的制定者、實施者或其支持者通常表現出兩種態度。一種是否認其真實性。比如薩克斯本人和巴爾策羅維奇都曾直言不諱地稱，1990年後波蘭經濟表現出的衰退只是一種幻覺，完全系因於統計學上的虛構。在他們看來，轉型期間，東歐各國所消除的只是無人需要的生產，這樣的生產本身並無實際用途，但在社會主義時期均被算入國民生產總值；與此同時，轉型後的統計數據又未將許多灰色經濟部門的收入算入其中。[41] 另一種則雖然承認經濟衰退是確實存在的，但將其歸咎於社會主義時期經濟制度的內在弊病，他們強調，這種制度造成了國家經濟極度扭曲，因此無論採取何種轉型方案，衰退都是絕對不可避免的，從某種意義上應將其視作熊彼特所說的「創造性的破壞。」[42] 一些學者常常喜歡引拉爾夫·達倫多夫（Dalf Dahrendorf）在東歐轉型之初所作的預言，當時他曾指出經濟轉型不可避免地會需要付出巨大的社會成本，這是到達彼岸必經的「淚之谷。」[43] 1993年，約翰·霍布金斯大學教授邁克爾·曼德爾鮑姆（Michael Mandelbaum）在其文章中就曾這樣寫道：「如果人們……能夠忍受穩定化政策、自由化以及制度構建所帶來的痛苦，他們就會跨過淚之谷，到達另一端，享受到西方自由與繁榮的陽光普照。」1992年諾貝爾經濟學獎得主加里·貝克爾（Gary Becker）聲言，整個東歐雖然出現了經濟下滑和混亂，但畢竟新的制度從中誕生了。[44] 人們為此付出的痛苦代價和轉型帶來的消極後果就像一劑猛藥，嚥下去了，就能治病。

然而，在「華盛頓共識」的批評者看來，情況絕非如此。他們指出，引發經濟衰退的「罪魁禍首」並非其他，歸根到底在於「市場原教旨主義」的謬誤和當事國的政策失誤，從這個角度來講，衰退實屬一場人為造成的災難。至於其根由，不同的人強調的側重點有所不同。保加利亞前政府經濟顧問伊萬·安格洛夫（Ivan Angelov）特別指出，建立在西方自由經濟理論基礎之上，「甚至對發達市場經濟的國家都成問題」的「華盛頓共識」，與市場極不發達的東歐這一「機體」根本不相適應。[45] 科爾奈就「休克療法」「對速度

的迷戀」提出了尖銳的批評，他強調制度的變革不能透過突襲的方式而只能經由一系列大大小小的改革來逐步完成；同樣，社會的轉軌也不是「賽馬」，而應是一個有機發展的過程，其成功的標誌「不是誰最先沖過了終點線」，而在於是否實現了鞏固、穩定和持續發展。[46]納提批評了「華盛頓共識」公式化、簡單化的傾向。他寫道：「就像列寧在1920年12月為共產主義所下的定義即共產主義＝電氣化＋蘇維埃政權一樣，我們可以將華盛頓共識歸納為：轉軌＝自由化＋私有化。」在他看來，由於「休克療法」急於將原有中央計劃體制迅速摧毀，從而造成了新的市場機制真正生成和有效運作之前長時間既無政府亦無市場的「制度真空」狀態，這是造成經濟混亂與下滑的重要原因。[47]波蘭經濟學家卡齊米耶日·波茲南斯基（Kazimierz Z. Poznanski）特別強調有效的國家機構對於成功轉型的重要意義。他認為，嚴重的衰退是國家激進地從履行許多基本經濟職能中「過度退出」的綜合結果。他批評了「休克療法」的制定和實施者將轉型簡單視同「用市場來代替國家」，主張應該將其理解為平行「重構」國家和市場。[48]1994年接任波蘭財政部長的格澤戈爾茲·W. 科勒德克（Grzegorz W.Kolodko），將1989—1993年實施「巴爾采羅維奇計劃」的四年，稱之為有休克而無治療的一段時期。科勒德克認為，在制度轉型的關鍵時期，「政策造就『奇蹟』，政策也引發危機。」缺乏制度建設，使依據「華盛頓共識」制定並實施的轉軌政策失去了根基，新自由主義過多強調體制的轉變，卻忽略了更為根本和深層的制度建設以及經濟效率和增長等問題。在他看來，轉型應當使絕大多數的人生活水平得到改善，否則，「就沒有多少意義。」[49]拜倫德·伊萬（Iván T. Berend）從東歐經濟發展史的角度也認為，「中歐和東歐國家選擇向自我調整的自由市場模式的轉型，無疑是一個歷史性的錯誤。」[50]

在兩派爭論中，單就理論分析難分高低上下，但聯繫到東歐殘酷的衰退現實，後一種觀點得到了更為廣泛地認同。同時，1990年代後期頻發的經濟、金融事件，特別是1997—1998年主要由市場失靈引發並席捲了整個東南亞的金融危機，也進一步推動了國際社會對「華盛頓共識」的重新省思。1998年初，時任世界銀行首席經濟學家的約瑟夫·施蒂格利茨（Joseph Stiglitz）在一次演講中正式提出了「後華盛頓共識」（Post-Washington Consensus）這一概

念。「後華盛頓共識」不僅強調私有制和自由化，也強調競爭、公司治理、失業和收入分配的社會成本，以及在經濟生活中國家調控的作用。[51] 此後，更多的人加入到「後華盛頓共識」的大討論中，經過三年多的討論，人們基本就「華盛頓共識」在東歐實踐的結果達成一致，即這是一場不成功的嘗試。最後，薩克斯本人也不得不糾正其先前觀點並在對由其所創的「休克療法」進行了深刻反思的基礎上承認：「放鬆金融管理的進程應當放緩。如果金融市場的改革能一步一步地前進，並能持續幾年，這將是適當的。」同年，一直支持東歐採取激進轉軌政策的新自由週刊《經濟學家》也一反常態，對捷克前總理、信奉弗裡德曼經濟理論的克勞斯提出批評，稱其「匆忙的大規模私有化方案」應為捷克民眾所遭受的經濟痛苦負責。[52]

上述種種爭論、反思與新共識的形成，對東歐國家拋棄早期依據「華盛頓共識」而採取的激進政策起了積極的助推作用。轉型過程的複雜性已使人們認識到：單純的市場並不等於效率，計劃經濟的中止也並不意味著即刻會有市場經濟快速平穩地取而代之，轉型成敗與否的關鍵與制度建設與政策設計緊密相關。[53] 1990年代中期以後，伴隨著目標模式和轉型政策的相應調整，東歐轉型國家的經濟開始出現復甦跡象。不過，破壞可以是迅速的，創造卻往往緩慢得多。截至2000年，除波蘭、匈牙利、斯洛文尼亞、斯洛伐克幾國外，多數國家的經濟產出均未恢復到劇變當年的水平，且不時在復甦與衰退中反覆交錯。以下是東歐各國1989—2000年間實際GDP指數變化走勢圖，從中可以看出：呈J型增長有波蘭、匈牙利和斯洛文尼亞，這三國在經歷了3—5年的經濟下滑後走上了平衡增長之路；呈U型增長是捷克、斯洛伐克，轉型衰退在這兩國較之以上三國更為嚴重，但至1990年底，經濟得到較好的恢復[54]；L型增長有羅馬尼亞、保加利亞，這兩國在轉型頭幾年經濟嚴重下滑，截至2000年，經濟僅獲得局部恢復。阿爾巴尼亞的宏觀經濟表現大致介於U型與L型增長之間；而南聯盟國家的情況在所有國家中是最糟的，1993年經濟產出跌至1989年時的40%，此後直至新世紀初便一直在谷底徘徊。

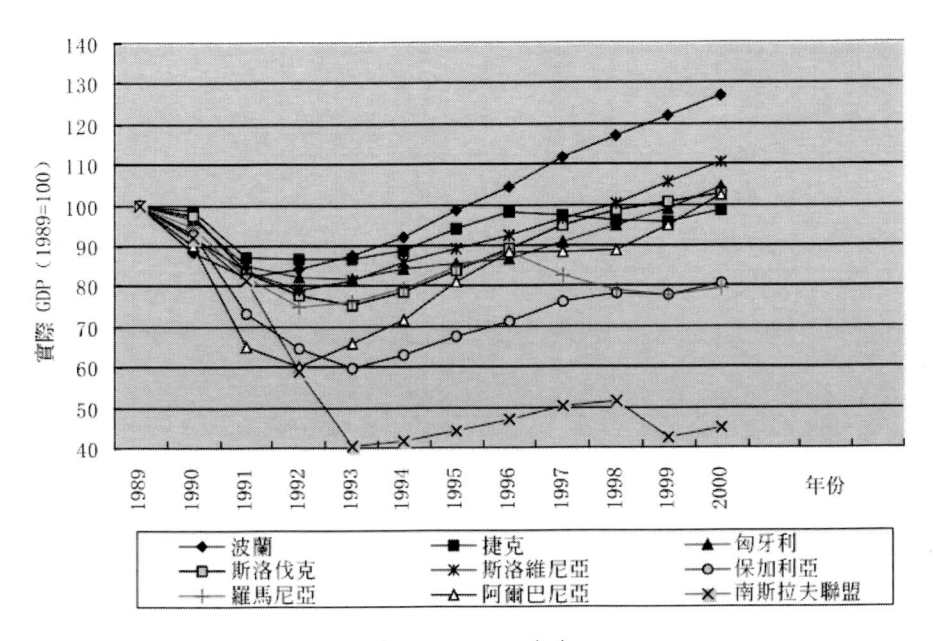

東歐國家實際 GDP 指數變化走勢圖（1989—2000 年）

資料來源：聯合國歐洲經濟委員會 2002 年統計數據，引自 George Blazyca,「Managing Transition Economies」in Stephen White et al., eds., Developments in Central and East European Politics 3, p.219.

　　從總體上看，1990 年代對所有東歐國家而言，都可謂「失去的 10 年。」在這 10 年間，隨轉型而來的經濟衰退、政局多變、社會問題層出不窮等，成了一種地區性病症，只是輕重有所不同。2000 年，世界銀行的一份報告中指出：「總體看來，轉型對於東歐國家是不能令人滿意的⋯⋯這些國家沒有一個為實質性的增長建立起鞏固的基礎，人們生活水平的提高也是令人失望的。」[55] 進入 21 世紀以後，特別是近四五年來，東歐各國越來越偏離共同的過去而走向不同的未來。整個地區次區域間差距明顯拉大、經濟水平從中部向東南部呈階梯狀發展成為目前東歐轉型進程的一個突出特徵。所以如此，除了與各國的地緣政治條件、劇變前的起點、民主化進程所取得的進展及轉型期間的經濟政策和表現等方面存在的差異有所關聯外，外部世界的影響特別是融入歐洲一體化進程，也是一個不容忽視的重要背景。

　　（三）「歐洲化」轉型

與西歐實現一體化,是東歐轉型進程的一部分,也是劇變後東歐各國的共同心理。如果説劇變之初,建立議會民主框架、確立自由市場輪廓,是東歐國家主要的政策基點的話,1990年代中期以後,融入歐洲一體化進程對各國政策的主導性影響便愈加凸顯出來。

融入歐洲一體化,簡言之即「歐洲化」,或更確切地説,即「歐盟化」（EU-ization）,依歐盟自身的説法,意指「共同的政治規章、準則和實踐在歐洲範圍內的擴散。」[56]在學界,英國基爾大學政治學教授勞勃‧拉德雷奇（Robert Ladrech）所下定義為多數人認同並引述,他指出,「歐洲化」即「對政治方向和形態進行重新定位,以使歐盟的政治、經濟發展變化內化為本國政治和決策邏輯的一部分的一個日益增進的過程。」[57]對東歐國家來説,這一過程不僅不是一蹴而就的,恰恰相反,事實上經歷了並將繼續經歷一段漫長的歷程。

1. 漫長而複雜的準入進程

1990年代初,剛剛獲得獨立主權並開始了民主轉型的中歐諸國,旋即表達了加入歐共體的願望,而此時的西歐並未對東歐國家「重返歐洲」的呼聲即刻給予積極回應。

1991年2月,波、匈、捷三國在匈牙利維謝格拉德城堡舉行峰會,就融入歐洲協調彼此立場以及加強地區合作等議題舉行協商,劇變後東歐第一個區域性合作組織「維謝格拉德三角」（Visegrad Triangle）便由此誕生。是年底,經不懈努力,「維謝格拉德三角」同歐共體簽署了《聯繫國協定》。根據此協定,歐共體將在未來10年內將此三國吸收為正式成員國。1992年10月,「維謝格拉德三角」與歐共體在倫敦舉行了首次峰會。其間,三國總理要求歐共體給出具體的入盟標準和時間表,歐共體未置可否。1993年初,捷克斯洛伐克解體,「維謝格拉德三角」也由此變成為了「四角。」6月1日,該組織再度向歐盟發出集體呼籲,要求後者「為其完全成員國地位設定具體日期和條件」,並特別強調在東歐各國經歷了社會主義制度崩潰和轉型帶來的痛苦之後,歐盟「至少應讓它們看到希望。」[58]在隨後於21—22日召開的哥本哈根理事會上,歐盟首次就歐洲前社會主義國家加入歐盟提出了三項標準,即所謂「哥本哈根標準。」在這三項標準中,第一、第二項即「具有

確保民主、法治、人權和尊重與保護少數民族的穩定的制度」和「具有行之有效的市場經濟和應對歐盟內部競爭壓力和市場力量的能力」分別涉及政治和經濟轉型。第三項即「具有履行成員國義務的能力，包括恪守政治、經濟和貨幣聯盟的目標」涉及規範成員國權利與義務的所有歐盟既有法規（acquis communautaire）。歐盟明確聲稱，申請國若想加入進來，必須先進行適應性調整，以滿足這些條件。[59]

對於中東歐國家來說，在真正邁入歐盟門檻之前，其國內發展的許多方面都不可避免地受到整個準入進程（Accession Process）的主導和控制。這一進程本身便是一個促使申請國進行制度變革以及在經濟、司法等方面不斷「歐洲化」的有力引擎。

首先，哥本哈根理事會為東歐國家入盟所設立的以上政治標準，賦予了歐盟對東歐民主化進程及進展加以評判並透過隱形壓力施以干預的權利。依照歐盟委員會相關文件的表述：委員會不僅需對申請國各權力機構（議會、政府、法院）的運轉情況有深入的瞭解和把握，還需對司法條文中各項權利、自由是否真正落到實處加以細緻考察和分析，此外，各國治理腐敗的措施及成效等等也都在委員會考察項目之列。[60] 申請國只有在通過了相關各種考核後，才有可能與歐盟就入盟問題展開談判，而只有當一國最終成為正式成員國後，歐盟對其政治進程的監督才告結束。

其次，哥本哈根標準中關於經濟條件的表述，在隨後通過的委員會文件被加以具體化和細化。比如，在1997年出版的《2000年議程》（Agenda 2000）中，歐洲委員會對如何評估一國是否「具有行之有效的市場經濟」列出了許多指標，諸如價格和貿易的自由化、強有力的司法體系、成熟的金融機構、充分的市場準入，等等。文件對於「應對歐盟內部競爭壓力和市場力量的能力」也作出了進一步的解釋，稱東歐各國如要具備此種能力，必須要有充分運作的市場經濟、穩定的宏觀經濟、充足的人力資源以及包括基礎設施在內的各種必要的物質資本；此外，此種能力還取決於各國政府政策與法令對競爭力能產生多大的影響以及一國在歐盟內部實現貿易一體化的程度等。[61] 客觀地說，歐盟所提出的這些入盟前必須達到的經濟標準和要求，對於正在走出或尚在轉軌衰退中掙扎的東歐國家而言，是相當苛刻的。而各

國政府為了最終實現入盟夢想，為達到這些要求，不惜投入了大量的國家資源，同時也支付了巨大的社會成本。

最後，在其自身機制框架內完全照本接受並落實歐盟長達約十萬頁的所有法律文本，對東歐國家而言，也是一項巨大的負擔和挑戰。不同於歐盟正式成員國，這些申請國沒有接受或是拒絕歐盟現有政策、介入或脫離歐盟某一體化領域的選擇餘地。而將這些法律付諸實施通常要經過以下三個步驟：首先，歐盟法律在申請國國民議會獲得通過；接著，由國家行政機關來實施立法機關通過的決定；最後，司法機構對其執行情況施以監督。[62] 在歐盟委員會「技術援助訊息交流辦公室」（The Technical Assistance Information Exchange Office，TAIEX）的幫助之下，歐盟旨在援助東歐國家恢復經濟的「法爾」計劃（PHARE）隨後出臺一系列相關項目，為申請國政府處理相關歐盟法律的實施問題提供指導和幫助。[63] 實際上，關於歐盟法律的實施問題，始終是歐盟對申請國加以考察以及雙方具體談判過程中的中心環節。

1997年夏，歐盟委員會就申請入盟的10個東歐國家滿足「哥本哈根標準」和採用歐盟法律的情況出臺了一份評估「意見書。」在此「意見書」中，委員會考察了1997年各國在入盟準備工作方面的總體情況，就這些國家如進入談判階段能否滿足入盟條件提出了自己的預測和看法；同時，「意見書」還對各國政治、經濟轉型情況作了總體性描述和評價，並預測五年後它們在多大程度上能為入盟作好準備；此外，「意見書」對申請國在滿足哥本哈根標準和適用歐盟法律方面存在的不足和缺陷，也做出詳細的評析。根據此份「意見書」及委員會的建議，1997年12月歐盟盧森堡首腦會議做出了第五次擴大的決定，批準首先同包括波蘭、匈牙利、捷克、斯洛文尼亞在內的共六個國家（即所謂「盧森堡集團」）展開入盟談判。儘管歐盟一再聲明，上述國家的選擇標準是純粹客觀的，但是不難發現，以上四個「優等生」除了經濟水平在地區名列前茅外，地理位置上也同西歐最為接近。

1998年3月，歐盟與「盧森堡集團」國家在布魯塞爾舉行外長會議，各國接受了歐盟提出的《入盟夥伴關係國別文件》，入盟談判正式拉開帷幕。1999年12月召開的赫爾辛基歐洲理事會，是歐盟東擴進程中具有里程碑意義的一次會議。在此次會議上，為了接納上述候選國順利入盟，歐盟作出了

2000年12月之前完成自身機構改革的政治承諾；與此同時，會議進一步將斯洛伐克、保加利亞、羅馬尼亞、立陶宛、拉脫維亞、馬耳他等六國增補為東擴候選國（以上國家後被稱為「赫爾辛基集團」）。當與上述準成員國的入盟談判正式開啟後，歐盟又對1993年提出的哥本哈根標準做了內容上的擴充，涉及面進一步拓展至司法與內務、申根區免簽證、共同外交與防務、共同貨幣等許多政策領域。同時，還提出了很多具體的要求，有些具有很強的針對性，比如，要求斯洛伐克、保加利亞關閉核電站，要求羅馬尼亞改善兒童福利等。[64]

2. 入盟後的喜與憂

在與第一輪入盟候選國經過了長達五年多的談判後，2002年12月，歐盟哥本哈根首腦會議決定邀請捷克、匈牙利、波蘭、斯洛文尼亞、斯洛伐克五個前東歐社會主義國家加入歐盟。2003年4月，上述五國與歐盟簽署了入盟條約，並於次年5月正式加入了歐盟。2007年元旦，在歐盟最近的一次東擴中，保加利亞、羅馬尼亞被吸收成為正式成員國。

事實上，正如歐盟自己所說，東擴可以被看作是一個雙贏的結果。對歐盟來講，東擴具有重大的經濟和地緣政治意義。從經濟層面看，七個東歐成員國的加入意味著帶來了上億的消費者和具有充分開發潛力的新興市場，同時也極大地擴充了歐盟作為統一經濟體的規模，增強了它在全球化和世界舞臺上的份量。擁有約5億人口的歐盟目前是世界上最大的一體化經濟區域，全球30%的經濟產出、17%的貿易額來自於歐盟。從地緣政治層面看，東擴有利於維護西歐邊界穩定，減緩由此引發的政治動盪或民族衝突，符合歐盟的戰略利益。當然，普遍的看法是：新入盟國家從東擴中獲益更大（下圖系英國學者詹姆斯·休斯等人對東歐若干國家社會精英所作的意見調查，其結果也反映了這一結論）。[65] 對於以上東歐各國來講，成為歐盟一員不僅意味著「重返歐洲」的夢想終於實現，更具現實意義的是，歐盟成員國身份為其發展提供了重要的助力和動力。歐盟委員會最近公佈的一份報告顯示，過去五年間，得益於西歐國家大量湧入的資本以及歐盟統一大市場為其擴大出口提供的廣闊空間，中東歐新成員的經濟發展速度獲得了快速增長，平均增速達到了5.5%，較之入盟前五年（即1999—2003年），增長了兩個百分點。[66]

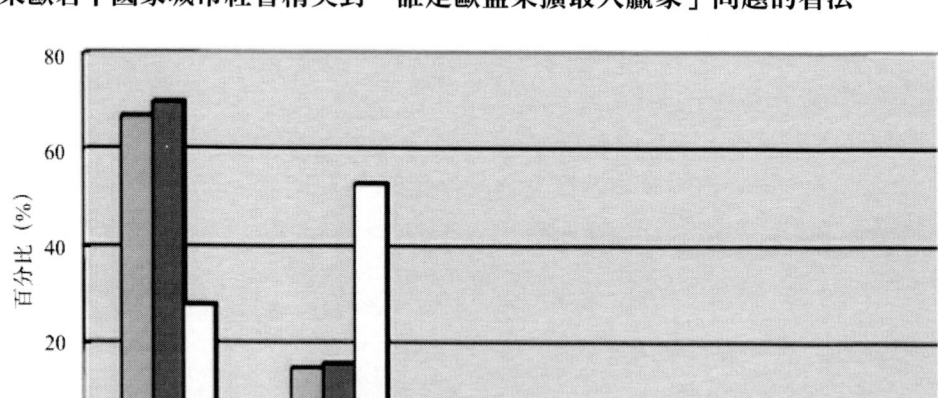

東歐若干國家城市社會精英對「誰是歐盟東擴最大贏家」問題的看法

圖表資料及數據來源：James Hughs，Gwendolyn Sasse and Claire Gordon，Europeanization and Regionalization in the EU』s Enlargement to Central and Eastern Europe： The Myth of Conditionality，New York：Cambridge University Press，2004，pp.155－157.

　　除此之外還應看到，將東歐納入歐洲一體化雖是歐盟作出的集體決定，但這並不意味著所有老歐洲國家都願意張開雙臂歡迎這些經濟上遠遠落後於歐盟平均水平的前社會主義國家加入歐洲大家庭（有關入盟前東歐七國與歐盟國家經濟水平的差距可參見下表），也並不意味著它們願意讓這些後來者在聯盟中享有與自己平起平坐的地位。事實上，正式成員國身份雖然賦予新入盟東歐各國在歐盟理事會中擁有平等投票權以及就許多內部議題參與討論與政策制定的機會，但其權利仍在其他一些重要領域受到限制。比如，根據規定，新成員國在加入歐盟後並不會被自動納入《申根協定》（Schengen Agreement）。在獲批加入申根區之前，其國民若前往歐盟國家，必須先通過所謂「申根邊境」的過境檢查後方可進入。對新成員國來說，如欲拆除本國同歐盟國家間的這道「申根邊境」，需先向歐盟提交加入申根區的申請，接受並執行所有現有申根法規，只有當所有申根成員國對其相關指標評估滿意並一致投票同意的情況下，才可被納入《申根協定》。同樣，歐盟成員國身份也並不意味著這些國家即自動成為歐洲貨幣聯盟（EMU）的一員。根據

規定，只有當歐元區國家一致認為某新成員國具備了《馬斯特里赫特條約》（Maastricht Treaty）中就加入歐洲貨幣聯盟提出的各項標準和條件時，才可能批准其加入歐元區。最後，對於這些國家來說，雖然經過漫長的準入進程終於如願以償地獲得了歐盟正式成員國地位，但即便如此，歐盟委員會仍有權借助某些特殊程序對各國執行歐盟既有法律的情況繼續保持監督。[67]

歐盟東擴各東歐候選國人均GDP數值及其同歐盟同期相關數值的比較（2002年）

東歐各候選國	人均GDP數值（美元）	相當於歐盟人均GDP平均水平1的比例（%）	預期達到歐盟人均GDP平均水平的年限（年）
斯洛維尼亞	18,500	66.7	31
捷克	15,100	54.4	39
匈牙利	13,900	50.1	34
斯洛伐克	12,300	44.3	38
波蘭	10,800	38.9	59
保加利亞	7,100	25.6	—
羅馬尼亞	6,500	23.4	—

資料來源：Vachudava，Europe Undivided：Democracy，Leverage，& Integration After Communism，p.224.

　　對於有史以來一直處於歐洲外圍的東歐國家而言，在聯盟內部不時遭遇到的種種「歧視」，加劇了國內對歐盟業已存在的負面情緒。事實上，入盟不久後，波蘭、匈牙利、捷克、斯洛伐克四國便出現了一系列始料未及的問題，政治紛爭不斷，政府頻繁更迭，政局動盪難安。2005年在波蘭、2006年在斯洛伐克，兩個同樣抱持歐洲懷疑論和民族主義立場的保守派政黨波蘭法律與公正黨、斯洛伐克方向-社會民主黨分別贏得大選，上臺執政。2006年6月，捷克在議會選舉後一度陷入長達數月的政治癱瘓狀態。同年初秋，匈牙利當局的政治醜聞引發了該國劇變後的首次街頭暴力衝突。這些現象和趨勢的背後自然有許多原因，但坎坷的「歐洲化」進程無疑也在其中扮演了重要角色。相互間缺乏信任，或換言之，思維方式還無法實現真正的融合，成了歐盟東擴後垂懸於新老成員國之間的一道「緞幕」（LaceCurtain），不時影響著聯盟內部的團結與合作。

目前經過新世紀以來的兩次東擴，歐盟已由此前的 15 國發展為 27 國。雖然歐盟曾發表聲明，表示未來會將所有西巴爾幹國家吸收為成員國，並確定了具體操作這一進程的一個以《穩定與聯繫協定》(The Stabilization and Association Agreement，SAA) 為基礎的機制框架，用以保證歐盟與這些申請國在政治對話、貿易自由化、財政援助以及社會問題等方面展開密切合作。但鑒於兩次東擴後出現的許多問題，歐盟當前對下一步的擴大顯得相當謹慎和躊躇。一些老成員國（如法國、荷蘭）甚至表現出強烈的「擴大疲勞」情緒。除此之外，歐盟也開始進一步自省和衡量短期內是否還具有吸納新成員國的能力問題。近幾年來，西方民主政治本身也面臨著種種挑戰，如民眾對政治表現出的普遍淡漠、社會日益地碎片化等。總之，東歐國家一心希求回歸的這個「歐洲」，自身也處於搖擺不定之中。繁複難解的國內問題已對西歐各國構成了巨大挑戰，如何使歐盟繼續承擔起確保歐洲大陸穩定與繁榮的重任，確實需要歐盟對其自身能力做出明確的界定。此外，據西歐國家民調顯示，多數民眾對歐盟東擴已失去熱情，目前他們更為關注的不是歐盟的邊界能夠再向東延伸多遠，而是如何解決那些伴隨兩次東擴變得日益突出的現實問題，諸如非法移民、國際有組織犯罪的滲入以及東歐勞動力湧入對本國勞動力市場帶來的競爭與壓力等。[68]

　　對歐盟來講，將如此眾多並長期被隔離於歐洲核心之外的新興民主轉型國家納入歐洲一體化進程，既是一種努力，也是一種冒險。同樣，對於東歐國家來說，「歐洲化」很大程度上也是一把雙刃劍，它意味著機會與增長，也暗含著風險與代價。東歐的「歐洲化」進程，將同其以「民主化」與「市場化」為目標的轉型一樣，需經歷一個相當長的歷史時期，由於充滿了眾多未知因素，其未來將不會是一種可預測的直線演進過程。

三、結論

　　透過對過去 30 年間東歐政治變遷的脈絡的簡要梳理，從大的方面來看，可以粗略地以東歐劇變作為節點，將此間東歐的政治發展劃分為前後兩個階段，並大致得出如下結論：

第一，隨著與外部世界的牽連日重，從20世紀1970年代起，東歐各國普遍陷入難以自拔的多重危機之中。一方面，它無法逃遁於全球範圍的經濟衝擊（如1970年代的石油危機、1980年代的國際債務危機），而傳統體制範圍內的改革已不再具有活力、效力，也不再能激發起民眾的支持；另一方面，它無法迴避政治、社會、文化領域價值與信仰的日趨多元，政權的合法性受到愈益嚴重的質疑與衝擊。1989年的東歐成為世界的焦點，社會主義大廈的瞬間傾覆，昭示了蘇聯式社會主義在東歐的歷史性失敗。

第二，東歐社會主義試驗雖以失敗告終，但40餘年曲折走過的歷程，絕非一個歷史的黑洞，或一段誤入的彎路。東歐劇變迄今，各國轉型進程所表現出的共性與差異，充分反映出了相似的制度或制度戰略及社會價值和思想心態等方面所享有的共同遺產，也體現了劇變前業已存在的初始條件的差異。顯然，新制度並非建立在一張白紙之上，民族國家的歷史起源與軌跡仍會反映在現實的轉型之中。20年的轉型沒有在東歐催生出一個單一或同質的結果，相反，東歐的政治發展正呈現出發散性的特徵。

第三，指導東歐制度轉型的新自由主義並非內源於轉型進程，在其背後反映出的亦非歷史的邏輯或慣性，而是一種深刻的時代烙印。然而，如同專制、集權、低效的蘇聯模式不是「放之四海而皆準」的真理一樣，以自由放任為特徵的英美模式也絕非一部適用於任何地方的法典。1990年代東歐各國普遍遭遇的轉型衰退，如同1950年代蘇聯模式的最初移入在東歐所引發的災難一樣，同樣說明了包治百病的萬靈藥是不存在的。東歐民主與市場的鞏固和發展還需在本土化方面尋求更多靈感。

第四，機遇與挑戰並存的歐洲化進程對東歐各國政治發展已產生了潛移默化的影響，隨著歐盟進一步走向融合，未來這種影響還會持續加深。然而，歐洲化與東歐各國民主制度的鞏固之間並非完全呈正向相關。過去幾年的事實已表明，歐洲化進程可能對東歐的民主發展起積極引導作用，也可能引發負面效應。目前，這種負面效應正以普遍的政治冷漠、代議制民主的不穩定，以及與此緊密相關的民粹主義浪潮等形式表現出來。

總體上看，東歐仍處於難以預料的變動之中。這一地區未來究竟會如願以償地實現其現代性夢想，還是像有些學者預言的，由「東方」變為「南方」，

或是由一種「邊緣化」繞道走向另一種「邊緣化」？[69]尚需拭目以待。顯然，東歐的歷史還遠未結束。

（原載《國際政治研究》2010年第1期，版面所限，刪節較多，此處以原文刊出）

▎東歐劇變的「蘇聯因素」探析

「東歐」，是一個地理範圍十分模糊而政治身份又非常特殊的概念。米蘭‧昆德拉曾說，這是一塊在最小化的空間濃縮了最大化的多樣性的地區。就其政治身份而言，「東歐」在冷戰時期是一個有特定所指的概念。1946年3月5日，英國前首相邱吉爾在其著名的「鐵幕演說」中將東歐明確界定為：「波羅的海的斯德丁（什切青）到亞得里亞海邊的裡雅斯特」一線以東、並「處在蘇聯的勢力範圍之內」的歐洲部分。[70]具體即指二戰結束後紛紛走上社會主義道路的波蘭、捷克斯洛伐克、匈牙利、南斯拉夫、保加利亞、羅馬尼亞、阿爾巴尼亞和德意志民主共和國八個歐洲國家。

世界反法西斯戰爭結束後，這些國家隨著雅爾達體制的形成被納入了蘇聯的勢力範圍，在1945至1947年間曾實施過短暫的聯合政府政策，此後隨著歐洲冷戰拉開帷幕，便在蘇聯的壓力之下放棄了透過人民民主走向社會主義的國家發展目標，轉而走上了蘇聯模式的社會發展道路。上世紀1980年代末，首先從華沙開始，東歐各國發生了連鎖性制度崩潰。1989年1月，波蘭統一工人黨召開中央全會，決定同最大的反對派組織團結工會舉行談判，此舉標誌著黨最終放棄了對國家權力的壟斷。接著，其他東歐國家緊隨其後。先是匈牙利，是年夏，執政的社會主義工人黨與反對派舉行圓桌會談。9月，匈牙利當局決定開放同奧地利之間的邊界，這一決定很快引發了東德政局的崩潰。繼柏林牆倒塌後，緊接而來的是捷克斯洛伐克的「天鵝絨革命。」此後，羅馬尼亞的希奧塞古政權被推翻，保加利亞共產黨內部發起的「宮廷政變」將日夫科夫趕下臺。最後，南斯拉夫、阿爾巴尼亞，亦被席捲而來風暴所吞噬。

毫無疑問，政治劇變是積蓄已久的東歐危機的一次總爆發。20年後的今天，回顧起東歐發生的這場影響至深至遠的歷史巨變，仍然令人不由深思：建設了長達四十餘年的東歐社會主義大廈何以在如此短的時間內無一倖免地

發生集體坍塌？[71]是什麼因素使得東歐民眾嚮往逃離現實社會主義的束縛？誕生於冷戰背景下的「多米諾」理論，以及在此基礎上衍生出來的所謂「示範效應」、「擴散效應」、「傳染效應」等分析概念，固然對於問題的理解有啟發作用，但僅停留在此層面上的解釋未免淺顯。對於1989年東歐劇變的探討，除需關注鄰國事件的刺激以及國內各種危機的累積之外，一個具有決定性意義的因素不容忽視，即蘇聯長期以來對東歐所施行的政策。對於這一政策，一方面，不僅需要考察冷戰背景下蘇聯對東歐政策的總體目標和基本支柱；另一方面，還需對從史達林到戈巴契夫每任蘇聯領導人執政時期蘇聯對東歐政策表現出的不同特點和趨向作具體分析。

蘇聯把東歐國家納入自己的勢力範圍

從二戰後期到1953年春史達林去世之前，蘇聯對東歐的政策可以大致概括為以下兩個方面：一是透過把東歐納入蘇聯的勢力範圍，使其同蘇聯「連成一片」，從而實現東歐與蘇聯地緣上的一體化；二是透過將蘇聯模式推廣到東歐，使其同蘇聯「結為一體」，進而實現東歐與蘇聯制度上的一體化。正是以上兩種一體化，將東歐與蘇聯緊緊地捆綁在了一起，並從而確保了蘇聯對東歐長達四十餘年的控制。

毋庸置疑，東歐社會主義國家的出現與二戰緊密相關，或者更確切地說，是後者的必然結果。戰爭期間，為了對付共同的敵人，西方國家與蘇聯攜手聯盟。1944年春，蘇聯軍隊開始向東歐和巴爾幹國家挺進。眼看著該地區乃至整個歐洲的地緣政治形勢即將發生重大改變，作為未來歐洲舞臺上的兩個主要大國，英國和蘇聯充分意識到有必要明確各自在中歐和巴爾幹地區力量與活動的區域、範圍和程度。1944年10月，英國首相邱吉爾訪問莫斯科期間，同史達林就戰後東歐和巴爾幹局勢等問題交換了看法並共同簽署了後來舉世震驚的「百分比協定」[72]。根據雙方最後議定的結果，英國承認蘇聯在匈牙利、羅馬尼亞和保加利亞的勢力範圍，而蘇聯領導人也承認英國在希臘的勢力範圍，至於南斯拉夫，雙方各占一半（詳見下表）。

蘇、英兩國關於劃分東歐勢力範圍的百分比協定（1944 年 10—11 月）

蘇聯在東歐的影響	邱吉爾與史達林協定（10月9日）	莫洛托夫第一次修改意見（10月10日）	莫洛托夫第一個『一攬子計畫』（具體時間不詳）	莫洛托夫第二個『一攬子計畫』（具體時間不詳）	莫洛托夫第三個『一攬子計畫』（具體時間不詳）	莫洛托夫最後提議獲得接受（11月）
匈牙利	50%	50%	75%	50%	75%	80%
南斯拉夫	50%	50%	75%	50%	60%	50%
保加利亞	75%	90%	75%	90%	75%	80%
羅馬尼亞	90%	90%	90%	90%	90%	90%
希臘	10%	10%	10%	10%	10%	10%

數據來源：Charles Gati, Hungary and the Soviet Bloc, Durham[N.C.]: Duke University Press, 1986, p.31.

　　1945 年 2 月 4—12 日，蘇、美、英三國首腦史達林、羅斯福、邱吉爾在位於克里米亞半島的雅爾達舉行會晤，確立了戰後歐洲和世界的格局。經過激烈爭論，三巨頭最後通過了《蘇、美、英三國克里米亞聲明》和《雅爾達協定》。其中就接管德國、波蘭邊界等問題達成了如下協議：關於德國問題，規定戰敗後的德國將由蘇、美、英三國實行分區占領，同時邀請法國參加共管；關於波蘭邊界問題，確定以寇松線作為波蘭東部的邊界線，而西部邊界是否以奧得–尼斯河一線為界，留待日後再議。出於對蘇聯意圖的擔憂，西方國家在此次會議上還極力推動通過了一份涉及被解放的歐洲國家戰後政治安排的文件，即《被解放歐洲的宣言》。《宣言》規定，立即對從法西斯占領中獲得解放的歐洲國家和前軸心國成員的現有政府進行改組，用民主的方法解決其政治經濟問題。[73]史達林簽署了此份文件，不過在他看來，「民主」的概念同「蘇維埃」的概念是同一的。[74]兩個月後，史達林在莫斯科接見由狄托率領的南斯拉夫代表團時曾毫不隱諱地聲言：「這次戰爭和過去的不同了；無論誰占領了土地，也就在那裡強加它自己的社會制度。凡是他的軍隊所能到達之處，他就強加他自己的社會制度。不可能有別的情況。」[75]顯然，使蘇聯軍隊儘可能地向西推進並將紅軍「所能到達之處」納入自身的勢力範圍，是此時蘇聯的戰略重點。在雅爾達會議上，三巨頭雖然對戰後歐洲和世界新秩序各有其打算，整個協議過程也充滿了妥協的色彩，不過，對於蘇聯

來說，會議無疑富有成果。其中最為重要的是，西方盟國在此次會議上默認了蘇聯在東歐所享有的「特殊地位」，從而為後來東歐與蘇聯全面的一體化準備了前提。

根據冷戰結束後陸續開放的多邊歷史檔案，現在我們知道，在將東歐納入自己的勢力範圍並確定了雙方地緣一體化的雛形後，史達林並未即刻將「自己的社會制度」推進到東歐各國。相反，為了維護同西方大國的戰時同盟關係、確保在其西部邊界構築起一條戰略安全帶，以及利用戰後初期有利的形勢進一步推進「世界革命」，史達林選擇了暫時支持東歐國家採取一種不同於蘇聯模式的社會發展道路，即人民民主道路。[76]

「人民民主」這一術語，據俄羅斯學者沃羅基京娜等人的研究，始見於1930年代西班牙內戰時期。它與「新型議會制共和國」的出現緊密相連，代表的是一種特殊類型的共和國。在這種共和國中，國家政權歸由各派政治力量共同組成並在整個社會中具有決定性影響的反法西斯力量聯盟民族陣線所有。[77] 而「人民民主道路」這一概念，照匈裔學者查爾斯·蓋蒂的說法，代表的是政治、經濟和社會秩序的一種「過渡形態。」在這一形態中，「資本主義和社會主義的力量、因素和特徵同時並存，社會主義將透過漸進的方式戰勝資本主義。」[78] 戰後初期東歐各國的人民民主制度，從其主要特徵來看：在政治上，實行的多黨議會民主制度，即採取多黨聯合組閣而非共產黨一黨執政的政權組織形式；在經濟上，則是一種多種所有制形式並存的混合結構，即一方面保留私營經濟和市場關係的存在，同時又透過大規模的土地改革和逐步國有化部分地實現生產資料的公有。[79]

遺憾的是，東歐的人民民主道路並未能走多遠。一方面，如上所述，史達林對東歐人民民主道路的支持，很大程度上只是一種政治策略，目的在於使未來的力量組合發生有利於蘇聯的變化。1946年秋，他與保加利亞共產黨領導人季米特洛夫會談時的一番話很有代表性。史達林在談話中講道，保共有必要「最低限度地」聯合其他「勞動者政黨」，組成一個新黨。這個黨可以取名為「勞動黨」或「工農黨」等，但其實質仍然是共產黨。史達林特別強調，此種安排「在現今這個時期將獲得更廣泛的基礎和合適的掩護」，並有助於推動保共經由一條特殊的道路過渡到社會主義。[80] 此外，東歐人民

民主道路僅實踐了不過兩三年便被迫中斷，還與 1947 年前後國際形勢發生的一些重大變化緊密相關，比如，東西方大國間圍繞德國、東歐發展前景等重要問題上的矛盾和對抗愈益激烈，西歐社會情緒的指針普遍右擺，芬蘭共產黨大選失利，法、意兩國左翼力量內部關係急劇惡化並先後被逐出政府，希臘共產黨抵抗運動遭到失敗，東歐各國共產黨議會選舉頻頻受挫，等等。面對以上種種局勢發展，蘇聯開始對東歐的民主聯盟政策以及在新的國際形勢下通過議會道路和平走向社會主義的策略感到擔憂。在莫斯科看來，日漸緊張的國際局勢和東歐國家內部政治力量的對比變化，對共產黨在聯合政府中的地位構成了嚴重威脅，一旦東歐各黨步西歐黨之後塵，被排擠出聯合政府，則東歐各國對蘇友好政府的生存繼而蘇聯在東歐的存在，都將面臨嚴峻挑戰。不久，在馬歇爾計劃和蘇南關係惡化兩件事的直接刺激之下，蘇聯對東歐的政策隨之發生重大轉折，史達林斷然決定拋棄其大國合作的幻想並叫停東歐各國的人民民主嘗試。此後，擺在東歐國家面前的只有一條道路，即蘇聯模式的社會主義建設道路。

　　東歐的蘇聯模式化可以劃分為以下兩個階段：1947—1948 年可以稱為「去人民民主」的階段。在此階段中，除南斯拉夫以外的東歐各國共產黨透過取消多黨制、快速國有化等激進措施，結束了具有協商民主特徵的人民民主時期，從而為蘇聯模式的移入掃清了道路。此後，史達林的社會組織模式不容置疑地成為東歐各國社會發展的新方向。從 1949 年至史達林去世前的這一階段通常被視作蘇聯模式在東歐全面確立的階段。在此階段中，東歐各國放棄了透過人民民主走向社會主義的國家發展目標，轉而實行了蘇聯模式的社會主義發展道路。這一模式的基本特徵在於：政治上，以一黨執政取代議會多黨聯合執政，並在此基礎上形成高度集權的領導體制；經濟上，消滅私人經濟和市場關係，在單一公有制基礎上確立高度集中的經濟管理體制和快速工業化的經濟發展戰略；在意識形態領域，加強國家對思想文化領域的控制，強調黨在意識形態層面所具有的壟斷權和解釋權，同時宣揚史達林的階級鬥爭尖銳化理論，並在實踐中進一步將其推向極端。總之，所有的制度、組織、社會活動、單個的人，都必須符合一套預設的規則，如果違背規則便要承擔後果。用另一位匈裔學者舍普夫林·捷爾吉的話說：「一切都被政治化了。」[81]

蘇聯模式就這樣被移植到了東歐。在這裡，每個國家都有自己史達林式的領袖，每個國家都堪稱「微型蘇聯。」為使東歐各國的蘇聯模式儘可能地接近原型，蘇聯加緊了在這些國家的軍事、安全、內務機構以及經濟部門中建立和鞏固顧問系統的步伐。這樣，蘇聯在按自己的樣式「革命性地改造」了東歐的政治、經濟、社會關係後，透過對各國共產黨的垂直控制和滲透，借助蘇聯模式和蘇聯專家，將東歐完全統合到蘇聯陣營中來，從而實現了除南斯拉夫以外的東歐各國同蘇聯制度上的一體化。然而，蘇聯模式這種強制政治同一化模式所固有的結構性缺陷同東歐的傳統多樣性和歷史特性之間的內在矛盾、冷戰邏輯驅動下蘇聯對東歐的緊密控制與各國民眾追求獨立自主之間的頻繁衝突，使得蘇聯模式就像一個被錯誤移入機體內的器官，成了東歐不斷頻發「排異反應」的根源，並為此後幾十年間東歐的曲折發展直至最後的政治劇變埋下了伏筆。

東歐國家衝擊蘇聯模式的嘗試

1953年3月5日，史達林突然去世。史達林時代的結束從某種意義上說，標誌著蘇聯、東歐的政治發展進入一個新的歷史階段，即被蘇聯作家愛倫堡稱之為「解凍」的時代。[82]「解凍」意味著冰封被打破，意味著改變的開始。儘管這種改變帶有嘗試性，並且表現得凌亂、遲疑甚至反覆無常，但畢竟一切開始有所不同。

後史達林時代的「解凍」始於這位蘇聯領導人逝後的第四天。當日，在為史達林舉行的追悼會上，1952年曾代表史達林在蘇共十九大上做中央工作報告的馬林科夫首先發表了講話。馬林科夫的此次講話，闡明了一系列旨在緩和國內矛盾的新觀點，特別強調了黨和政府應將其工作重點放在提高人民生活水平以及最大限度地滿足人民物質和文化需求等方面。[83]在隨後於3月15日召開的最高蘇維埃第四次會議上，新的領導團隊宣告成立：馬林科夫接任部長會議主席一職，貝利亞等四人為其副手，赫魯雪夫任蘇共中央書記。克里姆林宮的新主人們聲明將嚴格遵循集體領導的原則並實行黨政最高領導職務分開。同在此次會上，馬林科夫就莫斯科新的外交方針做了公開闡述。在這篇被西方稱為「和平攻勢」的講話中，馬林科夫指出：「通過和平的方式，在相關國家共同一致的基礎上，沒有什麼爭執不下或是無法解決的問題，

這適用於處理我們同所有國家包括美國之間的關係。」[84] 史達林的繼承者們希望以此緩和同西方的對抗,改善其內外環境,以此節省下更多的精力和資源用於維持國內的穩定與發展。

然而,莫斯科的和解姿態並未得到意想中的回應,史達林時代留下的經驗和記憶使西方世界對蘇聯新領導層的「緩和」動機深懷疑慮。幾乎與此同時,由於全面引入蘇聯模式所帶來的種種「不適」在東歐各國程度不同地顯現出來。在一些國家,政治、經濟、社會形勢的惡化已到了引爆危機的邊緣。1953年春,處於冷戰前沿的東德國內的動盪局勢首先引起了莫斯科的關注。由於東德統一社會黨領導層錯誤地執行了蘇聯提出的「加速進行社會主義建設」的指示,結果造成社會經濟結構的嚴重破壞,約五十萬民眾被迫逃往西德,全國上下普遍充斥著對政治的不滿、抗議和罷工徵兆。[85] 除了東德之外,東歐另一個讓蘇聯領導人憂慮不已的國家就是匈牙利。史達林去世後,蘇聯領導人曾指示相關部門對史達林時期東歐各國的檔案材料進行歸整和分析。在此過程中,有關匈牙利的材料令莫斯科備感震驚,特別是蘇聯駐匈大使基謝廖夫發回的一些報告和會談紀要,詳述了匈牙利國內經濟的危機局勢,以及匈黨領導人拉科西利用手中特權,肆意踐踏法制,濫用鎮壓職能等情況。[86] 在此背景下,為了維護蘇聯對東歐的有效控制、緩解各國內部的緊張局勢,蘇聯新領導人開始對史達林時期的東歐政策做出某些調整。於是,在莫斯科的直接干預和授意之下,從1953年6月起,先是東德(6月11日)、匈牙利(6月27日),而後是波蘭(7月21日)、羅馬尼亞(8月22日)、保加利亞(9月9日)、捷克斯洛伐克(9月15日)等國,分別宣布採取一系列名為「新方針」的調整舉措。客觀地講,莫斯科所設計的這套「新方針」,就其初衷來看,主要意在「糾偏。」換言之,它所針對的是蘇聯自身以及東歐各國所共同面臨著的種種緊迫的現實問題和困難,卻並未對準引發這些問題和困難的原因,更未觸及其背後蘇聯模式這一深刻根源。在當時的歷史條件下,無論對於此時集體領導的核心人物馬林科夫還是其後贏得了權力鬥爭的赫魯雪夫而言,現有模式本身是不容質疑的,所需的只是對它的完善和發展,而絕非任何形式的根本性改變。儘管如此,在個別東歐國家特別是匈牙利,「新方針」的實施在具有改革思想的政府領導人納吉的推動下,超出了

莫斯科原有的設想。特別是在某些領域，許多改革舉措——比如在自願基礎上解散合作社、廢除富農名單、鼓勵並支持個體經濟、擴大地方議會的權限、重建對國家政治生活實施民主監督的群眾性組織等，令史達林的繼承者們不由得警覺和驚恐。[87] 納吉本人對「新方針」的理解及其為匈牙利的「新方針」所設定的目標，照歷史學家約瑟夫·羅斯柴爾德的話説，可算是當時社會主義國家中「最激烈的和最早的對成熟史達林主義的扭轉。」[88] 兩位著名的美國政治學家胡安·J.林茨和阿爾弗萊德·斯泰潘亦認為，納吉所主持的這次「新方針」改革嘗試，實際上標誌著匈牙利非史達林化的開始。[89] 然而，好景不長。1955年初，伴隨著克里姆林宮的權力重組及隨後馬林科夫的下臺，莫斯科的各項政策重新向史達林時期回歸。相應地，東歐的「新方針」改革嘗試亦戛然而止。在匈牙利，由於受到黨內頑固派的強烈抵制，加之改革進程蘊含著對蘇聯模式的內在挑戰，納吉最終遭到罷免。此次蘇聯對東歐「新方針」的叫停，可以説，不僅標誌著東歐第一次非史達林化嘗試的失敗，同時也為日後東歐頻發的危機埋下了隱患。不過，較之此後發生的數次重大危機，後史達林時代之初莫斯科對東歐國家改革蘇聯模式的容忍底線還是相當不明晰的。這一狀況在隨後到來的1956年發生了改變。

　　對於東歐來講，1956年無疑是一個具有轉折意義的年份。在這一年中，世界社會主義運動所經歷的若干重大事件極大地改變了東歐的政治發展方向。首先是2月下旬召開的蘇共第二十次代表大會。這次會議對世界形勢出現的新現象、新特點進行了分析和概括，就國際局勢的發展提出了和平共處、和平過渡、和平競賽等一系列理論觀點和政策綱領。[90] 不僅如此，黨的最高領導人赫魯雪夫在會議最後一天所作的《關於個人崇拜及其後果》的秘密報告，對史達林嚴重違法、個人崇拜以及破壞民主和集體領導的行為進行了嚴厲批判。客觀地講，蘇共二十大就其主要精神而言，具有重要的進步意義，反映了時代發展的要求；但就其結果來看，卻如同一塊引發山崩地裂的巨石，在東歐激起了劇烈震盪。對於蘇共二十大，東歐各國黨的反應頗為複雜：南斯拉夫發自內心地表示歡迎，東德給予了高調的支持甚至吹捧，阿爾巴尼亞採取了「兩面派」的做法——表面贊同而背地裡很是不滿，捷克斯洛伐克、羅馬尼亞、保加利亞三國則表現得茫然失措。[91] 至於波蘭和匈牙利兩國，情

勢已非「複雜」二字所能概括。在波蘭，由於黨的最高領導人貝魯特在二十大閉幕不久意外逝世，整個黨陷入了驚慌與混亂；與此同時，因莫斯科批判史達林造成的思想真空，被一種結合了民族主義、民主社會主義和人道價值觀念的思潮所填補。在匈牙利，自稱是「史達林最優秀的學生」的拉科西，不僅置黨內外要求變革的呼聲於不顧，反而逆潮流而上，繼續實行強硬的史達林主義路線。民眾的普遍不滿與當局的權力弱化，最終於夏秋之季，在這兩個國家先後引發了危機。6月28日，首先在波蘭西部城市波茲南，爆發了由上萬名工人參加的遊行和騷亂，結果造成數百人傷亡。10月19日，波蘭統一工人黨召開二屆八中全會，會議擬推舉民主改革派領袖哥穆爾卡出任黨的第一書記。蘇聯領導人聞知此訊後極為震怒，當天即令軍隊進入波蘭境內，與此同時，赫魯雪夫亦率團飛抵華沙。波蘭局勢一度劍拔弩張。然而，就在波蘭事件塵埃尚未落定之時，在匈牙利，一場更大規模、更震懾人心的危機悄然上演。10月23日下午，由大學生組織的旨在聲援波蘭的靜默遊行，在其後幾天內，迅速演變成為全國範圍的騷亂。就其初衷來講，事件本身是一場以推動非史達林化和改革匈蘇關係為主要訴求的民主運動。民眾所提出的實現國家的主權和民族獨立、實現政治和經濟生活的民主化、加強法制、平反一切歷史冤案、真正尊重和保障勞動人民的權益等要求，以及包括「我們要納吉」這樣的口號，其實質就在於希望黨真正成為立足和代表匈牙利勞動人民利益的黨，而不是代表蘇聯的利益、服從莫斯科的旨意來管理匈牙利勞動人民的黨。在此基礎上，人們希望看到匈牙利走一條獨立自主的、立足於本民族歷史傳統和符合匈牙利現實國情的社會主義建設道路。然而，任何民眾運動都難以避免的偏激性以及運動本身所帶有的「危險性」，最終招致了蘇聯的武裝鎮壓。

1956年蘇聯對匈牙利事件的軍事干預，不僅在戰後匈牙利的歷史上留下了深刻烙印，對於其後東歐的政治發展也產生了極其深遠的影響。它以一種暴力流血的方式使得東歐各國政權對激進式改革的後果、蘇聯的容忍底線和解決東歐危機的手段有了清醒而深刻的認識，並在此後幾十年間成為東歐自制改革的基礎。同時，1956年的東歐危機也使得赫魯雪夫時代蘇聯對東歐的政策擺脫了搖擺不定，大體方向基本確定下來，即給予東歐各國黨在處理內

外事務方面以一定的自由空間（包括比如自主地對國內壓力作出反應以及發展對外交往等），但所有一切均不可踰越蘇聯所能允許的範圍。簡言之，尋求靈活與控制之間的適當平衡。在此種政策之下，東歐各國開始慢慢地重現出「多樣性」的色彩：波蘭在哥穆爾卡的領導下，改革拉開了帷幕（儘管其後漸漸復歸保守）；在匈牙利，卡達爾透過「靜悄悄的改革」創造出了所謂「馬鈴薯燒牛肉式的共產主義」；羅馬尼亞黨的領導人喬治烏–德治從反對經互會的經濟整合計劃開始，逐漸將其獨立行動擴展到對外政策領域；霍查領導下的阿爾巴尼亞，因反對蘇南修好，在中蘇關係惡化的背景下脫離了「社會主義大家庭。」到1964年赫魯雪夫下臺時，以上這些變化已在一定程度上制度化了。[92]

總的來講，較之史達林年代，赫魯雪夫執政時期蘇聯雖然保持著對東歐的控制，但其所依賴的基礎已不再完全是恐怖或武力。同樣，在赫魯雪夫在任期間，東歐對蘇聯模式的激進改革雖然受到了莫斯科的壓制和阻撓，但「適度地」改革這種令其水土不服的模式獲得了允許。至於這個「度」的極限在何處，匈牙利事件是一個絕好的註腳。

布里茲涅夫摧毀了東歐的改革

1964年10月赫魯雪夫被迫辭職後，蘇聯進入了布里茲涅夫執政時代。在此後漫長的18年中，受蘇聯政策的影響，東歐的政治發展依然在改革引發危機、危機促動改革二者之間持續不斷的循環中盤旋、打轉。

如同1953—1955年克里姆林宮圍繞著史達林繼承權展開鬥爭的那幾年一樣，赫魯雪夫下臺後的一段時期內，由於莫斯科的權力歸屬仍有一定的不確定性，東歐局勢亦隨之出現了變化。此間，蘇聯部長會議主席、蘇共中央主席團成員柯西金對工業管理方面創新思想的鼓勵，相應激活了東歐陣營內部關於經濟改革的思考與嘗試。蘇聯經濟學界繼1962年「利別爾曼建議」大討論後圍繞經濟改革展開的新一輪探討，同樣為東歐探索改革之路注入了活力。1960年代中期，東歐一如十年前一樣，再度出現了一股革新熱潮。當時幾乎所有東歐國家的領導人對恢復受到嚴重損害的經濟都十分感興趣，其中最為突出的是捷克斯洛伐克的改革。

从战后直到 1960 年代中期，捷克斯洛伐克一直是苏联东欧盟国中较为「顺从」的一个国家。与其他东欧国家一样，苏联模式这件不合身材、体格甚至肤色的「外衣」在这个国家也引发了一连串的问题。1963 至 1964 年间，危机不断加深并向各领域蔓延的迹象表现得越来越明显。正如 H. 戈登·斯基林所说，危机是全方位的，「蜗牛爬行似的平反速度、斯洛伐克人的不满、经济领域的危机、作家们公开表达异见、年轻人对政治的漠不关心以及赫鲁雪夫下台后捷苏关系的紧张，都削弱了（现有）制度的基础。」[93]

不过，相较其他，经济问题是其中最为紧要和迫切的。[94] 在这种内外背景之下，改革率先在经济领域展开。1960 年代捷克斯洛伐克经济改革的设计师是时任捷科学院经济所所长的奥塔·锡克。锡克的主要经济观点是，社会主义国家有必要保持商品关系的存在，为此，应当采用一种计划市场模式，根据这种模式，国民经济计划应主要侷限在宏观经济的迅速发展方面。1964 年，受党内高层委托，锡克与专家小组共同起草出一项关于改革和完善经济管理体制的方案。1965 年 1 月，捷共中央批准了此项方案。其后两三年间，捷克斯洛伐克分别对现有工资、税收、定价、投资等机制进行了改革与调整，至 1967 年底，个体商业在一定范围内享有了生产经营权，国民计划中引入了适度的市场刺激。虽然这些措施现在看来还很保守，且在当时，相关理念也仍受到种种的限制，但捷克斯洛伐克的经济改革仍然给以行政指令性计划为基础的经济体制吹来了一阵清风。

然而，改革运动一旦展开，便不可能仅限于经济领域。1967 年，一种社会冲突的局面开始形成，人们对存在着危机的各个领域内的众多问题提出了改革要求。从 1968 年起，改革开始超出「纯经济」范畴，向政治和社会生活领域延伸。

1968 年 1 月，在经济改革和政治革新产生的内部压力下，捷克斯洛伐克领导层发生重大变动。年轻的杜布切克取代诺沃提尼成为捷共中央第一书记，自此拉开了政治改革的序幕。杜布切克和他的支持者们力图透过一系列民主化改革方针在捷克斯洛伐克建立一种「具有人道主义面貌的社会主义。」按照改革运动的组织和领导者之一伊日·贝利康的说法，它应当是一种「符合捷克斯洛伐克的条件，以及符合当今世界历史发展阶段的社会主义社会新模

式」，其宗旨在於「清除過去的變態」，「加強社會主義」，「實現勞動人民在政治上和經濟上解放的偉大社會主義理想。」[95]有匈牙利事件的前車之鑒，「布拉格之春」的領導者們並無意摧毀一黨制的政治制度，或切斷與蘇聯的關係。但是，解除審查制度及其他一些強制性措施，引發了民眾進一步要求實施快速和激進改革的浪潮。蘇聯領導人越來越為「布拉格之春」可能帶來的後果而感到驚恐。8月20日夜，蘇聯用空降兵和坦克以閃電戰突襲占領了捷克斯洛伐克全境，包圍了總統府、政府大樓和黨中央大廈等中樞神經部門，同時控制了電臺、通訊社，封鎖了邊界。與此同時，波蘭、匈牙利、保加利亞、民主德國軍隊也從四面八方、鋪天蓋地一齊侵入捷克斯洛伐克。於是12年前發生在布達佩斯的一幕，終於在布拉格重演。蘇東關係史上自此又多了一樁歷史積案。

1968年社會主義國家中一場意義深遠的民主化改革嘗試——捷克斯洛伐克的「布拉格之春」，就這樣被扼殺了。1969年捷共四月全會後，一切又回到從前。不僅政治領域的改革，始於1965年的「新經濟體制」改革也被否定。行政指令性管理方法在經濟管理中再度占據優勢，儘管這種管理類型又增加了某些新的因素，例如企業中的規劃管理和社會福利計劃，但經濟機制從總體看來沒有變化。在隨後漫長的「正常化」進程中，「改革」成了捷克斯洛伐克人不願談、不想談也不再相信的一個話題。

然而，不願談、不想談、不再相信改革的，並非只有他們。1968年捷克斯洛伐克危機以及其後不久出臺的「布里茲涅夫主義」所造成的最具災難性的後果在於，它同時阻斷了整個東歐——包括蘇聯自身——探索改革現有體制、完善社會主義的道路。至此，東歐的改革無一例外地以失敗告終並繼續引發新的危機。

整個20世紀1970年代，東歐各黨既無能力亦無意願進行任何實質性的改革。經濟上，在蘇聯的鼓勵下，各國黨轉而求助於所謂的「西方戰略」，即向西方國家開放，以尋求大規模的西方投資作為推動自身管理與技術現代化並促進經濟增長的手段。這一戰略在帶來所需資金和先進技術的同時，也使得東歐各國體制嚴重暴露於全球市場的面前。1973年由第一次石油危機引發的國際原油價格暴漲，加之同期建立在低工資、低成本基礎上的東亞及拉

美新型工業化國家的崛起造成的國際市場競爭加劇,給東歐各國帶來了巨大壓力,並直接導致了經濟的持續衰退。到了 1970 年代末,整個東歐生活水平停滯不前、社會不公愈演愈烈、環境惡化日趨嚴重,而政治結構由於缺乏改革變得愈益僵化、缺乏效率。諸如此類的問題終於毫無例外地再度引發了危機,這一次危機發生在捷克斯洛伐克的鄰國波蘭。

早在 1956 年,乘著蘇共二十大開啟的非史達林化浪潮,波蘭率先提出了改革現實社會主義的要求,此後在哥穆爾卡當政的 14 年間,波蘭經歷了一個由改革、發展、停滯到出現危機的曲折過程。1970 年 12 月,在一次由物價上漲引發的大規模抗議遊行和罷工事件後,哥穆爾卡被迫下臺。吉瑞克上任後旋即調整改革方針,實行了一系列新的措施。與哥穆爾卡強調依靠自力更生和節約進行社會主義建設的主導思想不同,吉瑞克採取了面向西方、積極吸收外資、大舉進口技術和設備的途徑來加速波蘭經濟發展、提高工業水平、改善人民生活。吉瑞克的改革在 1970 年代前半期曾極大地促進了波蘭的工業現代化,並推動國民經濟獲得了長足發展。1975 年,波蘭國民生產總值的增長率一度高達 29%。[96] 然而,吉瑞克政府激進擴張的經濟政策在帶來上述成就的同時,也引發了嚴重的經濟後果,其中最為突出的便是外債的飆升。為償還巨額債款,當局不得不採取包括提高物價在內的一系列緊縮政策。結果,1976、1980 年政府兩次提價決定,均引發了大規模罷工浪潮。特別是後一次,不僅波及範圍廣、持續時間久,並且產生了極其深遠的政治影響。

與 1970 年 12 月事件相類似,格但斯克列寧造船廠的工人在此次全國性罷工潮中再度扮演了先鋒角色。不過這一次,工人採取的是職業罷工而非街頭示威的形式,他們組建了領導罷工的罷工委員會,並迫使政府最終同意允許波蘭工人成立獨立於工會中央理事會之外的自治性組織。[97] 1980 年秋,波蘭各地紛紛建立起了獨立自治團結工會、個體農民自治團結農會。在大學生和知識分子中也出現了類似的組織。同年 11 月,華沙法院批准團結工會依法登記註冊。此後,工會的力量迅速壯大,在短短數月間會員人數達到 900 萬,約占全國人口的 1/4。據統計,90% 的波蘭工人、1/3 的共產黨員加入了這一組織。電工出身的罷工領袖列赫·華勒沙當選為主席。[98] 根據團結工會的章程,維護工人利益、監督政府工作是其主要宗旨。但事實上,工會正式註

冊後不久，其內部主張社會政治化、促進社會中出現足以支配政府的政治力量並迫使當局依民意行事的一派，力量不斷增強，並日漸占據上風。在其推動下，團結工會逐步走上了同波蘭黨和政府對抗的道路。其結果，不僅給當局帶來了巨大的壓力，也使國家最終陷入了經濟與政治的雙重危機之中。

在團結工會危機期間，莫斯科一直透過各種途徑向波蘭當局施壓，要求其採取嚴厲措施，結束混亂狀態。1981年11月21日，布里茲涅夫在致波蘭黨、政、軍最高統帥雅魯澤爾斯基的口述信中警告說，不得再對「社會主義的敵人」作出讓步，同時要求波蘭領導人盡速對企圖「在國內合法奪取政權」的「反革命分子」採取「堅決措施。」[99] 12月13日，面對嚴峻的國內局勢和蘇聯不斷加大的政治壓力，雅魯澤爾斯基宣布，波蘭進入戰時狀態。包括華勒沙在內的五千多名團結工會領導成員及其他反對派人士遭到拘捕。除波蘭統一工人黨外，中止一切工會組織與群眾團體的活動，禁止罷工、示威遊行和群眾集會，並對兩百多個大型國營企業和經濟單位實行軍管。政府的這一舉措雖暫時緩和了危機局勢，卻無法化解國家與社會間不斷增長的矛盾，更無力遏阻益形惡化的經濟頹勢。此時的波蘭就像罹患了某種病症，政治、經濟、社會領域遭遇的種種困境與難題攪在一起，使整個國家充滿了矛盾。[100]

1980年代初的波蘭危機如同1956年的匈牙利和1968年的捷克斯洛伐克危機一樣，再次證實了兩個不容迴避的事實：其一，蘇聯無法穩定東歐的局勢，無法為緊迫的問題找到答案；其二，當這些國家的人民在試圖自行解決所面臨的問題或努力爭取更多的自由空間時，如其行動達到了對蘇聯在東歐的利益構成嚴重威脅的程度，蘇聯會以任何它認為必要的方式確保自己對這些國家的控制。[101]

戈巴契夫修正歷史錯誤，給東歐以選擇的自由

1982年布里茲涅夫去世後，繼任者安德羅波夫和契爾年科，誰都沒有對蘇聯的東歐的政策進行任何調整，依然嚴格奉行布拉格事件後蘇聯為社會主義陣營設定的「遊戲規則」，即「布里茲涅夫主義」或所謂「有限主權論。」

即使是 1985 年入主克里姆林宮的戈巴契夫，在其執政的頭兩年，在與東歐的關係問題上亦未越出這一雷池。

　　1980 年代的東歐在經濟、社會、意識形態、文化等各個領域均已危機重重，蘇聯自身也面臨巨大困難，在石油降價、切爾諾貝利發生核事故的背景下，蘇聯已無力再在財政上支持東歐各國。另外，蘇聯要進行改革，需要與世界建立起相互信任的關係，它也必須放棄帝國政策，於是，戈巴契夫放棄了布里茲涅夫主義。1987 年 11 月，在《改革與新思維》一書中，戈巴契夫系統論述了對改革和當今世界的看法和觀點，並在蘇聯與東歐國家的關係方面表現出一定的靈活性：一方面，戈巴契夫仍然強調進一步推動經互會內部經濟一體化以及加強華約各國政治與軍事合作的必要性；但另一方面，他也表示願意給予東歐各國在推動國內經濟、政治改革方面更大的自由行動的空間。[102] 1988 年 3 月，戈巴契夫訪問南斯拉夫，在會後發表的公報中表示，蘇聯將無條件地遵守社會主義國家間平等和互不干涉的原則，並充分尊重社會主義各黨及各國獨立地決定自身發展道路的權利。[103] 6 月 28 日，戈巴契夫在蘇共第 19 次代表會議上發表的講話，更清楚地表明了他反對軍事干預東歐事務的立場。在發言中，他說道：「主權和獨立，平等權利和不干涉，正在成為國際關係公認的準則……反對選擇的自由意味著將自己置於客觀歷史進程的對立面。」[104] 是年底，戈巴契夫又在聯合國大會的主題發言中重複了這一立場。他強調，「選擇的自由」是一個「普世原則」，無論對於資本主義國家還是社會主義國家，無一例外，都是適用的。除此之外，蘇聯還借此次會議向聯合國做出重要承諾，聲稱在 1991 年前，除繼續履行有關的裁軍協定之外，準備將蘇聯軍隊、軍備及設施逐步撤出其保守了四十多年的東歐勢力範圍。[105] 進入 1989 年之後，戈巴契夫對其外交新思維的表述更加地頻繁和直接。是年 2 月，戈巴契夫明確宣稱，蘇聯新的對外政策將建立在獨立、平等、不干涉他國內政以及糾正以往錯誤的基礎之上。第二個月，在與到訪的匈黨領導人格羅斯會談時，戈巴契夫明確地告訴對方，包括匈牙利在內的東歐各國黨有權制定自己的政策，並稱蘇聯將「排除像過去那樣對社會主義國家內政施以外部干預的可能性。」[106]

地區專題

東歐劇變的「蘇聯因素」探析

　　戈巴契夫原本希望透過「不干涉主義」，促使東歐各國接受「新思維」，將公開性和多元化奉為黨和國家的根本原則。然而，事與願違，在東歐，無論是每每走在改革前列的國家，還是始終固步自封、拒斥革新的國家，最終都未能透過改革走出困局。對於這一結果，蘇聯選擇了接受而未予干預。事實表明，一旦莫斯科容忍了任何一個華約國家發生根本性變化，其他國家都會隨之發生同樣的變化。這便是 20 世紀 1980—1990 年代之交東歐歷史呈現出的一幕。

　　1988 年 12 月，波蘭統一工人黨召開十屆十中全會。前後長達近一個月的會議最後通過了《黨內改革是革新和改革戰略取得成功的條件》和《關於政治多元化和工會多元化問題的立場》兩個具有關鍵意義的文件。第一份文件強調，波黨致力於創建社會主義現代化形式，主張建立以議會民主的社會主義國家和公民社會為基礎的社會政治制度，實行立法、行政和司法的三權制衡。第二份文件則有條件承認了團結工會，從而為隨後雙方的圓桌會議掃清了道路。[107]1989 年 2—4 月波蘭政府與團結工會間舉行的圓桌會談是東歐多米諾骨牌連鎖式倒塌的重要一環。長達兩個月的艱苦談判為後來的和平轉型鋪平了道路。4 月 5 日，雙方達成歷史性妥協：政府同意恢復團結工會的合法地位，團結工會則在議院和總統制的創建問題上做出讓步。根據最後達成的協議，雙方同意舉行選舉，增設參議院（上議院），恢復戰前的兩院制，同時對色姆（下議院）的議席分配做出下列決定：統一工人黨及其聯盟黨統一農民黨、民主黨擁有其中 60% 的席位，另留出 5% 交由支持統一工人黨的三個天主教組織，其餘 35% 的議席由選舉產生。此外，團結工會同意了政府關於設立負責國防、軍事、外交事務的總統一職取代國務委員會制、並由雅魯澤爾斯基出任首屆總統的要求。[108]1989 年 6 月，以團結工會為首的反對派在於 4 日和 18 日舉行的議會兩輪選舉中獲得壓倒性勝利。以公民委員會代表身份參選的團結工會候選人一舉贏取了參議院 100 議席中的 99 席和色姆中所有開放議席。[109] 兩個月後，以團結工會新聞工作者、天主教政治活動家馬佐維耶夫茨基任政府首腦的 40 年多來東歐首個非共產黨政府正式組閣。

　　緊隨波蘭之後走上劇變道路的是匈牙利。1988 年 5 月，卡達爾在以部長會議主席格羅斯和愛國人民陣線主席波日高為首的黨內改革派的強大壓力

下，被迫辭去黨的總書記職務，交由格羅斯接任。此後，匈黨改革派內部繼續分化。1989年1月，在格羅斯外出之際，波日高伊擅自在電臺採訪中宣布，1956年匈牙利事件並非像官方史料所定論的那樣，是場「反革命」，而是一次「人民起義。」這一聲明立即產生了戲劇性的效果。此後兩週，成百上千的社會團體、政治組織公開表示支持波日高伊。由於受到公眾輿論和媒體的支持，波日高伊將格羅斯置於被動境地。2月10—11日，匈黨召開中央全會，會議不僅接受了對1956年事件的重新評價，並且宣布同意實行多黨制。[110] 6月13日，匈黨同意與各反對黨及社會團體舉行圓桌會議，就和平地從一黨制向多黨制過渡協調彼此立場。經過近三個月的談判，雙方最終達成協議，將在自由競爭的基礎上舉行大選。1990年3月25日和4月8日，在如期舉行的議會選舉中，最大的反對黨匈牙利民主論壇贏得了多數席位，並組成了議會多數的聯合政府。至此，匈牙利成為東歐第二個在沒有發生社會震盪和政治紊亂情形下走向政治轉型的國家。[111]

　　1989年9月，由於匈牙利開放了同奧地利的邊界，數以萬計東德人經此逃往西方，東德政局隨之變得緊張起來。10月6—7日，在東德舉行國慶40週年慶典期間，德勒斯登、萊比錫、東柏林等地成千上萬的人走上街頭舉行示威，抗議政府對改革呼聲無動於衷，矛頭直指昂納克。隨後，昂納克被以克倫茨和沙博夫斯基為首的黨內反對派趕下臺。[112] 克倫茨上臺後表示，將在經濟改革的同時，擴大社會主義民主。然而，此後東德時局的急劇變化卻令當局除了做出一個個讓步之外，別無作為。11月10日，豎立達28年之久的柏林牆轟然倒塌。在這道被喻為「有形鐵幕」的紅磚瓦牆被推倒的那一刻，東德局勢也被推向了無法逆轉的境地。此後至是年底，約12萬人如潮水般湧向西德。12月1日，憲法修正案取消了統一社會黨是東德唯一領導黨的提法。7日，共有12個政黨和政治組織在就多黨制原則達成共識的前提下，在東柏林舉行了首次圓桌會議。1990年3月12日，在經過了16次會議之後，各方達成一致並通過最後聲明。[113] 3月18日，在提前舉行的選舉中，由基督教民主聯盟、德國社會聯盟、民主聯盟共同組成的德國聯盟以超過48%的選票勝利贏得大選，由共產黨改組而成的德國民主社會主義黨的得票率僅為前者的1/3左右。[114] 由德國聯盟、自由民主聯盟、社會民主黨組成的聯合政府

上臺後，加快了兩德統一的步伐。10月3日，東德正式併入西德，自此從東歐這塊特殊的地緣政治版圖上消失。

繼東德之後，危機開始聚焦於捷克斯洛伐克。1989年11月17日，在首都布拉格，約1.5萬名學生舉行紀念集會。活動的主題本與政治無涉，但不知不覺間轉變為一場公開的政治抗議。20日，為表達對警察鎮壓學生運動的不滿，20萬人在位於市中心的溫塞斯拉斯廣場舉行抗議集會，提出了領導人辭職、舉行自由選舉等口號。捷克斯洛伐克的「天鵝絨革命」拉開帷幕。翌年夏，聯邦議會舉行大選，以公民論壇為首的反對派組織大獲全勝，贏得半數以上議席。在新組建的政府中，捷共被排除在外，淪為在野黨。1989年11月10日，即柏林牆倒塌的當日，保加利亞的局勢也開始發生急劇變化。在當天召開的保共中央全會上，日夫科夫被迫辭職。此後新的領導人姆拉德諾夫一上臺，立即承諾實施一系列戈巴契夫式的改革。起初，同蘇聯一樣，保共並未打算放棄黨的領導，也無意實行多黨制。然而，當東德和捷克斯洛伐克政治劇變的衝擊波襲來時，保加利亞的政治風向亦迅速偏轉。1990年1—5月，保共與反對派舉行了三輪談判，參會各方就刪除憲法中有關社會主義的內容、實行政治多元化、舉行自由選舉等最終取得一致。[115]在1991年10月舉行的議會選舉中，由共產黨改組而成的社會黨痛失第一大黨地位並被徹底排除出政府。自此，保加利亞的政治發展進入一個新階段。羅馬尼亞是東歐華約成員國中最後一張倒下的多米諾骨牌。1989年12月21日，希奧塞古召集舉行盛大集會，不料局勢瞬間騷亂起來。次日中午，示威者包圍了總統府，齊奧塞斯庫夫婦乘直升機倉皇逃亡。同日，由部分老黨員、知識分子、軍隊領導人組成的「救國陣線」宣告成立並迅速接管了政權。三天后，逃跑未遂的齊奧塞斯庫夫婦被秘密軍事法庭判處死刑並即遭極刑。救國陣線領導的過渡政權沒有召集圓桌會議，而是直接宣布結束一黨制，建立多元化民主政體。[116]1990年5月，羅馬尼亞舉行了劇變後的首次自由選舉，救國陣線以66.31%的得票率贏得大選。[117]伴隨著新的政治氣候的形成，齊奧塞斯庫時代永遠地化為了歷史的記憶。

至此，蘇聯的六個東歐盟國無一倖免地脫離了社會主義軌道。接下來，風暴繼續南移，最後，長期堅持獨立自治道路的南斯拉夫、1960年代業已脫離了蘇聯陣營的阿爾巴尼亞，亦均遭席捲。

透過現象看本質

在中國學術界，關於東歐為何劇變、蘇聯何以解體的討論還遠未結束。就前者而言，如果僅將目光鎖定在上世紀1980年代末1990年代初最動盪迷離的那幾年，可以明顯看到一個表象，亦即所謂的「循環影響流」效應：戈巴契夫的「新思維」和「辛納屈主義」解開了東歐身上的韁繩，獲得了「鬆綁」的東歐各國最後選擇了放棄社會主義制度、回歸歐洲的路程；東歐獲得自由的結果，鼓舞了一直試圖擺脫聯邦、尋求獨立的波羅的海三個加盟共和國，隨著波羅的海三國的相繼獨立，最終一步步地導致了蘇聯自身的解體。[118] 於是，便有了這樣的結論，即東歐劇變是由於戈巴契夫放任自流、未予干涉造成的結果，因此，是他「葬送了」東歐的社會主義，而由此引發的蘇聯自身的解體，也是他自當吞下的一杯苦酒。不可否認，1980年代戈巴契夫的改革，對於引發東歐一系列事件十分關鍵，然而，如同美國政治學家亞當・普沃斯基所言，蘇聯干預的威脅構成了對東歐內部發展的一種約束，但它僅只是一種約束，是「承受水壓的堤壩」，當堤壩潰決時，水就會一洩而出。約束是外在的，而動力則是內生的。[119]

因此，通過表象，應當看到東歐劇變有其自身的內在邏輯，而這種邏輯——從前文對歷史線索的梳理中不難看出——與蘇聯長期以來對東歐所實行的政策不無關係，甚至是直接的關係。擇其要者而論：

首先是史達林時期強迫東歐採行統一的蘇聯模式、禁止各國探索符合現實國情的國家發展道路的問題。這一政策是導致此後四十餘年東歐政治發展崎嶇曲折的根由。如上所述，蘇聯模式是蘇聯強化對東歐控制的一個工具。且不論這一模式本身所固有的病疾和內在的缺陷，僅只這種簡單外科移植的方式本身，就很可能引發持續不斷的後遺症。誠然，歷史不可逆推，但不妨設想，倘若1940年代末史達林沒有將其模式強行輸出到東歐，如果東歐的人民民主道路能夠順其自然地走下去，那麼戰後的東歐很可能走上一條更符合

地區專題
東歐劇變的「蘇聯因素」探析

自身特殊國情的國家發展道路，這條道路可能是社會主義的，也可能不是，但無疑將是符合東歐多樣性特點的，因為1945年以後東歐各國渴望實現的願望是變化多樣的，這種多樣性自身便是一種複雜的現代化方式的潛在保障。

其次是屢屢阻斷（甚至不惜以武力的方式）東歐對蘇聯模式進行改革嘗試的問題。在東歐，由蘇聯模式引發的危機幾乎從其引入之時就開始顯現。梳理1945—1989年間東歐社會主義所走過的歷程可以看出，戰後東歐的全部歷史，從某種意義上可以說，就是一部對蘇聯模式從機械植入、調整適應、排異反抗、重新解釋到最終棄離的歷史，是一部危機——改革——危機交錯更替、循環演進的歷史。從長遠來看，蘇聯對東歐改革的遏阻政策結果造成蘇聯模式的弊端在東歐不斷地放大，進而引發的各種矛盾持續地累積。換言之，「堤壩」中的水越漲越高，卻找不到引流的出口，以至最後危機已無法在現有制度範圍得到解決。

再者是蘇東關係嚴重不對等的問題。眾所周知，東歐的地緣戰略地位非常重要。整個冷戰時期，蘇聯始終是將其視為保障自身西部安全的屏障地帶，確保東歐始終處於蘇聯的勢力範圍內、確保東歐的社會主義制度不動搖，一直是蘇聯對東歐政策的兩大支柱，而支撐這兩大支柱的「基座」便是蘇聯與東歐國家建立起的無論在政治、經濟、軍事、外交等方面都緊緊交織在一起的「聯盟結構」，或稱共同體。這個共同體是以蘇聯為圓心，東歐國家為圓周的形式來運作的。與通常國際政治上所講的聯盟結構不同，在這一聯盟中，「非對等」是一個最為顯著的特徵，蘇聯與東歐各國間控制與被控制的關係構成了這一結構的基本內核。從某種意義上説，這種非對等性既使蘇聯得以在雙方聯盟結構存續的四十餘年間，維繫了對東歐的控制，同時也激化和加深了東歐民眾的反蘇情緒，並推動東歐最終擺脫了蘇聯、脫離了社會主義體系。

最後還有一點很重要的是蘇聯共產黨對東歐各國黨的控制的問題。我們知道，蘇共與東歐各黨間這種領導與被領導關係早在共產國際時期就已形成，戰後雙方國家關係也是在這種黨際關係的基礎上進一步延伸的結果。蘇聯正是借助對各國黨內精英的控制來實現對整個東歐的控制的。對於東歐各國黨內精英而言，其命運和前途，首先取決於是否服從或忠誠於莫斯科，而非其

国内民意，这样便造成了各国党成了苏联与本国民众之间的一道「缓冲」，政治精英们成了苏联在本国的政策执行者，久而久之便形成为一个为苏联和苏联党的利益而非为本国劳动人民代言的特殊阶层（或特权阶层）；同时，由于党对国家权力拥有绝对的垄断权，权力的竞争过程便出现在党的机体之内，于是便出现了一党制下林立党派间的持续不断的隐性对抗和竞争，从而又使这个阶层缺乏团结与统一。东欧剧变的事实说明，这样一个阶层在历史的紧要关头是没有自我捍卫能力的。事实上，在剧变发生前夕，东欧各国无论存在怎样的差异，但都具备了一种共同的、能够促成「一推即倒」的因素，这便是：无论哪国的民众，对其所处的生活环境与状况均深感不满，他们渴望发生剧烈的变革。造成人们不满的原因固然很多，但其中政治民主遭到破坏、社会主义理想与意识形态承诺同具体现实之间的日益拉大的差距，无疑是最为深层的原因之一。

东欧剧变已过去了 20 年，以民主化、市场化、欧洲化为目标的转型也已经过了 20 年，今日东欧较之此前已发生了很大的变化。向着崭新的现代化目标迈进的转型仍将会在未来很长时间继续主导其政治、经济、社会发展进程。

（原载《历史教学》2010 年第 18 期。此处略有修订）

冷战与东欧——近二十年国外学界相关代表性研究及述评

东西二分法一直是欧洲主导的地理范式。第二次世界大战结束后，随着欧洲冷战的打响，一条新的分界线出现在欧洲中部，处于这条所谓「铁幕」沿线以东的波兰、捷克斯洛伐克、匈牙利、南斯拉夫、保加利亚、罗马尼亚、阿尔巴尼亚和德意志民主共和国（以下简称民主德国）等八个欧洲国家自此拥有了一个共同的名字：东欧。整个冷战时期，作为苏联西部安全和意识形态的屏障地带，东欧在以美苏为首的两大阵营的对抗中始终扮演着战略前沿的角色。自 20 世纪 1980 年代末开始，上述八国纷纷发生政治剧变，并以此为起点，走上了以实现政治民主化、经济市场化、融入欧洲一体化为目标的综合性历史进程。[120]1989 年之后，东欧社会主义作为一段完整的历史、作为一个政治现象，受到前所未有的关注，并极大地拓展了国际冷战史、比较

政治學、社會主義學等諸多學科領域的研究視野。本文的要旨，即在對過去20年間國外有關冷戰時期東歐研究的大致情況及主要結論等加以介紹和評述。[121] 相信國外學者的問題意識和研究方法對中國同一領域的研究具有一定的借鑑和參考價值。

一、有關東歐冷戰歷史的研究

東歐冷戰歷史，顧名思義，即冷戰時期東歐的歷史，具體而言，也就是東歐從第二次世界大戰結束（特別是歐洲冷戰的爆發）到20世紀1980年代末發生政治劇變期間長達四十餘年的社會主義發展史。透過對國外相關學術史的考察可以發現，涉及這段歷史的成果細數起來並不算少。不過，真正意義上的歷史研究只是在冷戰作為一個有頭有尾、完整的歷史進程結束之後方才開始。在此之前，由於檔案文獻的缺失以及受意識形態和政治環境的影響，學者們主要依據媒體報導、官方宣傳、當事人憶述等相對來說並不具有歷史權威性的資料來源。因而，當我們今天回頭再看這些早期成果時，常會發現其中許多描述與事實不相符合，有時相去甚遠或是完全相反。相應地，作者在此基礎上得出的結論亦不免令人質疑，而難具說服力。學者們對此也並不諱言，甚至預想到在缺乏「許多關係重大的文件」的情況下，透過各種途徑「拼湊」起來的所有「細節」，可能會「為後來的發現所否定。」[122] 歷史研究的基本要求，在於必須以第一手的檔案文獻構成學術論著的敘述主體，即所謂檔案創造歷史、檔案見證歷史。冷戰結束以後，蘇聯、東歐等前社會主義國家檔案館紛紛對外開放，相關檔案文獻如雨後春筍般不斷湧現，大量反映事件實際過程和決策內幕的檔案資料被披露出來，這使研究者獲得了根據一手材料、超越主觀分析，從政治、經濟、文化、思想、對外關係等多重維度對冷戰時期東歐社會主義發展的歷史加以仔細考察和重新評估的基本條件，並在此基礎了產生了大量有份量的研究成果。

從通史的角度來看，近二十年可作為東歐冷戰史教材最有影響的是美國哥倫比亞大學歷史學教授約瑟夫・羅斯柴爾德（Joseph Rothschild）與北伊利諾伊大學歷史學教授南希・溫菲爾德（Nancy M. Wingfield）合著的《重回多樣性：第二次世界大戰以來東中歐政治發展史》。該書自1989年初版以來根據不斷出現的新材料已進行了四次修訂，2008年最新一版從內容上雖已涉

及東歐近幾年的政治發展,但有關後社會主義時期的描述基本是線條式的,全書討論的重點仍然是冷戰時期東歐國家社會主義發展的歷史。與同類其他著作相似,《重回多樣性》一書亦將東歐1945—1989年間的歷史進程大致劃分出幾個階段:二戰接近尾聲至冷戰之初的人民民主時期、1940年代末開始的蘇聯模式化時期、史達林逝世(特別是蘇共二十召開)後直至二十世紀1970、1980年代改革與危機交替循環的時期以及最後從停滯走向劇變。作者強調,冷戰時期東歐的政治發展實是一種不斷向其傳統多樣性復歸的過程。這一復歸至早可追溯到1948年蘇聯與南斯拉夫爆發衝突之時,自此之後,「蘇聯集團鐵板一塊」這一特徵幾乎每過十年就會遭到嚴重的挑戰:20世紀1950年代,這種挑戰在波蘭和匈牙利兩國表現突出;1960年代矛盾主要聚焦於羅馬尼亞、捷克斯洛伐克和阿爾巴尼亞三國;1970年代以後,東歐各國社會主義政權的差異性愈益明顯地表現出來並最終從波蘭開始接連走向政治劇變。[123]本書線索明晰、語言精煉、論述嚴謹。除了這本書之外,同領域其他有影響的教學及配套用書還包括哥倫比亞大學哈囉德·西格爾(Harold B.Segel)教授主編的《哥倫比亞20世紀東歐史》、倫敦大學學院舍夫林·捷爾吉(Schöpflin György)教授所著《東歐政治(1945—1992年)》、萊斯大學蓋爾·斯托克斯(Gale Stokes)教授主編的《從史達林主義到多元主義:1945年以來東歐文獻史》以及日內瓦高級國際研究院尤西·漢希邁基(Jussi Hanhimäki)教授和倫敦政治經濟學院文安立(Odd Arne Westad)教授合編的《冷戰:歷史文獻與見證者口述》等。[124]

恰如《重回多樣性》這一題名所暗示的,東歐其實一直以來就是一個內部充滿差異、五顏六色的「彩虹」地帶,一個聚合了各種民族、種族、語言、方言、宗教、文化、傳統的「萬花筒」,其中每一個國家都有其自身的獨特性,各國彼此之間在政治、經濟、社會等各個領域的歷史前提和現實條件不盡相同甚至迥然相異。因此,對於從事純學術研究的學者而言,與其借助拉伸「東歐」這一概念來理解地區各國,不如透過細緻的國別研究來具體化「東歐」這一概念的內涵。從這個意義上講,20世紀1990年代以來國外學界有關冷戰時期東歐國別史方面的成果,較之將東歐冷戰史作為一個整體加以研究的通史類著作,具有更為重要的學術借鑑價值。在這方面較有代表性的是西方

地區專題
冷戰與東歐——近二十年國外學界相關代表性研究及述評

東歐國別問題專家（包括海外的東歐裔學者）和東歐各國國內學者在深入研究各國冷戰檔案的基礎上出版或發表的著述。以下重點選取波蘭、匈牙利兩國為例簡要加以介紹。

在波蘭冷戰史方面，英國東英吉利大學歷史學教授安東尼·肯普－韋爾奇（Anthony Kemp-Welch）獨著和主編的系列著作在學界有一定的影響力，特別是他 2008 年出版的新著《社會主義時期的波蘭：冷戰史》，是迄今第一部關於冷戰時期波蘭社會主義發展史的英文著作。書中作者利用了大量來自波、蘇、美等國公開或未刊發的檔案資料，結合東西方冷戰的宏觀背景，將此期外交與國際關係史同波蘭國內政治、經濟、社會發展進程融為一體加以研究和闡述，其中關於波蘭政治反對派和社會運動及其發展脈絡的部分留給人尤為深刻的印象。[125] 倫敦大學諾曼·戴維斯（Norman Davies）教授的專著《上帝的遊戲場：波蘭史》是關於波蘭全史的英文經典著作，2005 年的最新修訂版對波蘭冷戰史的描述增添了不少有用的素材。[126] 20 世紀 1990 年代迄今出版的相關著作中值得關注的還有，比如波蘭科學院政治學所安杰伊·帕奇科夫斯基（Andrzej Paczkowski）所著《春天將屬於我們：從被占到重獲自由的波蘭和波蘭人》、美國聖塔克拉拉大學簡·柯裡（Jane L. Curry）的著作《1956—1990 年波蘭的不斷革命：人民對抗精英》、印第安納大學帕德里克·肯尼（Padraic Kenney）1996 年的專著《重建波蘭：1945—1950 年間工人與共產黨》等。[127]

有關匈牙利冷戰史的研究，最近出版的兩部書，即由匈牙利科學院歷史所研究員焦爾毛蒂·捷爾吉（Gyarmati György）與其同事賴納·亞諾什（Rainer M. János）、沃盧奇·蒂博爾（Valuch Tibor）二人分別合著的《一個為蘇聯帝國俘獲的國家（1944—1989）》和《蘇聯控制之下的匈牙利（1944—1989 年）》，可以說是對過去 20 年來匈牙利國內關於匈牙利社會主義歷史研究的概括與總結。不過，兩部書無論從研究主題還是從研究方法、敘事思路等方面看，差異並不是很大。比如，二者均以時間發展為線索，對四十多年間匈牙利社會主義的整個歷史進行了儘可能全面的分段描述，但又並非平鋪直敘，而是抓住了每個時段內影響歷史路徑的核心領域、問題或事件加以重點闡述；同時，大量匈牙利歷史檔案的運用，無疑是這兩部書最不容忽視的特點。[128] 匈牙

利科學院歷史研究所另一位研究人員博爾希·拉斯洛（Borhi László）博士歷經數年磨礪推出的專著《冷戰中的匈牙利：夾處於蘇美之間》，是近年來探討美蘇冷戰與戰後匈牙利政治發展史的一部力作。[129] 英國學者羅杰·高夫（Roger Gough）所著並於 2006 出版的《一個好同志：卡達爾，共產主義和匈牙利》是迄今英語世界關於卡達爾傳記作品中最出色的一部。透過對卡達爾一生特別是 1956—1988 年間執政生涯的描述，作者引領讀者從另一個更為人性化的角度去理解、領悟匈牙利和它曾經走過的社會主義之路。[130] 同類書目中值得推薦的還有，如加州大學彼得·凱內茲（Peter Kenez）所著《從納粹到蘇聯人：1944—1948 年社會主義制度在匈牙利的確立》、西康涅狄格州立大學埃裡克·羅曼（EricRoman）的兩部作品《匈牙利的史達林歲月》和《匈牙利與戰勝國（1945—1950 年）》。[131]

除以上兩國之外，20 世紀 1990 年代以來相關其他東歐國家冷戰時期的歷史作品也有不少，其中兼具史料和理論價值的著作包括：英國胡弗漢頓大學歷史學教授邁克·丹尼斯（Mike Dennis）所著《德意志民主共和國興亡史（1945—1990 年）》、美國馬里蘭大學政治學教授弗拉基米爾·梯斯馬尼亞努（Vladimir Tismaneanu）的代表作之一《年復一年的史達林主義：羅馬尼亞社會主義時期政治發展史》、英國格拉斯哥大學勞拉·卡什曼（Laura Cashman）博士主編的《1948 年和 1968 年：捷克和斯洛伐克歷史發展的重大轉折年》、保加利亞冷戰研究組協調人約爾旦·巴耶夫（Jordan Baev）教授編著的《保加利亞與冷戰：來自日夫科夫的個人檔案》等。[132]

縱觀以上所列各著作，總體上可以歸納出至少以下三個共同特徵：首先，都充分利用了後冷戰時期公佈的檔案材料，對社會主義制度在各個國家從確立、演變、衰落到劇變的整個歷史進程進行了重新的書寫和架構。同時，在此過程中，開始更多地關注到全球冷戰的大背景以及外部世界的變化對於各國社會發展所產生的影響，而非僅將研究視角侷限於國內政治及其同蘇聯的聯盟關係方面。最後，就總體判斷而言，這些著作幾乎無一例外地對這段歷史進程在東歐民族國家歷史發展長河中的地位和作用予以了否定。

二、有關東歐重大危機的研究

冷戰結束後，國外學界在有關東歐冷戰史方面的研究可謂成果豐碩，不過，若從前沿性的角度來看，專題類研究較之上述東歐通史或國別史研究要更勝一籌。其中，涉及最多的是二戰結束後至 1989 年劇變前東歐政治舞臺上發生的若干次重大危機，特別是 1953 年東柏林騷亂、1956 年匈牙利事件、1968 年華約五國出兵捷克斯洛伐克以及 20 世紀 1980 年代初波蘭團結工會危機。相關著述不僅數量眾多、視角多元，研究亦是非常的深入和細緻，成為近二十年國外學界有關冷戰與東歐研究的一個亮點。所以如此，除了學者本人的興趣之外，更為重要的是，這些危機作為國際冷戰史上非常引人矚目的事件，本身具有突出的研究價值。在學者的眼中，它們不僅充分反映了東歐與蘇聯之間不斷增長的矛盾和分歧，也是導致後來東歐劇變以至蘇聯解體重要的歷史誘因，因此尤其需要加以詳細考察。當然，除了以上兩點原因外，相對充分的檔案條件以及相關國際學術機構的推動也是不容忽視的因素。就後者而言，特別值得一提的有以下兩個機構：一個是位於華盛頓的美國國家級國際關係研究機構「伍德羅·威爾遜國際學術交流中心（Wooderow Wilson International Center for Scholars）。」該中心據哈佛大學教授約翰·加迪斯（John Lewis Gaddis）的倡議於 1991 年設立了冷戰國際關係史研究項目（Cold War International History Project），並於此後在編輯出版的專業刊物《冷戰國際關係史研究項目公報》（Cold War International Project Bulletin，CWIHP）和研究論文系列（CWIHP Working Paperseries）上刊載了許多從前「東方陣營」各國蒐集來的有關東歐危機的檔案文獻及研究成果。另一個機構是 1985 年成立並設在喬治·華盛頓大學的國家安全檔案館（The National Security Archive）。該館收藏有大批來自前蘇東國家的檔案並提供多數電子版的免費訂閱與下載服務。自 1990 年代中期，檔案館組織眾多國際學者分別蒐集、整理、編譯上述東歐重大危機的專題檔案，並與中歐大學出版社合作先後結集出版，它們分別是：由威爾遜中心冷戰國際關係史研究項目主任克里斯琴·奧斯特曼（Christian F. Ostermann）主編的《1953 年東柏林事件：冷戰、德國問題與鐵幕後的首次重大騷亂》、匈牙利 1956 年革命歷史研究所研究員貝凱什·喬鮑（Békés Csaba）等人合編《1956 年匈牙利革命：文獻中的歷史》、國家安全

檔案館研究人員亞羅米爾·納夫拉蒂爾（Jaromir Navratil）主編的《1968年布拉格之春：國家安全檔案館文件讀本》以及帕奇科夫斯基等合編的《從團結工會到實行軍管：1980—1981年的波蘭危機》。[133] 這些檔案集的出現極大地便利了研究者的使用。

如上所述，圍繞上述東歐危機事件，國外迄今已有大量研究著述。限於篇幅，這裡僅以其中1956年匈牙利事件和1968年捷克斯洛伐克危機為例，對相關重要學者及其研究作大致介紹和評述。

（一）1956年匈牙利事件

東歐劇變後，匈牙利事件的第一個研究高潮發生在1996年（亦即此事件發生40週年）前後，當時各國學者從不同角度對危機爆發的原因、過程、結果等進行了深入討論，尤其關注事件本身的性質及其所造成的國際和國內影響等方面。相關研究成果主要體現在由已故匈牙利歷史學家、政治活動家利特萬·捷爾吉（GyörgyLitván）主編的《1956年匈牙利革命：改革、動亂和鎮壓（1953—1956年）》以及格拉斯哥大學歷史學教授特裡·考克斯（Terry Cox）主編的《1956年的匈牙利：40年來》兩本論文集中。[134] 此外，還有些研究將視野拓展到匈牙利社會主義發展道路和匈牙利社會主義工人黨的歷史以及蘇聯在其中的作用和影響等方面。[135] 與此同時，國際學界對匈牙利危機的國際因素以及冷戰背景下此次危機對國際政治的影響等問題益愈表現出濃厚的興趣，並產生了一些富有代表性的成果。其中，貝凱什·喬鮑於1996年提交威爾遜中心的工作論文《1956年匈牙利革命與世界政治》，詳細探討了蘇、美、英、法等東西方大國在1956年匈牙利事件中扮演的角色、上層行政決策過程及其對國際政治產生的影響。[136] 美國克萊姆森大學約翰娜·格蘭維爾（Johanna C. Granville）的代表作《第一張多米諾骨牌：1956年匈牙利危機期間的國際決策》在對多邊史料特別是俄文材料的使用方面頗顯功底，重點考察了蘇聯及波蘭、南斯拉夫等東歐國家在匈牙利事件中的決策與反應，格蘭維爾在書中特別提醒讀者應對蘇東關係中另一種現象即所謂「小國操縱大國（the tail wags the dog）」予以重視。同樣關注並就蘇聯的決策、「東方國家」對匈牙利事件的反應及其在事件中的角色和作用等做了出色研究的，還有哈佛大學冷戰史研究中心馬克·克雷默（Mark Kramer）、俄羅斯

斯拉夫與巴爾幹問題研究所亞歷山大・斯特卡林（Aleksandr S.Stykalin）、匈牙利科學院歷史所瓦莫什・彼得（Péter Vámos）等人。[137] 美國約翰・霍普金斯大學東歐史專家查爾斯・加蒂（Charles Gati）於匈牙利事件爆發50週年之際推出的新作《幻滅：莫斯科、華盛頓、布達佩斯和1956年匈牙利起義》，以莫斯科、華盛頓和布達佩斯為三個場景，考察了蘇聯、美國兩國對匈牙利事件的反應及三方之間的互動關係等。作者透過美國與匈牙利事件關係的考察，得出結論認為，美國對匈政策最突出特點就是「自欺欺人的偽善與哄騙」，這一特點暴露了美國所公開宣揚的所謂「解放」和「推回去」的戰略以及它所秘密制定的決策同其缺乏後續行動之間存在的巨大差距。加蒂進而強調，如果美國不是「消極地旁觀」、「光說不做」，而是稍許發揮些「積極的影響」，或許匈牙利不致以「徹底失敗」而告終。[138] 不過，這一結論很快在匈牙利遭到了眾多學者的攻擊，並引發了如何界定「成功」抑或「失敗」的新一場爭論。最能反映這一爭論的就是隨後出版的、由美國詹姆斯・麥迪遜大學教授李・康登（Lee Congdon）與匈牙利前議員基拉伊・貝拉（Király Béla）等人共同編著的《1956：匈牙利革命和爭取獨立之戰》一書，這是一本關於「十月事件」的論文並檔案集，筆者以為可以算是冷戰結束至今關於1956年匈牙利事件研究的集大成之作。[139]

（二）1968年捷克斯洛伐克危機

關於此次危機，事實上早在冷戰結束前已有無以計數的著作或文章問世。[140] 近些年來，借助不斷湧現的新材料，與「布拉格之春」和華約五國軍事入侵相關的某些歷史事實亦在一定程度上得到了重新構建，相應地，圍繞一些重點問題產生了新的歷史結論。首先，關於蘇聯方面的反應與決策。克雷默教授在《重新解讀布拉格之春與蘇聯入侵捷克斯洛伐克事件》等文中強調，布里茲涅夫在此次危機中更像是個被動的決策者，事實上，他曾多次試圖透過談判而非訴諸武力化解危機；較之布里茲涅夫，外交部長葛羅米柯等人則更傾向於直接採取軍事行動，這背後除了有對捷克斯洛伐克脫離社會主義陣營的擔心外，更重要的是對「布拉格之春」進一步外溢到羅馬尼亞、波蘭甚至蘇聯自身（特別是烏克蘭、摩爾達維亞及波羅的海三個加盟共和國）的可能性感到惶恐不安。[141] 美國天普大學弗拉迪斯拉夫・祖博克（Vladislav

Zubok）博士的研究證實了，儘管克里姆林宮內的「鷹派」早在 1968 年春便要求對捷改革運動施以軍事干預，不過，蘇共中央決策層在整個事件過程中的表現卻是相當地猶疑不決，入侵決定實是在發起軍事行動前一個月才最終確定。其次，關於美、英等西方大國的反應。根據美國新奧爾良大學岡特·比肖夫（GünterBischof）教授的結論，中情局預測到了華約很可能以武力方式解決捷克斯洛伐克危機，然而，約翰遜政府對此卻表現消極，不僅公開表態無意捲入，私下更是擔心與蘇聯的緩和進程由此受阻。根據英國倫敦大學國王學院薩基·多克里爾（SakiDockrill）教授的研究，此時的威爾遜政府也懷有同樣的擔憂並急欲挽救緩和進程，除此之外，英國還擔心蘇聯會繼捷克斯洛伐克之後再對羅馬尼亞、南斯拉夫兩國發起軍事行動。再次，關於除蘇聯以外參與軍事行動的其他華約四國在此次事件中的角色。根據貝凱什以及德國當代史研究所曼費雷德·威爾克（Manfred Wilke）等人的研究結論，這些國家事實上並非完全被迫跟著莫斯科的指揮棒走。在其內部，民主德國、波蘭和保加利亞三國領導人烏布利希、哥穆爾卡、日夫科夫都對「布拉格之春」及其可能帶來的後果深感驚恐，並敦促莫斯科採取「極端措施」，而匈牙利領導人卡達爾則一直試圖在華約「兄弟國家」的強硬派與捷克斯洛伐克改革派之間斡旋，希望避免以武力方式解決危機。此外，關於捷克斯洛伐克共產黨內部的派別鬥爭，捷克科學院當代史所奧爾德日赫·圖馬（Oldřich Tůma）的研究揭示，1968 年前後捷黨內以杜布切克為代表的改革派與以比拉克為首的所謂「健康力量」（反改革派）之間的矛盾與紛爭，其實遠較人們先前猜測的要尖銳得多。檔案顯示，後者甚至聯名致信布里茲涅夫，「邀請」蘇聯採取「一切可能的手段」阻止捷克斯洛伐克國內正在出現的「反革命威脅。」[142] 此類新的發現還有許多，諸如軍事入侵後蘇捷雙方在莫斯科會談的詳情、捷國內民眾對華約五國軍隊的反抗及人員傷亡情況等。[143] 總體上看，1968 年捷克斯洛伐克危機在東西方冷戰史以及東歐國家社會主義建設史上的重要性得到了進一步的關注與肯定。多數學者同意北約與華約平行歷史項目（Parallel History Project on NATO and Warsaw Pact，PHP）協調人、旅美捷克裔學者沃伊泰克·馬斯特尼（Vojtech Mastny）所做的判斷，即它同 1968 年其他重大歷史事件一起，構成了全球冷戰史上的一道「分水嶺。」[144]

关于另外两场危机：1953 年东柏林事件，值得关注的是奥斯特曼的研究。20 世纪 1990 年代中期，他依据德、苏、美等多国档案就此事件相关的历史背景和场景以及美国对 1953 年东柏林事件的反应等做了深入解读。[145] 除奥斯特曼外，克雷默、英国阿尔斯特大学克劳斯·拉雷斯（Klaus Larres）、冰岛大学瓦卢尔·因吉蒙达松（Valur Ingimundarson）、加拿大滑铁卢大学加里·布鲁斯（Gary Bruce）、美国华盛顿大学霍普·哈里森（Hope M. Harrison）等人也对 1953 年前后的民主德国表现出浓厚的学术兴趣，并分别就苏联及西方其他大国对此事件的反应、民主德国此期国内的社会矛盾、民主德国同苏联的关系等问题进行了独到的研究。[146] 关于 20 世纪 1980 年代初的波兰团结工会危机，克雷默的研究颇富启发性。自 1990 年代中期，围绕着苏联对团结工会危机的政策及相关问题，他连续发表了数篇有份量的成果，其中最具代表性的是 1999 年提交威尔逊中心冷战国际关系史研究项目的特别工作报告《苏联在 1980—1981 年波兰危机期间的战略考虑》。[147] 此外，帕韦尔·马赫采维奇（Pawel Machcewicz）、蒂施勒·亚诺什（Tischler János）、迈克尔·库比纳（Michael Kubina）、图马、巴耶夫等人分别就华约及其成员国匈牙利、民主德国、捷克斯洛伐克、保加利亚与波兰危机互动关系所做的考察，[234] 马尔科姆·伯恩（Malcolm Byrne）、帕奇科夫斯基、道格拉斯·麦凯钦（Douglas J. Mac Eachin）、理查德·戴维斯（Richard T. Davies）、马斯特尼、亨利·西蒙（Henri Simon）、杰克·布卢姆（Jack M. Bloom）分别对相关新材料、美苏两国围绕危机展开的角逐、美国情报部门在危机中扮演的角色、危机对其后波兰政治发展的影响以及同冷战最后走向结束之间的关系等问题进行的研究，[148] 都大大丰富了我们对此事件的认识。

三、有关东欧政治剧变的研究

1989 年的东欧剧变对 20 世纪世界历史的意义是毋庸置疑的。按照牛津大学政治学教授提摩西·艾许（Timothy Garton Ash）的说法，如果把「1989」所涵盖的意义范畴延伸到包括德国统一和苏联解体的 1990 年和 1991 年，可以说这三年结束了整个世纪。[149] 过去 20 年，国外各种涉及 1989 年事件的著述虽然未有达到像东欧后社会主义转型方面的成果那般「汗牛充栋」的程度，但其数量同样是非常多的，大致可见如下几类：

第一類是檔案文獻。關於1989年的檔案文獻，除收藏於檔案館或相關學術機構的散件外，國家安全檔案館的斯韋特蘭娜·薩夫蘭斯卡婭（Svetlana Savranskaya）等人共同主編的《歷史的杰作：1989歐洲冷戰的和平結束》是迄今相關檔案集中最值得推薦的一本。其中彙集了來自蘇聯、美國、歐洲共計122份檔案資料。[150] 除此之外，早前出版的如《冷戰之尾聲：1989—1991年美國關於蘇聯和東歐的情報》等專題檔案以及國家安全檔案館推出的系列國際會議檔案彙編《1989年歐洲冷戰的結束：「新思維」與新材料》、《1989—1990年匈牙利的政治轉型》、《1987—1989年捷克斯洛伐克的民主轉型》等，也具有很高的史料價值。[151] 第二類是歷史當事人或見證者的憶述類資料。這方面受到廣泛關注的，除了前蘇東國家領導人如前蘇共中央總書記戈巴契夫（Mikhail S. Gorbachev）、前蘇共中央國際部副部長兼戈巴契夫首席外交政策顧問切爾尼亞耶夫（Anatoly Cherny-aev）、前蘇聯外交部長多勃雷寧（Anatoly Dobrynin）和謝瓦爾德納澤（Eduard Shevardnadze）、前蘇共中央政治局委員雅科夫列夫（Aleksandr Yakovlev）和利加喬夫（Yegor Ligachev）、保加利亞共產黨領導人日夫科夫（Todor Zhivkov）、前德國統一社會黨總書記克倫茨（Egon Krenz）、民主德國前總理莫德羅（Hans Modrow）、波蘭前總理拉科夫斯基（Mieczyslaw Rakowski）、波蘭前總統華勒沙（Lech Wałęsa）等人的回憶或日記外，還包括美、英、德等西方國家前政要如美國總統裡根（Ronald Reagan）和老布希（George H.W. Bush）、英國首相撒切爾夫人（Margaret Thatcher）、德國總理科爾（Helmut Kohl）、美國駐蘇大使小杰克·F. 馬特洛克（Jack F. Matlock, Jr.）、美國國家安全顧問布倫特·斯考克羅夫特（Brent Scowcroft）、國務卿詹姆斯·貝克（James A. Baker III）、曾任老布希政府中央情報局局長的勞勃·蓋茲（Robert M. Gates）、就職於國家安全委員會的菲利普·澤利科（Philip Zelikow）和康朵麗莎·萊斯（Condoleezza Rice）等人在其相關著作中對此段歷史的回顧和追憶。[152] 第三類是建立在檔案研究和口述歷史基礎上的學術成果。著作方面，加拿大魁北克大學雅克·萊韋斯克（Jacques Lévesque）所著並於1997年出版的《1989年之謎：蘇聯與東歐的解放》堪稱早期的經典之作；由美國德克薩斯A&M大學杰弗裡·恩格爾（Jeffrey A.Engel）主編的《柏林牆的倒塌：1989年革命遺產》和南加州大學瑪麗·薩羅特（Mary E. Sarotte）所著《1989：為創建後

冷戰歐洲進行的鬥爭》，則可視做近兩年較有影響的作品。[153] 文章方面，代表性成果較多，此處特別提請關注的是克雷默的系列論文，無論就史料分析還是理論論證而言，均具有較高的學術價值。[154] 再者是各種新聞紀實及歷史回顧類作品。前者首推阿什教授至今仍廣為引述的敘事著作《幻燈：見證1989年布達佩斯、柏林和布拉格的革命》。該書出版於1990年，系作者根據親眼所見、親身感受，對東歐諸國劇變現場的記錄和描述；後者如英國記者謝拜什真·維克托（Victor Sebestyen）所著《1989年革命：蘇聯帝國的傾覆》以及美國《新聞週刊》記者邁克爾·邁耶（Michael Meyer）根據當事人訪談與回憶寫成的書《改變世界的一年：柏林牆倒塌幕後的故事》等。[155] 第四類是有關歷史解釋的爭議性著作。這方面成果也有不少，近期在學界引發廣泛爭論的兩部著作值得一提。一部是美國普林斯頓大學歷史學教授史蒂芬·科特金（Stephen Kotkin）的新作《非公民社會：1989年與共產主義體制的內爆》，另一部是美國霍山學院歷史學副教授康斯坦丁·普列沙科夫（Constantine Pleshakov）的專著《沒有麵包就沒有自由：1989年與致使共產主義崩潰的內戰》。[156]

　　綜合現有著述可以發現，過去20年間，雖然有關原因、過程、結果、意義的探討始終是國外學界對東歐劇變研究的主線，但是，較之劇變後的最初10年，伴隨著研究的不斷深入以及後冷戰時代的一系列新變化——特別是一度盛行的「西方勝利論」和「民主優越論」愈益受到現實的挑戰，2000年以來學者們開始對20世紀1990年代關於東歐劇變一些盛行的看法和結論展開反思，相應地，對上述主線及由其衍生出的許多問題也漸漸有了不同的解讀。

　　首先，圍繞著劇變的原因近些年來出現了更多的爭論。20世紀1990年代，較為普遍的看法是：東歐社會主義走向失敗是歷史的必然，其根源在於制度自身的內在缺陷，此種缺陷加之執政黨在日益嚴峻的經濟與社會危機面前的束手無策，使得「黨國體制」與「社會」之間久已存在的衝突愈發尖銳，並最終導致「社會」起來推翻「國家」；而較之此前東歐數次危機屢遭蘇聯干預的事實，1989年東歐的政治變局得以不受外力約束地呈連鎖式擴散開去，並最終結束了冷戰，則因完全歸功於裡根、撒切爾夫人、教皇保羅二世等西方的強硬派和保守派及其所做出的正確決策。最近十年，這種看法開始

受到了越來越多的質疑。比如,有學者指出,這種對東歐劇變中「社會因素」的解釋太過簡單,沒有闡明群眾抗議背後的動力學,換言之,需要進一步探討的問題是:是什麼因素促使單個的人走上街頭?又是什麼力量將單個的人組織起來採取集體行動?[235] 但也有學者對以「社會因素」作為分析問題的出發點持不同看法。科特金在其《非公民社會》一書中,透過對民主德國、波蘭、羅馬尼亞三國的案例考察,就東歐社會主義緣何「失敗」提出了獨特的歷史解釋。在他看來,這一結局不應簡單歸結為國家機構之外的各種組織或運動(亦即「公民社會」或「公共社會」)的推動,事實上,它完全系由黨內精英(即作者所謂「非公民社會」)的「政治破產」所致,至於公民社會,它更多是1989年劇變的後續結果而非主要誘因。[157] 恩格爾也認為,以往研究過於關注和強調1989年東歐劇變中「自下而上」的民眾運動及其傳染性,對於東歐各國領導人的思想和活動未能給予足夠的重視和瞭解。他在《柏林牆倒塌》一書開篇中指出,個人因素在歷史上是至關重要的,劇變雖很大程度上是群體推動,但「群體得以形成是因為有改革家的存在。」[158] 另外,圍繞著特定政治人物在推動東歐劇變以及冷戰結束方面的作用問題,弗吉尼亞大學梅爾文·萊弗勒(Melvyn Leffler)教授提出與上述1990年代主流看法不同的觀點,他在2007年出版的專著《爭奪人類之靈魂:美國、蘇聯和冷戰》中強調,在這一歷史過程中發揮了主要作用的是戈巴契夫,而非西方領導人或羅馬教皇。[236] 克雷默亦持同樣看法,並強調戈巴契夫在蘇聯發起的政治改革及其在外交政策方面所做的大膽變化,幫助點燃了東歐劇變的火苗。[159] 至於裡根的作用,據謝拜什真、詹姆斯·曼(James Mann)等人的觀點,並不在於他對蘇聯採取了咄咄逼人的強硬政策或以軍備競賽拖垮了蘇聯,相反,其成功之處恰在於他採取了一條謹慎路線並自戈巴契夫上臺後尋求透過談判與蘇聯達成和解,從而幫助塑造了冷戰得以「平靜」結束的外部氛圍。[160] 跟許多學者集中關注政治家的作用不同,史丹佛大學歷史學教授詹姆斯·希恩(James Sheehan)將視角轉向了歐洲,並提醒人們注意,「歐洲」作為一種思想、一種嚮往和一種歷史範例,與東歐劇變之間的關係。[161] 無獨有偶,波蘭社會主義時期反對派領袖之一、現任《選舉報》主編亞當·米奇尼克(Adam Michnik)在其《歐洲對波蘭意味著什麼?》一文中也強調了「歐洲」在劇變前後所扮演的特殊角色,他寫道:「1989年以前,歐洲對比如我

地區專題

冷戰與東歐——近二十年國外學界相關代表性研究及述評

本人以及我的波蘭朋友們意味著什麼？歐洲意味著自由、常態、經濟理性……也是我們國家有朝能獲得自由的一種希望。」[162] 總之，隨著時間的流逝，越來越多的學者意識到，東歐劇變遠遠不能簡單歸結為「社會主義必然失敗」或是某個人、某些人推動的結果。20世紀末發生的這一具有轉折意義的重大事件就好似一場三維棋賽，在其背後是眾多因素的交織與互動，任何從單一角度出發做出的解釋，都將難以經受住歷史的考驗。

其次，對於劇變進程及相關歷史細節的認識進一步走向深化。最初，人們對於1989年東歐劇變的瞭解主要來自於新聞媒體的報導，而非學者的著述。此後，伴隨著歷史檔案的大量湧現，學術成果日益增多，大大豐富了人們的認知。近年來，像羅馬尼亞學者彼得·夏尼－戴維斯（Peter Siani-Davies）的《1989年12月羅馬尼亞革命》這類詳細描寫每一國家劇變過程的著作以及東歐各國冷戰史學家集中推出的系列文章（如《1989—1990年匈牙利的政治轉型》、《1986—1989年的波蘭》、《1989年11月的捷克斯洛伐克》、《柏林牆的倒塌》、《1989年保加利亞向多元民主的轉軌》等）凸顯出1989年前後東歐各國國內政治存在的巨大差異。[163] 不過，讓人略感遺憾的是，一部全面描述和闡釋1989年東歐各國劇變進程的綜合性歷史著作尚未出現。自劇變結束至今，如上所述，人們對這一事件的瞭解在不斷加深，但要真正理解它，正如有的學者所說，還需「在一絲不苟並詳細地按時間順序重構預期和非預期後果的基礎上、在多個方向，多個階段，一天一天甚至有時是一分鐘一分鐘的情況下」才能實現。[164] 總體上看，20年過去了，關於「1989」還有許多待解之謎。其中「最大的一個謎」，按照萊韋斯克的看法，並不是東歐社會主義發生崩潰這件事本身，而是蘇聯對東歐政治變局所做出的「消極」反應。[165] 近年來，國外學界圍繞這個「最大的謎」有不少的探討和爭論。美國阿姆赫斯特學院的威廉·陶布曼（William Taubman）和國家安全檔案館的薩夫蘭斯卡婭認為，這是因為戈巴契夫此時正備受國內包括經濟改革、波羅的海三國動盪局勢的困擾，同時，他也沒能理解柏林牆倒塌對於德國、歐洲和蘇聯將意味著什麼。[166] 克雷默則強調，這是因為戈巴契夫「始終堅持了推動根本性變革並不惜一切避免使用武力的政策。」[167] 斯托克斯不同意以上觀點，指出東歐劇變完全是「本土性的事件」，儘管受制於冷戰，受

控於蘇聯，但「每個國家仍是依照自己的方式發展著。」[168]劇變本身是否有預設目標和軌道，也是相關研究中的一個熱議話題。根據許多學者的看法，答案是肯定的，因為在劇變過程及其後，人們同時看到的是東歐各國無一例外地向「民主化」、「市場化」和「歐洲化」的轉型目標邁進。不過，相反的看法同樣存在。比如，普列沙科夫即認為，1989年的劇變是突如其來的，並非一開始就已設定好實行西方式的議會民主、自由市場經濟以及融入歐洲一體化的轉型路徑或目標。[169]除此之外，羅馬尼亞以外的東歐各國劇變過程何以能免於流血而以和平的「圓桌」方式得以完成，也需進一步尋找歷史與理論的解答。至於其中一些關鍵環節，如政治反對派的崛起、執政黨內部的分裂等，目前學界的研究還亟待深入。可以想見，如此多「問號」的存在，會吸引學者們將研究繼續下去。這本身亦反映了劇變過程的複雜性，這種複雜性僅以「民主」、「自由」這樣的宏大詞彙無法做出合理的解釋，甚至可能會誤導了對真實歷史的認識。

最後，關於劇變的後續影響及其遺產。在這方面，國外學者近幾年的討論也很熱烈。其中一個熱點問題是東歐劇變與蘇聯解體的關係。相較對東歐劇變中「蘇聯因素」或「戈巴契夫因素」的探討，東歐劇變對蘇聯有何影響，在20世紀1990年代幾乎未有學者深入觸及。2001年，克雷默刊發於《冷戰史研究》雜誌上的系列長文專門就此問題做了探討並得出結論，認為1989年東歐的「革命性變化」直接促成了蘇聯自身的解體。他寫道，「蘇聯國內大規模的政治變化以及蘇聯外交政策的重構，在東歐引發了廣泛不安。但漸漸地，外溢過程變成雙向的，東歐發生的事件對蘇聯產生了深遠影響」，並以一種示範效應直接或間接地導致蘇聯走向解體。[170]牛津大學政治學教授阿奇·布朗（Archie Brown）用「循環影響流（the circular flow of influence）」的概念表達了同樣的觀點。他在2009年出版的《共產主義的興衰》一書中指出，如果僅將目光鎖定在20世紀1980年代末1990年代初最動盪迷離的那幾年，可以明顯看到一個表象，亦即所謂的「循環影響流」效應：戈巴契夫的「新思維」和「辛納屈主義」（Sinatra Doctrine）解開了東歐身上的韁繩，獲得了「鬆綁」的東歐各國最後選擇了放棄社會主義制度、回歸歐洲的路程；東歐獲得自由的結果，鼓舞了一直試圖擺脫聯邦、尋求獨立的波羅的海三個

加盟共和國，隨著波羅的海三國的相繼獨立，最終一步步地導致了蘇聯自身的解體。[171] 除此之外，圍繞劇變是否不可避免以及劇變的歷史遺產等話題，也出現了一些新的看法和結論。我們知道，與對東歐社會主義歷史的否定相一致，國外學者對於 1989 年所發生的一切普遍持肯定態度。不過，這並不意味著對相關的另一個問題即「劇變本身是否具有必然性」也絕無異議。事實上，近十年以來，越來越多的學者對此給出了否定的回答。阿什便是其中之一。他在去年東歐劇變 20 週年之際撰寫的評論文章中寫道，「1989—1991 年，革命確實最終從一個國家擴散到另一個國家，並徹底瓦解了共產主義。不過，這個故事更多是非預期的後果，而非有意識的行動，更非歷史之必然。」[172] 關於劇變的歷史遺產或曰對當今國際體系的影響，也是新世紀以來頗受關注的一個問題。誠然，「1989」具有分水嶺的意義，不過需要指出的是，它並不是一道毫無彈性的分界線，「1989」本身並沒有將前後兩個時代、兩種不同的國際秩序截然分割開來。換言之，歷史並沒有在這一點上落下帷幕。在比如薩羅特一些學者看來，事實可能恰恰相反，「1989」所代表的不是一個終點，而是一個「新的開始」，正是「1989」創造了存在至今的國際秩序，也正是它奏響了其後世界政治一切重大變化的前奏。[173]

由上可見，東歐劇變雖已過去 20 年之久，國外學界圍繞此事件及相關問題的探討，看法不是越來越接近，而是變得更加分散與多元。這是個應予以充分肯定的趨向，各種不同的解讀顯然更有利於促使人們用冷靜的眼光、理性的思維對 1989 年東歐所發生的一切給予重新審視。柏林牆已不復存在，冷戰也變成了歷史，但「1989」作為 20 世紀末國際政治舞臺最重要的一幕，仍在影響著 21 世紀的後冷戰世界，這一點大概多數學者不會有異議。

（原載《世界經濟與政治》2011 年第 7 期）

東歐社會主義的最後十年——二十年後的回顧與反思

1978 年，中國開始在農村實行家庭聯產承包責任制，由此開啟了中國經濟改革之路。而同期的東歐各國，尤其是其中有著「東方經濟改革先驅」之稱的波蘭、匈牙利等國，改革愈發舉步維艱。此後的十年是東歐社會主義走

過的最後一段歷程。在此期間，無論就其經濟、政治還是社會領域來看，各國均不同程度地遭遇了自改革年代以來最為劇烈的變動和危機。從某種意義上可以說，正是這十年間內外條件的變化共同促成了 1989 年東歐社會主義大廈的集體坍塌。1989 年，首先從波蘭開始，改革讓位於劇變，隨後東歐各國連鎖性地發生了制度更迭，並自此走上了以「民主化」、「市場化」和「歐洲化」為目標的轉型之路。二十年後的今天，認真回顧和反思這段歷程，對於我們更加深入地理解和認識社會主義的本質及其內涵具有極為重要的理論和現實意義。

一、經濟領域危機重重

20 世紀 1970 年代末至 1980 年代初，東歐的危機局勢首先在經濟領域凸顯出來，具體表現為改革難以為繼、經濟持續衰退、現有經濟體制遭遇嚴峻挑戰等。

首先，改革愈發舉步維艱。東歐的改革始於 1953 年夏，當時以匈牙利為代表的部分國家，針對蘇聯模式業已暴露出的弊端實施了名為「新方針」的改革嘗試。此次改革雖以失敗告終，但作為一次不成熟的探索為日後的改革提供了有益的借鑑。1960 年代中後期，東歐再度興起改革風潮，其結果在不同的國家產生了不同的命運：捷克斯洛伐克被稱為「布拉格之春」的改革運動尚未充分展開便招致了華約五國的武裝干涉，不幸夭折；而匈牙利名為「新經濟機制」的改革則得以巧妙地避越「雷區」，以「靜悄悄」的方式穩步前行；波蘭的改革進展緩慢並不斷趨於保守，最終引發了嚴重的經濟和政治危機。1970 年新上任的波蘭領導人吉瑞克重新調整改革策略，強調借助西方的資金、技術、設備加速波蘭經濟發展，在改革外債激增，進入 1980 年代後，市場化改革在放開價格的過程中又誘發了短缺型通貨膨脹綜合症，整個經濟由此陷入了惡性循環；匈牙利以市場為導向、漸進式的分權化和自由化改革自 1970 年代中期也漸漸失去了發展的動力，改革承諾與社會不斷上升的期望之間產生了越來越大的鴻溝；捷克斯洛伐克的改革在 1968 年夏慘遭坦克鎮壓後，便基本進入了冰封期。總體看來，1980 年代的東歐，改革任務比先前任何一次都更為艱巨，同時，由於經濟明顯收縮，改革漸漸失去了社會各界的

支持，更有甚者，經濟與社會狀況的惡化直接引發了部分階層的敵意和反抗，1980年代初波蘭的團結工會危機便是一個典型實例。

其次，宏觀經濟持續衰退。東歐國家的經濟發展普遍依賴於低廉的能源價格和對外出口，1973年由第一次石油危機引發的國際原油價格暴漲，加之同期建立在低工資、低成本基礎上的東亞及拉美新型工業化國家的崛起帶來的國際市場競爭加劇，給東歐各國帶來了巨大的壓力，並直接導致了經濟的持續衰退，即使像匈牙利、波蘭、南斯拉夫三個率先實行經濟改革並取得一定成就的國家，也未能阻止經濟下滑的勢頭：據世界銀行相關數據顯示，匈牙利的年增長率在能源危機爆發後最初幾間尚能艱難維持在年均6%的水平，但到1979年便驟降至1.6%，次年步入零增長；波蘭的情況更為嚴峻，1981—1982年國民經濟連續兩年負增長，降幅分別達10%和4.8%；1973年前，南斯拉夫經濟態勢雖然動盪，但總體上仍能保持增長，進入1980年代後便開始呈連年下滑趨勢。[174] 為了抑制不斷上揚的財政赤字、阻止經濟持續下滑，各國不得不紛紛向國際信貸市場尋求硬通貨貸款，其結果是在原有結構危機的基礎上又催生出債務危機，並進而墜入了所謂「外債陷阱。」到1987年，經互會六個東歐成員國的外債總額已高達760億美元，其中波蘭以360億美元債務高居榜首。匈牙利的外債總額雖不甚突出，但人均負債額相當驚人，1989年曾以1561美元位居世界首位。[175] 沉重的外債負擔不僅大大削弱了各國的生產投資能力，也使得各國人民生活水平的改進陷於停頓甚至惡化。理論上講，經濟的嚴重失衡和停滯客觀上要求立即進行全面而深入的改革和調整以化解危機，然而如上所述，1980年代的東歐，改革得以施展的彈性空間已大為縮小。

第三，「第二經濟」的擴展對現有經濟體制構成嚴峻挑戰。20世紀1970、1980年代，整個東歐尤其是匈牙利、波蘭，出現了與國有經濟並存的正式和非正式的私營部門，即所謂「第二經濟」（second economy）。「第二經濟」的興起是東歐國家改革進程中經濟領域最重要的發展趨向之一。在社會主義經濟中，私人經濟活動首先出現在農業領域。在東歐，有些國家從1950年代起便放棄了農業集體化道路，重新實行農業私有化政策，波蘭即是如此。在波蘭，私有或半私有的獨立農莊在農業所有制中所占比例一直維持

在 70% 以上。[176] 還有些國家則是伴隨著改革進程，家庭土地和私有農場的作用得到了不斷地提升，這一點在匈牙利比較典型。除了私有或半私有的農業經濟外，私人經濟在其他經濟部門的比重也不斷上升，其主要活動領域包括交通運輸、建築業、零售業、公共飲食業及其他服務類行業。如同農業領域一樣，政府一旦取消限制私有經濟的禁令之後，接著便會有大量的資源和勞動力湧入「第二經濟」，各種形式的私人企業猶如雨後春筍般湧現並迅速成長起來。在改革的社會主義國家中，「第二經濟」的發展勢頭非常迅猛。據匈牙利相關統計數據表明，1980 年代中期，私營經濟的產值占國民生產總值的三分之一強，整個社會約 60% 的服務業、80% 的建築業以及 15% 的工業產出，來自於「第二經濟。」[177] 私人經濟的發展在一定程度上改善了商品供應、緩和了短缺現象，減少了一些社會緊張，同時也以非常激進的方式改變了社會主義的生產關係，並由此帶來的令人苦惱的意識形態困境。

二、政治局勢複雜緊張

伴隨著經濟領域危機不斷積累，社會矛盾變得日趨尖銳，從而引發了政治局勢的動盪與緊張。這種動盪與緊張無論在黨內或是整個社會中表現都非常突出。

在黨內，普遍的信仰危機與不斷加大的力量分裂是兩個比較嚴重的問題。1980 年代，由於深化改革的承諾與現實成功之間的差距越來越大，東歐各國黨內普遍出現了意識形態信仰危機，其具體表現為：黨的士氣不斷下滑、黨員對制度的優越性和黨的執政能力失去信心、對指導思想的科學性產生出懷疑、年輕黨員開始尋求重建歐洲認同等。對此，前東德持不同政見者廷斯‧賴克曾回憶說：「在 1950 年代，當人們談論政治時，總會有一位共產黨同志站出來維護黨的立場。然而到了 1970 年代和 1980 年代，當黨內在對政治問題進行爭論時，黨員們要麼離開會場，要麼就是建議換一個話題。」[178] 不僅普通黨員，體制的擁護者，甚至是執政精英也開始對社會主義信念產生動搖。1987 年，一位波蘭作家曾公開在黨的刊物《新道路》上發表感慨稱：「實行了四十年的社會主義沒有消滅剝削，也沒有實現社會的公正。」[179] 信仰的失卻在改革年代很大程度上是一個難以逆轉的過程，就像科爾奈所言：「那些舊的世界觀已經在其心中坍塌的人，將無法再全力以赴並重拾往日的信仰

與激情。」[180] 黨內的信仰危機不僅威脅了現有體制的穩定，且對政權的日趨瓦解也產生了難以估量的影響。在黨的意識形態日趨動搖的背景下，政權內部的權力鬥爭與衝突也逐漸走向公開，最初表現為觀點分歧，而後進入到黨派多元化的過程，最後發展為具體的競爭平臺，從而加速了黨內的分裂和力量的消蝕。

從社會層面來看，危機局勢首先體現在社會意識形態日趨分散與多元。伴隨著官方意識形態影響力的弱化、「第二經濟」的快速增長以及大量接收來自西方的媒體訊息、語言技能、其他教育方式等，在東歐，一種帶有自治性質的「第二文化」（second culture）也相應地逐漸興起。相對於由國家或執政黨組織和管理並受官方意識形態影響的「第一文化」或主導性文化，這種涵蓋了亞文化（subculture）、反文化（counterculture）及其各種替代形態的「第二文化」，帶有明顯的偏離甚至對抗主流價值觀的色彩。從某種意義上說，「第二文化」並非完全否定「第一文化」，通常情況下，它更多地表現為忽視後者的某些方面，並以自己的特有形態去加以替代或補充。同世界其他地方相類似，在東歐，參與這種非主流文化的通常主要是青年人。自1970年代起，他們曾掀起了一波一波的次文化或反文化浪潮，如嬉皮士、鮮花一代、流行音樂、鄉村音樂、爵士運動等。在捷克斯洛伐克，搖滾樂成了叛逆的象徵。1976年，當局監禁了當時甚為流行的「宇宙塑料人」（The Plastic People of the Universe）樂隊的部分成員，結果立即引發了社會的強烈不滿和大規模的反政府抗議活動。1980年代初，當朋克運動風靡西方之時，東歐也出現了許多類似的樂隊，它們經常編唱一些帶有政治反叛意味的歌曲。在東歐，無論是對社會意識形態嚴加控制的捷克斯洛伐克、東德等國，還是社會氛圍相對寬鬆的匈牙利、波蘭，「第二文化」的發展態勢對「第一文化」均產生了程度不同的衝擊，也迫使後者不得不逐漸打破封閉、開放其自身邊界。匈牙利作家康拉德・捷爾吉（George Konrád）對此描述道：「如今許多事成為可能，許多事得到準可——當然，還不是全部。界限在慢慢地擴展。電視上出現了一部忠實的紀錄片，劇院上演了一齣嚴肅的好劇，雜誌刊載了一項有意思的研究。官方正在逐步接受經濟和文化的現狀，認識真正的價值體系，市場體系，瞭解不受引導的真實民意。」[181]

「第二社會」的興起與發展是此時東歐社會危機的另一重要表現。在「第二經濟」、「第二文化」不斷擴大、蔓延的過程中，1970 年代中期，一些具有威脅性的社會力量和政治力量在東歐也逐漸成長起來，出現了與國家和政府所代表的所謂「第一社會」相對立的另一維度的社會網絡，即「第二社會」（second society）。[182] 各種協會、俱樂部以及其他類似組織在社會中大量湧現，涉及領域包括文化教育、社會保障、宗教活動、慈善事業、環境保護等。有些組織以明顯不關心政治的姿態開展其活動，而有些則熱衷於介入政治並提出了種種政治要求，如更大程度地參與政治、經濟、社會、文化生活，在個人和公共生活領域擁有更多的自主權，在社會機構中享有真正的代表權，取消新聞審查等。在這類組織中，由不同政見者組成的反對派運動表現尤為活躍。[183] 所謂「反對派運動」，意指透過充當公共角色、創建訊息網絡等，「以一種超出面對面交流並為個人控制以外的行動承擔責任」的活動。[184] 在東歐，反對派運動的壯大與所謂「赫爾辛基進程」(The Helsinki Process) 有著密切關聯，該進程始自 1975 年歐洲安全與合作會議（CSCE）的召開、特別是關注共同觀念和普遍人權標準的赫爾辛基最後決議的簽署。當時，包括蘇聯和除阿爾巴尼亞以外的東歐七國在內共計 35 個歐洲和美洲國家共同簽署了這一決議。簽字國表示將遵守決議各項條款並同意受其監督。該決議是一項覆蓋面很廣的計劃，其中包含了三項一攬子計劃，前兩項分別涉及安全和經濟、科學與環境議題，第三項則明確提出了「尊重人權和基本自由包括思想自由、信仰自由或宗教自由」等要求。後來，西方國家在歐安會隨後召開的幾次會議上借此向蘇聯和東歐國家頻繁施壓，要求其履行赫爾辛基承諾，關注並糾正違反相關承諾的一些具體做法。赫爾辛基進程導致蘇聯和東歐出現了一些自發的組織來監督本國對決議的遵守情況。[185] 1976 年 5 月，蘇聯著名物理學家、人權活動家尤里·歐洛夫（Yuri Feodorovich Orlov）領導成立了「莫斯科赫爾辛基觀察小組（Moscow Helsinki Watch Group，MHG）。在東歐，最為著名、影響最大的當屬 1977 年 1 月 1 日在捷克斯洛伐克正式成立的要求國家給予國民基本人權的「七七憲章運動」（Chapter 77），當時共有 240 人在憲章上簽字。隨後，在其他國家也成立了類似組織。從一定意義上可以說，「赫爾辛基進程」為東歐各國的持不同政見者運動提供了外部支持。除此之外，1970 年代出現的歐洲共產主義思想與運動，主張以左翼民主主義

和人道主義對抗保守主義和官僚化蘇聯社會主義,也在一定程度上增強了東歐的無黨派知識分子、民主反對派的力量。

三、「戈巴契夫因素」及其影響

雖然1980年代的東歐在經濟、社會、意識形態、文化等各個領域均已表現得危機重重,但是幾乎沒有人預言東歐的社會主義制度會在此間的某個時候發生崩潰。因為在絕大多數政治家或東歐問題觀察家看來,東歐是蘇聯的勢力範圍,蘇聯不會允許其擺脫自己的控制或脫離社會主義陣營。

的確,東歐對於蘇聯是非常重要的。整個冷戰時期,蘇聯把東歐視作直接關乎其「核心安全利益」的戰略要地。在它對社會主義國家的政策中,對東歐政策是居於首位的。自二戰結束後直到1980年代中期,確保東歐的社會主義制度不動搖、確保東歐始終在處於蘇聯的勢力範圍內,一直是蘇聯對東歐政策的兩大重要支柱。在史達林時期,蘇聯對東歐採取了非常緊密的控制政策,這種政策大致可概括為以下兩個方面:其一,透過把東歐納入蘇聯的勢力範圍,實現東歐與蘇聯地緣上的一體化;其二,透過將蘇聯模式推廣到東歐,實現東歐與蘇聯制度上的一體化。1953年史達林去世後,為了適應國內外局勢的變化,蘇聯新領導人對其內政外交方針做出相應調整,對東歐政策的調整主要表現為:一方面,賦予各國在內政外交方面一定的自由活動空間;另一方面,嚴格壓制或阻撓東歐內部任何可能動搖蘇聯模式根基的激進改革。1964年赫魯雪夫下臺後,蘇聯進入了長達18年的布里茲涅夫執政時代,在此期間,蘇聯對東歐的政策在政治、意識形態領域和經濟領域有不同的表現:在政治和意識形態層面,實施全面收緊的政策;在經濟領域,則為東歐的改革留出「適度的」空間和餘地。至於這個「度」的極限在何處,1968年「布拉格之春」的命運是一個絕好的註腳。1982年布里茲涅夫去世後,他的兩位接班人安德羅波夫和契爾年科,誰都沒有對蘇聯的東歐的政策進行實質性調整,依然嚴格奉行1960年代末蘇聯為社會主義陣營設定的「遊戲規則」,即所謂「有限主權論」或「布里茲涅夫主義。」即使是1985年入主克里姆林宮的戈巴契夫,在其執政的頭兩年,在與東歐的關係問題上亦未越出這一雷池。[186]可以想像,在這種背景下,若不是蘇聯政策發生變化,無論

東歐國家的精英還是民眾，要啟動可能導致民主轉型的政治進程，雖並非絕無可能但將必定是極其困難的。

從 1987 年起，一切開始發生變化。戈巴契夫同他的核心支持者確信，蘇聯正處於危險停滯期，需要進行大刀闊斧的結構重組。戈巴契夫實施變革的手段，起初是「改革」或「重建」（perestroika），而後是「公開性」（glasnost）。1987 年 11 月，標誌著戈巴契夫「新思維」理論正式出臺的《改革與新思維》一書公開出版，作者在書中系統論述了對改革和當今世界的看法和觀點，並在蘇聯與東歐國家的關係方面表現了一定的靈活性：一方面，戈巴契夫仍然強調了進一步推動經互會內部經濟一體化以及加強華約各國政治與軍事合作的必要性；但另一方面，他也表示願意給予東歐各國在推動國內經濟、政治改革方面更大的自由行動的空間。[187] 1988 年 3 月，戈巴契夫訪問南斯拉夫，在會後發表的公報中，蘇聯將其對蘇東關係的「新思維」作了首次表述，公報稱蘇聯將無條件地遵守社會主義國家間平等和互不干涉的原則，並充分尊重社會主義各黨及各國獨立地決定自身發展道路的權利。[188] 兩個月後，他在黨內就蘇聯準備從阿富汗撤軍所作的一次報告再次重申了這一立場，即「其他國家有選擇自己的社會制度的自由。」6 月 28 日，戈巴契夫在蘇共第 19 次代表會議上發表的講話，更清楚地表明了他反對軍事干預東歐事務的立場。在發言中，他說道：「新思維的一個關鍵問題是關於選擇的自由的問題。我們堅信這一原則對於國際關係具有普遍適用性……主權和獨立，平等權利和不干涉，正在成為國際關係公認的準則……反對選擇的自由意味著將自己置於客觀歷史進程的對立面。」[189] 是年底，戈巴契夫又在聯合國大會的主題發言中重複了這一立場。他強調，「選擇的自由」是一個「普世原則」，無論對於資本主義國家還是社會主義國家，無一例外，都是適用的。此外，蘇聯還借此次會議向聯合國作出重要聲明，承諾將根據與華約盟國達成的協議，從東德、捷克、匈牙利撤出六個坦克師，並於 1991 年前將其解散。同時大規模裁減在東歐的蘇聯駐軍人數及相關武器裝備等。[190] 進入 1989 年之後，戈巴契夫對其外交新思維的表述更加頻繁和直接，2 月份時，他明確宣稱，蘇聯新的對外政策「將建立在獨立、平等和不干涉他國內政以及糾正過去錯誤的基礎之上。」第二個月，在與到訪的匈總理內梅特會談時，戈巴契夫直言

不諱地表示，包括匈黨在內的各國共產黨都有權制定自己的政策，蘇聯不會予以干涉。[191]

就其本意而言，戈巴契夫對東歐政策的新思維，是想透過改革聯盟內部關係和推動東歐各國採取蘇聯式的「體制內改革」來再度加強蘇聯的國際地位，改善蘇東國家的社會主義形象，然而他嚴重低估了聯盟內在的脆弱性。戈巴契夫的激進改革政策及蘇聯對東歐盟國政治控制的放鬆為增強了波蘭、匈牙利等東歐各國黨內改革派的力量，同時鼓舞了黨外的民主反對派，為接下來這一地區政治局勢的驟變提供了外部條件。

結論

1989年開始整個東歐連鎖性的制度崩潰正是在這樣的背景下發生的。在每個國家，危機形勢如何一步步引發了最後的政治劇變，情況有所不同。在那些經濟改革比較深入以及有組織的反對派力量比較強大的國家，劇變首先發生。在這些國家中，黨試圖重塑其執政的社會基礎，由此點燃了政權劇變的火苗並最終引發了崩潰。1989年1月波黨召開中央全會，決定同最大的反對派組織團結工會舉行談判，此舉標誌著黨最終放棄了對國家權力的壟斷。接著，其他東歐國家緊隨其後。先是匈牙利，是年夏，執政的共產黨與反對派舉行圓桌會談，9月當局決定開放同奧地利之間的邊界，這一決定很快引發了東德政局的崩潰。繼柏林牆倒塌後，緊接而來的是捷克斯洛伐克的「天鵝絨革命。」此後，羅馬尼亞的希奧塞古政權被推翻，保加利亞黨內發起的「宮廷政變」將日夫科夫趕下臺。接著，南斯拉夫在一連串風暴打擊下走上瓦解之路，最終，阿爾巴尼亞亦未能倖免。

二十年後的今天，回顧東歐社會主義走過的最後一段歷程，到底應當如何理解和反思在東歐發生的這場影響深遠的歷史巨變？誕生於冷戰背景下的「多米諾」理論以及在此基礎上衍生出的所謂「示範效應」、「擴散效應」、「傳染效應」等分析概念固然對問題的理解有啟發作用，然而，僅停留在此層面上的解釋未免淺顯，不夠深入。鄰國事件的刺激說到底是一個外部因素，而促成制度崩潰的根本原因，尚需到其內部去尋找。事實上，在劇變發生前夕，東歐各國無論存在怎樣的差異，但都具備了一種共同的、能夠促成「一

推即倒」的因素，這便是：無論哪國的民眾，對其所處的生活環境與狀況均深感不滿，他們渴望發生劇烈的變革。造成人們不滿的原因固然很多，但其中政治制度遭到破壞、社會主義理想與意識形態承諾同具體現實之間的日益拉大的差距，特別是經濟發展的滯後，無疑是最為深層的原因。在此基礎上，隨著與外部世界特別是西歐國家交往的日漸增多，對制度優越性的懷疑情緒開始蔓延開來。作為歐洲的一部分，東歐人越來越清楚地意識到橫亘在他們與西歐人之間的不僅是道意識形態的屏障，更是一道經濟鐵幕。這道鐵幕已經將它們推到了歐洲的邊緣。如同經濟史學家拜倫德·伊萬（Iván T. Berend）所言，東歐地區的落後由來已久，不可單純歸咎於這場社會主義實踐，但不可否認的是，「國家社會主義沒能保證成功地實踐它的承諾，相反，卻使這種落後狀態保存了下來。」[192] 近半個世紀蘇聯式社會主義試驗的集體失敗，促使人們重新尋找實現國家現代性的新道路，或許這就是東歐政治大地震背後的內在邏輯。

（原載《新疆大學學報》2009 年第 5 期。此處略有修訂）

東歐劇變二十年——回望與反思

中國改革開放的三十年，是東歐戲劇性變化的三十年。1978 年，中國開始在農村實行家庭聯產承包責任制，由此開啟了中國經濟改革之路。而同期的東歐各國，尤其是其中有著「東方經濟改革先驅」之稱的波蘭、匈牙利等國，則遭遇了自改革年代以來最為劇烈的變動和危機。1980 年代的東歐儘管危機重重，不過在當時，並無人料想到東歐社會主義大廈會在此間某個時候發生集體坍塌。在每個國家，形勢的發展如何一步步引發了政權的最後崩潰，情況有所不同。在那些經濟改革比較深入且有組織的反對派力量較為強大的國家，劇變首先發生。以下本文將從整個鏈條首先發生斷裂的波蘭開始，就此過程作簡要闡述。

波蘭：第一張倒下的多米諾骨牌

波蘭是透過一條逐步妥協的漸進式道路走向政治劇變的。整個1980年代，波蘭局勢具有以下三個顯著的特徵，即經濟改革引發出諸多問題、政治反對派力量不斷壯大、黨的領導層對危機有著比較清醒的認識。

在東歐，波蘭是走在改革最前列的國家之一。早在1956年春蘇共二十大召開之後，波蘭便率先提出了改革現實社會主義的要求。此後，在哥穆爾卡執政的14年間，波蘭經歷了一個由改革、發展、停滯到出現危機的曲折歷程。1970年12月，在一次由物價上漲引發的大規模抗議和罷工事件後，哥穆爾卡被迫下臺。新的領導人吉瑞克一上任即調整改革方針，主張透過從西方大量引進外資、進口技術、設備、消費品的途徑來加速經濟發展、提高工業水平、改善人民生活。吉瑞克改革的前五年，波蘭的工業現代化水平得到了很大提高，國民經濟獲得了長足發展，1975年的GNP增幅達到了29%，人均工資增長近7%。[193] 然而，激進擴張的經濟政策在帶來上述成就的同時，也引發了嚴重的經濟後果，外債飆升便是其中之一。巨額外債的壓力，迫使當局不得不採取緊縮政策。結果，1976、1980年由於政府兩次大幅提高物價，引發了大規模的罷工浪潮。特別是後一次，不僅波及範圍廣、持續時間久，並且產生了極其深遠的政治影響。

與1970年十二月事件一樣，格但斯克列寧造船廠的工人在此次全國性罷工潮中再度扮演了先鋒角色。不過這一次，工人採取的是職業罷工而非街頭示威的形式，他們組建了領導罷工的罷工委員會，並迫使政府最終同意允許波蘭工人成立獨立於工會中央理事會之外的自治性組織。[194] 1980年11月，享有獨立自治地位的工會組織「團結」依法登記註冊，罷工領袖華勒沙當選為主席。根據團結工會的章程，維護工人權益、監督政府工作是其主要宗旨。不過，在其成立後不久，團結工會漸漸走上了同黨和政府相對抗的道路。

1981年12月，面對日益嚴峻的局勢以及莫斯科不斷加大的政治壓力，黨和國家最高領導人雅魯澤爾斯基宣布，波蘭進入戰時狀態，禁止一切工會組織與群眾團體的活動，並對兩百多個大型經濟組織實施軍管。政府的這一舉措雖暫時緩和了危機局勢，卻無法化解國家與社會間不斷增長的矛盾，更

無力挽救業已陷入困境的國家經濟。第二年，波蘭的通貨膨脹率一舉攀升至101.5%，此後便一直居高不下。[195]

為了擺脫困境、贏得信任，波蘭黨和政府決定將改革推向深入。1986年6月舉行的波蘭統一工人黨第十次代表大會透過了加速改革的決定，宣布將取消物價補貼、使價格改革一步到位、實現財政預算平衡作為下一階段的改革任務。1987年11月，政府推出了由部長會議主席、經濟學家茲比格紐‧梅斯內爾主持設計的一項以市場為導向同時包含了諸多緊縮措施的經濟方案，結果贊成票未達法定標準（即超過有權投票者的半數），醞釀許久的改革設想由此胎死腹中。儘管如此，當局並未就此放棄改革的努力。1988年2月1日，波蘭政府出臺了一項新的價格改革方案，以期透過提高物價、取消補貼達到根本改善預算、抑制通貨膨脹的目的，結果又一次引發了社會動盪。4、5月間，罷工浪潮再度席捲波蘭。起初，人們只是要求增加工資以作補償，但隨後便提出諸如恢復團結工會合法地位、釋放政治犯等政治要求。前一要求很快得到了滿足，但對後者，政府卻未予回應。結果，雙方陷入僵持。8月26日，雅魯澤爾斯基提議透過談判打破僵局。1989年2月6日，雙方在時隔九年後，再度坐在談判桌前。[196]

1989年春，波蘭政府與團結工會舉行的圓桌會議是東歐多米諾骨牌倒塌的重要一環。長達兩個月的艱苦談判為後來的和平轉型鋪平了道路。4月5日，雙方達成歷史性妥協：政府同意恢復團結工會的合法地位，團結工會則在議院和總統制的創建問題上做出讓步。根據最後達成的協議，雙方同意舉行選舉，增設參議院（上議院），恢復戰前的兩院制，同時對色姆（下議院）的議席分配做出下列決定：統一工人黨及其聯盟黨統一農民黨、民主黨擁有其中60%的席位，另留出5%交由支持統一工人黨的三個天主教組織，其餘35%的議席由選舉產生。此外，團結工會同意了政府關於設立負責國防、軍事、外交事務的總統一職取代國務委員會制，並由雅魯澤爾斯基出任首屆總統的要求。[197]

1989年6月，以團結工會為首的反對派在於4日和18日舉行的議會兩輪選舉中獲得壓倒性勝利。以公民委員會代表身份參選的團結工會候選人一舉贏取了參議院100議席中的99席和色姆中所有開放議席。[198] 兩個月後，

以團結工會新聞工作者、天主教政治活動家馬佐維耶夫茨基任政府首腦的40年多來東歐首個非共產黨政府正式組閣。

匈牙利：協議式轉變的典型

在1989年東歐發生的連鎖性劇變中，局勢演變最平和的可能要算匈牙利了，所以如此，很大程度上同匈牙利特殊的改革歷程有關。

匈牙利的社會主義改革始於1953年夏，當時在新任部長會議主席納吉的領導下，匈牙利政府針對蘇聯模式業已暴露出來的弊端實施了名為「新方針」的改革嘗試。此次改革雖為期短暫且最終被迫中斷，卻開啟了東歐非史達林化的先河。1956年春夏，改革呼聲在匈牙利再度響起。是年10月，該國爆發了要求獨立自主、走匈牙利式社會主義道路的民眾運動。運動持續近兩週，最後在蘇聯的兩次武裝干預下演變為一場民族悲劇。自此之後，「56事件」成了匈牙利人心中一道無法抹去的傷痕。新上臺的領導人卡達爾從中記取了深刻教訓，在其此後長達三十餘年的執政生涯中，保持同蘇聯的親密盟友關係，細查、探明莫斯科對東歐改革的容忍底線，並以此規範自身漸進式改革的空間和限度，始終是匈牙利政治發展的一條主線。

卡達爾改革的第一步始於意識形態領域。1962年，他以「誰不反對我們，誰就和我們在一起」的聯盟政策，取代了前頑固派領導人拉科西「誰不跟我們在一起，誰就是反對我們」的階級鬥爭政策。此後不久，改革進一步向經濟領域延伸。1968年初，匈牙利開啟了名為「新經濟機制」的改革進程。「新經濟機制」成功地創造了計劃與市場的共存，有效地提高了人民生活水平。此後，匈牙利「馬鈴薯燒牛肉式的社會主義」在很長時間裡成為包括中國在內的許多社會主義國家研究和學習的典範。

然而，以市場為導向的改革在帶來經濟增長的同時，也使得國家經濟愈益依賴並易受世界市場的影響。上世紀1970年代，隨著國際經濟形勢的惡化，匈牙利經濟發展中潛伏的宏觀矛盾也日漸凸顯出來，資源短缺、外債沉重、通貨膨脹、預算赤字、外貿逆差等問題，到了1980年代成了嚴重制約經濟發展的瓶頸。儘管政府不斷相應調整政策，但經濟目標總是難以實現，幾乎所有的改革措施都已不再能像先前那樣帶動經濟實現動態增長。

經濟領域的困難很快影響到政治穩定。1987年，卡達爾的領導地位受到日益嚴峻的挑戰。以部長會議主席格羅斯、愛國人民陣線主席波日高伊為代表的主張深化改革的一派，不斷在黨內積蓄力量向卡達爾施壓，同時積極在黨外尋求社會力量的支持。[199]

1988年5月，卡達爾在巨大壓力下被迫辭職。此後，先前聯手反對卡達爾的改革派內部發生了分裂並迅速分道揚鑣。其中，以波日高伊為首的強調在經濟、政治、法律等各領域實施全方位改革的激進一派，開始將鬥爭矛頭轉向新任黨的總書記格羅斯及其所代表的主張經濟分權而對政治改革缺乏興趣的溫和一派。1989年1月，乘格羅斯外出之際，波日高伊擅自在電臺採訪中宣布，1956年匈牙利事件並非像官方史料所定論的那樣，是場「反革命」，而是一次「人民起義。」這一聲明立即產生了戲劇性的效果。此後兩週，成百上千的社會團體、政治組織公開表示支持波日高伊。由於受到公眾輿論和媒體的支持，波日高伊將格羅斯置於被動境地。[200] 2月10—11日，格羅斯召集匈黨中央全會，會議不僅對56事件作了重新評價，且被迫同意實行多黨制。[201]至此，從某種意義上說，匈牙利已先於波蘭脫離了傳統社會主義政權體制的軌道。其後數月間，已放棄了權力壟斷地位的匈牙利社會主義工人黨，又進一步作出了取消民主集中制、幹部任命制等重大決定。6月13日，匈黨表示願意同各反對黨及社會團體舉行圓桌會議，就和平地從一黨制向多黨制過渡協調各自立場。7月1日，會議分成若干小組，圍繞政治、經濟相關議題開始舉行討論。經過兩個多月的談判，雙方最終達成協議，將在自由競爭的基礎上舉行議會選舉。[202]

1990年3月25日和4月8日，議會自由選舉如期舉行，結果，反對派圓桌會議中的最大政黨匈牙利民主論壇贏得了多數席位，組成了議會多數的聯合政府。至此，匈牙利成為繼波蘭之後第二個在沒有發生社會震動和政治紊亂情形下走向政治轉型的東歐國家。

連鎖倒下的東德、捷克斯洛伐克

波、匈兩國局勢的上述演變,劇烈地撼動了二戰後維持了四十餘年的雅爾達體系。當人們正驚訝於莫斯科超乎尋常的鎮靜與默然之時,這股政治巨浪已呈不可阻擋之勢迅速席捲開來,接下來受到衝擊的是東德。

1989年9月10日,由於匈牙利單方面撕毀了1969年同東德簽署的關於嚴禁東德居民經由匈牙利前往西方的協定,開放了與奧地利的邊界,致使數以萬計東德人經此逃往西方。[203]然而,後果不止於此。就在邊界開放的第二天,東德第一個全國性反對派組織「新論壇」宣告成立,並申請賦予合法地位。很快,「即刻民主」等許多新的反對派組織隨之湧現。反對派的活動得到了教會的支持並贏得了各階層的廣泛響應。9月25日,數千民眾在東德第二大城市萊比錫舉行示威,要求當局實行政治改革。10月2日,萊比錫再度爆發萬餘人的遊行活動,人們口唱國際歌,要求政府給予最近成立的「新論壇」以合法地位。10月6—7日,在東德舉行40週年國慶慶典期間,德勒斯登、萊比錫、東柏林等地成千上萬的人走上街頭舉行示威,抗議政府對民眾呼聲無動於衷,而此時應邀到訪的戈巴契夫亦在其公開講話中大談改革的必要性,稱「那些落伍者將會受到實際生活的懲罰。」隨後,在戈巴契夫的直接鼓勵下,德國統一社會黨總書記昂納克被以克倫茨和沙博夫斯基為首的黨內反對派趕下臺。[204]11月4日,東德爆發了有史以來最大規模的一場示威遊行,約五十萬人聚集東柏林,示威者提出了反對派合法化、舉行自由選舉等政治要求。面對此情,當局決定做出重大讓步。11月8—10日,德國統一社會黨召開中央全會,宣布同意進行自由選舉,同時對政治局進行了全面改組。幾天後,人民議院選舉改革派代表人物莫德羅出任總理,重組政府並立即著手實施「徹底的」改革。[205]然而,對此後局勢產生決定性影響的並非這些,而是東德領導層提出的一項有關簡化旅行和出境手續的新旅行法。

11月10日,即沙博夫斯基意外向媒體宣布政府即刻將允許東德公民自由出境這一消息之後的第二天,豎立達28年之久的柏林牆轟然倒塌。從那一刻起,東德局勢也被推向了無法逆轉的境地。此後至是年底,約12萬人如潮水般湧向西德。12月1日,憲法修正案取消了統一社會黨是東德唯一領導黨的提法。7日,共有12個政黨和政治組織在就多黨制原則達成共識的前提

下，在東柏林舉行了首次圓桌會議。1990年3月12日，在經過了16次會議之後，各方達成一致並通過最後聲明。[206] 1990年3月18日，在提前舉行的選舉中，由基督教民主聯盟、德國社會聯盟、民主聯盟共同組成的德國聯盟以超過48%的選票勝利贏得大選，由共產黨改組而成的德國民主社會主義黨的得票率僅為前者的1/3左右。[207] 由德國聯盟、自由民主聯盟、社會民主黨組成的聯合政府上臺後，加快了兩德統一的步伐。1990年10月3日，東德正式併入西德，從此不再同東歐命運與共。

繼東德之後，危機開始聚焦於捷克斯洛伐克。1989年11月17日，在首都布拉格，約1.5萬名學生舉行紀念集會。活動的主題本與政治無涉，但不知不覺間轉變為一場公開的政治抗議。最後，當局出動警力驅散了示威人群。20日，為表達對警察鎮壓學生運動的不滿，20萬人在位於市中心的溫塞斯拉斯廣場舉行抗議集會，提出了領導人辭職、舉行自由選舉等口號。1989年捷克斯洛伐克所謂「天鵝絨革命」由此拉開了序幕。

在接下來的幾天裡，在新成立的「公民論壇」、「公眾反暴力」等反對派組織的號召下，捷主要城市接連爆發了大規模抗議遊行。面對反對派和民眾聯合發起的一連串強大的政治攻勢，捷共表現得不知所措。在24日召開的捷共中央緊急全會上，黨的總書記雅克什、中央政治局和黨的書記處遞交了集體辭呈。然而，領導層的變更此時已無法平息局勢。反對派對於以烏爾班內克為核心的黨的新領導層，仍表示不滿，並於25日下午依原定計劃組織了五十多萬人的全國總罷工。這場持續了數小時的罷工致使整個國家幾近陷於癱瘓。次日，以部長會議主席阿達麥茨為代表的政府代表團與以哈維爾為代表的反對派代表團，正式坐在談判桌前，1989年捷克斯洛伐克的圓桌會議就此展開。在此後共計10輪的談判中，捷共除以妥協姿態滿足反對派提出的種種要求外，幾乎別無選擇。[208] 11月29日（第二輪會談的次日），聯邦議會廢除了憲法中關於捷共領導地位的條款。12月1日（第三輪會談的當天），捷共中央主席團透過決議，為1968年杜布切克領導的改革運動平反。[209] 12月10日，根據最後一輪圓桌會議達成的共識，以恰爾法為首的民族諒解政府正式宣誓就職。在新內閣21位成員中，半數以上來自反對派組織或系無黨派人士。[210] 同日，1968—1987年間曾長期擔任捷共第一書記的胡薩克，亦在

一片抗議聲中辭去總統一職。12月28、29兩日，捷聯邦議會先後選舉杜布切克和哈維爾分別出任聯邦議會議長和共和國總統。翌年夏，聯邦議會舉行大選，以公民論壇為首的反對派組織大獲全勝，贏得半數以上議席。在新組建的政府中，捷共被排除在外，淪為在野黨。至此，捷克斯洛伐克的「天鵝絨革命」落下帷幕。

衝擊波影響下的東南歐諸國

從以上中歐四國的劇變過程可以看出，不管其變革的前提存在怎樣的差異，在政權崩潰的關鍵進程中，反對派力量在不同程度上都扮演了推波助瀾的角色。不過，對於東南歐各國，情況卻非如此。在這些國家，反對派的影響微乎其微，推動政局發生突變的因素來自於其他方面。以下以保加利亞和羅馬尼亞兩國為例略作闡釋。

在蘇聯的東歐盟國中，保加利亞情況比較特殊。在整個冷戰時期，它是東歐八國中唯一未曾同莫斯科發生齟齬並始終保持著密切關係的國家。不像波蘭或匈牙利，直到劇變發生前，保加利亞幾乎沒有進行過真正意義上的體制改革，經濟比較落後，社會相對保守。在保加利亞，黨外反對派力量的出現始於1988年，但受上述政治文化氛圍的影響，主要在遠離政治的一些領域展開活動。進入1989年後，一些後來較為活躍的獨立團體如「生態公開性獨立協會」、「支持」工會、「支持公開性與改革俱樂部」等開始紛紛出現。這些團體雖也曾組織過一些抗議活動，但並未對政局產生重要影響，保共仍牢牢掌握著局勢的主導權。

1989年11月10日，事態開始發生急劇變化。在當天召開的保共中央全會上，日夫科夫意外宣布辭去黨和國家最高領導職務。這一局勢發展與黨外反對派的活動並無關係，而是由以外交部長姆拉德諾夫為首的反日夫科夫力量在蘇聯領導人的同意和支持下努力策動所致。此後新的領導人姆拉德諾夫一上臺，立即承諾實施一系列戈巴契夫式的改革，強調必須改變黨的領導方法，把公開性和多元化作為黨和國家的根本原則。起初，同蘇聯一樣，保共並未打算放棄黨的領導，也無意實行多黨制。然而，當東德和捷克斯洛伐克政治劇變的衝擊波襲來時，保加利亞的政治風向亦迅速偏轉。12月26日，

保共同意與反對派舉行圓桌會談。在隨後於 1990 年 1—5 月舉行的三輪談判中，參會各方就刪除憲法中有關社會主義的內容、實行政治多元化、舉行自由選舉等最終取得一致，共同簽署了包括《憲法修正案》、《政黨法》、《選舉法》等在內的共計 10 份文件。[211] 6 月中旬，在如期舉行的大國民議會選舉中，由共產黨改組而成的社會黨奪得最高票數，控制了議會和政府。主要的反對派「民主力量聯盟」對此結局不滿，拒絕參加聯合政府，並且不斷地組織抗議活動。11 月底，由社會黨人盧卡諾夫領導的政府在重重壓力下被迫辭職，民主力量聯盟進入政府。在 1991 年 10 月舉行的新的議會選舉中，社會黨痛失第一大黨地位並被徹底排除出政府。自此，保加利亞的政治發展進入一個新階段。[212]

羅馬尼亞是東歐華約成員國中最後一張倒下的多米諾骨牌。在這裡，矛盾的累積與衝突的爆發集聚在對領袖個人的道德憤慨之上，這種現像在東歐是絕無僅有的。1965 年，喬治烏－德治去世後希奧塞古接任了黨和國家領導人，此後在其長達 24 年的執政生涯中，他將羅馬尼亞逐步鍛造成為一個集專制與高壓於一身的家族統治式的國家。在這種政治框架下，任何形式的反對意見或力量，無論它出現在黨內還是黨外，也無論它採取了怎樣溫和的方式，往往被迫銷聲匿跡。

齊奧塞斯庫政權的上述特點，使得羅馬尼亞的劇變呈現出尤具戲劇化的色彩。1989 年 12 月，由於政府強令蒂米什瓦拉的匈牙利少數民族集體搬遷並試圖驅逐當地深受愛戴的牙利族新教牧師凱什·拉斯洛，引發了當地教民的抗議。當局派兵前來鎮壓，結果造成數百人傷亡。蒂米什瓦拉事件的消息很快傳遍全國，由此引爆了人們對齊奧塞斯庫政權壓抑已久的不滿與忿恨，混亂局勢迅速蔓延開來，各地示威遊行接連不斷。21 日，為平息事態，希奧塞古召集舉行盛大集會，不料局勢很快騷亂起來。22 日中午，示威者包圍了總統府，齊奧塞斯庫夫婦乘直升機倉皇逃亡。同日，由部分老黨員、知識分子、軍隊領導人組成的「救國陣線」宣告成立並迅速接管了政權。三天后，逃跑未遂的齊奧塞斯庫夫婦被秘密軍事法庭判處死刑並即遭極刑。救國陣線領導的過渡政權沒有召集圓桌會議，而是直接宣布結束一黨制，建立多元化民主政體。[213] 1990 年 5 月，羅馬尼亞舉行了劇變後的首次自由選舉，救國

陣線以 66.31% 的得票率輕鬆擊敗對手贏得大選，該陣線領導人伊利埃斯庫亦以 85.07% 的支持率當選總統。[214] 伴隨著新的政治氣候的形成，齊奧塞斯庫時代永遠地化為了歷史的記憶。

至此，蘇聯的六個東歐盟國無一倖免地脫離了社會主義軌道。接下來，風暴繼續南移，最後，長期堅持獨立自治道路的南斯拉夫、1960 年代業已脫離了蘇聯陣營的阿爾巴尼亞，亦均遭席捲。

「骨牌效應」的內在邏輯

同其他許多探討東歐這場政治大地震的著述一樣，本文在此借用了「多米諾骨牌」這一概念來描述這一進程。這一概念的一個隱含前提是：處於連鎖環節上的各國間存在著國家同構。從某種角度來看，東歐的情況確係如此。1940 年代末，隨著蘇聯模式移植到東歐，各國政治、社會發展進程在後來呈現出許多驚人的相似之處。不過，這並不意味著可以用單一視角來分析這些國家。蘇聯模式在東歐的引入以及各國對其不時表現出的「排異反應」，是一個帶有共性的特徵，而在此基礎上各國不同的歷史條件和現實政策則產生出不同的結果。在率先嘗試改革的波、匈、南三國，到 1980 年代時，對舊體制進行激進改革的必要性愈益凸顯，特別是前兩國，社會轉型的因素已開始有所萌生或發展。而在此之外的其他各國，則幾乎沒有進行過實質性的改革。在這些國家中，有的是黨的領導比較穩固，尚未出現催生改革的危機形勢（比如保、阿），而有些則完全是因為當局極力迴避或抵制改革（比如東德、捷、羅）。借用匈牙利經濟學家胡尼奧·加博爾的話來說，這些國家直至 1989 年到來前，對於體制轉型完全「沒有準備。」[215]

儘管存在諸多差異，20 年前我們在東歐政治舞臺上看到的不僅是不間斷的連鎖性倒塌，也是徹底的全盤性崩潰。不管是「水到渠成」的波、匈兩國，還是「沒有準備」的東德、捷、羅等國，無一倖免。由此看來，單純的有無改革並非制度崩潰與否的根本原因，它僅只決定了東歐多米諾骨牌倒塌的起點和方向。同樣，1980 年代中後期戈巴契夫有關蘇東關係的「新思維」為東歐的變革提供了重要的外部條件，然而，莫斯科的不干涉政策，如果對波、匈、捷、保、東德等國的政權劇變可謂必要條件的話，對南、羅、阿三個獨

立或相對游離於蘇聯控制之外的國家則並非如此。當然，與世界經濟聯繫的緊密或疏鬆、對外政策的開放或封閉，同1989年各國政治劇變的先後順序和速度快慢存有某種關聯，但與劇變本身並無很強的正相關性。

那麼，到底如何理解1989年開始東歐社會主義大廈發生的集體坍塌？誕生於冷戰背景下的「多米諾」理論以及在此基礎上衍生出的所謂「示範效應」、「擴散效應」、「傳染效應」等分析概念固然對問題的理解有啟發作用，然而，僅停留在此層面上的解釋依然沒有深入到問題的根源。鄰國事件的刺激說到底是一個外部因素，而促成制度崩潰的根本原因，尚需到其內部去尋找。事實上，在劇變發生前，東歐各國無論存在怎樣的差異，但都具備了一種共同的、能夠促成「一推即倒」的因素，這便是：無論哪國的民眾，對其所處環境與狀況均深感不滿，對本國執政黨及其執政能力失去了信任和信心，渴望發生劇烈的變革。在此基礎上，隨著與西方世界交往的日漸增多，東歐人深藏心中、難以磨滅的歐洲情結復又點燃，與此同時，對制度優越性的懷疑情緒亦愈加蔓延開來。如果說此前，它們的標準參照系主要是東方陣營中的老大哥蘇聯及其他兄弟國家，那麼這時它們的視角開始發生了轉移，處於同一大陸的西歐成了它們眼中新的坐標。「不僅是『比較經濟體制』的學者們在進行比較研究，大街上越來越多的人也在頻繁地進行『比較研究』。」[216] 匈牙利經濟學家科爾奈此言詼諧中反映的卻是實情。作為歐洲的一部分，東歐人越來越清楚地意識到橫亙在他們與西歐人之間的不僅是道意識形態的屏障，更是一道經濟鐵幕。這道鐵幕已經將它們推到了歐洲的邊緣。近半個世紀蘇聯式社會主義試驗的集體失敗，促使人們重新尋找實現國家現代性的新道路，或許這就是東歐政治大地震背後的內在邏輯。

柏林牆倒了，鐵幕緩緩垂落，雖然冷戰還未最終結束，東歐人已迫不及待地踏上了重返歐洲之旅。「要不是因為有『那種體制』，我們早就像西方那樣了」，[217] 這種社會主義後期在東歐國家普遍存在的社會心理很大程度上指引著東歐此後的轉型路徑，那就是：徹底同原有體制一刀兩斷，盡速建立起西方「那種體制」，做一個名副其實的歐洲國家。於是，「民主化」、「市場化」、「歐洲化」唱響了東歐轉型的主旋律。經過了近二十年的轉型，

今日東歐較之此前已發生了很大的變化。各國未來將會如何，依然是一幅有待東歐人民自己用心繪製的畫卷。

（原載《中國延安幹部學院學報》2010年第5期。此處略有修訂）

東歐轉型國家公民社會探析

「東歐」是一個很特別的地緣政治概念。對於歐洲版圖上哪些國家和地區應被劃入其中，目前國際上越來越缺乏一個多數認同的標準。有鑒於此，本文仍將沿用冷戰時期約定俗成的地緣政治概念，即將「東歐」鎖定為「前東歐國家。」這些國家在冷戰結束前特指第二次世界大戰結束後走上社會主義道路的歐洲八國（波蘭、捷克斯洛伐克、匈牙利、南斯拉夫、保加利亞、羅馬尼亞、阿爾巴尼亞和東德）。劇變之後，經過數度分合，現今包括波蘭、匈牙利、捷克、斯洛伐克、斯洛文尼亞、羅馬尼亞、保加利亞、阿爾巴尼亞、塞爾維亞、波斯尼亞－黑塞哥維那（簡稱波黑）、克羅地亞、馬其頓和黑山等十三個國家以及於2007年2月17日宣布建國但目前僅獲得54個國家承認的地位待定的科索沃。

自1989年劇變至今，東歐國家的政治轉型已走過了近二十個年頭，儘管差距很大，但其基本目標模式即多黨議會民主制度的框架在多數國家已大體確立，未來的政治發展前景若何，很大程度上取決於現有制度的穩定與鞏固程度。那麼，怎樣的民主才算是鞏固的？引用美國政治學家亞當·普沃斯基（Adam Przeworski）的說法，如果在一個體系內，「相關的政治力量把其利益與價值託付於不確定的民主制度博弈，並服從民主過程的結果。只有在——大多數衝突透過民主制度加以解決，沒有人能事後支配民主的結果，也無人能事先就決定後果，結果是出現在人們可預測的限度之內，並能喚起相關政治力量的服從——之時，民主才是鞏固的。」[218]目前，關於中東歐國家政治轉型進展及制度鞏固程度，由於存在各種不同的測算方法，尚未形成某種統一的結論。根據著名的國際評估機構自由之家（Freedom House）2009年對東歐各國民主化進展程度所做的最新評估，在現今七個業已加入歐盟的前東歐國家中，於2004年5月首批入盟的匈牙利、波蘭、捷克、斯洛伐克、斯洛文尼亞等國，都可算作是擁有鞏固民主制的國家；而兩年前剛剛獲得歐盟

成員國身份的羅馬尼亞和保加利亞,以及巴爾幹半島上的阿爾巴尼亞和四個前南斯拉夫共和國塞爾維亞、克羅地亞、馬其頓、黑山與以上中歐五國相比則略低一級,被稱為半鞏固的民主國家;多年戰亂紛飛的波黑則尚未被列入民主制國家的行列。[219] 兩位後社會主義政治觀察家安娜·格日邁拉-比塞(Anna Grzymala-Busse)和波利娜·瓊斯·隆(Pauline Jones Luong)的研究結論與此有相似之處,但亦有所不同:被他們列入第一序列的東歐國家只有波蘭、匈牙利、捷克和斯洛文尼亞,就是這四國,其民主化進程在兩位學者眼中尚不能算作「鞏固的」,而至多是「接近鞏固的。」[220] 不同的評估標準難免得出相異的結論,不過,受地緣影響各國民主化程度表現出的區域性差異在多數研究中都體現得非常明顯。

公民社會:透視東歐政治轉型的一個視角

探討轉型中東歐各國政治轉型的進程與進展,離不開對作為自治機構的公民社會發展狀況的整體考察。所謂公民社會或公共社會(Civil Society),通常是指在國家、家庭、經濟生產(市場、公司)之外運作的各類組織,包括比如非政府組織、慈善機構、婦女組織、職業協會、工會、自助性社團、社會運動等。根據美國約翰·霍普金斯大學政治學教授萊斯特·薩拉蒙(Lester M. Salamon)等人所做的界定,作為公民社會組織,應當具有以下五個基本屬性:第一,組織性,即指需具有某種結構和運作規則;第二,私有性,即指其不從屬於國家機構(即使其部分資金來源可能來自於政府的撥款);第三,非營利性,係指這類組織主要不是以商業營利為目的,其利潤收入不歸投資者和經營者所有;第四,自治性,是指這些組織有其自身的治理機制,獨立地作出決策並處理內部事務;第五,自願性,亦即組織成員完全是在自願的基礎上加入的,同時組織還接受一定的捐贈和志願服務。[221] 對於現代民主國家而言,公民社會不僅是衡量民主狀況的一個指標,亦是推動民主不斷向前發展的重要力量,因此有必要使其達到或保持一種比較活躍和強大的狀態。

在東歐,公民社會並不是1989年政治劇變後才出現的,換言之,它並非轉型所帶來的結果。事實上,早在1970年代,各種類型的協會、俱樂部以及其他類似組織作為公民社會的雛形便開始在某些東歐國家醞釀生成,並逐漸發展起來。這些組織主要涉及領域包括文化教育、社會保障、宗教活動、慈

善事業、環境保護等，其中有些以明顯不關心政治的姿態開展其活動，而有些則熱衷於介入政治並提出了種種政治要求，比如：更大程度地參與政治、經濟、社會、文化生活；在個人和公共生活領域擁有更多的自主權；在社會機構中享有真正的代表權等。後來，有些政治化的團體甚至對本國執政黨的權力壟斷地位構成了直接挑戰，其中最引人矚目的莫過於列赫·華勒沙（Lech Wałesa）領導的波蘭「團結」工會和以瓦克拉夫·哈維爾（Vaclav Havel）為領袖的捷克斯洛伐克「七七憲章」運動。

在許多西方學者的視界中，這些組織的活動與後來整個東歐共產黨政權的喪失之間有著密不可分的因果關係。對於劇變後東歐各國公民社會的發展狀況，他們普遍有種大失所望的感覺。「太弱小」、「不確定」，發展得「不充分」、「不迅速」、「不平衡」是其對東歐公民社會現狀的總體評價，在他們看來，這種狀況不僅不利於推動東歐的「民主化」進程，還將對其構成嚴重障礙。[222] 東歐的一些學者也持同樣看法，其中有的結論甚至更為消極。例如波蘭社會學家埃德蒙德·茅茨基（EdmundMokrzycki）即認為，嚴格地講，東歐根本不存在真正意義上的公民社會，他在談及相關問題時，索性用「假想的公民社會」來指代。[223]

事實上，東歐公民社會不夠強大和活躍雖是實情，但需置於特定的參照系中加以考察。這裡，「弱小」、「不確定」以及發展過程中表現出的種種不足，很大程度上具有相對的意義。首先，如果比照 1980 年代西方世界對於東歐公民社會（特別是政治性的公民社會組織）所抱有的非常高的期望值而言，東歐公民社會的發展狀況的確可以說「不盡如人意。」舉波蘭團結工會為例，在 1980 年代初以及 1989 年劇變前後幾年間，該組織的規模和政治影響力不僅在波蘭甚至在整個東歐地區都可謂首屈一指，然而進入 1990 年代後竟一步步走向瓦解並最終淡出政治舞臺，以至於現今工會運動成為波蘭公民社會中最弱的一支力量。不過，西方對於東歐公民社會的這種高期望值本身亦存在兩個誤區，這裡仍以波蘭工會為例：誤區之一，雖然 1989 年波蘭的政治劇變與團結工會的活動和反抗有著很大的關係，但歸根到底，經濟停滯、改革乏力、政治制度遭到破壞、民眾普遍不滿，才是帶有決定性意義的因素，而以團結工會為代表的工人組織所起的實是非決定性的、外部推動的作用；

誤區之二，1980年代初期及後期表現活躍的團結工會僅僅是窺視此特定時期間波蘭公民社會發展狀況的一面鏡子，並不能反映整個東歐公民社會的整體情況。羅馬尼亞就是一個典型的實例。直到劇變發生前，該國公民社會的力量其實非常地弱小，至於政治反對派，在齊奧塞斯庫家族式的高壓統治模式下，幾乎沒有任何生存的空間。此外，假使習慣性地以西方國家成熟的公民社會為參照物來考察東歐的公民社會，那麼，後者在許多方面都是難以「達標」的。這其中除了涉及許多社會的、歷史的、文化等方面的原因外，也不乏現實政治、經濟因素的影響。一些調查研究表明，1990年代，伴隨轉型特別是經濟轉型產生出來的社會分裂、經濟崩潰、腐敗蔓延、失業率高漲、安全形勢惡化等，許多人心中開始產生出一種懷舊情結，在他們看來，社會主義時期縱然有許多難盡如人意之處，但卻是一段社會穩定、保障就業、全民享有免費醫療和教育的難忘歲月。對於這些人而言，以自由資本主義為其基本價值主張的西方式的公民社會是他們不太能夠接受的。

　　在研究東歐國家的公民社會時，認識到其發展的不足同時看到這種相對性，是十分重要的。正如瑞士社會學家漢斯－彼得（Hans-Peter Meier Dallach）等人所指出的，在這個迅速全球化的時代中，公民社會的興起是一個不爭的事實，在東歐，公民社會部門業已形成，只是其特點較之數量不斷增長、多樣化的趨勢日益彰顯的西歐有所不同。[224]

　　考察公民社會的發展狀況，離不開統計數據的分析。目前關於中東歐民主化研究最常引用的是自由之家的評級數據。該數據建立在對轉型國家選舉過程、公民社會、獨立媒體、國家民主政府、地方民主政府、司法框架與司法獨立、腐敗等各項指標計算和評估基礎上綜合得出。其中，對公民社會情況的評估數值（採取1—7的測量度，1代表公民社會進展情況最好，7則表示公民社會進展情況最不理想）又是在以下幾項指標的基礎上構建起來的：第一，非政府組織的增長、可持續發展能力、組織能力、資金培育能力、基礎設施、公眾形象以及它們有效運轉的司法和政治環境等；第二，自由工會的發展以及利益團體參與政策過程的情況。下表列出了過去十年間自由之家對東歐各國公民社會的評級數據。

自由社對東歐各國公民社會的評級（1999—2009 年）

國家	1999-2000	2001	2002	2003	2004	2005	2006	2007	2008	2009
阿爾巴尼亞	4.00	4.00	3.75	3.75	3.5	3.25	3.00	3.00	3.00	3.00
波赫（波士尼亞與赫塞哥維納）	4.50	6.00	4.25	4.00	3.75	3.75	3.75	3.50	3.50	3.50
保加利亞	3.75	3.50	3.25	3.25	3.00	2.75	2.75	2.50	2.50	2.50
克羅埃西亞	3.50	2.75	2.75	3.00	3.00	3.00	2.75	2.75	2.75	2.75
捷克	1.50	1.50	1.75	1.50	1.50	1.50	1.50	1.50	1.25	1.50
匈牙利	1.25	1.25	1.25	1.25	1.25	1.25	1.25	1.50	1.50	1.75
馬其頓	3.50	3.75	4.00	3.75	3.25	3.25	3.25	3.25	3.25	3.25
蒙特內哥羅	—	—	—	—	2.75	2.50	3.00	3.00	2.75	2.75
波蘭	1.25	1.25	1.25	1.25	1.25	1.25	1.25	1.50	1.25	1.50
羅馬尼亞	3.00	3.00	3.00	2.75	2.50	2.25	2.25	2.25	2.25	2.50
斯洛伐克	2.25	2.00	1.75	1.50	1.25	1.25	1.25	1.50	1.50	1.75
斯洛維尼亞	1.75	1.75	1.50	1.50	1.50	1.75	1.75	2.00	2.00	2.00
塞爾維亞	—	—	—	—	2.75	2.75	2.75	2.75	2.75	2.75

數據來源：Freedom House, Nations In Transit 2009: Democratization From Central Europe To Eurasia, URL=http://www.freedomhouse.eu/images/nit2009/tables.pdf.

根據上表提供的數值可以看出，在目前東歐十三個國家中，匈牙利、波蘭、捷克、斯洛伐克、斯洛文尼亞等中歐五國，公民社會進展情況最好，其得分多在 1—2 之間；而東南歐各國評估數值普遍偏高，尤其是除斯洛文尼亞之外的前南斯拉夫各國，得分基本在 3—4 之間，表明其公民社會的發展狀況不及上述已溶入歐洲一體化的國家。

非政府組織：考察東歐公民社會的一個維度

非政府組織（Non-Governmental Organizations，NGOs），從最為廣義的角度來看，即指獨立於政府和企業之外的所有其他組織。篇幅所限，本文在此僅選取上述國家中公民社會評估結果最佳的國家之一匈牙利為例，並針對其非政府組織的基本情況做以下考察。

1989 年劇變後至今，匈牙利非政府組織的發展速度在東歐地區算是比較快的。據相關統計數據表明，截至 2008 年春，匈牙利非政府組織的數目共計

56694個，總運營收入約43億美元（約合8540億匈福林），支薪員工高達七萬餘人（約占全國人口的7.2%）。在以上相關組織中，大約40%是各種類型的基金會，主要涉及衛生保健、社會服務、文化教育等領域；其餘60%左右為各種職業協會和其他社會組織，總數為34439個，主要集中在劇變前已有較長發展歷史並擁有一定社會基礎的文化娛樂領域，其中又以休閒、運動類組織居多，所占比例分別為26%和18%。[225]在匈牙利，不同類別非政府組織的資金來源有所不同：衛生保健、社會服務、教育、發展等公共服務型組織的收入多數來自個人捐贈、政府資助以及外國（多數是美國和歐盟）企業、基金會援助項目中專項投入非政府組織的資金；文化娛樂、職業社團等收費支配型組織的經費則主要來自於會費收入和服務報酬所得。

在轉型進程的最初五六年間，同東歐其他所有國家一樣，匈牙利非政府組織的發展受跨國組織和機構的影響較大。這些組織和機構透過提供大量的資金支持，在匈牙利公民社會的發展過程中扮演了相當重要的角色。舉由著名的美籍匈裔投資商喬治·索羅斯（George Solos）創辦的開放社會研究所（Open Society Institute, OSI）為例，該機構在推動東歐國家非政府組織發展方面花費驚人，每年投入的資金高達上億美元，約占整個機構年預算總額的半數以上，其中流向匈牙利的占了很大比重。除了這一機構外，由索羅斯投資或援助的較有影響的項目或實體還包括：民族基金(National foundations)、法律與治理（Law and Governance）、中歐大學（Central Europe University）、開放社會檔案(Open Society Archives)、東方－東方（East East），等等。來自國外的資金支持，一方面為轉型之初匈牙利公民社會的發展奠定了一定的基礎，但另一方面，由於資金流向過多集中於如人權、腐敗、善治、環保等西方資助者普遍較為關切的一些領域，從而對培育真正符合匈牙利國情的非政府組織造成了一定的不利影響。[226]

自1990年代中期以後，這一局面逐漸發生了變化，匈牙利政府開始有意識地在推動非政府組織發展方面扮演積極的角色。具體而言，主要表現在以下幾個方面。

首先，透過加強立法優化非政府組織進一步發展的法律與政治環境。自1989年1月1日國會通過了允許群眾自由結社與集會的《團結社法》和《集

會法》兩項法案之後，迄今為止匈牙利已制定了多個保障和鼓勵非政府組織發展的專門法令，比如 1996 年歲末通過的《百分之一法》（1% Law）、次年通過的《公共救濟組織法案》(Act on Public Benefit Organizations，PBOs)、2003 年通過的《全國公民基金法案》(Act on National Civil Fund，NCF) 以及 2005 年生效的《自願捐助法案》(Act on Voluntarism) 等。以下簡單談談其中頗具影響力和代表性的《百分之一法》。這項法令帶有明顯的對非政府組織的發展給予政策支持和傾斜的意味。根據該法令，每位匈牙利納稅人可將其上年個人所得稅的 1% 自主繳給某正規的非政府組織或諸如圖書館之類的國家公益機構，除此之外，還可有權劃出另外 1% 的份額繳給教會組織。雖然，依據法令精神，國家所屬的公益機構與非政府組織同為受惠者，但實際上，自法令生效並實施至今，前者所得份額其實相當少，絕大多數稅款流向了非政府組織。[227] 近兩年，匈牙利政府在推動非政府組織發展方面又出臺了一系列新舉措，其中值得一提的是 2006 年對有關公民社會的指導方針的修訂。新的指導方針要求，政府各部必須每兩年制定一份關於促進和加強與非政府組織部門聯繫的公民行動計劃。[228] 目前在東歐，匈牙利非政府組織的法律環境可以算是最好的，匈牙利當局在透過立法來鼓勵和支持非政府組織的活動方面走在了地區其他國家的前面。

其次，逐年增加對非政府組織的財政撥款。以 2000—2005 年為例，國家投入的資金在匈牙利非政府組織年總收入的比重五年間由 28% 上升到 40%。這一數字雖然低於西歐的平均水平（40%—60%），但卻是所有東歐國家中最高的。[229] 由於受到政府資金的大力支持，匈牙利的非政府組織開始越來越多地參與到國家公共服務領域。此外，在中央政府的政策引導之下，各級地方政府也在相關領域同非政府組織展開愈益廣泛的合作，並積極向其注入資金。同時，向非政府組織捐資的公司、企業也越來越多，資助領域較多地集中於社會公益事業以及以慈善為目的社會救助機構等。在此情形下，非政府組織自身的收入情況也有了相應的提高。據匈牙利中央統計辦公室 2007 年所做的統計調查表明，2006 年全國範圍內各種基金會和協會的年總收入達到近 18 億美元，除此之外其他類型非營利組織的年收入共計約 25 億美元。[230]

除了在法律和財政方面加強對非政府組織的支持力度外，匈牙利當局在擴大同非政府組織的交流與合作方面也採取了許多實質性的舉措。過去近十年間，非政府組織同政府間聯繫與溝通的制度化建設無論在水平還是垂直層面，都得到了很大的提高。在此過程中，起初政府先是設立了負責向非政府組織提供資金支持的專門機構，後來政府中一些常常同非政府組織打交道的部門（諸如社會與就業部等），開始組建特別委員會或工作團隊，就與非政府組織相關的專業問題或戰略發展等向所屬部門獻計獻策。1998年，一個專門負責處理政府同非政府組織間事務的部門「公民關係部」得以成立，該部受總理辦公室的直接管理，主要職責是制定和協調促進非政府組織發展以及加強當局與非政府組織合作的相關政策等。此外，議會對非政府組織的發展也給予了較之以往更多的重視和支持。形成於1990年代初的議會內機構「支持公民組織委員會」，近幾年來在推動加強與非政府組織的相關立法方面做了許多積極的努力。[231]

然而，以上這些看似積極的趨勢對匈牙利非政府組織的長遠發展是否一定會產生好的結果，許多公民社會的研究者和活動家對此也懷有很深的疑慮和擔憂。特別是隨著國外資金的逐漸撤出，他們擔心，許多非政府組織會因越來越依賴於政府的援助和支持，無法正常發揮其倡議作用，或者更為糟糕的是，表現出政治化的趨向。[232] 按照多數民眾對非政府組織的定位和期望，非政府組織不應或最好不要過多地介入政治，但事實上一些組織正在朝此方向發展，而匈牙利當局似乎也樂於為非政府組織在涉及相關問題時參與政府決策敞開大門，這些在某種程度上對非政府組織的公眾形象造成了損害。此外，近年來政治極右翼勢力創建了許多帶有強烈法西斯色彩的組織（諸如「匈牙利衛隊」等），這無疑也為非政府組織的健康發展蒙上了一層濃重的陰影，民眾有理由擔憂，未來會不會有更多的非政府組織變成為一些人實現其政治野心的掩體和工具。

目前，雖然匈牙利非政府組織的發展狀況在地區中是較突出的，但與擁有成熟公民社會的許多國家相比，仍有很大差距。根據2007年美國國際開發署（USAID）對世界各國非政府組織可持續發展相關六項指標——即非政府組織的可持續性、法律環境、組織能力、財政生存能力、基礎設施、公眾形

象——所做的評估，匈牙利非政府組織的發展狀況大致位居中等水平（詳細數據參見下圖）。[233]

2007 年匈牙利非政府組織可持續發展各項指標得分圖示

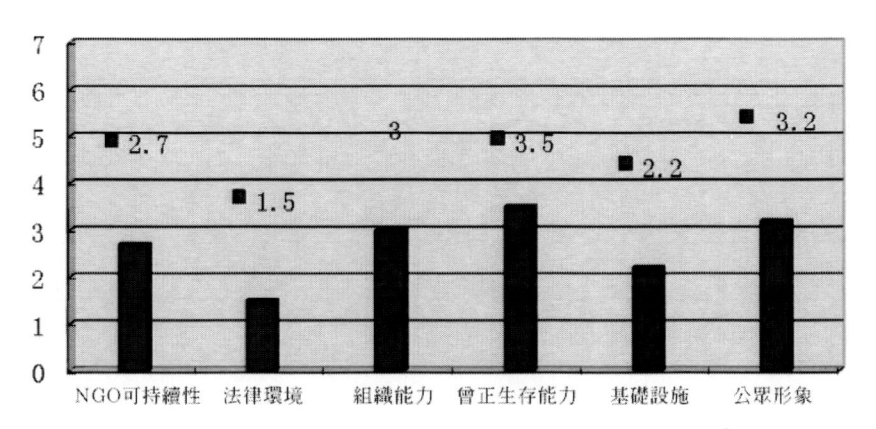

[NGO可持續性: 2.7；法律環境: 1.5；組織能力: 3；曾正生存能力: 3.5；基礎設施: 2.2；公眾形象: 3.2]

數據來源：United States Agency for International Development Mission, The 2007 NGO Sustainability Index: Hungary. URL=http://www.usaid.gov/locations/europe_eurasia/dem_gov/ngoindex/2007/hungary.pdf

說明：1 代表最佳，7 代表最差

　　在西方社會，公民部門的不斷增長和日趨多樣化，常常被視作現代民主的一個重要前提，它可以協助解決許多複雜的社會問題。在處於「民主化」轉型中的東歐，公民社會是否將循著同一路徑向前發展，它最終能否像人們期待地那樣給國家和社會帶來生機和活力，所有這些還需拭目以待。

（原載《科學社會主義》2009 年第 4 期。此處略有修訂）

註釋

[1]. 本文系北京大學國際關係學院博源基金項目《三十年來世界政治變遷》子課題成果。

[2]. János Kornai, The Socialist System： The Political Economy of Communism, New Jersey： Princeton University Press, 1992, pp.576–577.

[3]. 此處數據轉引自：[匈]L. 薩默埃裡：《對東歐經濟改革的分析》，《經濟社會體制比較》1989 年第 4 期，第 3 頁；Ivan T. Berend, Central and Eastern Europe, 1944–1993： Detour from the Periphery to the Periphery, New York： Cambridge University Press, 1996, p.223.

[4]. 有關「第二經濟」特徵的描述與分析，可參看 Istvan R. Gábor,「Second Economy andSocialism： The Hungarian Experience」in Edgar L. Feige, ed., The Underground Economies： Tax Evasion and Information Distortion, Madison： University of Wisconsin, 1989, pp.339–361.

[5]. Berend, Central and Eastern Europe, 1944–1993： Detour from the Periphery to the Periphery, p.269.

[6]. 詳見 Anna Seleny, The Political Economy of State-Society Relations in Hungary and Poland： FromCommunism to the European Union, New York： Cambridge University Press, 2006, pp.132–232; Kornai, The Socialist System： The Political Economy of Communism, pp.444–447.

[7]. [英]本·福凱斯：《東歐共產主義的興衰》，張金鑒譯，北京：中央編譯出版社，1998年，第252—253頁。

[8]. Kornai, The Socialist System： The Political Economy of Communism, pp.576–577.

[9]. 福凱斯：《東歐共產主義的興衰》，第256—257頁。有關此期東歐各國以音樂為代表的「第二文化」對主流文化的衝擊，可具體參看 Timothy W. Ryback, Rock Around the Bloc： AHistory of Rock Music in Eastern Europe and the Soviet Union, New York： Oxford University Press, 1990.

[10]. Stanislav J. Kirschbaum, ed., Central European History and the European Union： The Meaning of Europe, New York： Palgrave Macmillan, 2007, pp.32–33.

[11]. 有關赫爾辛基進程的詳情，可參看 Andreas Wenger, et al., eds., Origins of the European Security System： The Helsinki Process Revisited, 1965–1975, London and New York： Routledge, 2008.

[12]. 詳見[蘇]米謝戈巴契夫：《改革與新思維》，蘇群譯，北京：新華出版社，1987年。

[13]. 分別參見：蘇聯與南斯拉夫公報，《真理報》1988年3月19日；戈巴契夫在蘇共第19次代表會議上的報告，《真理報》1988年6月29日。

[14]. 參看：戈巴契夫在第43屆聯大會議上的講話（節錄），1988年12月7日。Cold War International History Project Bulletin, Issue 12/13, Fall/Winter 2001, p.307；[俄]米·謝·戈巴契夫：《戈巴契夫回憶錄（全譯本）》，述弢等譯，北京：社會科學文獻出版社，2003年，第869—870頁。

[15]. 辛納屈主義，又譯西納特拉主義或仙納杜拉主義，該說法取自美國歌手法蘭克·辛納屈（Frank Sinatra）1960年代一首膾炙人口的名為「My Way」（《我行我素》或《走我自己的路》）的歌曲，意指蘇聯允許每個東歐國家走自己的路。

[16]. Mimi Larson,「Political Action in a Post-Socialist Society： An Anthropological Analysis of the Hungarian Telecottage Movement.」URL= http://www.anthrobase.com/Browse/Aut/index.html

[17]. D. Mario Nuti,「Managing Transition Economies」in Stephen White, Judy Battand Paul G. Lewis, eds., Developments in Central and East European politics 4, New York： Palgrave Macmillan, 2007, p.251.

[18]. Kornai, The Socialist System： The Political Economy of Communism, pp.361–362, 387–388.

[19]. 以上參看 Paul G. Lewis,「Political Parties」in Stephen White, Judy Battand Paul G. Lewis, eds., Developments in Central and East European Politics 3, New York： Palgrave Macmillan, 2003, pp.160–165；金雁、秦暉：《十年滄桑：東歐諸國的經濟社會轉軌與思想變遷》，上海：上海三聯書店，2004年，第346頁；馬細譜：《劇變後中東歐國家政治體制的演變及其地區差異》，《東歐中亞研究》1999年第2期，第26—27頁。

[20]. 詳見 Paul G. Lewis,「Political Parties」in Stephen White, et al., eds., Developments in Central and East European Politics 4, pp.186–190.

[21]. Petr Kopecky,「Structures of Representation」in Stephen White, et al., eds., Developments in Central and East European Politics 4, p.149.

[22]. Ray Taras,「Executive Leadership」in Stephen White et al., eds., Developments in Central and East European politics 4, pp.130–139. 有關東歐各國總統權威的測評與比較，相關數據可參閱：[丹]奧勒·諾格德：《經濟制度與民主改革：原蘇東國家的轉型比較分析》，孫友晉等譯，馮紹雷校，上海：上海人民出版社，2007年，第165—170頁。

[23]. [美]胡安 J. 林茨、阿爾弗萊德·斯泰潘：《民主轉型與鞏固的問題：南歐、南美和後共產主義歐洲》，孫龍等譯，杭州：浙江人民出版社，2008年，第7頁。

[24]. [波]格澤戈爾茲 W. 科勒德克：《從休克到治療：後社會主義轉軌的政治經濟》，劉曉勇等譯，上海：上海遠東出版社，2000年，第31頁。

[25]. [美]杰弗裡·賽克斯：《前蘇聯和東歐改革的現狀及前景》，《經濟社會體制比較》1993年2期，第44頁。

[26]. 轉引自 D. Mario Nuti,「Managing Transition Economies」in Stephen White, et al., eds., Develop-ments in Central and East European Politics 4, p.255.

[27]. 有關詳情可參看如：János Kornai,「What the Change of the System from Socialism to Capitalism Does and Does Not Mean」Journal of Economic Perspectives, Vol.14, No.1, Winter 2000, pp.27–42.

[28]. Kornai, The Socialist System： The Political Economy of Communism, p.528.

[29]. 以上數據來自科勒德克：《從休克到治療：後社會主義轉軌的政治經濟》，附錄，第492、507、453、496頁。

[30]. 轉引自金雁、秦暉：《十年滄桑：東歐諸國的經濟社會轉軌與思想變遷》，第106頁。

[31]. [波] 卡齊米耶日·Z.波茲南斯基：《全球化的負面影響：東歐國家的民族資本被剝奪》，佟憲國譯，北京：經濟管理出版社，2004年，第106頁。

[32]. [匈] 雅諾什·科爾奈：《後社會主義轉軌的思索》，肖夢編譯，長春：吉林人民出版社，2003年，第153頁。

[33]. 金雁、秦暉：《十年滄桑：東歐諸國的經濟社會轉軌與思想變遷》，第58—63頁。

[34]. [波] K·波茲南斯基：《共產主義後製度瓦解的轉軌是導致東歐地區經濟衰退的原因》，《經濟社會體制比較》2001年第6期，第72—73頁。

[35]. D. Mario Nuti,「Managing Transition Economies」in Stephen White et al., eds., Developments in Central and East European Politics 4, p.249.

[36]. 關於短缺消除的原因分析，詳見科爾奈：《後社會主義轉軌的思索》，第109頁。

[37]. 參看科勒德克：《從休克到治療：後社會主義轉軌的政治經濟》，第328頁，註釋1。

[38]. Berend,「The『Crisis Zone』Revisited: Central and Eastern Europe in the 1990s」pp.253–254.

[39]. 參見如：Berend,「The『Crisis Zone』Revisited: Central and Eastern Europe in the 1990s」pp.254–255；波茲南斯基：《全球化的負面影響：東歐國家的民族資本被剝奪》，第86、263頁。

[40]. 相關數據可參看如：Nuti,「Managing Transition Economies」in Stephen White, et al., eds. Devel-opments in Central and East European Politics 4, p.259；Tomasz Inglot,「Historical Legacies, Institutions, and the Politics of Social Policy in Hungary and Poland, 1989–1999」in Grzegorz Ekiert, and Stephen E. Hanson, eds. Capitalism and Democracy in Central and Eastern Europe: Assessing the Legacy of Communist Rule. Cambridge, UK: Cambridge University Press, 2003, p.223; Vojmir Franičević,「Real and Perceived Inequality, Poverty and Well-Being in South East Europe: Challenges of the Welfare States and Democracy」in Hayashi Tadayuki, ed., Democracy and Market Economics in Central and Eastern Europe: Are New Institutions Being Consolidated? Sapporo, Japan: Slavic Research Center, Hokkaido University, 2004, p.244.

[41]. [美] 杰弗裡·賽克斯：《前蘇聯和東歐改革的現狀及前景》，《經濟社會體制比較》1993年第2期，第45頁；[波] 萊謝克·巴爾策羅維奇：《社會主義、資本主義

以及脱胎换骨》（波文，華沙學術出版社，1997 年），此處轉引自波兹南斯基：《全球化的負面影響：東歐國家的民族資本被剝奪》，第 87 頁。

[42]. Marie Lavigne,「Ten Years of Transition： AReview Article」Communist and Post-Communist Studies, Vol.33, 2000, p.477.

[43]. Dalf Dahrendorf, Reflection on the Revolution in Europe, New York： Time Books, 1990.

[44]. 轉引自 Berend,「The 『Crisis Zone』 Revisited： Central and Eastern Europe in the 1990s」pp.254–255.

[45]. Ivan Angelov,「The Bulgarian Economy at the Threshold of the 21st Century」October 8, 1999.URL=http://www.iki.bas.bg/english/CVita/angelov/the.bu.ec_11.htm

[46]. 科爾奈：《後社會主義轉軌的思索》，第 18—19 頁。

[47]. Nuti,「Managing Transition Economies」 in Stephen White, et al., eds., Developments in Central and East European Politics 4, pp.256–258.

[48]. 波兹南斯基：《共產主義後製度瓦解的轉軌是導致東歐地區經濟衰退的原因》，第 70—72 頁。

[49]. 科勒德克：《從休克到治療：後社會主義轉軌的政治經濟》，第 430、276、145 頁。

[50]. Berend, Central and Eastern Europe, 1944–1993： Detour from the Periphery to the Periphery, p.357.

[51]. Nuti,「Managing Transition Economies」p.260.

[52]. 科勒德克：《從休克到治療：後社會主義轉軌的政治經濟》，第 150—153 頁。

[53]. 保羅·G. 黑爾：《轉型時期的制度變遷和經濟發展》，《經濟社會體制比較》2004 年第 5 期，第 1—2 頁。

[54]. 1997 年，捷克由於貨幣危機陷入了一場新的衰退，實際 GDP 產出直到 2001 年才恢復到 1989 年的水平。

[55]. 轉引自馬爾夫布倫鮑爾：「後社會主義的復甦——保加利亞前十年的社會轉型」，苑潔主編：《後社會主義》，北京：中央編譯出版社，2007 年，第 324—325 頁。

[56]. Milada Anna Vachudova, Europe Undivided： Democracy, Leverage， &Integration After Com-munism, New York： Oxford University Press, 2005, p.242.

[57]. Robert Ladrech,「Europeanization of Domestic Politics and Institutions： The Case of France」Journal of Common Market Studies, Vol. 32. No.1, March 1994, p.70.

[58].「Visegrad Group Appeals for EC Membership」 RFE/RL Daily Report, June 8, 1993. 轉引自 Vachudova, Europe Undivided： Democracy, Leverage， &Integration After Communism, p.95.

[59]. 詳見 European Council in Copenhagen, 21–22 June, 1993,「Conclusions of the Presidency」SN 180/1/93/REV 1, p.13. URL=http://www.consilium.europa.eu/ueDocs/cms_Data/docs/pressData/en/ec/72921. pdf; Heather Grabbe,「Central and Eastern Europe and the EU」in Stephen White et al., eds., Developments in Central and East European Politics 4, pp.114–115.

[60].「Toward the Enlarged Union: Strategy Paper and Report of the European Commission on the Progress towards Accession by Each of the Candidate States」COM/2002//700 final, October 9, 2002.URL=http://eur-lex.europa.eu/smartapi/cgi/sga_doc?smartapi!celexplus!prod!CELEXnumdoc&lg=en&numdoc=502DC0700

[61].「Agenda 2000: For a Stronger and Wider Union」July 1997 (draft). URL=http://ec.europa.eu/agenda2000/overview/en/agenda.htm;「Europe』s Agenda 2000: Strengthening and Widening the European Union」March 1999 (final). URL=http://ec.europa.eu/agenda2000/public_en.pdf

[62].Vachudova, Europe Undivided: Democracy, Leverage,&Integration After Communism, pp.123–124.

[63].「法爾」是對 PHARE 一詞的音譯，其英文全稱為「Poland and Hungary Action for the Reconstru-ring of the Economy」，即 1989 年成立的波蘭、匈牙利經濟重建促進會，系當時歐共體和主要工業國家對波、匈兩國實施改革給予金融和技術援助的一個機構。後來，這一機構不斷擴大範圍，活動逐漸延伸到中東歐 13 個國家，由歐盟委員會負責管理和協調。關於 PHARE 項目參與東歐各國準入進程的具體情況及數據，參看 James Hughs, Gwendolyn Sasse and Claire Gordon, Europeanization and Regionalization in the EU』s Enlargement to Central and Eastern Europe: The Myth of Conditionaylity, New York: Cambridge University Press, 2004, pp.22–24.

[64]. Heather Grabbe,「Central and Eastern Europe and the EU」in Stephen White, et al., eds. Develop-ments in Central and East European Politics 4, pp.114–115.

[65]. 參看如：Andrew Moracvcsik and Milada Anna Vachudova,「National Interests, State Power and EU Enlargement」East European Politics and Societies, Vol.17, No.1, 2003, pp.52–54.

[66]. EU Commission Report,「Five Years of an Enlarged EU: Economic Achievements and Challenges」p.32. URL= http://ec.europa.eu/economy_finance/publications/publication14078_en.pdf

[67].Vachudova, Europe Undivided: Democracy, Leverage,&Integration After Communism, pp.238–239.

[68]. Judy Batt,「Introduction：Defining Central and Eastern Europe」in Stephen White et al., eds., Developments in Central and East European Politics 4, pp.17–19.

[69]. 參看普沃斯基：《民主與市場：東歐與拉丁美洲的政治經濟改革》，第153—156頁；Berend, Central and Eastern Europe, 1944–1993：Detour from the Periphery to the Periphery, pp.153, 381.

[70]. 1946年3月5日邱吉爾在美國富爾敦威斯敏斯特學院發表的名為《和平砥柱》的演説，中譯文參見《國際關係史資料選編》（下冊），武漢：武漢大學出版社，1983年，第83—88頁。

[71]. 依照牛津大學蒂莫西·加頓·阿什教授的説法，這一過程在波蘭用了10年，在匈牙利10個月，在東德10周，在捷克斯洛伐克10天，在羅馬尼亞僅10個小時。參看 Timothy Garton Ash,「The Revolution of the Magic Lantern」The New York Review of Books, Volume 36, Number 21, January 18, 1990, p.42.

[72]. 過去很長時間裡，學界一直對於是否真的存在這樣一個百比分協定存有質疑。1990年代中期，俄羅斯學者以檔案文獻為據證明確有其事（詳見 Наринский М.М. И.В.Сталин и М.Торез, 1944–1947гг. Новые материалы// Новая и новейшая история, 1996, № 1, с.19。另參見 Наринский М.М.Европа：проблемы границ и сфер влияния (1939–1947) // Свободная мысль, 1998, № 3, с.82–93）。關於百分比協定的具體協商過程以及相關俄國檔案可參看溫斯頓·邱吉爾：《第二次世界大戰回憶錄——勝利與悲劇》，第六卷（下部：鐵幕），斯祝譯，北京：商務印書館，1975年，第337—339頁；1944年10月9日史達林與邱吉爾會談記錄、1953年6月3日蘇聯駐英國大使馬立克與英國首相邱吉爾會談記錄。Англиядолжнаиметьправорешающегоголосав Греции.//Источник, 2003, № 2, с.45–56.

[73]. 詳見[蘇]薩納柯耶夫、崔布列夫斯基編,[德意志聯邦共和國]亞菲舍爾註釋：《德黑蘭、雅爾達、波茨坦會議文件集》，北京外國語學院俄語、德語專業1971屆工農兵學員譯，北京：生活·讀書·新知三聯書店，1978年，第244—248、177—179、246—247頁。

[74]. МарьинаВ. В.(отв. ред.) Тоталитаризм：Исторический опыт Восточной Европы, "Демократическое интермеццо" скоммунистическим финалом, 1944–1948, Москва：Наука, 2002, с.94.

[75]. 參見[南]密洛凡·德熱拉斯：《同史達林的談話》，司徒協譯，北京：世界知識出版社，1963年，第81頁。

[76]. Мурашко Г.П., Носкова А.Ф. Советский фактор в послевоенной Восточной Европе, 1945–1949// Институт Российской Истории РАН Советская внешная политика в годы

「холодной войны」(1945–1985)：новое прочтение, Москва：Международные отношения, 1995, с.89–90.

[77]. Волокитина Т.В., Мурашко Г.П., Носкова А.Ф. Народная демократия：Миф или реальность? Общественно-политические процессы в Восточной Европе в 1944–1948гг., Москва：Наука, 1993, с.3.

[78]. Gati, Hungary and the Soviet Bloc, p.35.

[79]. János Kornai, The Socialist System：The Political Economy of Communism, New Jersey：Princeton University Press, 1992, p.30.

[80]. [保] 季米特洛夫：《季米特洛夫日記選編》，馬細譜等譯，桂林：廣西師範大學出版社，2002 年，第 385—387 頁。

[81]. George Schöpflin, Politics in Eastern Europe, 1945–1992, Oxford, UK&Cambridge, USA：Blackwell Publishers, 1993, p.76.

[82]. 許多歷史學家將「解凍」時期等同於赫魯雪夫執政時期。事實上，二者並不能完全劃等號。整個「解凍」過程實際經歷了這樣四個階段：史達林逝後以馬林科夫、貝利亞、赫魯雪夫為核心的所謂集體領導時期（1953 年 3—6 月）；形式上由馬林科夫執掌權力的「新方針」改革時期（1953 年 6 月至 1955 年 1 月）；赫魯雪夫最終排除阻礙走向權力至高點的時期（1955 年 2 月至 1957 年 6 月）；赫魯雪夫個人領導以及黨內反對派形成並最後將赫魯雪夫趕下臺的時期（1957 年 6 月至 1964 年 10 月）。

[83]. [俄] 奧本金：《馬林科夫政治肖像素描》，《政黨與當代世界》1992 年第 5 期，第 45 頁。

[84]. Christian F. Ostermann, ed., Uprising in East Germany 1953：The Cold War, The German Question, and the First Major Upheaval Behind the Iron Curtain, New York：Central European University Press, 2001, p.xxxii.

[85]. Christian F. Ostermann,「New Documents on the East German Uprising of 1953，」Cold WarInternational History Project Bulletin（以下簡寫為 CWIHP Bulletin）, Issue 5(Spring 1995)，p.10；Archie Brown, The Rise and Fall of Communism, London：The Bodley Head, 2009, p.270.

[86]. János M.Rainer,「The New Course in Hungary in 1953，」Woodrow Wilson International Center for Scholars, CWIHP Working Paper, № 38, 2002, pp.9–10；János M.Rainer,「Stalin and Hungary：A General Overview of Contact 1944–53」paper presented for the international conference「Stalin and the Cold War. 1945–1953」September 1999, New Haven.

[87]. 有關匈牙利的新方針改革及納吉的改革思想，可參看拙文：《納吉關於匈牙利社會主義道路的設想》，《科學社會主義》2007 年第 5 期，第 140—143 頁。

[88]. Joseph Rothschild, Return to Diversity： A Political History of East Central Europe since World War II，New York： Oxford University Press, 1989, p.154.

[89]. [美]胡安 J. 林茨、阿爾弗萊德·斯泰潘：《民主轉型與鞏固的問題：南歐、南美和後共產主義歐洲》，孫龍等譯，杭州：浙江人民出版社，2008 年，第 305 頁。

[90]. 詳見赫魯雪夫在蘇聯共產黨中央委員會的報告（之三），《人民日報》1956 年 2 月 18 日。

[91]. 沈志華、李丹慧：《戰後中蘇關係若干問題研究——來自中俄雙方的檔案文獻》，北京：人民出版社，2006 年，第 239 頁。

[92]. John C.Campbell,「Soviet Policy in Eastern Europe： An Overview」in Sarah M.Terry, ed., Soviet Policy in East Europe, New Haven& London： Yale University Press, 1984, p.9.

[93]. H. Gordon Skilling, Czechoslovakia』s Interrupted Revolution, Princeton： Princeton University Press, 1976, p.46.

[94]. 從 1961 年，捷克斯洛伐克的經濟增長就幾乎陷於停頓，1962—1963 年，國民收入實際上是處於下跌狀態的。參看 H. Gordon Skilling, Czechoslovakia』s Interrupted Revolution, p.57.

[95]. 《禁止公佈的文件：捷共中央委員會下設小組委員會關於 1949 年至 1968 年捷克斯洛伐克政治審訊和平反工作的報告》，伍仁譯，北京：東方出版社，1985 年，第 10 頁。

[96]. Iván T. Berend, Central and Eastern Europe, 1944–1993： Detour from the Periphery to the Periphery, Cambridge： Cambridge University Press, 1996, p.229.

[97]. Andrzej Paczkowski, Malcolm Byrne, eds., From Solidarity to Martial Law： The Polish Crisis of 1980–1981： A Documentary History, Budapest： Central European University Press, 2007, pp.3–4, 70–71.

[98]. 馬細譜主編：《戰後東歐：改革與危機》，北京：中國勞動出版社，1991 年，第 599—601 頁。

[99]. 1981 年 11 月 21 日布里茲涅夫給雅魯澤爾斯基的口述信，引自 Paczkowskiand Byrne, eds., From Solidarity to Martial Law： The Polish Crisis of 1980–1981： A Documentary History, pp.401–404。1990 年代雅魯澤爾斯基在多次訪談或回憶中亦表示，在團結工會危機期間「一直受到外部的壓力」，「克里姆林宮代表們」與波蘭領導人的談話中常常施加壓力並不斷「檢測這種壓力的有效性。」參見雅魯澤爾斯基對哈佛大學歷史學教授馬克·克萊默（Mark Kramer）有關 1980—81 年波蘭危機檔案的註譯文章「The Anoshkin Notebook on the Polish Crisis, December 1981」（CWIHP Bulletin, Issue 11, Winter1998, pp.32–39）一文的評論。

[100]. 1982 年彼得·威爾斯首次提出了「波蘭病」這一概念，用以表示 1980 年代初波蘭的災難局勢（參見 Peter Wiles,「Introduction：Zero Growth and the International Nature of the Polish Disease」in Jan Drewnowski, ed., Crisis in the East European Economy：The Spread of the Polish Disease, London：Croom Helm, and New York：St.Martin』s Press, 1982, pp.7–17）。

[101]. Campbell,「Soviet Policy in Eastern Europe：An Overview」in Terry, ed., Soviet Policy in East Europe, p.1.

[102]. 詳見 [蘇] 米·謝·戈巴契夫：《改革與新思維》，蘇群譯，北京：新華出版社，1987 年。

[103]. 詳見蘇聯與南斯拉夫公報，《真理報》1988 年 3 月 19 日。

[104]. 戈巴契夫在蘇共第 19 次代表會議上的報告，《真理報》1988 年 6 月 29 日。

[105]. 戈巴契夫在第 43 屆聯大會議上的講話（節錄），1988 年 12 月 7 日。CWIHPBulletin, Issue 12/13, Fall/Winter 2001, p.307。

[106]. 戈巴契夫與匈黨總書記格羅斯的談話備忘錄，1989 年 3 月 23—24 日。Csaba Békés, Melinda Kalmár, eds.,「The Political Transition in Hungary, 1989–90」CWIHP Bulletin, Issues 12–13(Fall/Winter 2001)， p.78.

[107]. 劉祖熙：《波蘭通史》，北京：商務印書館，2006 年，第 544—545 頁。

[108]. Wiktor Osiatynski,「The Roundtable Talks in Poland」in Jon Elster, ed., The Roundtable Talks and the Breakdown of Communism, Chicago：The University of Chicago Press, 1996, pp.55–59.

[109]. 選舉結果詳見 http://www.ipu.org/parline-e/reports/arc/2255_89.htm

[110]. Csaba Békés,「Back to Europe：The International Backgroundof the Political Transition in Hungary, 1988–90」in Bozóki, András, ed., The Roundtable Talks of 1989：The Genesis of Hungarian Democracy：Analysis and Documents, Budapest：Central European University Press, 2002, pp.254–255.

[111]. 關於 1989 年匈牙利圓桌會議的詳情，參見 András Sajó,「The Roundtable Talks in Hungary」in Jon Elster, ed., The Roundtable Talks and the Breakdown of Communism, Chicago：The University of Chicago Press, 1996, pp.69–98.

[112]. Timothy Garton Ash, The Magic Lantern：The Revolution of 』89, Witnessed in Warsaw, Budapest, Berlin and Prague, New York：Random Press, 1990, pp.65–69；[俄] 米·謝·戈巴契夫：《我與東西德統一》，王尊賢譯，北京：中央編譯出版社，2006 年，第 60—61 頁。

[113]. 參加圓桌會議的 12 個政黨和政治組織中分別是：5 個「老黨」——基民盟、農民黨、自民黨、國家民主黨和統一社會黨；7 個新成立的政黨和政治組織——新論壇、即刻民主、民主覺醒、綠黨、和平與人權倡議、社民黨、左派聯盟。參看：Ulrich K. Preuss,「The Roundtable Talks in the German Democratic Republic」in Jon Elster, ed., The Roundtable Talks and the Breakdown of Communism, p.105；[德] 莫德羅：《起點和終點——前東德總理莫德羅回憶錄》，王建政譯，北京：軍事科學出版社，2002 年，第 46 頁。

[114]. Hans-Hermann Hertle,「The Fall of the Wall：The Unintended Dissolution of East Germany』s Ruling Regime」CWIHP Bulletin, Issues 12–13(Fall/Winter 2001)，p.140.

[115]. 詳見 Rumyana Kolarova, Dimitr Dimitrov,「The Roundtable Talks in Bulgarian」in Jon Elster, ed., The Roundtable Talks and the Breakdown of Communism, Chicago：The University of Chicago Press, 1996, pp.205–211.

[116]. 有關過程詳述，參看 Peter Siani-Davies, The Romanian Revolution of December 1989, Ithaca and London：Cornell University Press, 2005, pp.53–143.

[117]. 參見 http://www2.essex.ac.uk/elect/database/indexElections.asp?country=ROMANIA&election=ro9 0cd

[118]. 有關「循環影響流」這一說法及其分析，參看 Brown, The Rise and Fall of Communism, pp.563–565.

[119]. [美] 亞當·普沃斯基：《民主與市場——東歐與拉丁美洲的政治經濟改革》，包雅鈞等譯，北京：北京大學出版社，2005 年，第 9 頁。

[120]. 1990 年 10 月 3 日，民主德國正式併入聯邦德國，從此不再同「東歐」命運與共。

[121]. 本文所依據的國外學者的研究成果，主要是他們以英文發表的論著，其中同時包括許多東歐及其他非英語國家學者以英文發表的論著或其著述的英譯本。受語言條件所限，其他西文及東歐語言原著則不在本文討論範圍之內，特此說明。

[122]. [匈] 墨雷蒂波爾：《震撼克里姆林宮的十三天——納吉伊姆雷與匈牙利革命》，何澤施等譯，北京：世界知識出版社資料室編印，1964 年，第 1—2 頁。

[123]. Joseph Rothschild and Nancy M. Wingfield, Return to Diversity：A Political History of East Central Europe since World War II，New York：Oxford University Press, 2008, p.174.

[124]. Harold B.Segel, ed., The Columbia History of Eastern Europe in the Twentieth Century, New York：Columbia University Press, 1992; George Schöpflin, Politics in Eastern Europe, 1945–1992, Oxford, Cambridge：Blackwell, 1993; Gale Stokes, ed., From Stalinism to Pluralism：A Documentary History of Eastern Europe since 1945, New York：Oxford University Press, 1991; Jussi Hanhimäki and Odd Arne Westad, eds., The Cold War：A History in Documents and Eyewitness Accounts, Oxford, New York：Oxford University Press, 2003.

[125]. 詳見 A. Kemp-Welch, Poland under Communism： A Cold War History, Cambridge, NewYork： Cambridge University Press, 2008。

[126]. Norman Davies, God』s Playground ： AHistory of Poland, Oxford： Oxford University Press, 2005.

[127]. Andrzej Paczkowski, The Spring Will Be Ours： Poland and the Poles from Occupation to Freedom, University Park, Pennsylvania： Pennsylvania State University Press, 2003; Jane Leftwich Curry, Poland』s Permanent Revolution： People vs. Elites, 1956–1990, Washington, D.C.： The National Security Archive, 1995; Padraic Kenney, Rebuilding Poland： Workers and Communists, 1945–1950, Ithaca, New York： Cornell University Press, 1996.

[128]. Gyorgy Gyarmati and Janos M. Rainer, A Captive Nation in the Soviet Empire, 1944–1989, Boulder： East European Monographs, 2008; Tibor Valuchand Gyorgy Gyarmati, Hungary Under Soviet Domination： 1944–1989, Boulder： East European Monographs, 2010.

[129]. László Borhi, Hungary in the Cold War, 1945–1956： Between the United States and the Soviet Union, Budapest： Central European University Press, 2004.

[130]. Roger Gough, A Good Comrade： János Kádár, Communism and Hungary, New York： I. B. Tauris, 2006.

[131]. Peter Kenez, Hungary from the Nazis to the Soviets： The Establishment of the Communist Regime in Hungary, 1944–1948, New York： Cambridge University Press, 2006; Eric Roman, The Stalin Years in Hungary, New York： The Edwin Mellen Press, 1999; Eric Roman, Hungary and the Victor Powers, 1945–1950, New York： St.Martin』s Press, 1996.

[132]. Mike Dennis, The Rise and Fall of the German Democratic Republic, 1945–1990, Harlow, England： Longman, 2000; Vladimir Tismaneanu, Stalinism for all Seasons ： A Political History of Romanian Communism, Berkeley： University of California Press, 2003; Laura Cashman, ed., 1948 and 1968： Dramatic Milestones in Czech and Slovak History, New York： Routledge, 2010; Jordan Baev, ed., Bulgaria and the Cold War： Documents from Todor Shivkov』s Personal Records, Sofia： 96+ Academic Publishing House, 2002.

[133]. Christian F. Ostermann, ed., Uprising in East Germany 1953： The Cold War, the German Question, and the First Major Upheaval Behind the Iron Curtain, Budapest： Central European University Press, 2001；Csaba Békés, et al., eds., The 1956 Hungarian Revolution： A History in Documents, Budapest： Central European University Press, 2002; Jaromir Navratil, ed., The Prague Spring 1968： A National Security Archive Documents Reader, Budapest： Central European University Press, 1998; Andrzej Paczkowski, et al., eds.,

From Solidarity to Martial Law：The Polish Crisis of 1980–1981：A Documentary History, Budapest：Central European University Press, 2007.

[134]. György Litván, ed., The Hungarian Revolution of 1956：Reform, Revolt, and Repression, 1953–1956, London and New York：Longman, 1996; Terry Cox, ed., Hungary 1956：Forty Years on, London：Frank Cass Publishers, 1997.

[135]. 比如，Peter F. Sugar, ed., A History of Hungary, Bloomington; Indiana University Press, 1990;Hoensch J. Konrad, A History of Modern Hungary：1867–1994, New York：Longman, 1996：László Kontler, A History of Hungary：Millennium in Central Europe, New York：Palgrave Macmillan, 2002; Martin Mevius, Agents of Moscow：The Hungarian Communist Party and the Origins of Socialist Patriotism 1941–1953, New York：Oxford University Press, 2005.

[136]. Csaba Békés,「The 1956 Hungarian Revolution and World Politics」Woodrow Wilson International Center for Scholars, CWIHP Working Paper, No.16, 1996.

[137]. Mark Kramer,「The Soviet Union and the 1956 Crises in Hungary and Poland：Reassessments and New Findings」Journal of Contemporary History, Vol.33, No.2, 1998, pp.163–214; Aleksandr S. Stykalin,「Soviet-Yugoslav Relations and the Case of Imre Nagy」Cold War History, Vol.5, No.1, 2005, pp.3–22; Ale-ksandr S.Stykalin,「The Hungarian Crisis of 1956, The Soviet Role in the Light of New Archival Documents」Cold War History, Vol.2, No.1, 2001, pp.113–144; Péter Vámos,「Evolution and Revolution：Sino-Hungarian Relations and the 1956 Revolution」CWIHP Working Paper, No.54, 2006, pp.1–39. 此外，2007年出版的論文集《1956年匈牙利革命與蘇聯陣營國家》中收錄了其他學者的相關文章，參見 János M. Rainer and Katalin Somlai, eds., The 1956 Hungarian Revolution and the Soviet Bloc Countries：Reactions and Repercus-sions, Budapest：The Institute for the History of the 1956 Hungarian Revolution & Historical Archives of the Hungarian States Security, 2007。

[138]. Charles Gati, Failed Illusions：Moscow, Washington, Budapest, and the 1956 Hungarian Revolt, Washington, D. C.：Woodrow Wilson Center Press and Stanford University Press, 2006; 相關闡述還可參見 Charles Gati,「Come Clean in Hungary：Behind the』56 Revolt」The Washington Post, June 21, 2006。

[139]. Lee Congdon, et al., eds., 1956：The Hungarian Revolution and War for Independence, Boulder：Social Science Monographs, 2006.

[140]. 相關書目可參見 Zdenek Hejzlar and Vladimir V. Kusin, eds., Czechoslovakia, 1968–1969：Chronology, Bibliography, Annotation, New York：Garland Publishing, 1975。

[141]. Mark Kramer,「The Prague Spring and the Soviet Invasion of Czechoslovakia：New Interpretations，」(Part Two)，CWIHP Bulletin, Issue 3, 1993, pp.2–13, 54–55；

Mark Kramer, ed.,「Moldova, Romania, and the Soviet Invasion of Czechoslovakia」CWIHP Bulletin, Issues 12/13, 2001, pp.326–333.

[142]. 捷黨內反改革派致布里茲涅夫信件（1968年8月），參見 Jaromir Navratil, ed., The PragueSpring 1968： A National Security Archive Documents Reader, pp.324–325。

[143]. 詳見2010年最新出版的由比朔夫等人共同主編的《1968年布拉格之春與華約出兵捷克斯洛伐克》一書（Günter Bischof, Stefan Karner, Peter Ruggenthaler, eds., The Prague Spring and the Warsaw Pact Invasion of Czechoslovakia in 1968, Lanham： Lexington Books, 2010），本書彙集了上述學界關於1968年捷克斯洛伐克危機的代表性成果。

[144]. 詳見Vojtech Mastny,「Was 1968 a Strategic Watershed of the Cold War?」Diplomatic History, Vol.29, No.1, 2005, pp.149–177。

[145]. Christian Ostermann,「New Documents on the East German Uprising of 1953」CWIHP Bulletin, Issue 5, 1995, pp.10–21; Christian F.Ostermann,「The United States, The East German Uprising of 1953, and the Limits of Rollback」Woodrow Wilson International Center for Scholars, CWIHP Working Paper, No.11, 1994; Christian F.Ostermann,「『Keeping the Pot Simmering』： The United States and the East German Uprising of 1953」German Studies Review, Vol.19, No.1, 1996, pp.61–89.

[146]. Mark Kramer,「The Early Post-Stalin Succession Struggle and Upheavals in East-Central Europe： Internal-External Linkages in Soviet Policy Making (Part 1)」Journal of Cold War Studies, Vol.1, No.1, 1999, pp.3–55; Mark Kramer,「The Early Post-Stalin Succession Struggle and Upheavals in East-Central Europe： Internal-External Linkages in Soviet Policy Making (Part 2)」Journal of Cold War Studies, Vol.1, No.2, 1999, pp.3–38; Mark Kramer,「The Early Post-Stalin Succession Struggle and Upheavals in East-Central Europe： Internal-External Linkages in Soviet Policy Making (Part 3)」Journal of Cold War Studies, Vol.1, No.3, 1999, pp.3–66; Klaus Larres,「Preserving Law and Order： Britain, the United States, and the East German Uprising of 1953」Twentieth Century British History, Vol.5, No.3, 1994, pp.320–350; Valur Ingimundarson,「Cold War Misperceptions： The Communist and Western Responses to the East German Refugee Crisis in 1953」Journal of Contemporary History, Vol.29, No.3, 1994, pp. 463–481; Gary Bruce, Resistance with the People： Repres-sion and Resistance in Eastern Germany, 1945–1955, Lanham： Rowman & Littlefield, Inc., 2003; Hope M. Harrison, Driving the Soviets up the Wall： Soviet-East German Relations, 1953–1961, Princeton： Princeton University Press, 2003.

[147]. Mark Kramer,「Soviet Deliberations during the Polish Crisis, 1980–81」Woodrow Wilson International Center for Scholars, CWIHP Special Working Paper, No.1, 1999. 克雷默同主題其他成果還包括如「Poland, 1980–81： Soviet Policy During the Polish Crisis」CWIHP Bulletin, Issue 5, 1995, pp.1, 116–126;「Jaruzelski, The Soviet Union, and

the Imposition of Martial Law in Poland： New Light on the Mystery of December 1981」CWIHP Bulletin, Issue 11, 1998, pp.5–16;「『In Case Military Assistance Is Provided to Poland』： Soviet Preparations for Military Contingencies, August 1980」CWIHP Bulletin, Issue 11, 1998, pp.102–109;「Colonel Kuklinski and the Polish Crisis, 1980–81，」CWIHP Bulletin, Issue 11, 1998, pp.48–59;「The Kuklinski Files and the Polish Crisis of 1980–1981： An Analysis of the Newly Released CIA Documents on Ryszard Kuklinski」Woodrow Wilson International Center for Scholars, CWIHP Special Working Paper, No.59, 2009, pp.1–44.

[148]. Malcolm Byrne,「New Evidence on the Polish Crisis 1980–1982」CWIHP Bulletin, Issue 11, 1998, pp.3–4; Andrzej Paczkowski,「Playground of the Superpowers, Poland 1980–1989： A View from Inside」in Olav Njølstad, ed., The Last Decade of the Cold War： From Conflict Escalation to Conflict Transformation, London： Frank Cass, 2004, pp.372–401; Douglas J. Mac Eachin, U.S. Intelligence and the Confrontation in Poland, 1980–81, University Park： Pennsylvania State University Press, 2002; Richard T. Davies,「The CIA and the Polish Crisis of 1980–1981」Journal of Cold War Studies, Vol.6, No.3, 2004, pp.120–123; Vojtech Mastny,「The Soviet Non-Invasion of Poland in 1980–1981 and the End of the Cold War」Europe-Asia Studies, Vol.51, No.2, 1999, pp.189–211; Henri Simon, Poland 1980–82, Detroit： Black & Red, 2002; Jack M.Bloom,「The Solidarity Revolution in Poland, 1980–1981」The Oral History Review, Vol.33, No.1, 2006, pp.33–64.

[149]. Timothy Garton Ash,「1989!」The New York Review of Books, Vol. 56, No.17, 2009. URL=http://www.nybooks.com/articles/archives/2009/nov/05/1989/?page=1

[150]. Svetlana Savaranskaya, Thomas Blanton, and Vladislav Zubok, eds., Masterpieces of History： ThePeaceful End of the Cold War in Europe, 1989, Budapest： Central European University Press, 2010.

[151]. 具體可參見如 Benjamin B. Fischer, ed., At Cold War』s End： US Intelligence on the Soviet Union and Eastern Europe, 1989–1991, Washington, D.C.： Central Intelligence Agency, 2000;「The End of the Cold War in Europe, 1989：『New Thinking』and New Evidence」Musgrove, St. Simon』s Island, Georgia, May1–3, 1998;「Political Transition in Hungary, 1989–1990」Budapest, June12, 1999;「The Democratic Revolution in Czechoslovakia： Its Precondition, Course, and Immediate Repercussions, 1987–1989」Prague, October 14–16, 1999。

[152]. 前者分別參見 Mikhail Gorbachev, Memoirs, New York： Doubleday, 1995; Mikhail Gorbachev, and Zdenek Mlynar, Conversations with Gorbachev： On Perestroika, the Prague Spring, and the Crossroads of Socialism, New York： Columbia University Press, 2002; Anatoly S. Chernyaev, My Six Years with Gorbachev, University Park： Pennsylvania State University Press, 2000; Anatoly Dobrynin, In Confidence： Moscow』s Ambassador to America』s Six

Cold War Presidents, Seattle and London： University of Washington Press, 1995; Eduard Shevardnadze, The Future belongs to Freedom, New York： Free Press, 1991; [俄]亞·尼·雅科夫列夫著，徐葵等譯：《一杯苦酒——俄羅斯的布爾什維主義和改革運動》，北京：新華出版社1999年版；Yegor Ligachev, Inside Gorbachev』s Kremlin： The Memoirs of Yegor Ligachev, New York: Pantheon Books, 1993; [保]日夫科夫著，吳錫俊、王金柏譯：《日夫科夫回憶錄》，北京：新華出版社1999年版；[德]埃貢·克倫茨著，孫勁松譯：《89年的秋天》，北京：中共中央黨校出版社2005年版；[德]莫德羅著，王建政譯：《起點和終點——前東德總理莫德羅回憶錄》，北京：軍事科學出版社2002年版；[波]拉科夫斯基著，郭增麟等譯：《波蘭劇變是怎樣發生的》，北京：世界知識出版社1992年版；Lech Wałęsa, The Struggle and the Triumph： An Autobiography, New York： Arcade Publishing, 1992。後者詳見： Ronald Reagan, The Reagan Diaries, edited by Douglas Brinkley, New York： Harper Collins Publishers, 2007; George H. W. Bush and Brent Scowcroft, A World Transformed, New York： Knopf, 1998; Margaret Thatcher, The Downing Street Years, New York： Harper Collins, 1993; [德]科爾著，葛放主譯：《我要的是德國統一：科爾自述》，瀋陽：遼寧人民出版社1999年版；[美]小杰克 F.馬特洛克著，吳乃華等譯：《蘇聯解體親歷記》，北京：世界知識出版社1996年版；James A. Baker, The Politics of Diplomacy： Revolution, War, and Peace, 1989–1992, New York： G. P. Putnam』s Sons, 1995; Robert M. Gates, From the Shadows： The Ultimate Insider』s Story of Five Presidents and How They Won the Cold War, New York： Simon and Schuster, 1996; Philip D. Zelikow and Condoleezza Rice, Germany Unified and Europe Transformed： A Study in Statecraft, Cambridge： Harvard University Press, 1997.

[153]. Jacques Lévesque, The Enigma of 1989： The USSR and the Liberationof Eastern Europe, Berkeley： University of California Press, 1997; Jeffrey A. Engel, ed., The Fall of the Berlin Wall： The Revolutionary Legacy of 1989, New York： Oxford University Press, 2009; Mary Elise Sarotte, 1989： The Struggle to Create Post-Cold War Europe, Princeton, N.J.： Princeton University Press, 2009.

[154]. Mark Kramer,「The Collapse of East European Communism and the Repercussions within the Soviet Union (Part 1)」Journal of Cold War Studies, Vol.5, No.4, 2003, pp.178–256;「The Collapse of East European Communism and the Repercussions within the Soviet Union (Part 2)」Journal of Cold War Studies, Vol.6, No.4, 2004, pp.3–64;「The Collapse of East European Communism and the Repercussions within the Soviet Union (Part 3)」Journal of Cold War Studies, Vol.7, No.1, 2005, pp.3–96.

[155]. 分別參見 Timothy Garton Ash, The Magic Lantern： The Revolution of 』89 Witnessed in Warsaw, Budapest, Berlin, and Prague, New York： Random House, 1990; Victor Sebestyen, Revolution 1989： The Fall of the Soviet Empire, London： Weidenfeld &

Nicolson, 2009; Michael Meyer, The Year That Changed the World：The Untold Story behind the Fall of the Berlin Wall, New York： Charles Scribner』s Sons, 2009。

[156]. Stephen Kotkin, Uncivil Society： 1989 and the Implosion of the Communist Establishment, New York： Modern Library, 2010; Constantine Pleshakov, There Is No Freedom without Bread! 1989 and the Civil War That Brought down Communism, New York： Farrar, Straus and Giroux, 2009.

[157]. 詳見 Stephen Kotkin, Uncivil Society： 1989 and the Implosion of the Communist Establishment,, p.xiv。

[158]. Jeffrey A. Engel,「1989, An Introduction to an International History」in Jeffrey A. Engel, ed., The Fall of the Berlin Wall： The Revolutionary Legacy of 1989, pp.1-35.

[159]. Mark Kramer,「The Collapse of East European Communism and the Repercussions within the Soviet Union (Part 1)」p.180.

[160]. 分別參見 Victor Sebestyen, Revolution 1989： The Fall of the Soviet Empire, pp.xx, 157-158, 263; James Mann, The Rebellion of Ronald Reagan： A History of the End of the Cold War, New York： Viking, 2009, pp.345-346。

[161]. James J. Sheehan,「The Transformation of Europe and the End of the Cold War」in Jeffrey A. Engel, ed., The Fall of the Berlin Wall： The Revolutionary Legacy of 1989, p.37.

[162]. Adam Michnik,「What Europe Means for Poland」Journal of Democracy, Vol.14, No. 4, 2003, p.128.

[163]. 分別參見 Peter Siani-Davies, The Romanian Revolution of December 1989, Ithaca and London：Cornell University Press, 2005; Csaba Békésand Melinda Kalmár,「The Political Transition in Hungary, 1989-90」CWIHP Bulletin, Issue 12/13, 2001, pp.73-87; Paweł Machcewicz,「Poland 1986-1989： From『Cooperation』to『Negotiated Revolution』」CWIHP Bulletin, Issue 12/13, 2001, pp.93-130; Oldrich Tuma,「Czechoslovak November 1989」CWIHP Bulletin, Issue 12/13, 2001, pp.181-193; Hans-Hermann Hertle,「The Fall of the Wall： The Unintended Dissolution of East Germany』s Ruling Regime」CWIHP Bulletin, Issue 12/13, 2001, pp.131-164; Jordan Baev,「1989： Bulgarian Transition to Pluralist Democracy」CWIHP Bulletin, Issue 12/13, 2001, pp.165-180。

[164]. Timothy Garton Ash,「1989!」URL=http://www.nybooks.com/articles/archives/2009/nov/05/1989/?page=2

[165]. Jacques Lévesque, The Enigma of 1989： The USSR and the Liberationof Eastern Europe, p.1.

[166]. William Taubman and Svetlana Savranskaya,「If a Wall Fell in Berlin and Moscow Hardly Noticed, Would It Still Make a Noise?」in Jeffrey A. Engel, ed., The Fall of the Berlin Wall：The Revolutionary Legacy of 1989, pp.69–95.

[167]. Mark Kramer,「The Collapse of East European Communism and the Repercussions within the Soviet Union (Part 1)」p.191.

[168]. Gale Stokes,「Thinking about 1989： The End of Politics by Other Means」Problems of Post-Communism, Vol.56, No.5, 2009, p.16.

[169]. Constantine Pleshakov, There Is No Freedom without Bread! 1989 and the Civil War That Brought down Communism, pp.237–238.

[170]. Mark Kramer,「The Collapse of East European Communism and the Repercussions within theSoviet Union (Part 1)」p.180.

[171]. Archie Brown, The Rise and Fall of Communism, London： The Bodley Head, 2009, pp.563–565.

[172]. Timothy Garton Ash,「1989!」URL=http://www.nybooks.com/articles/archives/2009/nov/05/1989/?page=2

[173]. Mary Elise Sarotte, 1989： The Struggle to Create Post-Cold War Europe, p.xi.

[174]. [匈] L. 薩默埃裡：《對東歐經濟改革的分析》，《經濟社會體制比較》1989年第4期，第3頁；Ivan T. Berend and Györgi Ránki, Studies on Central and Eastern Europe in the Twentieth Century： Regional Crises and the Case of Hungary, Burlington： Ashgate, 2002, p.15.

[175]. [英] 本福凱斯：《東歐共產主義的興衰》，張金鑒譯，北京：中央編譯出版社，1998年，第256頁；[美] 胡安J. 林茨、阿爾弗萊德斯泰潘：《民主轉型與鞏固的問題：南歐、南美和後共產主義歐洲》，孫龍等譯，杭州：浙江人民出版社，2008年，第308頁。

[176]. Andrzej Korbonski,「Peasant Agriculture in Socialist Poland since 1956： An Alternative to Col-lectivization」in Jerzy F. Karcz, ed., Soviet and East European Agriculture, Berkeley： University of California Press, 1967, pp.411–431.

[177]. 參見 Iván T. Berend, Central and Eastern Europe, 1944–1993： Detour from the Periphery to the Periphery. Cambridge： Cambridge University Press, 1996, p.269；János Kornai, The Socialist System： The Political Economy of Communism, New Jersey： Princeton University Press, 1992, p.441.

[178]. 福凱斯：《東歐共產主義的興衰》，第252—253頁。

[179]. 轉引自 Zbigniew Brzezinski, The Grand Failure：The Birth and Death of Communism in the Twentieth Century, New York：Charles Scribner's Sons, 1989, p.124.

[180]. Kornai, The Socialist System：The Political Economy of Communism, p.576.

[181]. [匈]康拉德·捷爾吉：《匈牙利道路》，載[捷]伊萬·克里瑪等：《地下：東歐薩米亞特隨筆》，景凱旋編譯，廣州：花城出版社，2010年，第155—156頁。

[182]. 「第二社會」這一概念，最早是由匈牙利社會學家埃萊默爾·洪基斯（Elemér Hankiss）提出的。他在一篇題為《「第二社會」：當代匈牙利是否出現了一種替代性社會模式？》的文章中，將其與「由占支配地位的社會經濟範式所主導的第一社會」進行了細緻的比較，闡述了「第二社會」不同於「第一社會」的若干重要特徵，比如異質性、統合性、平行組織架構、非意識形態或意識形態的多元取向等。總體看來，這裡的「第二社會」大致可視作蘇聯模式社會主義單一組織體系中公民社會的初級階段。參見 Elemér Hankiss,「The『Second Society』：Is There an Alternative Social Model Emerging in Contemporary Hungary?」in Ferenc Fehér and Andrew Arato, eds., Crisis and Reform in Eastern Europe, New Jersey：Transaction Publishers, 1991, pp.303–334; Janina Frentzel-Zagorska,「Civil Society in Poland and Hungary」Soviet Studies, Vol. 42, No. 4 (October 1990)，pp.759–777.

[183]. Stanislav J. Kirschbaum, ed., Central European History and the European Union：The Meaning of Europe, New York：Palgrave Macmillan, 2007, pp.32–33.

[184]. George Schöpflin, Politics in Eastern Europe, 1945–1992, Oxford U.K. & Cambridge U.S.A.：Blackwell Publishers, 1993 p.179.

[185]. [美]塞繆爾亨廷頓：《第三波——20世紀後期的民主化浪潮》，劉軍寧譯，上海：三聯書店，1998年，第101—102頁。

[186]. 有關自戈巴契夫上臺至東歐劇變期間蘇聯對東歐政策的詳細討論，可參看 Mark Kramer,「Beyond the Brezhnev Doctrine：A New Era in Soviet-East European Relations」International Security, Vol.14, No.3(Winter 1989)，pp. 25–67；Jacques Lévesque, The Enigma of 1989：The USSR and the Liberation of Eastern Europe, Berkeley：University of California Press, 1997。

[187]. 詳見：[蘇]米謝·戈巴契夫：《改革與新思維》，蘇群譯，北京：新華出版社，1987年。

[188]. 參看：蘇聯與南斯拉夫公報，《真理報》1988年3月19日。

[189]. 戈巴契夫在蘇共第19次代表會議上的報告，《真理報》1988年6月29日。

[190]. 參看：戈巴契夫在第43屆聯大會議上的講話（節錄），1988年12月7日。Cold War International History Project Bulletin, Issue 12/13, Fall/Winter 2001, p.307；[俄]米謝·

戈巴契夫：《戈巴契夫回憶錄（全譯本）》，述弢等譯，北京：社會科學文獻出版社，2003 年，第 869—870 頁。

[191]. 戈巴契夫與匈黨總書記格羅斯的談話備忘錄，1989 年 3 月 23—24 日。Csaba Békés, Melinda Kalmár, eds., 「The Political Transition in Hungary, 1989-90」CWIHP Bulletin, Issues 12–13 (Fall/Winter 2001)，p.78.

[192]. Ivan T. Berend,「The 『Crisis Zone』 Revisited：Central and Eastern Europe in the 1990s」EastEuropean Politics and Societies, Vol.15, No.2, 2001, p.257.

[193]. Iván T. Berend, Central and Eastern Europe, 1944–1993：Detour from the Periphery to the Periphery, Cambridge：Cambridge University Press, 1996, p.229.

[194]. Andrzej Paczkowski and Malcolm Byrne,「The Polish Crisis：Internal and International Dimen-sions」in Andrzej Paczkowskiand Malcolm Byrne, eds., From Solidarity to Martial Law：The Polish Crisis of 1980–1981：A Documentary History, Budapest：Central European University Press, 2007, pp.3–4;「The Gdańsk Agreement」(August 31, 1981)，in From Solidarity to Martial Law, pp.70–71.

[195]. Michael Bleaney, Do Socialist Economies Work? The Socialist and East European Experience, Oxford and New York：Basil Blackwell, 1988, p.122. 波蘭的惡性通貨膨脹在 1988—89 年間曾達到相當極端的比例，據統計，1988 年 12 月到 1989 年 12 月僅一年時間內，消費品價格上漲了 636%，參見 David Lipton and Jeffrey Sachs,「Creating a Market Economy in Eastern Europe：The Case of Poland」Brookings Papers on Economic Activity, Volume 1990, Issue 1, p.105.

[196]. Anna Seleny, The Political Economy of State-Society Relations in Hungary and Poland：FromCommunism to the European Union, New York：Cambridge University Press, 2006, pp.124–127.

[197]. 具體參看 Wiktor Osiatynski,「The Roundtable Talks in Poland」in Jon Elster, ed., The Roundtable Talks and the Breakdown of Communism, Chicago：The University of Chicago Press, 1996, pp.55–59.

[198]. Mark Pittaway,「From Communist to Post-Communist Politics」in Stephen White, et al., eds., Developments in Central and East European Politics 4, New York：Palgrave Macmillan, 2007, pp.28–29.

[199]. George Schőpflin, Rudolf Tokes and Ivan Voglyes,「Leadership Change and Crisis in Hungary」Problem of Communism, Vol.37, No.5, Sep.，-Oct., 1988, pp.34, 36.

[200]. Csaba Békés and Melinda Kalmár,「The Political Transition in Hungary, 1989–90」Cold WarInternational History Project Bulletin, Issue 12/13, Fall/Winter 2001, p.73.

[201]. Andras Korosenyi,「The Decay of Communist Rule in Hungary」in Andras Bozoki, Andras Korosenyi and George Schöpflin, eds., Post-Communist Transition：Emerging Pluralism in Hungary, London：Pinter Publishers, 1992, pp.6–7.

[202]. 關於1989年匈牙利圓桌會議的詳情，參見András Sajó,「The Roundtable Talks in Hungary」in Jon Elster, ed., The Roundtable Talks and the Breakdown of Communism, pp.69–98.

[203]. 有關匈牙利領導層如何做出開放邊界這一具有歷史性意義的決定，可參看時任匈副總理的邁杰希 彼得出版的回憶錄：《走在仕途上的公民——匈牙利前總理邁杰西·彼得自述》，楊永前譯，北京：人民出版社，2009年，第59—61頁。

[204]. 參看Timothy Garton Ash, The Magic Lantern：The Revolution of』89, Witnessed in Warsaw, Budapest, Berlin and Prague, New York：Random Press, 1990, pp.65–69；[俄]米·謝·戈巴契夫：《我與東西德統一》，王尊賢譯，北京：中央編譯出版社，2006年，第60—61頁。

[205]. 詳見[德]莫德羅：《起點和終點——前東德總理莫德羅回憶錄》，王建政譯，北京：軍事科學出版社，2002年，第16—26頁。

[206]. 參加圓桌會議的12個政黨和政治組織中分別是：5個「老黨」——基民盟、農民黨、自民黨、國家民主黨和統一社會黨；7個新成立的政黨和政治組織——新論壇、即刻民主、民主覺醒、綠黨、和平與人權倡議、社民黨、左派聯盟。參看：Ulrich K. Preuss,「The Roundtable Talks in the German Democratic Republic」in Jon Elster, ed., The Roundtable Talks and the Breakdown of Communism, p.105；莫德羅：《起點和終點》，第46頁。

[207]. 參見Hans-Hermann Hertle,「The Fall of the Wall：The Unintended Dissolution of East Germany』s Ruling Regime」Cold War International History Project Bulletin, Issue 12/13, Fall/Winter 2001, p.140.

[208]. Timothy Garton Ash, The Magic Lantern, pp.78–123; Miloš Calda,「The Roundtable Talks in Czechoslovakia」in Jon Elster, ed., The Roundtable Talks and the Breakdown of Communism, pp.135–167.

[209]. 1989年12月4日，當年參與軍事鎮壓「布拉格之春」的華約五國在莫斯科亦發表共同聲明，承認當年的入侵行動是非法的。聲明詳見：Jaromir Navratil Compiled and edited, The Prague Spring 1968, A National Security Archive Documents Reader, Budapest：Central European University Press, 1998, p.576.

[210]. 參看Miloš Calda,「The Roundtable Talks in Czechoslovakia」in Jon Elster, ed., The Roundtable Talks and the Breakdown of Communism, pp.171–172.

[211]. 詳見 Rumyana Kolarova and Dimitr Dimitrov,「The Roundtable Talks in Bulgarian」in Jon Elster, ed., The Roundtable Talks and the Breakdown of Communism, pp.205–211.

[212]. John D. Bell,「Bulgaria」 in Stephen White, Judy Battand Paul G. Lewis, eds., Developments in East European Politics, Basingstoke, 1993, pp.87–92.

[213]. 關於以上過程的詳細描述，參看 Peter Siani-Davies, The Romanian Revolution of December 1989, Ithaca and London： Cornell University Press, 2005, pp.53–143.

[214]. 相關數據詳見羅馬尼亞選舉委員會網站（http://alegeri.referinte.transindex.ro/）

[215]. Gábor Hunya,「Romania 1990–2002： Stop-Go Transformation」 Post-Communist Economies, Vol.10, Issue 2, June 1998, p.242.

[216]. János Kornai, The Socialist System： The Political Economy of Communism, New Jersey： PrincetonUniversity Press, 1992, p.425.

[217]. [美] 亞當·普沃斯基：《民主與市場——東歐與拉丁美洲的政治經濟改革》，包雅鈞等譯，北京：北京大學出版社，2005 年，第 153 頁。

[218]. [美] 亞當·普沃斯基：《民主與市場——東歐與拉丁美洲的政治經濟改革》，包雅鈞等譯，北京：北京大學出版社，2005 年，第 34 頁。

[219]. Freedom House, Nations In Transit 2009： Democratization From Central Europe To Eurasia, URL=http://www.freedomhouse.eu/images/nit2009/tables.pdf.

[220]. Anna Grzynala and Pauline Jones Luong,「Reconceptualizing the State： Lessons from Post-Communism，」Politics and Society, Vol.30, No.4, 2002, p.544.

[221]. Lester M. Salamon, et al., eds. Global Civil Society： Dimensions of the Nonprofit Sector, Vol. two, Baltimore, MD： Johns Hopkins Center for Civil Society Studies, 2004, pp.9–10, 66.

[222]. 具體可參看：Marc Morje Howard, The Weakness of Civil Society in Post-Communist Europe, Cambridge： Cambridge University Press, 2003；Lester M. Salamon, et al., eds. Global Civil Society： Dimen-sions of the Nonprofit Sector, Baltimore, MD： Johns Hopkins Center for Civil Society Studies, 1999, p.33.

[223]. Edmund Mokrzycki,「Democracy in a Non-Democratic Society，」in Lord Dahrendorf, et al. eds., The Paradoxes of Unintended Consequences, Budapest： Central European University Press, 2000, p.6.

[224]. Hans-Peter Meier Dallach and Jakob Juchler, eds., Postsocialist Transformations and Civil Society in a Globalizing World, Huntington, New York： Nova Science Pub., 2002, pp.6–10.

[225]. Peter Nizak,「The Hungarian NGO Sector」Budapest, April 17–18, 2008. URL=http://www.euclidnetwork.eu/budapest/pres/Peter%20Nizak.ppt.

[226]. Cas Mudde,「Civil Society,」in Stephen White, et al., eds. Developments in Central and East European Politics 4, New York： Palgrave Macmillan, 2007, pp.223, 216.

[227]. 詳見 Tamás Bauer,「Hungary』s 1% Law： A Brief History」and Balázs Gerencsér,「From Hungary』s 1% Law to a National Civil Fund,」Social Economy and Law (SEAL), Summer-Autumn 2004.

[228]. United States Agency for International Development Mission, The 2007 NGO Sustainability Index： Hungary, pp.114–116. URL=http://www.usaid.gov/locations/europe_eurasia/dem_gov/ngoindex/2007/hungary.pdf

[229]. Peter Nizak,「The Hungarian NGO Sector,」Budapest, April 17–18, 2008. URL=http:// www. euclidnetwork.eu/budapest/pres/Peter%20Nizak.ppt

[230]. United States Agency for International Development Mission, The 2007 NGO Sustainability Index： Hungary, p.116. URL=http://www.usaid.gov/locations/europe_eurasia/dem_gov/ngoindex/2007/hungary.pdf

[231]. Nilda Bullain,「Mechanisms of Government-NGO Cooperation in Hungary」, SEAL, Winter 2004.URL=http://www.efc.be/cgi-bin/articlepublisher.pl?filename=NB-SE-01-04-1.html

[232]. Susan Rose-Ackerman,「From Elections to Democracy in Central Europe： Public Participation and the Role of Civil Society,」East European Politics and Societies, Vol.21, No.1, Winter 2007, p.34.

[233]. United States Agency for International Development Mission, The 2007 NGO Sustainability Index： Hungary, pp.113–121.URL=http://www.usaid.gov/locations/europe_eurasia/dem_gov/ngoindex/2007/hungary.pdf

[234].Pawel Machcewicz,「The Assistance of Warsaw Pact Forces Is Not Ruled Out」CWIHP Bulletin, Issue 11, 1998, pp.40–42; János Tischler,「The Hungarian Party Leadership and the Polish Crisis of 1980–1981」CWIHP Bulletin, Issue 11, 1998, pp.77–89; Michael Kubina,「Moscow』s Man in the SED Politburo and the Crisis in Poland in Autumn of 1980」CWIHP Bulletin, Issue 11, 1998, pp.90–95; Oldrich Tuma,「The Czechoslovak Communist Regime and the Polish Crisis 1980–1981」CWIHP Bulletin, Issue 11, 1998, pp.60–76;Jordan Baev「, Bulgaria and the Political Crises in Czechoslovakia 1968 and Poland 1980/1981」CWIHP Bulletin, Issue 11, 1998, pp.96–101.

[235].Timothy Garton Ash,「1989!」URL=http://www.nybooks.com/articles/archives/2009/nov/05/1989/?page=1

[236].Melvyn P. Leffler, For the Soul of Mankind： The United States, the Soviet Union, and the Cold War, New York： Hill and Wang, 2007, p.448.

相關考察

- 國際共運與中蘇關係——二十世紀 1950、1960 年代美國中央情報局的評估
- 以歷史檔案重構戰後東歐史——從讀《東歐史》一書談起
- 世界社會主義運動發展的近況

▌國際共運與中蘇關係——二十世紀 1950、1960 年代美國中央情報局的評估

冷戰時期，美國中央情報局（以下簡稱中情局）曾集中蒐集了眾多有關國際共產主義運動（以下簡稱國際共運）的情報，並據此對國際共運的發展態勢及其前景等做過大量的評估。目前，至 1960 年代的相關評估已基本獲得解密，總體看來，其研究結論大體與實情相符，有些分析甚至是不乏見地的，當然，囿於情報或材料的不足或是出於意識形態方面的偏見，某些建立在猜度基礎上的見解在今天看來與事實亦存有明顯偏差。本文將就二十世紀 1950、1960 年代美國中央情報局對國際共運所作的預測與評估以中蘇關係的發展演變為主線，劃分為中蘇結盟與合作、中蘇分歧與爭論、中蘇分裂與對抗三個時段，分別加以考察。

一、對中蘇結盟與合作時期國際共運的預測與評估（1949—1957）

第二次世界大戰結束以後，世界政治地圖發生了重大改變。在歐洲，波蘭、捷克斯洛伐克、匈牙利、保加利亞、羅馬尼亞、南斯拉夫、阿爾巴尼亞等中東歐國家紛紛拋棄了原有的政治制度，走上社會主義道路。在亞洲，繼越南、朝鮮先後確立了共產黨一黨執政的國家政權之後，1949 年，中國共產黨在歷經近四分之一世紀的內戰後，取得了新民主主義革命的勝利，並宣告了中華人民共和國成立。至此，連同蘇聯和蒙古，歐亞大陸上共有 13 個由共產黨領導的社會主義國家，擁有世界三分之一的人口和四分之一的土地，形成了與資本主義體系相抗衡的社會主義陣營。

在社會主義由一國向多國擴展的過程中,中國革命的勝利對於國際共運整體實力的壯大具有極其重要的意義。美國耶魯大學歷史學教授約翰·劉易斯·蓋迪斯(John Lewis Gaddis)將其同蘇聯核試驗的成功[67]並稱為1949年這個標誌著「冷戰擴大」的年份中最具代表性的兩個事件。[1]如果說蘇聯擁有核武器加大了對美國的安全威脅、宣告了「以恐怖實施共同威懾」的新時代的到來並史無前例地造成了美國人自此之後將「必須在全部毀滅的魔影下生活」的話,那麼中國共產黨的勝利則代表著國際共運對所謂自由世界進行軍事和政治顛覆能力的增強,在美國人看來,其結果將會對世界權力格局和國際安全造成重大衝擊。[2]1950年,隨著中蘇兩國同盟關係的確立,此種認識更是進一步得以加深。當時,美國朝野的一個主流觀點即是:美國及其盟國正面對著一個鐵板一塊的「共產主義集團。」誠然,不可否認,在此主流之內亦有些人士對「鐵板一塊」的說法提出了某種質疑。比如中情局第209號情報備忘錄(IM № 209)和國家情報評估第64號文件(NIE-64)中,均對中蘇未來分歧的誘發因子、中國的民族訴求及其所擁有的相對獨立性和領導亞洲共運的能力做出了被後來事實證明頗具預見性的評估。不過,在這樣一些分析之後,結論往往又復歸「正統」立場,即認為「緊密的意識形態聯繫」、欲將西方的影響「從遠東清除出去」的共同目標,對傳播共產主義和倡導世界革命的堅定信念,是雙方保持密切協作並推動國際共運不斷壯大的黏合劑。[3]用20世紀1950年代曾先後供職於蘭德公司和中情局的研究人員雷蒙德·加特霍夫(Raymond L. Garthoff)的話來講,如果認為1948年南斯拉夫同蘇聯兩國兩黨關係的破裂在國際共運這塊鐵板中造成了一道裂縫,那麼此後中國共產黨的勝利則令這道裂縫顯得不那麼重要了。[4]

此後相當長的一段時間裡,對於社會主義陣營的力量和潛能,無論是國家安全委員會還是中情局,都給予了非常積極的評估。以1952年底先後出臺的國家情報評估第64號文件及其修改和補充版為例,兩份文件均特別地指出了:從經濟實力來看,蘇聯的經濟產量不比美國,社會主義陣營的整體經濟實力亦不可與北約同日而語,但由於其國民收入中用於軍事支出的比例遠遠高出西方國家,使其現有軍隊及常規軍力較之後者,擁有相當大的數量優勢。據此,評估人預測:蘇聯集團有充分能力在橫貫歐亞大陸的廣大區域同時發

起大規模進攻。除此之外，報告還強調：除了軍事進攻的能力外，集團的龐大規模（包括 2000 余萬共產黨員和遍佈 72 個國家的共產黨組織）、內部集權化的領導以及高度統一的意識形態等，為共產黨人實施政治戰提供了豐富的資源和巨大的潛能，使其能夠借助於政治的、經濟的、外交的、宣傳的等多重手段，對「自由世界」及其政府構成嚴重的威脅和破壞。[5]

其實，對所謂「蘇聯集團」堅如磐石的抽象認識和對資本主義與社會主義兩種意識形態和社會制度勢不兩立的估計，自冷戰格局形成尤其是朝鮮戰爭爆發之後，很長時間裡，一直在美國各界人士頭腦中占據著主導地位。此種認識到了 1953 年史達林去世繼而朝鮮半島停戰之後，亦未能得以及時調整。現在我們知道，上述兩個具有標誌性的事件（特別是前者）對於當時以及其後的整個冷戰氛圍產生了極為重大而又深遠的影響。

1953 年 3 月 5 日，蘇聯最高領導人史達林突然去世。得知此信，美國政府大吃一驚。次日，新上任不久的美國總統艾森豪威爾在內閣會議上對國務院提出了批評，稱其對史達林去世這件事沒有什麼預先的考慮和計劃，以致美國拿不出可應對的辦法，甚至「無法確知他的死會帶來什麼不同。」[6] 3 月 15 日，在最高蘇維埃第四次會議上，蘇聯新的黨政領導團隊宣告成立：部長會議主席由蘇共十九大時受史達林委託做聯共（布）中央委員會工作報告的馬林科夫擔任，四位部長會議副主席分別為貝利亞、莫洛托夫、布爾加寧和卡岡諾維奇，赫魯雪夫就任蘇共中央書記，伏羅希洛夫則任最高蘇維埃主席團主席。會上馬林科夫就新政府的外交方針做了詳細闡述，在這篇被西方稱為「和平攻勢」的著名講話中，馬林科夫指出：「現在，沒有任何糾紛或懸案不能在有關各國互相協議的基礎上和平解決。這是指我們和一切國家的關係，包括美國在內。」[7] 蘇聯提出緩和國際緊張局勢的新方針，很大程度上是基於一些實際考慮，比如，減輕由於美蘇對抗特別是核武器的無限發展所帶來的巨大壓力和危險，減輕由於軍備競賽所造成的過重的經濟負擔，以便將更多的注意力和有限的資源投入到維護和促進國家的穩定與發展等方面。

遺憾的是，對於莫斯科拋出的橄欖枝，美國方面始終滿腹狐疑。艾森豪威爾在其回憶錄稱，當時他堅定地認為，共產黨一向是不妥協的，而蘇聯人

從來是沒有誠意的，史達林繼承人所謂之「新方針」無非是些「花言巧語的諾言」，意在延遲西方軍事整合的破壞性戰術，並非是為談判提供真正的機會。[8] 而此前美國的蘇聯問題專家、時任國務院政策顧問的查爾斯·波倫（Charles E. Bohlen）也曾分析指出，「蘇聯外交將在相當長的一段時期繼續遵循史達林晚年的政策而不會有實質性的改變」，建議美國必須「堅決並堅定地在所有問題上維持現有立場不動搖。」[9] 3月18日，美國駐蘇使館代辦雅各布·比姆（Jacob D.Beam）在其發回總部的電報中亦稱：「直至日前，尚未有任何具體證據表明（馬林科夫領導的）新政府偏離了史達林時期的全球政策路線。」[10]

1953年4月16日，在經過了一個月的精心準備之後，艾森豪威爾對馬林科夫的上述講話正式作出回應。在這篇名為《和平的機會》（Chance for Peace）的演說中，美國總統對與蘇聯緩和關係開出了種種具體的條件：遣返戰俘、締結朝鮮停戰協定、結束印度支那及馬來亞共產黨叛亂、簽訂對奧和約、推動德國統一併在此基礎上經自由選舉產生政府，同意聯合國核查裁軍進程、實行原子能國際管制、限制或禁止大規模殺傷性武器等。艾森豪威爾聲稱，「光說漂亮話」是沒用的，沒有行動即無法證明「追求和平的誠意」，而沒有誠意，美國對蘇聯新政府不知真假的和平呼籲是「不會在意的。」[11] 兩天后，杜勒斯在其發表的政策演說《最初的九十天》（The First 90 Days）中措辭強硬地表示，眼下蘇聯發起的這場「和平攻勢」不過是「蘇聯共產主義時常採取的一種策略行動」而已，其背後體現了史達林所謂為使一個強敵麻痹並「取得喘息機會」，被迫「有計劃的退卻」以便「贏得時間和積蓄力量，準備將來進行新的決戰」這一戰術邏輯。[12]

然而，其後的事實表明，蘇聯新領導人的確在緩和的路上邁出了一些實質性的步伐，比如：他們主動宣布放棄對土耳其喀斯、阿達罕和阿爾特溫地區的領土要求並暗示願意放棄先前提出的蘇土兩國共管黑海海峽的要求；推動交戰雙方達成朝鮮停戰協議，從而使一場耗時三年的熱戰宣告結束；建議西方國家吸收包括蘇聯在內的新成員加入北約，以維護歐洲安全；同意從奧地利撤軍、與西方國家共同簽署對奧和約並承認奧地利中立地位；向聯合國裁軍小組委員會提出裁減軍隊、禁止核武器及消除戰爭威脅的動議並率先實

現單方面裁軍;對聯邦德國予以承認並與其建立正式的外交關係等。除了採取主動改善東西方關係之外,為緩和史達林逝世前東歐各國業已出現的社會緊張,維護蘇聯對東歐的有效控制,蘇聯領導人還對史達林時期的東歐政策做了某些調整,先後推動東德、匈牙利等國在經濟、政治、文化等各領域採取了一系列名為「新方針」的改革舉措,用以糾正和解決蘇聯模式在匈牙利推行後暴露出的弊端和衍生出的問題,相關措施主要包括:改變黨的權力過分集中的現象,加強立法與行政機關的權力;健全法律制度,恢復社會主義法制,平反冤假錯案;修改國民經濟發展方向,降低重工業發展速度,提高農業和輕工業投資比例;鼓勵發展個體私人經濟,開放市場,促進城鄉商品流通;以提高工資、降低物價、減少稅收、增加住宅等手段改善人民生產和生活條件;調整知識分子政策,提高其政治、經濟待遇;加大教育投入;對宗教事務保持寬容,等等。[13] 此外,1955 年 5 月 26 日至 6 月 2 日,赫魯雪夫、布爾加寧等蘇聯黨和國家領導人對南斯拉夫進行了訪問,採取主動姿態恢復了雙方自 1948 年以來中斷了長達七年之久的國家關係。

然而,在史達林逝世之初,美國情報分析人員卻全然未料到這一切竟會發生,事實上他們所作出的預測恰恰與此相反。以中情局 1953 年 3 月 12 日編發的一份名為《史達林逝世與馬林科夫升任蘇聯領導人可能出現的結果》的特別評估報告為例,其中便明確寫道:「在可見的未來,蘇聯新領導人幾乎必定會延續其過去幾年中業已形成的內外政策。尤其是,它很可能會繼續強調不遺餘力地對抗西方(包括對西方國家實施分化戰術)、擴大蘇東陣營的經濟基礎並提高其軍事實力」,「克里姆林宮對歐洲國家的控制是如此之牢固,我們認為,史達林之死不會令此種控制力發生絲毫減弱」,「狄托與莫斯科的關係亦不可能因史達林之死而有何改變」,「狄托在衛星國家或陣營外共產黨中的影響不會有所增長。」字裡行間透著十足的把握。不過,這裡值得一提的是,此份評估對史達林逝後中蘇關係的可能走勢卻做出了大體合理的推斷,報告撰寫人稱:「我們以為,史達林之死不會立即對中蘇合作或中共的對外政策產生影響。但是,由於史達林的繼承者中無人在亞洲擁有像史達林那樣的影響和聲望,毛作為亞洲共產主義領袖和理論家的地位無疑將會上升,他在決定亞洲共產主義運動的政策方面也將會擁有更大的發言

權……新的莫斯科領導人可能必須小心處理與毛的關係，若非如此，幾乎必定會增加中蘇間的緊張關係。」[14] 這一判斷為後來的事態發展所證實。如果說蘇聯領導人的更迭，包括史達林繼承人之間此後數年的權力鬥爭，並未使蘇聯在歐洲共運中的權威受到嚴重損害的話，那麼在亞洲，隨著毛澤東威望和地位的相對上升，亞洲共運的格局卻發生了微妙的變化，這種變化反過來對中蘇關係的走向產生了深刻的影響。不過，至少在史達林去世後的三四年間，中蘇關係從總體上看發展良好，在處理國際共運內部事務方面，雙方保持了密切合作。中情局的研究人員也正確地看到了這一點，1954 年 3 月通過的編號為 10-2-54 的國家情報評估對此分析道：「蘇聯和共產黨中國至少在此評估期間，將依然保持密切的同盟關係。」報告進而對中蘇兩國保持合作的動力源泉進行了分析，其中寫道：「蘇聯與共產黨中國有著共同的意識形態，他們都把美國視作實現其亞洲目標的主要障礙，並且都認為，美國的政策與力量使他們在太平洋地區的利益受到了威脅，不僅如此，各自目前均從同對方的結盟中獲得了好處，共產黨中國接受了蘇聯在政治、軍事與經濟方面給予的大量支持與援助，蘇聯意識到中國是一個對自己有價值的盟友：它在遠東提供了軍事力量與深入防衛，還是進一步在亞洲推進共產主義目標的一個基地，不僅如此，與共產黨中國結盟，還可以使蘇聯在分化和擾亂非共產主義世界的時候，可以拿『中國問題』作為一個價值不菲的政治和心理資本。」[15] 總之，在當時中情局分析人士看來，共同的目標是將雙方「黏合在一起的力量」，而由此產生的互利結果則是促使雙方保持並繼續發展同盟關係的內在動力。

對於國際共運而言，1956 年無疑是具有轉折意義的一個年份，在這一年中，國際共運所經歷的若干重大事件極大地改變了社會主義陣營內部的政治發展方向。首先是 2 月下旬召開的蘇共第二十次代表大會，這次會議對世界形勢出現的新現象、新特點進行了分析和概括，就國際局勢的發展提出了和平共處、和平過渡、和平競賽等一系列理論觀點和政策綱領。[16] 不僅如此，黨的最高領導人赫魯雪夫在會議最後一天所做的《關於個人崇拜及其後果》的秘密報告，對史達林嚴重違法、個人崇拜以及破壞民主和集體領導的行為進行了嚴厲批判。客觀地講，蘇共二十大就其主要精神而言，具有重要的進

步意義，反映了時代發展的要求；就其結果來看，卻如同一塊引發山崩地裂的巨石，在國際共運內部激起了劇烈的震盪。美國、英國、荷蘭、丹麥等國的共產黨，由於內部思想混亂、意見分歧以及大批黨員退黨而發生了嚴重分裂。西歐兩個資格較老的共產黨義共和法共，則分別針對赫魯雪夫的秘密報告作出了不同反應。義共對蘇共二十大總體上持歡迎態度，其領導人陶里亞蒂甚至提議未來國際共運應當奉行多中心主義，按他的話說，「整個體系愈益朝著多中心方向發展，在共產主義運動中，不能強調單一領導，而要強調走多樣化道路以實現進步。」[17] 相比較之下，法共的反應則顯得保守。它不僅對赫魯雪夫「詆毀」史達林形象的做法深感不滿，還對義共提出的所謂「通向社會主義的民族道路」的概念和堅持議會道路的重要性等看法嚴加批判。[18] 較之上述歐美等西方國家共產黨，東歐各國黨的反應顯得更為複雜：南斯拉夫發自內心地表示歡迎，東德給予了高調的支持甚至吹捧，阿爾巴尼亞採取了「兩面派」的做法——表面贊同而背地裡很是不滿，捷克斯洛伐克、羅馬尼亞、保加利亞三國表現得茫然失措。[19] 至於波蘭和匈牙利兩國的情況，已不是「複雜」二字所能概括。在波蘭，黨的領導人貝魯特在蘇共二十大閉幕不久忽然逝世，整個黨陷入了驚慌與混亂，同時，因二十大批判史達林造成的思想真空，被一種結合了民族主義情緒、社會民主主義和人道價值觀念的思潮所填補。[20] 在匈牙利，黨的領袖拉科西非但不對二十大後黨內外要求變革的呼聲作出積極反應，且逆潮流而上繼續在政治和文化領域實行史達林時期的強硬路線。潛伏於民眾中的普遍不滿與種種壓力下黨和政府的權力弱化，最終於夏秋之季，在這兩個國家引發了政治危機。

　　6月28日，首先在波蘭西部工業城市波茲南，上萬名工人上街遊行，要求增加工資、降低勞動定額。由於當局處理失當，遊行很快演變成一場騷亂，造成了七十多人死亡，數百人受傷。[21] 1956年10月中旬，波蘭統一工人黨政治局會議透過了由前波黨總書記、民主改革派領袖哥穆爾卡取代蘇共二十大後接替貝魯特的奧哈布出任黨的第一書記的建議，並在哥穆爾卡的參加下提出了關於新的政治局委員名單。波黨擅自更換領導人、重組政治局的舉動令蘇聯領導人大為震怒。10月19日，波黨八中全會召開，赫魯雪夫率代表團不請自來，力圖阻止哥穆爾卡的當選，同時令駐守在波蘭西部的兩個蘇軍

裝甲師向華沙逼近。面對此情，波蘭領導人並未妥協。後經雙方長時間談判，蘇聯領導人最終決定放棄干涉，返回莫斯科。[22] 然而，一波未平，一波又起。就在波蘭事件尚未塵埃落定之時，在匈牙利，一場更大規模、更震懾人心的危機悄然上演。10月23日下午，由大學生組織的一場旨在聲援波蘭的靜默遊行，在短短數小時後，驟然轉變為各階層市民與國家安全警察之間的流血衝突。事件發生後，匈黨中央緊急召開會議，對黨和國家領導層進行重大人事變動，被迫將在示威群眾中享有很高聲望的納吉選任為國家總理，主持政府工作。次日下午，在沒有獲得匈牙利政府正式邀請書的情況下，蘇聯軍隊展開了代號「行動波」的第一次干預行動，不料此舉迅速激起了匈牙利民眾反蘇情緒的日益高漲。於是，一場原本以推動非史達林化和改革匈蘇關係為主要訴求的民主運動一步步偏離了最初的目標，危機中湧現出的大量政治團體出於不同目的提出了各種各樣的要求：撤走所有蘇聯駐軍，恢復多黨聯合執政，實行自由選舉、退出華約組織、宣布國家中立等，不一而足。面對國內外的沉重壓力，納吉政府處境異常艱難，無論其是進是退，終無法令各方滿意。匈牙利局勢持續惡化。在此情形之下，11月4日，蘇聯派遣17個師的兵力向布達佩斯發動了代號「旋風」的第二次軍事行動，鎮壓了這場事件。[23]

1956年蘇聯以武力方式干涉和鎮壓匈牙利事件，不僅在戰後東歐史上留下了深刻烙印，並且對日後國際共運的發展以及社會主義陣營內部關係的變化產生了極其深遠的影響，舉其要者而論：其一，它使東歐各國政權對激進式改革的後果、蘇聯的容忍底線和解決東歐危機的手段有了清醒的認識，並在其後幾十年間成為東歐自制改革的基礎；其二，它在陣營外各國共產黨特別是西方發達國家共產黨內造成了程度不同的混亂，其中又以義大利黨最為嚴重；其三，它使社會主義國家一貫宣揚的正義、和平等理念受到了質疑。比如，在匈牙利事件期間及其後，在蘇聯和東歐其他國家都發生了聲援匈牙利的盛大示威遊行；其三，它不可避免地加劇了蘇共二十大後社會主義陣營內部力量的進一步分化，使得國際共運作為一個整體的力量受到了極大撼動；最後，它對於蘇聯作為國際共運領袖的道德和政治權威造成了損害，如此一來，便如同中情局其後的一份評估報告中所說，客觀上造成了國際共運「政

治和理論層面的權威性領導」的缺位。[24] 其後不久的事實日益清晰地表明，在社會主義陣營內部，有能力並有意願填補這一空缺的，便是一直以來享有相對獨立地位並在亞洲與蘇聯共同領導共產主義運動的中國共產黨。

其實，早在波匈事件發生發展的過程之中，中國已經以國際共運另一個權威和領袖的姿態，表現出一個亞洲社會主義大國對歐洲共運事務的關切和影響，並開始了挑戰莫斯科在國際共運中領袖地位的歷程。[25] 中情局分析人員認為，對中國而言，1956年的東歐危機「既是麻煩也是個機遇。」一方面，同蘇聯一樣，中國希望盡快恢復社會主義陣營的團結與穩定，但另一方面，它也試圖「在蘇聯人犯了錯誤之後」，透過「幫助莫斯科恢復它在東歐遭到嚴重動搖的權威」來擴大和施展自己國際共運的影響力，並使其「在一個新的基礎上」重新走向團結。[26] 以上分析人員甚至將中國對東歐危機的介入視為「另一個巨人時代」到來的標誌，奠定了毛澤東「作為唯一健在並能領導社會主義革命不斷取得勝利的英雄典範的地位。」[27] 此說雖然聽起來有些誇張，但並非言過其實。1956年底至1957年春，體現了毛澤東本人思想的兩個理論成果，即1956年12月29日刊發的由中共中央政治局集體討論和毛澤東親自修改的《人民日報》編輯部文章《再論無產階級專政的歷史經驗》（簡稱《再論》）和1957年2月27日毛澤東在最高國務會議上所作《關於正確處理人民內部矛盾的問題》（簡稱《正處》）的講話，[28] 針對社會主義陣營出現的混亂局面，表明了中共對於當時國際共運中亟待解決的基本理論和歷史問題所持的觀點和立場，在各國黨中引起了很大反響。[29] 1957年初，為了調解蘇聯同波匈兩國的關係，周恩來連續出訪上述三國，突出地反映了中國對於陣營內部事務的關切和在維護團結方面所起的特殊作用，贏得了廣泛好評。在西歐，許多共產黨人甚至由此認為，「北京已成為共產主義世界的外交及理論重心。」[30] 不過，事實上直至1957年底莫斯科會議召開之前，雖然國際共運兩個權威來源的前景已依稀可見，但中國並未對蘇聯在運動中的領袖地位發起真實挑戰。1963年中情局一份特別報告在回顧這段歷史時，對此總結說，「中國人在國際共產主義運動中想要實現的目標還很有限。他們希望自己的觀點能獲得足夠多的支持，以便對蘇聯的對外政策產生影響，因為在他們看來，蘇聯所推行的這些對外政策與他們自身的利益相

悖。他們認為共產主義世界應當由一個國家來領導,並由其確立總的路線,但要做到這一點,它需要同社會主義陣營其他重要的成員進行協商。中國人視蘇聯為統帥,同時將自己想像為重要的智囊和政策制定的參與者。」[31]

1957年11月16—18日在莫斯科舉行的各國共產黨和工人黨代表會議暨十月革命勝利四十週年慶祝大會,可以算得上是自科學社會主義誕生以來世界社會主義體系和國際運動規模空前的一次盛會,出席會議的共有68個共產黨和工人黨的代表,美國參議院小組委員會對國內安全法實施的情況調查報告中甚至將其稱作「共產國際的復活。」[32]在此次會議上,中共的角色發生了重大轉變,開始顯示出對國際共運所具有的影響力和與蘇聯分享運動領導權的潛能。雖然會議意圖將南斯拉夫重新拉回社會主義陣營的願望最終落空,並且各國黨在許多重大問題上的看法和政策分歧依然存在,但無論如何,在中蘇雙方通力合作之下,社會主義陣營還是在一個相對較短的時間內大體恢復了團結與穩定。不幸的是,這種局面持續時間並不長,僅在莫斯科會議閉幕後半年,在團結和穩定表象之下潛伏著的脆弱與危機便無法抑止地顯露出來。從那時起,中蘇兩黨在有關國際共運戰略方面業已存在的分歧,便透過一系列事件不斷加深並最終得以爆發;與此同時,隨著自身實力與影響力的增長,中共亦不再隱藏其內心深處對國際共運單一權威體制的不滿,開始向蘇聯的領袖地位發起了挑戰。

中蘇雙方黨際和國家關係的持續惡化,終於致使國際共運在戰後發生了第二次分裂。較之1948年的蘇南分裂,中蘇關係的破裂無論在廣度、深度還是持續時間方面,均遠勝於前者,並對其後國際共運以至整個冷戰進程產生了極為深遠的影響。

二、對中蘇分歧與爭論時期國際共運的預測與評估(1958—1964)

為便於描述起見,以下將就美國關於中蘇分裂時期國際共運的情報評估進一步劃分出兩個時段,分別考察中蘇關係破而未裂以及徹底破裂前後國際共運的總體趨勢及其所受影響。

如上所述，分歧特別是意識形態領域的分歧是造成中蘇關係惡化的直接原因，這些分歧主要體現在根本理論與基本政策兩個層面。就前者而言，雙方在關於時代的特徵、戰爭與和平的問題、社會主義革命的道路與模式、國際共運的發展戰略等問題上看法相異；具體到國內外政策層面：究竟誰的經濟增長更快？誰的發展道路更能顯示社會主義的優越性？對帝國主義究竟是要緩和還是鬥爭？在這些問題上，雙方立場和觀點甚至針鋒相對。

客觀地說，中蘇分歧在雙方關係發生惡化之前久已存在，甚至早在史達林執政時期，中國對蘇聯領導人的某些政策與做法已心懷不滿，不過，此種不滿由「敢怒不敢言」發展到「直言不諱」，則是史達林去世特別是蘇共二十大批判史達林之後的事。當時中國雖然在公開場合繼續肯定甚至維護蘇聯在國際共運中的領導地位，提出堅持「以蘇為首」，但其潛臺詞卻是：蘇聯黨的這種中心地位是需要中國黨的支持和肯定才能生效的。[33]1957年莫斯科會議之後，由於雙方在以上理論和政策層面的分歧有增無減並日益顯露，中蘇關係開始走出「蜜月」，邁向惡化。對於中蘇分歧的肇始及其核心，國家情報評估第11-5-62號文件做了比較客觀的分析，報告指出，中蘇之間的「敵對和不滿」其實「蟄伏已久」，只是到了20世紀1950年代後期才「發展成為一個尖銳而公開的問題」，雖然從表面看來，爭論的都是些具體問題，但就其實質而言，分歧的焦點只有一個，即國際共運的領導權。[34]不過，中情局並不認為，此時中蘇關係中出現的摩擦與衝突會對雙方同盟關係產生重大影響，在其看來，各自的國家利益以及國際共運的整體利益仍是雙方保持同盟關係的強有力的紐帶。

正基於此，1959年夏，就在中蘇友好關係已明顯趨冷的情形之下，中情局高級研究署的研究報告（CIA/SRS-11）對未來五至六年國際共運的前景做出了非常樂觀的估計，聲稱：「如果世界在1965年之前逃過一場大戰，蘇聯、共產黨中國及其衛星國家的經濟絕對會有巨大的發展……社會主義陣營國家力量的強大將必然增強蘇聯和中國這兩個主要的共產黨國家在世界事務中的地位；也將可能擴大他們在亞洲、非洲和拉丁美洲的影響……自由世界中許多民族國家的共產黨無論在人數還是影響方面都會更為強大，並在某些國家中成為執政黨或執政聯盟的主要反對力量。」文件還指出，屆時共產主義可

能在世界上所有不發達地區特別是南亞、中東和拉美成為一股強大的力量。同樣，對於國際共運的領導權問題，主筆人寫道：「我們可以相當有把握地說，國際共產主義仍將控制在蘇聯共產黨的手中。對於社會主義運動而言，不大可能有其他的可能性」，「任何削弱蘇聯共產黨對國際共產主義運動的控制的企圖都是不可能成功的，蘇聯共產黨的『領導角色』是國際共產主義的一個重要特徵，這使得任何運動的『民主化』都會是革命性的。任何一個黨或黨的領導人對此若有質疑，幾乎必將招致被指控為修正主義，而在遵從正統的共產黨人的眼中，修正主義是對國際共產主義運動最大的威脅。」雖然，該文件也曾考慮到國際共運處於蘇中兩黨雙重控制之下這一可能性，但隨後舉出大量論據，用以說明此種情形出現的可能性微乎其微。撰寫人認為，作為「唯一可以挑戰蘇聯權威的政黨」，中共雖然對於培養和指導世界共產主義運動「懷有濃厚興趣」，但就其對陣營團結的強調和對「以蘇為首」原則所做出的表態來看，中共不至於對莫斯科的領袖地位發起挑戰，原因在於：首先，維護陣營的團結對於中共具有至關重要的意義；其次，中國不會讓自己因此背負違逆正統、搞修正主義的罵名；再次，無論在內政還是外交領域，中國都迫切需要蘇聯給予支持與援助，這會使其繼續支持蘇聯在陣營中的領導作用；最後，中國的任何挑戰之舉都很難贏得陣營外國家共產黨的支持，因為後者不會「背著莫斯科，在中蘇關係上搗鬼。」[35]

除此之外，該文件以下觀點也特別值得關註：第一，預測在未來五至六年間，南斯拉夫還會被各國黨視作「修正主義的中心」並受到攻擊；第二，強調儘管在社會主義陣營特別是東歐各國中，存在著偏離正統路線、嘗試搞「民族共產主義」的跡象，但其嚴重程度不足以對中、蘇兩國的社會主義構成根本威脅；第三，認為憑藉蘇聯的綜合實力、中國國際地位的提升，各社會主義國家和政黨會「由先前的崇尚暴力轉向力主溫和。」[36]從理論角度來看，中情局的上述分析符合邏輯，但實際情況卻發生了重大逆轉：自從20世紀1950年代末期以後，在國際共運中，何為正統、何為修正漸漸失去了明確和統一的標準。令中情局始料不及進而頗感費解的是，正統和修正之爭並未像其預測的那樣，發生在「所有國家共產黨」與南斯拉夫共產黨之間，卻出現在就其看來意識形態最貼近「正宗」的中、蘇兩黨之間。相應地，共產

主義世界也並沒有步調一致地實現從倡導暴力革命向蘇共所主張的和平路線的轉變，而是在意識形態分歧難以調和的基礎上，催生出了兩條彼此尖銳對立的總路線。

1960年，中蘇關係的惡化日益走向公開。1960年6月5—9日，世界工會聯合會理事會第11次會議在北京舉行，作為東道主的中國放棄了此前的克制立場，向前來參會的各個代表團正式公開了與蘇共在重大理論和方針問題上存在的分歧。針對中國的這一作法，莫斯科立即在隨後召開的布加勒斯特會議上進行了反擊。6月21日，就在羅馬尼亞工人黨第三次代表大會開幕後第二天、社會主義國家共產黨和工人黨代表會議召開前三天，蘇共中央向出席大會的各代表團散發了長達50多頁的情況簡報，其中對中共在諸如時代特徵、和平與戰爭等一系列重大國際問題上的主要觀點進行了尖銳的批評，赫魯雪夫甚至出言，「只有瘋子和狂人才談論新的世界戰爭。」[37] 簡報還指責中共利用世界工聯等國際社會組織宣傳自己的觀點。[38] 此舉一出，結果便如中情局國際共產主義高級研究署1961年春出臺的一份報告中所說，「掀起了雙方相互攻擊、謾罵的高潮。」[39] 會上，各代表團中除了越南、朝鮮和阿爾巴尼亞以外，均站在了蘇聯一邊譴責中國的立場和觀點。用中情局分析人員的話來說，中國代表國被置於「一種受審的境地。」[40] 最後，根據各兄弟黨的委託，蘇共提議於11月各黨代表團赴莫斯科參加十月革命慶典之際，召開世界共產黨和工人黨代表會議，繼續就相關問題進行辯論。此後直至莫斯科會議召開之前，中蘇各方均表現得咄咄逼人、互不退讓，致使雙邊關係嚴重趨緊，甚至表現出分裂之勢。從某種意義上，布加勒斯特會議可以算是中蘇關係和國際共運發展史上的一個重要轉折點，它使中蘇分歧從兩黨之間延伸到了整個國際共運，並使表面看來鐵板一塊的社會主義世界出現了一種信仰、兩種聲音的局面。

對於中蘇分歧給國際共運未來發展帶來的隱患，陣營內各國黨均深感憂慮，他們希望即將召開的莫斯科會議能夠推動中蘇雙方透過協調停止論戰，使國際共運的團結得以恢復。中共亦懷有同樣的期待，並預先透過各種方式做出了明確表示。然而，11月初當各國代表團抵達莫斯科之後，蘇聯卻出人意料地向參會各國共產黨散發了一份多達六萬餘字的信件，信中對中共展開

了激烈的批評。如此,舊傷疤尚未癒合,復又被揭開。會議期間,中蘇雙方就時代特徵、戰爭與和平、向社會主義過渡的道路、國際共運的團結以及調整各兄弟黨之間相互關係等議題展開了激烈爭執。蘇聯力圖使中共承認自己的領導權威和路線主張,而後者卻堅持己見,只願在戰略層面作出讓步,雙方僵持不下。為使會議不至無果而終,經多方共同努力,中蘇兩黨終於在反覆磋商後達成妥協。12月1日,大會最後透過了各國共產黨和工人黨代表會議聲明,即《莫斯科聲明》。聲明將中蘇各方的觀點加以糅合,透過一種妥協性安排,將分歧與爭執暫且擱置或予以迴避,並在此基礎之上,使國際共運在某種程度上實現了「新的團結。」只是,由於矛盾的癥結並未化解,分裂的陰影也依然存在,此種團結顯得異常地脆弱並令人堪憂。

對於這次莫斯科會議,中情局在其後不久出臺的一份研究報告中作了專門的探討。研究人員依據當時非常有限的訊息來源(很大程度上主要參考的是像《莫斯科聲明》[41]這樣一些公開發表的材料),就莫斯科會議的意義、《莫斯科聲明》對於國際共運的影響等進行了評估。

從總體上看,這份評估報告對於許多問題的看法同當時西方世界的普遍認識不相一致。該文件的基本觀點是:無論從規模(共有81個共產黨和工人黨派代表團參會)、持續時間(長達四周)還是議題的重要性來看,1960年的莫斯科會議遠非1957年的莫斯科所能比擬。此次會議恢復並且增強了各國黨之間的團結,在一定程度上也顯示了國際共運內部權力分散化和組織關係平等化的總趨勢。在報告撰寫人看來,為莫斯科會議畫上了「圓滿」句號的共同聲明,可以稱得上是「國際共產主義的一個新的綱領性文件」,是世界社會主義史上「一個真正的轉折點」,它不僅「挽救了運動的團結」,並且推動其進入到一個「更有自信心、靈活性和力量的時期。」同時認為,由於聲明「將對資本主義—帝國主義體系的進攻提升到一個新階段」,大大增強了共產主義運動對自由世界的「威脅」,而伴隨著世界社會主義體系的擴展,將催生出某種較之社會主義「集團」更為高級的類似於「聯邦」或「共同體」的組織形式和決策機制,據其預測,「一種與聯合國相抗衡的組織」隨之將應運而生。不過,同期西方多數分析人士更傾向於將此次莫斯科會議看作是中蘇「在彼此激烈對抗下發生的一場危機」,是「在中國人毫不妥協

情勢下俄國人的被迫攤牌。」即便如此,他們也承認,會議結果並沒有改變一個基本事實,即莫斯科仍在國際共運中享有至高無上的地位,除了中共這個「正在冉冉升起」的「新生力量」外,「其他小黨仍將像過去一樣繼續聽命於蘇聯共產黨」,從而,運動中個別黨比其他多數黨「更平等」的局面並未改變。對於聲明,他們的評價更為消極。在其筆下,聲明被描繪為「矛盾大雜燴」、「胡拼亂湊的東西」、「掩飾巨石裂痕的一張薄紙」、「交織著共產黨中國與蘇聯之間妥協和反妥協的雜什」、「徒有其表而無實質內容的一份和解書」、「一個各個不同的黨派均可取其所需加以引述的文件」,等等;在其眼中,聲明所呈現出的不過是「表面的團結」,它將使社會主義陣營內的分裂因素進一步強化而非減弱。[42] 事實上,以上兩方的觀點均有失公允,前者高估了運動中促進團結的力量,低估了中蘇論戰各議題對於國際共運意識形態所具有的戰略意義,而後者則恰巧相反。

不過,值得一提的是,在該文件中有某些觀點則頗顯見地,甚至不乏真知灼見,很有啟發性。比如,報告強調,對於彼此間日益加深的分歧和衝突,中蘇各方均感煩憂,其實就其內心而言,無論中國還是蘇聯,誰都希望繼續保持團結與協作,害怕兩黨、兩國關係發生徹底分裂,如此便決定了中蘇關係的未來發展將更多地表現出「沿線搖擺」的趨勢。再如,文件對於導致中蘇分歧的社會歷史根源的分析很有新意,「如果我們假設一個巴掌拍不響,那麼,中國人和俄國人,各自內心長久以來對彼此行為所普遍懷有的猜疑一定已是非常之深。這些情緒的真實根源很有可能在公開論戰中根本未有觸及……社會條件方面存在的差異,可能是造成中國共產黨和蘇聯共產黨之間所有現實分歧和潛在矛盾的最深刻根源。中國傳承了四千年的古老傳統,為了建設社會主義的需要,正在被連根拔除。在這些傳統中,本有其自身對個人主義和集體主義理論和原則的衡量標準。相比較之下,蘇聯——特別是其歐洲斯拉夫部分——的文化傳統要淺薄得多,與西歐有很深的淵源。所以,要是中國共產黨的領導人將其蘇聯同志與暴發戶等量齊觀,認為他們缺乏完成歷史使命所必需的『高度堅忍』的毅力和決心,這也不足為奇。」[43]

誠然,由於爭論雙方達成妥協,1960 年的莫斯科會議避免了國際共運過早發生分裂,暫時和緩了中蘇意識形態的論爭。但就其實質而言,會議並未

能達到切實改善中蘇關係和恢復國際共運團結的目的和效果。同時，對中蘇兩黨及其支持者來講，誰都沒有真正將這個各方都可以依據對己有益的原則拿來加以援引的《莫斯科聲明》視為指導運動的綱領性文件。平靜了幾個月後，中蘇復開論戰，口誅筆伐愈演愈烈，雙邊關係持續惡化。這時，中情局對於此次莫斯科會議開始有了較為清醒的認識，1961年8月8日通過的第10-61號國家情報評估中承認：會議其實並未化解爭論，「重大分歧依舊存在」；中蘇雙方論爭的焦點並非僅侷限於政策或戰術領域，而是直接涉及到國際共運領導權這樣一個「更具有根本性的問題」；蘇聯雖仍控制著大多數黨並在至關重要的問題上繼續享有最大發言權，但不得不放棄過去那種髮號施令的方式，更多地透過談判或協商等政治手段來維繫自己的領導地位，與此同時賦予各國黨對國際共運內部事務以一定的決策參與權。[44]

以莫斯科會議為標誌，各國黨對中蘇各方所持觀點的態度開始走向明朗化。根據會議期間各國黨的表現，絕大多數黨繼續站在蘇聯一邊，支持中國的只有為數不多的一些黨，如歐洲的阿爾巴尼亞勞動黨，亞洲執政的朝鮮、越南勞動黨和非執政的日本、印度、印尼、馬來亞、緬甸、澳大利亞共產黨。不過，這只是一種看得到的「列隊」情況，並不能完全代表各國黨的真實立場。其實，僅從意識形態的角度來看，歐洲國家中還有一些黨（比如東德、捷克斯洛伐克、法國共產黨），對中國較莫斯科「偏左」的觀點持同情立場。在拉美，洪都拉斯、尼加拉瓜、巴拿馬、秘魯等國共產黨，在莫斯科會議開幕之時曾表露過支持中共的意思。以上各黨後來所以選擇倒向蘇聯，很大程度上受了非意識形態因素的驅動，比如對組織的忠誠感、懾於蘇聯壓力、對國家利益的考慮等。[45] 不過，同時亦存在著另一種情況，即在支持蘇聯的黨中間，有些雖然並不贊同中共的主張，但也不希望對中共展開意識形態的攻擊，其中某些黨（比如波蘭、義大利、匈牙利黨）甚至努力在中蘇之間起某種平衡作用。以波蘭為例，黨的領導人哥穆爾卡在中蘇論戰中全力支持赫魯雪夫的觀點，但對後者採取孤立中國的政策卻表示明確反對。[46]

實際上，伴隨著中蘇論戰的持續升級和國際共運內部力量的不斷分化，中情局對此前所篤信不疑的「共產主義鐵板一塊」的觀念已越來越產生出動搖和懷疑。比如，第10-61號國家情報評估曾坦言，「事實上，共產主義運

動表面上的團結並不完全是因為不存在利益衝突,更多是因為懾於莫斯科的絕對權威……許多情況表明,有關共產主義政黨之間的關係天然地處於融洽與和諧之中這樣一種理論,不僅過分簡單,而且充滿謬誤。」面對自身權威的弱化,蘇聯人持何種心態?文件對此作了細緻的分析:「他們極不甘心看到自己對共產主義運動的控制權遭到削弱。但同時他們也認識到,中共力量的上升、集團外國家共產黨數量的增多,以及史達林的強制手段內在的種種弊端,都要求他們用一種新的辦法來解決共產主義運動的權威和控制問題。」鑒於中蘇分歧難以短期內得以化解,雙方無法「就領導共產主義運動達成某種穩定的安排」,文件認為,此種情況將對國際共運各行為體構成不同影響,同時預測,陣營內國家將會「受到騎牆路線的吸引」,透過在中蘇之間進行討價還價,或爭得更多的自主權和獨立的行動空間,或爭取到更多的經濟和政治支持,陣營外國家各黨則將根據自己的現實需要,從中蘇雙方各自所代表的「時常尖銳對立的」戰略主張中做出艱難抉擇。對於各國黨在中蘇爭論中的立場、態度及其動因,文件亦做了較為客觀的分析和描述。[47]

1961年10月17日,蘇共召開了第二十二次代表大會。這次大會繼承並發展了蘇共二十大的綱領路線,在和平共處、和平過渡、和平競賽等一系列理論觀點的基礎之上,進一步確立了兩個核心原則:首先,共產主義只能建立在生產力實際發展的基礎之上,蘇聯必須成為一個科學導向的社會。提出「不是為了生產而生產,而是為了人而生產」,並將其稱為黨和蘇維埃國家的一切行動所遵循的神聖準則」;其次,無產階級專政已經結束,必須重新界定蘇聯的階級性。提出現在的國家是一個「全民的國家」,「無產階級民主正在變為全民的社會主義民主。」[49] 在中國領導人看來,蘇共的新綱領標誌著蘇聯領導人從二十大以來逐步發展起來的修正主義最終形成了一個完整的體系。[50] 會議還重提了反史達林的話題,並對馬林科夫、卡岡諾維奇、莫洛托夫為代表的「反黨集團」展開了新一輪的攻擊,其中明顯蘊藏著影射中國的成分。特別是蘇聯領導人採取「打阿射華」的策略,攜同與會多數黨對曾在1960年布加勒斯特會議和莫斯科會議上支持中共的阿爾巴尼亞勞動黨展開抨擊,譴責其「正在背棄國際主義立場,滾上民族主義的道路」,矛頭直指中國。[51] 就在赫魯雪夫攻擊阿爾巴尼亞不到24小時,中共透過當時一

位正在地亞那出席阿爾巴尼亞婦聯第五次代表大會的中國代表發表講話，公開聲稱：「建立在馬列主義和無產階級國際主義基礎之上的中阿友誼牢不可破，任何力量都無法將其摧毀。」[52] 同時在莫斯科，為示憤怒和不滿，中國代表團團長周恩來提前離會回國。

10月31日，會議如期閉幕。一週之後即11月7日，阿勞動黨領導人霍查在其公開演講中對蘇聯領導人進行了嚴厲斥責，指稱莫斯科的非史達林化政策及其同狄托的交好，是對社會主義陣營團結的巨大威脅。次日，中共發表聲明，對霍查表示支持。與此同時，一場集中批判蘇共二十二大和蘇共綱領的活動在中國迅速展開。是年底，蘇聯宣布同阿爾巴尼亞斷交，隨後，中國一步步更深地捲入到蘇阿衝突中，中蘇關係的惡化由此愈演愈烈。[53]

蘇共二十二大以及其後中蘇關係的日趨緊張，推動了國際共運內部的進一步分化。從總體上看，1962年前後，蘇聯雖然仍擁有多數黨的支持，但較之1960年莫斯科會議時已有所減少，中國的支持者卻相應有了增加。東歐各黨仍然繼續堅定地站在蘇聯一邊，不過對於二十二大，它們看法並不一致，作出的反應和所受的影響亦各不相同。在波蘭和匈牙利，黨的領導人欲借蘇聯對史達林的批判，繼續鞏固其尋求獨立自主的社會主義發展道路。卡達爾甚至明確表示，二十二大的決議對所有黨並不具有普遍約束力。在東德和捷克斯洛伐克，二十二大再度掀起的非史達林之風，令黨內出現了混亂與不安。在保加利亞，黨的領導人日夫科夫則藉機鞏固了自己的地位，清除了政治對手契爾文科夫。陣營外的歐洲各黨以及中東、拉美等國的共產黨，雖然在會議期間及其後仍表示支持蘇聯，但普遍對於後者攻擊阿爾巴尼亞、將史達林遺體遷出列寧墓等做法感到不滿，會議最後的決議在這些黨內也引發了思想混亂和廣泛爭議，甚至導致義共等個別黨發生了分裂。在亞洲，外蒙古依然奉行追隨蘇聯的政策，朝鮮則做出一些舉動更加明確了支持中國的立場，越南黨繼續保持謹慎，努力避免開罪任何一方。蘇共二十二大後，亞洲許多陣營外小黨，比如緬甸、馬來亞、泰國共產黨，公開表明對阿爾巴尼亞和中國的支持，印度、印尼、日本這三個力量最大的陣營外亞洲共產黨，則同西歐各黨情況類似，在蘇共二十二大和中蘇論戰的雙重壓力下，派別林立的情況更趨嚴重。中東、拉美、非洲各國共產黨，立場較之此前一年無甚改變，蘇

聯的影響力在此仍占主導地位，但在某些黨（如巴西黨）中間，較為激進的派別表現出支持中國的趨向。

對於蘇共二十二大後中蘇關係走勢及其對國際共運的影響，美國國務院政策研究室曾於1961年12月完成了一份長達77頁的報告，報告的核心觀點是：社會主義陣營堅如磐石的團結與控制已不復存在，受中蘇分歧尖銳化的影響，國際共運喪失了統一的指揮、至高無上的權威、一致的行動綱領和共同的思想理論基礎。[54] 其後不久，中情局亦根據蘇共二十二大後國際共運出現的新情況，對第10—61號國家情報評估做了重新修訂。在這份於1962年2月21日通過的新文件（NIE11-5-62）中，相關研究人員對中蘇分裂以來國際共運的總體形勢和未來發展做了當時最為詳實的評估。該文件開篇即指出，蘇聯黨的代表大會上各國黨圍繞蘇共新綱領和國際共運內部黨際關係這兩大問題產生的政策分歧，「凸顯了伴隨著蘇聯國內局勢日趨複雜以及世界共產主義運動愈益壯大和多樣化而出現的矛盾。」文件強調，「蘇聯權威的傳統資源一旦消損，國際共產主義的意識形態並非像其宣稱的那樣，能夠在將各個強大的民族力量聚合起來的同時，確保其內部的統一與團結」，但是，中國的挑戰並非是導致蘇聯權威消損的唯一原因，隨著國際共運的不斷發展和日趨多樣，加之單個共產黨參與或以不同於蘇聯道路的方式奪取國家政權越來越具有現實可能性，「聽從蘇聯指揮的意義和必要性勢必受到質疑」，如此就不可避免地對蘇共在國際共運中的權威構成了挑戰，使其傳統領導地位「變得岌岌可危。」在此情形之下，蘇聯要想繼續得到別國黨的支持，就必須進一步放鬆共產主義運動的紀律，「向民族自治做出讓步」，同時，在制定國際共運總的路線方針時更多地照顧到各成員黨的利益和觀點。但是撰寫人亦特別指出，雖說蘇聯權威的下滑不應完全歸咎於中國與其競奪國際共運的領導權，但顯然，由於各國黨在需要和尋求外部支持時「有兩個對象可供選擇」，便使得許多黨可能對此加以利用，「採取更加自主的行動，制定出更具有民族主義色彩的路線和政策」，從而增大了運動失控的危險係數。除此之外，該文件對中蘇關係的前景做了較之第10—61號國家情報評估更為冷靜的預測。報告認為，要想從根本上化解中蘇兩黨間的分歧已不太可能，

雙方破而不裂的這種狀態挺多再維持一年左右,就可能發生「公開而徹底的分裂。」[55]

事實上,蘇共二十二大過後的兩三年間,中蘇關係未公然發生破裂,但此間所發生的一系列衝突或爭執事件,比如新疆中國邊民外逃蘇聯的伊塔事件、蘇聯對中國發展核武器的消極反應、中蘇在古巴導彈危機上的齟齬和中印邊界衝突問題上的鬥爭、中蘇在非洲展開的激烈競逐、中國最高領導人第一次對外提出蘇聯侵占中國領土和主權的問題、蘇聯在相繼召開的五個歐洲國家共產黨會議[56]上繼「打阿射華」後發展到指名道姓地攻擊中共、中國率先挑起的空前高亢激烈的國際共運大論戰[68]、中國對蘇聯與美英兩國簽署部分核禁試條約的指責與不滿等,卻使得雙方間關係在一種時鬆時緊的震盪變化中愈加滑向了決裂的邊緣。伴隨著中蘇矛盾益形惡化,國際共運內部各種力量分化重組並分別向蘇聯和中國這兩大中心匯聚的速度亦大大加快了。截至 1964 年,中蘇在國際共運中的力量對比較之蘇共二十二大時發生了重大變化。總體上蘇聯仍享有國際共運中多數黨的支持,但中國的影響明顯獲得了增長。1963 年 5 月 17 日中情局出臺的編號 00592/63A 的特別報告,對於 1963 年前後中國在國際共運中影響力增長的原因做了如下分析:報告認為,如果說中國人所以能夠在亞洲打入楔子並占有一席之地得益於「人種」和「地緣」優勢,那麼它在亞洲之外的勢力擴展則需歸因於「對基本教條的解釋。」[57] 這一分析在很大程度上是正確的。隨著中蘇兩黨意識形態論戰的展開,國際共運中幾乎所有黨的內部都有毛澤東的追隨者,同時,由於世界範圍內左派力量的不斷壯大,中國路線的支持者隊伍呈現出同步增長的發展態勢。

儘管此間國際共運作為一個整體的力量依然存在,但其內部已分別以蘇聯和中國為核心分裂為「兩大陣營」:支持蘇聯的多數派陣營和站在中國一邊的少數派陣營。在社會主義國家中,波蘭、匈牙利、南斯拉夫、捷克斯洛伐克、東德、保加利亞中東歐六國和亞洲的外蒙古屬蘇聯陣營的成員;亞洲的朝鮮、越南以及巴爾幹小國阿爾巴尼亞支持中國反對蘇聯,另外兩個國家——東歐的羅馬尼亞和加勒比海沿岸的古巴,在中蘇論戰中持中立立場。在陣營外各黨中,歐洲各主要政黨(如法國、義大利、比利時、挪威共產黨)基於國內政治現實,普遍贊同蘇聯所倡導的和平路線;遠東共產黨(如印尼、

馬來亞、泰國、緬甸共產黨）多數身處落後國家，中國革命的道路往往對其更有吸引力，而個別相對發達國家（如日本、新西蘭）的共產黨，由於力量弱小，也往往傾向於透過暴力手段奪取政權；在近東、非洲、拉美等地，絕大多數黨仍堅定地支持蘇聯，但其內部的左派激進力量通常贊同中國的路線和觀點；另外，在共產主義國際陣線組織中，像世界和平理事會、世界工會聯合會、世界民主青年聯盟等主要組織，多數仍處於蘇聯控制之下，但由於中蘇間的爭論與競奪，其有效性受到極大破壞。[58]

當然，上述國際共運兩大陣營的劃分是非常粗略和概念化的。事實上，在此階段，國際共運的分散化不僅表現在「鐵板一塊」向「兩大陣營」的轉換，還表現在其內部單個行為體的平等自主意識的增強和離心傾向的加劇，以及黨內意見分歧和派系鬥爭的日趨激烈。第 10-2-64 號國家情報評估清晰地看到了這一點並且預測，如果此種權力擴散在國際共運內部繼續擴大，而各國黨「自主的和民族主義的行動」變得更加頻繁，則國際共運的公開分裂將指日可待。[59]

三、對中蘇關係走向徹底破裂時期國際共運的預測與評估（1965—1966）

現在我們知道，上世紀 1960 年代，正是中蘇關係一步步地惡化最終致使國際共運發生了有史以來最為嚴重的分裂。回顧這段歷史，不免令人產生疑問：如果在中蘇關係破裂前夕雙方共同停下腳步，不再向分裂邁進，是否這一結局能夠得以避免？從而國際共運可重新獲得團結與統一？誠然，歷史是不可以逆推或假設的，不過，理性的分析或許有助於我們對問題有更深的認識。事實上，在 1965 年前後亦即中蘇兩黨關係公開破裂之前，雙方彌合矛盾、停止衝突的可能性基本上是微乎其微的。如果說中蘇關係發生齟齬之始，雙方矛盾主要起源於意識形態方面的分歧，而其後隨著矛盾年復一年地加深，彼此間在黨際和國家間關係層面的對立和衝突，已逐漸演變為意識形態主導下多種不同因素共同作用的結果，在此其中，兩國間國家利益的衝突、最高領導人之間的分歧以及歷史遺留問題等均扮演了非常重要的角色。到此時，即使雙方有改善關係的心意，已沒有什麼可以妥協的餘地了。

1964 年夏，正當中蘇論戰不可開交之時，蘇共提議在 1965 年某個時候召開一次世界共產黨大會，並建議先於是年 10 月 15 日召開籌備會議。蘇聯領導人此舉意在加強國際共運內部的統一認識，進一步孤立和排擠中國。毫無疑問，中國領導人堅決反對召開這樣的會議並對此提議給予了譴責。接下來的幾個月，雙方圍繞著召開會議的必要性和具體時間等問題展開激烈爭論。[60] 然而，就在蘇聯原定舉行籌備會議的前一天，克里姆林宮發生政變，赫魯雪夫被迫離職，布里茲涅夫接任蘇共中央第一書記。中共抱著改善關係的願望，派周恩來率團赴莫斯科參加十月革命慶祝活動。但是，新領導人的公開講話明確地宣布了蘇聯黨和政府的態度和立場，即仍將堅定不移地用蘇共二十、二十一、二十二次代表大會所確定的路線作為指導未來內政外交的基本方針和原則。[61] 中情局報告對此曾有準確的預測。1964 年 6 月 10 日通過的國家情估評估第 10-2-64 號文件這樣寫道，「赫魯雪夫的繼承者可能也會希望同中國達成暫時妥協，以便集中精力處理其他事務。不過我們認為，任何一個未來的繼任者對於基本問題的看法，較之現任政權，不會有顯著的差異……雙方間的根本分歧，毫無疑問，會繼續存在下去。」[62]

　　1965 年 3 月 1—5 日，蘇共領導人不顧中共中央的一再反對，在莫斯科召開了各國共產黨和工人黨會議，共有 19 個黨派代表團參加，獲邀與會的另外 7 個黨即中國、阿爾巴尼亞、越南、朝鮮、羅馬尼亞、印尼、日本共產黨，則拒絕參會。會議最後發表了《關於在莫斯科舉行的共產黨和工人黨代表協商會晤的公報》，公報呼籲消除分歧、加強團結，停止公開論戰，並建議召開一個由參加第二次莫斯科會議的 81 個黨組成的預備協商會議共同討論召開新的兄弟黨國際會議的問題。[63] 對於莫斯科三月會議，中共做出了強烈反應。3 月 23 日，《人民日報》和《紅旗》雜誌編輯部聯合發表題為《評莫斯科三月會議》的社論，文章稱三月會議是一個「蘇共新領導繼承赫魯雪夫衣鉢製造的分裂會議」，「充滿著淒涼和零落的景象」，表明「國際共產主義運動的兩條路線的鬥爭，已經進入了一個新的階段。」[64] 可以說，莫斯科三月會晤是國際共運和社會主義陣營正式分裂的標誌。自此之後，中共再也沒有參加過由蘇共召集的兄弟黨國際會議。此後一年，蘇聯向中蘇邊境不斷增兵，並且向蒙古派駐蘇軍，雙方之間的裂縫不斷加寬加深，直到 1966 年 3

月 22 日，蘇共召開第二十三次代表大會，中共決定不派代表出席，從此兩黨關係徹底中斷。這樣，至同年「文化大革命」爆發之時，中蘇兩國關係逐漸走向敵對，同盟關係名存實亡。

中蘇關係在發生著上述演變的同時，國際共運格局亦相應地有了新的轉變與調整。總體特徵表現為：在整體實力進一步衰退、內部力量進一步分化的基礎上，蘇聯影響力的一定恢復和中國支持者的急劇減少。這一局勢的發展多少應驗了中情局 1963 年所做的評估，當時相關分析人員即已指出，中國在國際共運中影響力的上升很可能只是暫時性的，「將來某個時候，也許目前那些認同此種解釋的共產黨會轉而採取一種更加獨立於這兩大中心的姿態，甚至也許會重新回到蘇聯的懷抱。」[65] 三月莫斯科會議後，情勢的發展確係如此。1965 年春至 1966 年夏僅一年半左右的時間，原先所謂中國陣營的多數黨已悄然離去，支持中國的只剩下阿爾巴尼亞、新西蘭共產黨和個別黨內分裂出的小團體。中國影響力的急速回縮和下跌，使得此前關於國際共運「兩大陣營」的劃分已不再適用。1966 年，中情局題為「中國在共產主義運動中日漸孤立的特別報告」對此做了專門的評述，其中有關原因的分析值得關注。報告稱，1965 年以來中國在與蘇聯爭奪國際共運領導權上所遭受的重大挫折，很大程度上得從自身尋找原因，其中最根本的問題在於僵化的理論和夜郎自大的心態。中共始終堅信自己是「馬克思—列寧主義的真正旗手」、「一切成功革命經驗的源泉」，肩負著領導世界革命的偉大使命；毛澤東思想則長期以來被誇大為「馬克思—列寧主義最高和最具創造性的代表」、「全世界革命者的行動指南」，是「被中國革命實踐所證明的、放之四海而皆準的普遍真理。」正是這種意識形態上的片面與生硬加之盲目自信，「把北平在國際共產主義運動中的地位真正推向了孤立境地。」此外，報告還指出，蘇聯新領導人布里茲涅夫實施的戰略調整，比如儘可能避免在公開場合與中國論爭、不再鼓動各黨孤立和排擠中國等，為蘇聯贏得了新的支持，同時動搖了中國在國際共運中的影響力。[66] 這些看法具有一定的合理性。

其實，大致從 1961 年以後，中情局對中蘇關係影響下國際共運相關問題的評估總體上愈發顯得客觀了，但縱觀此前的評估，卻經常可以發現與其後實情不符甚至南轅北轍的情況。筆者認為，究其原因，主要在於此間始終有

一個誤斷在主導著中情局分析人員的思考,亦即關於社會主義世界鐵板一塊的定見。上文曾經提到,自社會主義逐漸從一國向多國擴展,特別中華人民共和國成立之後,在包括中情局在內的美國政、學兩界的眼中,社會主義世界就是一個完全按克里姆林宮調子行事的牢不可破的統一體。這裡有一個基本的判斷,即他們看來,共同的意識形態(共產主義)、共同的敵人(西方世界),便足以將各種民族力量聚合起來在「社會主義祖國」蘇聯的旗下,並確保其內部的團結一致。今天看來,這一看法的根本缺陷就在於:以一種單一的冷戰視角,把事物看得簡單化了。事實上,這裡的「社會主義世界」首先是一個充滿了差異、色彩斑斕的世界,是一個聚合了各種民族、種族、語言、方言、宗教、文化、傳統的萬花筒,其中每一個體都有其自身的獨特性,彼此間在政治、經濟、社會等各個領域的歷史前提和現實條件不盡相同甚至迥然相異。在這樣一個如此紛繁而多樣的世界裡,即便有共同的理論基礎、共同的信仰和追求,要想達到意識形態的絕對同一,其實是很難甚至可以說是完全不可能的。更何況,共產主義意識形態,正如同吉拉斯所言,事實上同時存在著多個有時甚至是彼此矛盾的層次。從某種程度上説,中情局同一時期對中蘇分裂前景所作評估的滯後甚至失誤,亦可從中找到解釋。

(原載《歷史教學》2009 年第 16 期。此處略有修訂)

以歷史檔案重構戰後東歐史——從讀《東歐史》一書談起

2010 年 3 月,上海人民出版社出版了北京大學孔寒冰教授所著《東歐史》一書。本書以近七十萬字的篇幅描述了東歐諸國自民族與國家的形成和出現至今長達數千年的歷史,堪稱目前國內相關研究領域中一部有份量的學術著作。

《東歐史》,顧名思義,研究的是東歐的歷史。那麼,這裡的「東歐」所指為何?

「東歐」,嚴格來講,並不是一個規範的概念。誠如本書開篇所言,其內涵可以從不同的角度加以理解。從純地理角度來看,「東歐」是一塊位於

相關考察

以歷史檔案重構戰後東歐史——從讀《東歐史》一書談起

歐洲大陸邊緣，缺乏清晰自然邊界的區域，大致覆蓋了由波羅的海向南部、東南部分別延伸到亞得里亞海和黑海的廣闊地帶。其中，沿德國北部、低地國家一線向東直至俄羅斯邊界的平原地帶構成了它的北部；位於阿爾卑斯山脈和喀爾巴阡山脈之間的捷克平原和多瑙河盆地的丘陵地帶為其中部；在其南部和東南部，則分別是多山的巴爾幹半島和遼闊的烏克蘭草原。就其政治身份而言，「東歐」是冷戰時期有著特定所指的一個概念。1946年3月5日，英國前首相邱吉爾在其著名的「鐵幕演說」中，將東歐明確界定為「波羅的海的斯德丁（什切青）到亞得里亞海邊的的裡雅斯特」一線以東、並「處在蘇聯的勢力範圍之內」的歐洲部分，具體即指其後幾年間紛紛走上社會主義道路的波蘭、捷克斯洛伐克、匈牙利、南斯拉夫、保加利亞、羅馬尼亞、阿爾巴尼亞和德意志民主共和國八個歐洲國家。在此後近半個世紀的歷史進程中，作為蘇聯西部安全和意識形態的屏障地帶，東歐國家在美蘇為首的兩大陣營的對抗中始終扮演著戰略前沿的角色。上世紀1980年代末，上述八國紛紛發生政治劇變，此後經數度分合，截至目前，除保持了原有國家形態的波蘭、匈牙利、保加利亞、羅馬尼亞、阿爾巴尼亞五國以及德國統一後失去獨立國家身份的德意志民主共和國以外，在捷克斯洛伐克和南斯拉夫兩個聯盟國家解體進程中還出現了八個新的獨立主權國家，即捷克、斯洛伐克、塞爾維亞、斯洛文尼亞、波斯尼亞–黑塞哥維那、克羅地亞、馬其頓、黑山。

伴隨著冷戰的結束，「東歐」這個概念在近二十年間已變得越來越模糊，定義也往往相互牴牾。對於歐洲版圖上哪些國家和地區應被劃入其中，目前國際上越來越缺乏一個多數認同的標準。大體看來，存在以下幾種界定：第一種，繼續沿用冷戰時期的定義，即將「東歐」的研究對象確定為在歐洲八個前社會主義國家及其在劇變基礎上形成的上述十四國。第二種，將其等同於「中東歐。」根據這一界定，除了這十四個「前東歐」國家外，波羅的海沿岸的三個前蘇聯加盟共和國愛沙尼亞、拉脫維亞和立陶宛也被納入「東歐」這一範疇。第三種，從「後社會主義歐洲」這一概念出發，將「東歐」劃分為四個組成部分，即中歐國家（波蘭、捷克、匈牙利、斯洛伐克、斯洛文尼亞），上述波羅的海三國，東南歐國家（羅馬尼亞、保加利亞、阿爾巴尼亞以及斯洛文尼亞之外的前南各國），歐洲獨聯體國家（烏克蘭、白俄羅斯、

摩爾多瓦）。除了以上幾種主流的劃分方法外，關於「東歐」還有兩種比較「走極端」因而也不太常用的分法，一種是從最狹義的角度，將其侷限為僅指歐洲正東部除俄羅斯在外的三個獨聯體國家烏克蘭、白俄羅斯和摩爾多瓦；另一種則是從相當廣義的角度，將冷戰時期所謂「蘇東集團」的所有成員均納入其中，依此，「東歐」從地理上還囊括了俄羅斯以及前蘇聯的亞洲部分。

不難看出，孔寒冰教授的《東歐史》採用的是第一種界定方法，即將研究視角鎖定為「前東歐」國家。此種界定的好處，不僅在於符合了中國讀者對東歐這一概念的普遍認知，更為重要的是，它保證了研究對象的如始如一和歷史分析的連貫性。也或許正是由於採納了冷戰語境下關於「東歐」的概念規範，本書雖說縱涉千年，近半數文字用以重點描述的實是作為「東方陣營」重要成員的東歐各國戰後四十餘年的社會主義發展史，筆者將其簡稱為「戰後東歐史」，即自反法西斯戰爭勝利結束直至上世紀1980年代末1990年代初發生連鎖劇變的這段歷史。

眾所周知，二戰結束後隨著雅爾達體制的形成，東歐成為蘇聯的勢力範圍，在1945—1947年間曾實施過短暫的聯合政府政策，此後隨著歐洲冷戰拉開帷幕，便在蘇聯的壓力之下，放棄了透過人民民主走向社會主義的國家發展目標，轉而採行了蘇聯模式的社會主義發展道路：政治上，以一黨執政取代議會多黨聯合執政，並在此基礎上形成高度集權的領導體制；經濟上，消滅私人經濟和市場關係，在單一公有制基礎上確立高度集中的經濟管理體制和快速工業化的經濟發展戰略；同時，加強國家對思想文化領域的控制，強調黨在意識形態層面所具有的壟斷權和解釋權。蘇聯模式的固有缺陷與其同東歐現實之間的內在矛盾、冷戰邏輯驅動下蘇聯對東歐的緊密控制與各國追求獨立自主之間的頻繁衝突，使得其後幾十年間東歐的社會發展不斷在改革、危機二者間交替地盤旋、打轉。自1970年代中後期開始，在東歐國家——尤其是其中有著「東方經濟改革先驅」之稱的波蘭和匈牙利，這種特殊的改革引發危機、危機促動改革的發展軌跡漸漸發生了變化：改革陷入困境，再也無力遏阻危機的發生、發展與蔓延，而不斷擴大的危機擠壓了改革可能發揮作用的空間。1989年，首先從華沙開始，改革讓位於劇變，隨後東歐各國連

相關考察
以歷史檔案重構戰後東歐史——從讀《東歐史》一書談起

鎖性地發生了制度崩潰，並自此走上了向「民主化」、「市場化」和「歐洲化」轉型的漫漫長路。

有關這段歷史的描述，細數起來相關成果並不算少。不過，真正意義上的「歷史研究」只是在最近十幾年才開始。在此之前，由於檔案文獻的缺失以及受意識形態和政治環境的影響，學者們主要借助於媒體報導、官方宣傳、親歷者憶述等一些相對說來並不具有歷史權威性的資料來源，因而，當我們今天回頭再看這些早期的成果時，常會發現其中許多描述與事實不甚相符，甚至完全相悖。相應地，作者在此基礎上得出的結論亦不免令人質疑，而難具說服力。歷史研究的基本要求在於必須以第一手的檔案文獻構成學術論著的敘述主體，即所謂檔案創造歷史、檔案見證歷史。上世紀1990年代以後，蘇聯、東歐等前社會主義國家檔案館紛紛對外開放，方使研究者獲得了根據一手材料、超越主觀分析，從政治、經濟、文化、思想、對外關係等多重維度對冷戰時期的東歐社會發展史加以重構的基本條件。這裡說「重構」，其實並不為過。我們知道，有時一件檔案文件的公佈即可推翻一個歷史結論或揭開一個歷史謎團。最近十餘年間大量相關歷史檔案的陸續解密為戰後東歐史編撰確實帶來了不容忽視的、有時甚至是「顛覆性」的影響，以下試舉若干案例予以說明。

首先來看1948年爆發的蘇南衝突。我們知道，作為發生在社會主義國家之間的第一次意識形態大論戰，同時也是社會主義陣營的第一次大分裂，這場同時在黨際、國家雙重層面展開並滲透至意識形態、政治、經濟、軍事等各領域的衝突，對後來數十年蘇聯、東歐以至中國的社會主義發展道路及其相互間關係產生了重大影響，也在整整一代社會主義者心中打上了深刻烙印。那麼，這場令人備感意外的衝突究竟緣何而起？顯然，這是我們瞭解和研究這一事件的首要前提。但令人遺憾的是，直到1990年代檔案文獻披露之前，那些令人耳熟能詳的有關衝突起因的種種解釋其實並不準確，相關歷史過程被想當然地虛構了。透過最近公開的檔案材料，學者們發現，這場衝突並非如包括中國共產黨在內的各國黨所認為的那樣，起因於南斯拉夫在國內外政策上執行的「脫離馬克思主義和列寧主義的錯誤路線」，亦非如南斯拉夫方面所堅持的那樣，根源於二戰時期史達林對南共一再執行與莫斯科方針相牴

觸的獨立政策的不滿。事實上，直到衝突爆發前，蘇南之間以往的矛盾並未對雙方當時親密的聯盟關係造成實質影響，無論是史達林還是狄托，誰都不想、也沒有想到蘇南兩黨會分道揚鑣，徹底決裂。蘇南衝突的背景在於狄托未能讀懂1947年冷戰打響後克里姆林宮對外政策和安全戰略的重大改變；圍繞著南保聯邦、南阿關係、希臘革命等諸項巴爾幹議題遂演變為激化雙方分歧的焦點；史達林要求各國共產黨絕對服從莫斯科統一指揮和狄托堅持要保證南共在巴爾幹的特殊地位最終導致了雙方分裂；這一結果而後被蘇聯領導人用來達到加速建立東方陣營的目的。1948年後，被逐出了社會主義陣營的南斯拉夫被迫開始探索自己的發展道路，並逐漸形成了後來廣為人知的「南斯拉夫自治社會主義道路。」如此，對南斯拉夫走上獨立發展的道路與蘇南衝突之間何為因何為果的歷史結論，也完全不同了。

　　另舉震驚世界的匈牙利事件為例。1956年發生在匈牙利的這場危機，肇始於10月23日學生的遊行示威活動，若以11月4日蘇聯第二次出兵鎮壓作為結束的標誌，其間共經歷了震撼人心的十三個日夜，這短短的十三天不僅在戰後匈牙利的歷史發展中留下了最為沉重的一頁，也對後來世界社會主義的發展以至整個冷戰進程產生了深遠影響。在事件結束後很長時間裡，人們對它的回顧和探討似乎從未停息過，不過，由於缺乏檔案佐證，相關歷史過程和細節的描述常常出現不相一致、甚至矛盾衝突之處。1990年代後的檔案革命，揭開了這一事件的歷史真相，過去一直不甚清楚或存在訛誤的重要史實，也由此得到了澄清。比如，以往人們一直將布達佩斯各高校學生於23日下午3時開始的示威遊行視作匈牙利事件的起點，但據最近解密的匈牙利檔案，其實早在此前幾小時，東部城市德布勒森已經發生了學生上街遊行並引發了流血的事件。又如，危機爆發當晚，蘇聯軍隊開進布達佩斯，發起代號「行動波」的第一次軍事干預，此後面對國際社會輿論壓力，蘇聯堅稱出兵係應匈牙利政府之邀而為，然而，真實檔案顯示，這份所謂「邀請書」不僅時間滯後且未能獲得時任匈政府總理納吉的簽字認可。另外，在相關檔案解密以前，很多人認為蘇聯之所以對匈牙利而非此前不久發生的波蘭事件採取軍事行動，就是因為納吉政府「走得太遠了」，換言之，正是11月1日匈牙利宣布中立並退出華沙公約組織一事，促使蘇聯轉而決定採取軍事鎮壓。不

過，來自蘇共中央主席團、匈黨中央政治局相關會議記錄卻清楚地表明，莫斯科做出軍事干預的決定在前，匈牙利宣布中立和退出華約則完全是面對蘇聯重兵壓境萬般無奈下的絕望之舉。顯然，因果關係在這裡被倒置了。至於其他許多與匈牙利事件相關並流傳甚廣的「神話」——諸如以西方國家及其媒體在事件中所扮演的角色、中國領導人對危機期間蘇聯決策的影響、南斯拉夫對事件的態度和反應，以及令人迷惑不解的卡達爾「出走之謎」、「納吉案件」等，也逐漸在檔案和史料學的基礎上獲得了新的解讀。

再來談談 1968 年轟動一時的「布拉格之春」及其引發的危機。所謂「布拉格之春」，狹義地來講，即指 1967–1968 年間以杜布切克為代表的捷克斯洛伐克改革派領導人所發起的一場意義深遠的政治改革嘗試，其目的在於透過一系列民主化改革方針在捷克斯洛伐克建立一種「具有人道主義面貌的社會主義。」結果，改革尚未全面展開，便於是年 8 月被以蘇聯為首的華約五國的軍事行動所扼殺。此次入侵事件及其後不久出臺的「布里茲涅夫主義」或所謂「有限主權論」，後來成為整個東歐——包括蘇聯自身——探索改革現有體制、完善社會主義的道路上一個幾乎無法踰越的障礙，並由此為各國社會發展進程帶來深遠的災難性後果。近些年來，借助不斷湧現的新材料，與「布拉格之春」和華約五國軍事入侵相關的某些歷史事實亦在一定程度上得到了重新構建，相應地，許多此前令人捉摸不透的歷史細節也由此獲得了證實或修正。比如，現在我們知道，作為政治領導人，布里茲涅夫在選擇對捷克斯洛伐克危機的處理方式時表現相當謹慎，較之葛羅米柯等克里姆林宮「強硬派」，布里茲涅夫更傾向於首先透過政治途徑（談判）而非軍事方式（入侵）來化解危機，所以，儘管夏初華約五國頻繁舉行聯合軍演，以向捷改革派施壓，但軍事行動的決定僅是在入侵前不久方才做出。同時，參與軍事行動的其他華約四國在此次事件中的角色亦需重新加以認識。事實上，它們並非完全被迫跟著莫斯科的指揮棒走，在其內部，除匈牙利之外，其他三國領導人烏布利希、哥穆爾卡、日夫科夫都對「布拉格之春」及其可能後果深感驚恐，並敦促莫斯科採取「極端措施。」此外，1968 年前後捷克斯洛伐克黨內改革派與所謂「健康力量」（反改革派）之間的分歧和鬥爭其實遠較人們先前猜測的要尖銳得多。據俄國檔案顯示，後者甚至聯名致信布里茲涅夫，

「邀請」蘇聯採取「一切可能的手段」阻止捷國內正在出現的「反革命威脅。」諸如此類新的發現還有許多，比如美英等西方國家對事件的真實態度、軍事入侵後蘇捷雙方在莫斯科會談的詳情、捷國內民眾對華約五國軍隊的反抗及人員傷亡情況，等等。此處不再一一枚舉。

真實地再現歷史是歷史研究的至高境界。不過，需要指出的是，由於受研究與寫作的政治或社會環境、史料和訊息的開放程度以及研究者的專業素養和洞察力等多種因素的影響，這一過程在很大程度上不可能一蹴而就。如上所述，由於新的檔案文獻大量、成系統地湧現，有關戰後東歐的研究不得不著力於重構歷史，但也正是由於這些檔案是不斷、陸續地被披露出來的，所以仍有許多史實暫時無法得以真實再現，在這方面表現最為突出的，恐怕就是1980年代特別是東歐劇變及其前後的這段歷史。在過去的20年間，雖然體裁各異的相關著作出版了不少，來自諸多不同領域的專家、學者從各自獨特的研究視角、分析方法、比較框架、專業術語出發，以不同的方式對東歐突如其來的這場政治變局加以闡釋或評論，大大豐富了我們對許多相關問題的認知和理解。不過，遺憾的是，以多邊檔案文獻為基礎對20世紀這一重大事件及其進程做出全面而細緻的歷史性描述的著作尚未出現。依據「有一分材料說一分話」的學術準則，歷史研究者唯有一絲不苟地對現有檔案資料進行考證、探尋和對比、分析，並耐心等待和努力發掘新的檔案資料，才有可能繪製出一幅關於戰後東歐完整併日趨接近於真實的歷史畫卷，並在此基礎上對這段逝去歲月形成更加理性的認識。

（原載《中國圖書評論》2010年第10期）

世界社會主義運動發展的近況

世界社會主義運動所表示的不僅是一種意識形態、社會主義國家的各種政治制度、政策，還包括試圖建立社會主義的各種政黨和運動，諸如第三世界國家的社會主義、新興的社會主義運動、社會黨國際、托派和第四國際等等。限於篇幅，本文僅就社會主義國家的經濟發展、西方國家共產黨的奮鬥目標、俄羅斯共產黨的狀況、西歐和東歐的社會民主黨狀況，作簡要的介紹。

一、發展經濟是社會主義國家的主旋律

　　蘇東劇變後，剩下中國、越南、朝鮮、古巴、老撾等五個社會主義國家。僅就其它四個國家而言，經過十幾年的努力，不僅堅持住了社會主義制度，而且已經探索出或正在探索適合國情的社會主義發展模式。各國採取的具體道路和方法各不相同，但是，它們都在不同程度上認識到，社會主義國家在上個世紀遭受重大挫折的根本原因是經濟沒有搞好，因此都強調經濟發展在社會主義建設中的地位和作用。越南的提法是社會主義建設必須「以經濟為中心」，老撾的提法是「以經濟建設為重心，以解決久民的溫飽問題為首要任務」，朝鮮則宣稱社會主義經濟建設是「黨最重要的工作之一」，古巴更是提出了「藝豆比大砲重要」的口號。各國根據新的形勢制定了面向 21 世紀的國家經濟發展目標。2001 年越南共產黨九大提出，2001—2005 年國內生產總值年增長不低於 7%，到 2010 實現國內生產總值比年翻一番，2010 年基本建成工業化國家老撾人民革命黨七大提出：GDP 年均增長速度 2001—2005 年間不低於 7%，2010 年接近 7%，2020 年達到 7%；人均收入 2005 年達到 500—550 美元，2020 年達到 1200—1500 美元；朝鮮勞動黨 2001 年提出「先軍政治的國家發展戰略」，確立了軍事優先的經濟發展總方針。不過，2002 年 7 月，它開始實施「經濟管理的改善政策」的經濟改革，2003 年更是加大了經濟調整力度，出臺了一系列新舉措，如下放財務監察權、大幅削減政府補貼，允許企業產品上市、認可「農民市場」、發行「人民公債」籌集資金等。古巴也正積極地努力融入地區經濟一體化進程之中，以擺脫美國的封鎖，拓展經濟發展的空間。

　　這些國家經濟上取得了一定的甚至不小的成就，但是面臨許多亟待解決的新老問題。第一，各國尚未完全擺脫貧困落後的面貌。根據有關統計，越南的貧困人口約有 2570 萬，約占總人口的 32%；老撾有 2280 萬人生活在貧困線以下，約占總人口的 40%；朝鮮有 650 萬人面臨著食品短缺，40% 的兒童營養不良。第二，隨著經濟改革不斷深入，這些國家政治體制改革滯後的狀況逐漸凸顯出來，在一定程度上反過來制約了經濟體制改革和經濟的進一步發展。第三，腐敗問題越來越突出。據國際透明組織 2004 年發佈的 2003 年度「腐敗排行榜」，古巴、越南在上榜 133 個國家中分列第 43、100 位。

各國對此都採取一定的整治措施，反腐敗的力度不斷加強，但總的看來，效果並不令人滿意。如何根治腐敗，如何將民主、法治等制度建設和黨的自身建設結合起來，如何引導群眾參與到黨的反腐敗鬥爭中來，還需要各國黨不斷探索具體的實現途徑。

二、「三明治中的奶酪」：西方國家共產黨的角色定位

在西方發達國家，如今依舊堅持原有名稱、以社會主義和共產主義為奮鬥目標的共產黨仍然不少，影響較大的有法國共產黨、葡萄牙共產黨、義大利重建共產黨、西班牙共產黨、希臘共產黨、日本共產黨等。從黨員人數上看，日共有 40 萬人，在日本政壇上是第二大在野黨、議會第四大黨。法共是歐洲最大的共產黨，有黨員 27 萬多人。葡共有黨員 21 萬人。其他國家的共產黨的成員人數都在 10 萬之下。意重建共有黨員 9 萬多人，西共有黨員 6 萬來人，而希共的黨員人數只有 3 萬多。總的來看，近幾年來，這些共產黨的境況都存在問題，其表現是成員不斷減少、年齡老化，內部派別分歧嚴重，社會基礎萎縮，選舉成績不佳，經費吃緊等等。儘管如此，它們始終堅持社會主義、共產主義的理想，繼續探索在現實資本主義國家中實現社會主義的道路和途徑。

首先，這些國家的共產黨在堅持社會主義、共產主義奮鬥目標的同時，考慮到蘇聯東歐社會主義的教訓，還特別強調民主、自由、公正、和平、人道主義等價值觀對社會主義的意義。法共提出，共產主義是對一個合作的、平等的、自由的、博愛的社會，一個能使每個人得到發展和解放的社會的深刻的期望。西共認為，社會主義是民主的社會，應該是民主化徹底發展的結果。葡共提出，社會主義就是深化民主，以人道主義為指導的無階級對抗的社會，日共提出，黨的長遠目標是實現以社會主義、共產主義為目標的人類共同社會，社會主義和共產主義同民主是密不可分的。

其次，除希共外，各國共產黨不再強調甚至有意避免革命、暴力等比較激進的措辭，而將透過選舉、參政進而和平變革、改造資本主義視為走向社會主義的途徑。法共提出了超越資本主義，即透過戰勝、摒棄、改造資本主義，壓倒資本主義所具有的那些優勢，最終真正消滅資本主義。日共 2004 年

新黨綱用改革、和平等提法代替了革命、暴力，倡導透過與其他反對黨合作建立民主聯合政府，以便在資本主義框架內進行可能的民主改革，達到改革現實資本主義的目的。西共宣稱，要對資本主義進行長期的民主變革，在民主和自由中走向社會主義。意重建共則強調在資本主義框架內實現對資本主義的批判和替代。

第三，各國共產黨都認為落實政治民主、經濟民主是改革資本主義的必要措施。所謂政治民主，就是要求公民擁有廣泛的對國家權力的參與權、決策權和監督權，切實保護公民的各項合法權益。所謂經濟民主，就是主張保留部分國有化成分和國家干預，實行既有國有又有私營，既有計劃又有市場的混合經濟，從而實現充分就業、保障社會公正、提高社會福利水平、克服貧困等。希共提出了人民統治、人民經濟的構想。人民經濟就是為人民謀福利的經濟，而人民統治的根本特徵是創造人民經濟、社會所有權以及勞動的控制。

最後，各國共產黨對全球化和蔓延的新自由主義基本上都持否定態度，認為這些會導致全球的資本主義化，違背和破壞社會主義的基本價值。西共認為全球化具有強烈的帝國主義特徵，應當用民主、和平的方式對全球化和新自由主義展開鬥爭，意重建共認為新自由主義的全球化，形成了世界範圍日益增長的勞動對資本的依賴，主張各勞動者階級聯合起來，透過反全球化復興社會主義運動。由於資本主義在世界範圍擴展，各國共產黨開始加強了國際左翼政黨的聯合。2004年5月，歐洲15個左翼政黨會聚羅馬，在公開、尊重、接受和寬容的基礎上成立了歐洲左翼黨，主張建立一個民主的、福利的、生態主義的、女權主義的與和平的歐洲，超越資本主義的邏輯，實現人類解放的目標。

總起來看，西方各國共產黨主張對資本主義改造也好、超越也罷，都是建立在認可現存制度的基礎之上，並不以推翻資本主義為目的，由此決定了其手段必然是和平的、改良的，過程必然是漸進的。它們實際上已經由革命的政黨變成了改良的政黨。「少談主義，多談問題」，奉行現實主義，主張靈活多變是目前西方國家共產黨一個普遍的特點。在它們看來，社會主義、共產主義是遠在未來的目標，而選舉、議席、參政就構成了各國共產黨現實

政治生活的主線,如何爭取選民成為頭等重要的事。為反映不同選民的利益訴求,各國共產黨紛紛擴大黨的階級代表範圍,日共將自己由「工人階級的前衛政黨」改為「勞動者的黨」、「日本國民的黨」,法共自稱為「全體勞動者的黨。」如此,無論在理論上還是在實踐上,西方國家共產黨的特性越來越模糊。在目前西方政黨政治光譜中,共產黨常被描繪成「夾在三明治中的奶酪」,右邊有風頭正盛的社會黨,左邊有正在崛起的激進運動。既要進入主流政黨又要保持獨立性,既要參與政權又要防止被同化,這是目前西方國家共產黨所處的理論和角色困境。

三、徬徨與期待:西歐社會民主黨的理論與實踐

以民主社會主義為思想體系,謀求透過議會民主逐步改良資本主義制度的西歐社會民主黨,上世紀年代中後期曾輝煌一時,創造了「粉紅色歐洲」的奇蹟。然而,進入到新世紀後,輝煌不再。其一,它們單獨執政或參與執政的中左政府紛紛倒臺,目前只有英國、德國、希臘、瑞典、比利時和芬蘭國的社會黨領導或參與執政。其二,一些國家的社民黨人數出現大幅度下降。比如,英國工黨近兩年由於伊拉克問題造成的黨內分歧,導致了大批黨員退黨。在這種情況下,西歐社會民主黨都在不同程度上對自己的理論與實踐進行調整。

第一,擴展以自由、公正、民主、互助為核心的價值觀念,提出「延伸對基本價值觀的理解。」它們都認為,機會公正比財富分配的平等更重要,自由與互助應當更加強調提高個人和社會組織的責任感。雖然應堅持貫徹社會福利政策,以實現公正與平等,保障民主與自由,但還應使再分配的方式變得更積極,以避免「維持福利 → 提高稅收 → 企業裁員 → 高失業率 → 提供福利」這種惡性循環。德國社民黨主張從解決失業著手,透過教育培訓,創造機會平等,提高就業率。英國工黨主張建立靈活的勞工市場,對失業人員進行培訓,以提高就業率,增加財政收入,保證公共開支。法國社會黨主張實現充分就業,用「高質量的就業」取代「不穩定的就業」,並制定公正的稅收政策,推動公共服務的現代化。

第二，強調國際合作和歐洲的聯合。面對科技革命、經濟全球化、新自由主義及其帶來的諸多問題，西歐社會民主黨認為全球性的問題必須以全球性的答案來解決。法國社會黨主張要堅定左翼立場，用「新國際主義」來調控全球化，德國社民黨也強調必須透過國際合作公正地塑造全球化。對於歐洲的未來，法國社會黨提出，為了改變世界，要建立一個聯邦制的和社會的歐洲，建立一個團結的、政治的和公民的以及強大的、不追隨美國的歐洲。德國社民黨認為，要避免 20 世紀的災難，一個統一的歐洲聯邦或邦聯是希望所在。英國工黨近來也一改以往若即若離的姿態，對歐洲一體化態度越來越積極。與此同時，歐洲的社會民主黨之間的聯合也不斷加強，由歐盟國家社會民主黨組成的歐洲社會黨黨團目前是歐洲議會的第二大集團，占據著 626 個議席中的 175 席。

第三，致力於社會民主黨的現代化。首先，擴大黨的社會基礎。法國社會黨主張建立以中產階級為主要依靠力量的跨階級聯盟。德國社民黨認為，黨應當是以民主、開放為特徵的普遍利益的捍衛者，因而提出要建立成分多元化的公民聯盟。其次，加強黨的民主化。各國社會黨都贊成要加強黨內民主，擴大參與權、決策權。為改變脫離群眾的情況，社會黨力求透過改進工作方式不斷加強黨與社會和民眾的溝通，使黨成為聯繫公民與各種政治、社會組織的中介者。

總的看來，作為綱領黨，社會民主黨提出了遠大的政治目標和理想，但作為力主參與或執掌政權的體制內政黨，社民黨實行的是現實主義的路線，於是在理論與政策、理想與實踐之間產生了一條斷裂帶。無論「第三條道路」、「中間政治」還是「現代社會主義」所想和所做的都是超越而不是去彌合這條斷裂帶，這正是社會民主黨忽左忽右的主要原因。

四、重陷困境：俄羅斯的社會主義運動

俄羅斯的社會主義運動的主要載體是俄羅斯共產黨。俄共在 1993 年、1995 年的議會選舉、1996 年的總統選舉中取得過不俗的成績。但隨後，俄共的影響日漸衰落。1996 年險些戰勝葉爾欽的久加諾夫在 2000 年和 2004 年與普京兩次角逐總統寶座中分別以 29.34% 和 13.7% 的得票率敗下陣來，而長期

控制杜馬的俄共在 2003 年年底舉行的第四屆杜馬選舉中僅有 12.61% 的支持率，只保住 51 席。

更為嚴重的是，在此過程中，俄共內部不斷出現分裂。2000 年 7 月 15 日，俄共中央委員、共產黨聯盟—蘇聯共產黨理事會主席舍寧，未經俄共中央主席團同意組建了俄羅斯和白俄羅斯聯盟共產黨。同日，同是中央委員兼國家杜馬主席的謝列茲尼奧夫新建「俄羅斯」運動。2002 年 5 月，謝列茲尼奧夫、國家杜馬文化委員會主席古邊科及婦女和青年委員會主席戈里亞切娃被俄共取消黨籍。2003 年，由俄共、農業黨、人民政權黨等俄羅斯左翼黨組成的「人民愛國聯盟」的領導人格拉濟耶夫與俄共分道揚鑣，另組「祖國」競選聯盟。2004 年 4 月「人民愛國聯盟」執委會主席謝米金又拉走部分俄共黨員，組成新左翼政黨「俄羅斯愛國進步黨。」到了 7 月，俄共黨內的深刻分歧終成不可壓制的火山，俄共的分裂成為無法挽回的事實。於是，俄共的兩個全會、兩個代表大會在莫斯科同時召開，接著就出現了兩個俄共中央和兩位俄共領導人的局面。統一的俄共遭受重創是不爭的事實。

俄共重新陷入困境的原因是多方面的。擇其要者就是，理論上的僵化與困惑，與歷史的糾纏不清，沒有明確可行的政策主張，忽視黨的建設。俄共在成立之初宣稱以「建立真正的蘇維埃式的人民政權」為己任，恢復各「民族的聯盟國家。」1995 年的黨綱再次重申要建立人民政權，用和平手段進行社會改革，提出社會主義是俄羅斯最佳的發展道路。所以，在葉爾欽時代，俄共都是葉爾欽政權及其政策「不妥協」的反對派，對自由的經濟改革政策、私有化進程中造成的貧富分化、政府與西方親善的外交深表不滿。普京上臺後，俄共的立場發生微調，採取了「建設性」反對派的立場。2002 年俄共對其黨綱和黨章做了修改，重現保守姿態，聲稱要同政府的新一輪自由化改革進行毫不妥協的鬥爭。2003 年，久加諾夫提出了新時期俄共的十大任務，宣稱俄共的偉大使命是建立一個沒有人剝削人的社會，俄共在 21 世紀的最低綱領是要對地下資源和經濟的關鍵部門實行重新國有化、禁止買賣耕地、引進最低工資制度、降低住房開支和公共費用。理論上說，俄共的這些主張似乎不錯，可離現實太遠，很難得到老百姓的廣泛認同。目前俄共面臨的困難說明：第一，作為一個政黨必須跟上時代的步伐。俄共缺乏的就是捕捉時代脈

搏的敏感性，10年的光景幾乎沒有留下多少成長的痕跡，教條和僵化成了黨的綱領的代名詞。第二，開放性與民主性是現代政黨必備的特徵。俄共堅持民族主義的立場無可厚非，但缺乏國際主義的胸懷，結果導致了自我的封閉與狹隘。

五、新一輪的復興：東歐國家社會民主黨

目前，東歐國家的社會民主黨主要有三種類型：一是改建的社會民主黨，即由原執政的共產黨改組易名而來，如波蘭社會民主黨前身是波蘭民主左派聯盟，現有黨員約10萬人；羅馬尼亞社會民主黨前身是羅馬尼亞「救國陣線」，目前黨員人數近60萬人；阿爾巴尼亞社會黨前身是阿爾巴尼亞勞動黨，現有11萬黨員。此外，在原共產黨基礎上組建的還有保加利亞社會黨。二是歷史比較悠久、劇變後復興的老的社會民主黨。如現有黨員1.5萬人左右的捷克左翼社會民主黨；主要由知識分子、企業家、職員等成分構成的匈牙利社會黨，目前黨員人數達3.3萬。三是新成立的社會民主黨，有羅馬尼亞社會主義勞動黨和捷克民主左派黨等。它們雖然在理論原則的具體規定上有所不同，但基本主張大體一致：政治方面堅持多黨議會制，強調社會公正，維護公民自由民主權利；經濟方面倡導以混合所有製為基礎的市場經濟；外交方面積極向歐洲靠攏，積極參與歐洲一體化進程。

上世紀1990年代，東歐社會民主黨有過輝煌，對此西方曾驚呼共產黨「東山再起」，可接踵而至的是在政壇上消沉。近幾年，在西歐各國社會民主黨紛紛落馬、政壇普遍右轉之時，東歐社會民主黨出現了新一輪復興。2000年11月，羅馬尼亞社會民主黨在總統和議會選舉中同時獲勝，在參、眾兩院均占據近半數席位，從而單獨執政。2001年6—7月，阿爾巴尼亞舉行大選，社會黨奪得140議席中的73席，同社民黨、民盟黨、人權聯盟黨和農民黨共組執政聯盟。同年9月，波蘭社會民主黨在議會選舉取得成功，成立了以它為首的民左聯黨—勞動聯盟與農民黨的聯合政府，並控制了參眾兩院議長職位。2002年4月，匈牙利社會黨在國會選舉中取得接近半數的議席，與執政夥伴自民盟組成聯合政府。捷克左翼社會民主黨1998年曾組成少數派政府單獨執政，2002年在眾議院選舉中爭得30.2%的選票，從而繼續執政。同年，保加利亞社會黨也取得了總統選舉的勝利。

东欧社会民主党这一轮复兴，并不表明民众对社会民主党所信奉的理论原则认同的增长，而在于它们针对着前政府弱点将主要精力投入到加快经济发展、改善社会福利等方面。比如2002年捷克新政府强调要将加快经济发展、加入欧盟列为工作重点，建立社会福利国家；匈牙利联合政府以改善社会福利为国内政策的重心，提出要使三分之二的居民成为中产阶级；罗马尼亚社会民主党也明确了要以恢复经济、消除贫困、改善社会保障等为核心目标。这样，东欧国家经济发展都出现了增长的态势。

这次重新复兴也并不意味着东欧社会民主党发展的前景无限光明。从总体上看，东欧社会民主党重现实政治而轻理论架构与更新，这在很大程度上反映出东欧国家政党政治发展的不成熟。如今的东欧，各种类型的政党、组织、派别不少，但其政治分野并不大。执政的社会民主党对推动新自由主义政策的积极性不亚于右翼政党，而后者也支持实行国家福利、维护社会公正。这种从意识形态到纲领政策的模糊不清，对社会民主党的未来发展有利有弊。一方面，由于在彼此许多话语中不难找到共识，社会民主党可以透过眼前的优势地位联合到更多的政治派别和组织，扩大左翼力量。另一方面，缺乏鲜明的理论主张和完备的价值体系使这些党兼容性有余而独特性不足，这对它们的长远发展很不利。

（原载《理论视野》2004年第6期）

註釋

[1]. John Lewis Gaddis, The Cold War： A New History, New York： The Penguin Press, 2005, p.36

[2]. CIA/SRS–15，中情局国际共产主义高级研究署对1960年《各国共产党和工人党代表会议声明》所作的评估，1961年2月17日，U.S. Department of State Freedom of Information Act Website（以下简写为USDOS FOIA Website），http://www.foia.cia.gov/docs/DOC_0000246535/DOC_0000246535.pdf；[美]德怀特·D·艾森豪威尔：《艾森豪威尔回忆录》（第三册），樊迪、静海等译，北京：东方出版社，2007年，第2页。

[3]. 中情局关于共产主义运动在远东弱点的情报备忘录第209号，1949年9月20日，Declas-sified Documents Reference System（以下简写为DDRS），Document Number：CK3100355099。NIE-64 (Part I)，中情局关于1953年中期「苏联集团」潜能的分

析報告，1952年11月12日，USDOS FOIA Website（http://www.foia.cia.gov/docs/DOC_0000269288/DOC_0000269288.pdf）。

[4]. [美]雷蒙德加特霍夫：《冷戰史——遏制與共存備忘錄》，伍牛、王薇譯，北京：新華出版社，2003年，第7—8頁。另外有關1948年蘇南衝突，可參看[南]弗拉迪米爾·德迪耶爾：《蘇南衝突經歷（1948—1953）》，達洲譯，北京：三聯書店，1977年；[英]斯蒂芬·克利索德編：《南蘇關係（1939—1972）：文件與評註》，河南師範大學外語系英語翻譯組譯，北京：人民出版社，1980年；[南]施陶布林格：《狄托的獨立道路》，達洲等譯，北京：新華出版社，1987年；沈志華：《史達林與狄托——蘇南衝突的起因及其結果》，桂林：廣西師範大學出版，2002年；Ivo. Banac, With Stalin against Tito： Cominformist Splits in Yugoslav Communism, Ithaca, New York： Cornell University Press, 1988；Adam B. Ulam,「The Background of the Soviet-Yugoslav Dispute，」The Review of Politics, Vol.13, №1, 1951；Charles G. Stefan,「The Emergence of the Soviet-Yugoslav Break： A Personal View from the Belgrade Embassy，」Diplomatic History, Vol.6, № 4, 1982.

[5]. NIE-64 (Part I)，中情局關於1953年中期「蘇聯集團」潛能的分析報告，1952年11月12日， USDOS FOIA Website (http://www.foia.cia.gov/docs/DOC_0000269288/DOC_0000269288.pdf)；NIE-64 (Part I/1)，中情局關於1954年中期「蘇聯集團」潛能的分析報告，1952年12月15日，USDOS FOIA Website。

[6]. 參看Emmet John Hughes, The Ordeal of Power： A Political Memoir of the Eisenhower Years, New York： Athenuem, 1963, p.101.

[7]. 《在蘇聯最高蘇維埃舉行第四次會議上馬林科夫的發言》，《人民日報》1953年3月17日。

[8]. 《艾森豪威爾回憶錄》第3冊，第82—84頁。

[9]. 波倫準備的備忘錄，1953年3月10日。FRUS， 1952–1954, Vol.VIII： Eastern Europe; The Soviet Union; Eastern Mediterranean, Washington, D.C.： Government Printing Office, 1988, pp.1110–1111.

[10]. 比姆發回國務院的電報，1953年3月18日。FRUS， 1952–1954, Vol.VIII： Eastern Europe; The Soviet Union; Eastern Mediterranean, p.1132.

[11]. 艾森豪威爾在美國報紙編輯協會的演說《和平的機會》，1953年4月16日。參見 FRUS， 1952–1954, Vol.VIII： Eastern Europe; The Soviet Union; Eastern Mediterranean, pp.1147–1155.

[12]. 杜勒斯在美國報紙編輯協會的演說《最初的九十天》，1953年4月18日。《杜勒斯言論選輯》，北京：世界知識出版社，1959年，第21—22頁。杜勒斯在此引用

的史達林原話，來自於史達林《論俄國共產黨人的戰略和策略問題》一文（1923年5月），參看《史達林全集》，第5卷，北京：人民出版社，1953年，第138頁。

[13]. 以東德和匈牙利的「新方針」改革嘗試為例，相關措施可參閱Christian Ostermann,「New Documents on the East German Uprising of 1953」Cold War International History Project Bulletin, Issues 5, Spring 1995, pp.10–12；匈黨中央六月決議《關於黨在政策與實踐中犯的錯誤及糾正這些錯誤的必要措施》，1953年6月28日。Csaba Békés, Malcolm Byrne and János Rainer, eds., The 1956 Hungarian Revolution：A History in Documents, Budapest： Central European University Press, 2002, pp.31–32.

[14]. SE–39，中情局特別評估「史達林逝世與馬林科夫升任蘇聯領導人可能出現的結果」1953年3月12日，USDOS FOIA Website（http://www.foia.cia.gov/docs/DOC_0000269303/DOC_0000269303.pdf）。到了20世紀1950年代末1960年代初，當中蘇關係的惡化已成事實後，中情局分析人士對此看得更為清楚了。比如，在編號10–61的國家情報評估中就有一段與此非常相似的論述，報告指出，1953年史達林的逝世「即刻削弱了莫斯科在國際共產主義運動中的權威」，在當時的情形下，「事實上只有一個人的威望接近於史達林，這個人就是中國共產黨領導人毛澤東。」參看NIE 10–61，中情局對國際共產主義運動中權威與控制的評估，1961年8月8日，DDRS, Document Number：CK3100007758。

[15]. NIE 10-2-54，中情局關於共產黨至1955年中期在亞洲行動的評估報告，1954年3月15日，USDOS FOIA Website（http://www.foia.cia.gov/docs/DOC_0000269317/DOC_0000269317.pdf）。

[16]. 參見赫魯雪夫在蘇聯共產黨中央委員會的報告（之三），《人民日報》1956年2月18日。

[17]. P. Togliatte,「Rapporto all' VIII Congresso」Riuniti ed., Nella democrazia e nella pace verso il socialism, Rome, 1963, p.32. 轉引自[英]唐納德薩松：《歐洲社會主義百年史》（上冊），姜輝、於海青、龐曉明譯，北京：社會科學文獻出版社，2008年，第300頁。

[18]. 薩松：《歐洲社會主義百年史》（上冊），第303—304頁。

[19]. 沈志華、李丹慧：《戰後中蘇關係若干問題研究——來自中俄雙方的檔案文獻》，北京：人民出版社，2006年，第239頁。

[20]. Zbigniew K.Brzezinski, The Sovit Bloc： Unity and Conflict, Cambridge, Massachusetts： Harvard University Press, 1960, pp.242–253.

[21]. 關於波茲南事件的死傷人數，1956年6月29日波蘭新聞社公佈的數據是，38人死亡，270人受傷（參看《波茲南市在六月二十八日發生了嚴重騷動》，《人民日報》1956年7月1日）。1956年7月17日，波蘭首席檢察官透露，包括醫院救治無效身亡人數在內，死亡人數共為53人（參看Johanna Granville,「Reactions to

the Events of 1956： New Findings from the Budapest and Warsaw Archives」Journal of Contemporary History, Vol.38, № .2, April 2003, pp.264–265）。據1981年相關調查數據顯示，實際有75人死亡、900人受傷（參看[英]本福凱斯：《東歐共產主義的興衰》，張金鑒譯，北京：中央編譯出版社，1998年，第140—141頁）。

[22]. 有關詳情，參看如：[波]安哲伊·維爾布蘭：《1956年的波蘭十月——傳說與現實》，王硯譯，《國際冷戰史研究》第4輯，北京：世界知識出版社，2007年，第82—87頁；Johanna C. Granville, The First Domino： International Decision Making during the Hungarian Crisis of 1956, College Station：Texas A & M University Press, 2005, pp.52–53。

[23]. 有關匈牙利事件的來龍去脈，可參拙著《匈牙利事件——美國的政策與反應》（上海人民出版社2011年版）第三章「震撼克里姆林宮的十三天。」

[24]. NIE 10–61，中情局對國際共產主義運動中權威與控制的評估，1961年8月8日，DDRS，Document Number：CK3100007758。

[25]. 有關中國在波匈事件中的作用和影響，中文著述可參閱沈志華《1956年10月危機：中國的角色和影響——波匈事件與中國研究之一》（《歷史研究》2005年第2期，第119—143頁）和《中國對東歐十月危機的反應和思考——「波匈事件與中國」研究之二》（《史學月刊》2007年第1期，第75—89頁）。相關英文著述可參看János Radvanyi, Hungary and the Superpowers：The 1956 Revolution and Realpolitik, Stanford： Hoover Institution Press, 1972, pp.21–29；Chen Jian, Mao's China and the Cold War, Chapel Hill& London： The University of North Carolina Press, pp.145–162.

[26]. NIE 10–61，中情局對國際共產主義運動中權威與控制的評估，1961年8月8日，DDRS，Document Number：CK3100007758。

[27]. CIA/SRS–15，中情局國際共產主義高級研究署對1960年《各國共產黨和工人黨代表會議聲明》所作的評估，1961年2月17日，USDOS FOIA Website（http://www.foia.cia.gov/docs/DOC_0000246535/DOC_0000246535.pdf）。

[28]. 分別參見《人民日報》1956年12月29日和《毛澤東文集》第7卷（北京：人民出版社1999年版）。

[29].《再論》和《正處》發表後，各國黨的機關報紛紛予以轉載或發表評論文章。以《再論》為例，1956年12月29日，就在《人民日報》刊發當日，義大利共產黨《團結報》刊載了其中主要內容（次年1月9日，又用兩個版面予以全文轉載），第二天，捷克斯洛伐克共產黨《紅色權利報》予以轉載，31日，蘇聯《真理報》幾乎全文轉載；1957年1月1—2日，匈牙利社會主義工人《人民自由報》以「中國關於無產階級專政，蘇聯經驗，史達林的作用和錯誤，匈牙利事件與南斯拉夫同志的觀點的立場」為題連續兩日刊載了摘錄文章。

[30]. 中國駐瑞士大使館關於西歐對周總理訪蘇、波、匈的反應給外交部的報告，1957年1月28日，中國外交部檔案館，203-00097-06，第94頁。

[31]. 中情局關於中國在世界各國共產黨中影響力增強的特別報告，1963年5月17日，SC No.00592/63A, DDRS, Document Number：CK3100215146。

[32]. 美國參議院小組委員會對國內安全法實施情況調查報告「共產國際的復活及其對美國的意義」(The Revival of the Communist International and Its Significance for the United States)，1959年9月。

[33]. 陳兼：《革命與危機的年代（1958—1960）》，載楊奎松主編：《冷戰時期的中國對外關係》，北京：北京大學出版社，2006年，第93頁。

[34]. 不過，至於中蘇分裂始自何時，美國政界有許多不同看法。就中情局而言，統一的看法是將1956年蘇共二十大視為雙方分歧的起點，參見中情局當前情報處1966年4月22日發表的研究報告《1956—1966年中蘇關係的惡化》（CIA Research Report,「The Deterioration of Sino-Soviet Relations： 1956–1966」p.12. Paul Kesaris, ed., CIA Research Reports： China, 1946–1976, Frederick, Md.1982, Reel 2）；中情局局長艾倫·杜勒斯本人亦持此立場，參見 Memorandu, Allen Dulles,「Development of Sino-Soviet Dispute」p.1. Allen Dulles Papers, Box 106, Princeton University Library. 轉引自戴萬欽：《甘尼迪政府對中蘇共分裂之認知與反應》，臺北：正中書局，1992年，第77頁。

[35]. CIA/SRS-11，中情局高級研究署關於1965年國際共產主義運動的研究報告，1959年7月20日，DDRS, Document Number：CK3100200854。

[36]. 同上。

[37]. 赫魯雪夫在羅馬尼亞黨代表大會上講話，1960年6月21日。轉引自 Peter Jones and Sian Kevill, eds., China and the Soviet Union, 1949–84, Harlow： Longman Group Limited, 1985, pp.19–20.

[38]. [蘇]奧鮑裡索夫、鮑科洛斯科夫：《蘇中關係（1945—1980）》，肖東川、譚實譯，北京：三聯書店，1982年，第521—522頁。

[39]. CIA/SRS–15，中情局國際共產主義高級研究署對1960年《各國共產黨和工人黨代表會議聲明》所作的評估，1961年2月17日，USDOS FOIA Website (http://www.foia.cia.gov/docs/DOC_0000246535/DOC_0000246535.pdf)。

[40]. NIE 10-61，中情局對國際共產主義運動中權威與控制的評估，1961年8月8日，DDRS， Document Number：CK3100007758。

[41]. 聲明首見於1960年12月6日《真理報》。

[42]. CIA/SRS-15，中情局國際共產主義高級研究署對 1960 年《各國共產黨和工人黨代表會議聲明》所作的評估，1961 年 2 月 17 日，USDOS FOIA Website(http://www.foia.cia.gov/docs/DOC_0000246535/DOC_0000246535.pdf)。

[43]. 同上。

[44]. NIE 10-61，中情局對國際共產主義運動中權威與控制的評估，1961 年 8 月 8 日，DDRS，Document Number：CK3100007758。

[45]. William E. Griffith,「The November 1960 Moscow Meeting： A Preliminary Reconstruction」The China Quarterly, № 11, July 1962, pp.56–57.

[46]. J. F. Brown, The New Eastern Europe, The Khrushchev Era and After, New York： Frederick A. Praeger, 1966, p.166.

[47]. NIE 10-61，中情局對國際共產主義運動中權威與控制的評估，1961 年 8 月 8 日，DDRS，Document Number：CK3100007758, pp.1–16.

[49].《赫魯雪夫在蘇聯共產黨第二十二次代表大會上作關於中央委員會的總結報告》，《人民日報》1961 年 10 月 20 日；Carl A. Linden, Khrushchev and the Soviet Leadership, 1957–1964, Baltimore MD： John Hopkins Press, pp.109–111.

[50]. 人民出版社編：《關於國際共產主義運動總路線的論戰》，北京：人民出版社，1965 年，第 83—84 頁。

[51]. 詳見：《在蘇共二十二大的發言和致詞中有關阿爾巴尼亞部分的全文》，《人民日報》1961 年 10 月 26 日；Donald S. Zagoria,「Khrushchev's Attack on Albania and Sino-Soviet Relations」The China Quarterly, № 8, Oct.-Dec., 1961, pp.1–19。需要説明的是，在布加勒斯特會議和第二次莫斯科會議上，阿爾巴尼亞公然選擇站在中國一邊，很大程度上是由蘇聯對南斯拉夫的政策所致，他們對赫魯雪夫與狄托修好非常不滿。阿爾巴尼亞和南斯拉夫同是巴爾幹國家，原本有著深厚的歷史淵源。阿勞動黨在建立之初曾得到南共的大力扶助，1948 年蘇南關係破裂後，轉而同南共劃清界限，緊跟蘇聯對南共及其領導人狄托展開猛烈攻擊。史達林逝世後，蘇南關係漸趨緩和，阿黨被置於被動境地。1950 年代末至 1960 年代初，蘇聯進一步調整對南政策，致使阿領導人嚴重不滿，他們擔心阿爾巴尼亞會由此失去蘇聯的庇護，重陷南斯拉夫的控制之下。1961 年 2 月起，阿領導人開始對蘇聯展開公開指責，隨後雙方關係急轉直下。蘇阿關係的惡化直接促使後者轉而決定在中蘇意識形態爭論中站到對南斯拉夫同樣持批判態度的中國一邊，並在布加勒斯特會議首次公開表明了立場，此後阿勞動黨成為中共最堅定的支持者，對蘇共進行了激烈的指責。有關 1950、1960 年代中國、蘇聯、阿爾巴尼亞三角關係的詳細論述，可參看 William E. Griffith, Albania and the Sino-Soviet rift, Cambridge： M.I.T. Press, 1963；關於蘇共二十二大蘇聯對阿爾巴尼

亞展開攻擊的動機及其結果，參看 Zagoria,「Khrushchev's Attack on Albania and Sino-SovietRelations」pp.1–19。

[52]. New York Times, October 19, 1961.

[53]. 沈志華主編：《中蘇關係史綱（1917—1991）》，北京：新華出版社，2007年，第 303—307 頁。

[54].「The Sino-American Conflict and U.S.Policy, and Summary」December 19, 1961, in Box 14,Thomson Papers, Kennedy Library. 轉引自蘇格：《美國對華政策與臺灣問題》，北京：世界知識出版社，1998 年，第 329—330 頁。

[55]. NIE 11-5-62，中情局關於蘇聯及其他社會主義國家政治發展情況的評估，1962 年 2 月 21 日，USDOS FOIA Website（http://www.foia.cia.gov/docs/DOC_0000272881/DOC_0000272881.pdf）。

[56]. 即指 1962 年 11 月 5—14 日召開的保加利亞共產黨八大、11 月 20—24 日匈牙利社會主義工人黨八大、12 月 2—8 日義大利共產黨十大、12 月 4—13 日捷克斯洛伐克共產黨十二大和 1963 年 1 月 15—21 日德國統一社會黨六大。

[57]. SC No.00592/63A，中情局關於中國在世界各國共產黨中影響力增強的特別報告，1963 年 5 月 17 日，DDRS, Document Number：CK3100215146。

[58]. NIE 10-2-64，中情局對國際共產主義運動前景的評估，1964 年 6 月 10 日，USDOS FOIAWebsite(http://www.foia.cia.gov/docs/DOC_0000272913/DOC_0000272913.pdf)。

[59]. NIE 10-2-64，中情局對國際共產主義運動前景的評估，1964 年 6 月 10 日，USDOS FOIAWebsite(http://www.foia.cia.gov/docs/DOC_0000272913/DOC_0000272913.pdf)。

[60]. Sorgey S. Radchenko,「The Soviets』 Best Friend in Asia：The Mongolian Dimension of the Sino-Soviet Split」Woodrow Wilson International Center for Scholars, Cold War International History Project Working Paper, № 42, 2003, p.11.

[61].《人民日報》1964 年 10 月 30 日。

[62]. NIE 10-2-64，中情局對國際共產主義運動前景的評估，1964 年 6 月 10 日，USDOS FOIAWebsite(http://www.foia.cia.gov/docs/DOC_0000272913/DOC_0000272913.pdf)。

[63]. 周文琪、褚良如編：《特殊而複雜的課題——共產國際、蘇聯和中國共產黨關係編年史》，武漢：湖北人民出版社，1993 年，第 544 頁。

[64].《評莫斯科三月會議》，《人民日報》1965 年 3 月 23 日。

[65]. SC No.00592/63A，中情局關於中國在世界各國共產黨中影響力增強的特別報告，1963 年 5 月 17 日， DDRS, Document Number：CK3100215146。

[66]. SC No.00781/68B，中情局關於中國在共產主義運動中日漸孤立的特別報告，1966 年 8 月 5 日，DDRS, Document Number：CK3100374938。

[67].1949 年 8 月 29 日，在哈薩克斯坦塞米巴拉金斯克，蘇聯第一顆鈈裝置的原子彈（代號第一道閃電）試爆成功。蘇聯核能力的取得，根本改變了世界軍事力量的平衡，打破了美國對核武器的壟斷。

[68]. 從 1962 年 12 月 15 日，《人民日報》先後發表了《全世界無產者聯合起來，反對我們的共同敵人》、《論陶里亞蒂同志跟我們的分歧》、《列寧主義和現代修正主義》、《在莫斯科宣言和莫斯科聲明的基礎上團結起來》)、《分歧從何而來？——答多列士同志》、《再論陶里亞蒂同志跟我們的分歧——關於列寧主義在當代的若干重大問題》、《評美國共產黨聲明》等七篇評論文章。這些文章的發表，標誌著中共開始向蘇聯自蘇共二十二大開始針對阿勞動黨和中共的攻擊發起反擊，從而拉開了 1960 年代國際共運的公開論戰。應蘇共呼籲，1963 年 3 月起論戰曾一度暫時平息。6 月 17 日，《人民日報》刊出的《關於國際共產主義運動總路線的建議》，在全面闡述中共對一些重大問題的觀點時，針鋒相對地批判了赫魯雪夫從 1956 年到 1963 年在政策和理論方面的觀點。文章發表後，在世界上引起很大震動。蘇聯的反應更是強烈。7 月中旬，中蘇兩黨在莫斯科會談期間，蘇共中央發表了《給蘇聯各級黨組織和全體共產黨員的公開信》，公開信對中共《關於國際共產主義運動總路線的建議》逐條予以批駁，《公開信》的發表再次挑起了爭論，兩黨會談無果而終。一個月後，「中央反修文件起草小組」根據中共政治局常委的指示先後寫了九篇評論蘇共中央《公開信》的文章，即《蘇共領導跟我們分歧的由來和發展》、《關於史達林問題》、《南斯拉夫是社會主義國家嗎？》、《新殖民主義的辯護士》、《在戰爭與和平問題上的兩條路線》、《兩種根本對立的和平共處政策》、《蘇共領導是當代最大的分裂主義者》、《無產階級革命和赫魯雪夫修正主義》、《關於赫魯雪夫的假共產主義及其在世界歷史上的教訓》。)，並以《人民日報》和《紅旗》雜誌編輯部的名義於 1963 年 9 月 6 日至 1964 年 7 月 14 日間相繼發表。「九評」的公開發表，進一步惡化了中蘇兩黨和兩國間關係。

國家圖書館出版品預行編目(CIP)資料

二戰後東歐政治發展：劇變的二十年 / 郭潔 著. -- 第一版.
-- 臺北市 : 崧博出版 : 崧燁文化發行, 2019.02
　　面 ；　公分
POD版

ISBN 978-957-735-641-3(平裝)

1.政治發展 2.東歐

574.4　　　　108001240

書　名：二戰後東歐政治發展：劇變的二十年
作　者：郭潔 著
發行人：黃振庭
出版者：崧博出版事業有限公司
發行者：崧燁文化事業有限公司
E-mail：sonbookservice@gmail.com
粉絲頁　　　　　　網　址
地　址：台北市中正區重慶南路一段六十一號八樓815室
8F.-815, No.61, Sec. 1, Chongqing S. Rd., Zhongzheng Dist., Taipei City 100, Taiwan (R.O.C.)
電　話：(02)2370-3310　傳　真：(02) 2370-3210
總經銷：紅螞蟻圖書有限公司
地　址：台北市內湖區舊宗路二段121巷19號
電　話:02-2795-3656　　傳真:02-2795-4100　網址：
印　刷 ：京峯彩色印刷有限公司（京峰數位）

　　本書版權為九州出版社所有授權崧博出版事業股份有限公司獨家發行電子書及繁體書繁體字版。若有其他相關權利及授權需求請與本公司聯繫。

定價：500 元

發行日期：2019 年 02 月第一版

◎ 本書以POD印製發行